Le comte de Caylus

Les Arts et les Lettres

FAUX TITRE

243

Etudes de langue et littérature françaises
publiées sous la direction de

Keith Busby, M.J. Freeman,
Sjef Houppermans, Paul Pelckmans
et Co Vet

Le comte de Caylus

Les Arts et les Lettres

Actes du colloque international
Université d'Anvers (UFSIA) et Voltaire Foundation
Oxford, 26-27 mai 2000

Études réunies et présentées par

Nicholas Cronk et Kris Peeters

AMSTERDAM - NEW YORK, NY 2004

Illustration de couverture:
J.-B. Gautier d'Agoty - *Le comte de Caylus: portrait*
Galerie françoise - 1770
©Cliché Bibliothèque Nationale de France

The paper on which this book is printed meets the requirements of
'ISO 9706: 1994, Information and documentation - Paper for documents -
Requirements for permanence'.

Le papier sur lequel le présent ouvrage est imprimé remplit les prescriptions
de "ISO 9706:1994, Information et documentation - Papier pour documents
- Prescriptions pour la permanence".

ISBN: 90-420-1139-4
©Editions Rodopi B.V., Amsterdam - New York, NY 2004
Printed in The Netherlands

Au seuil de cet ouvrage, il nous est agréable de remercier tous ceux qui ont répondu à notre appel pour former, pendant ces quelques journées agréables à Oxford, émaillées de savoir et de bonne chère, comme une nouvelle « société composée de douze à quatorze personnes »… Un grand merci en particulier à René Démoris qui a accepté la tâche difficile d'ouvrir le colloque comme d'ailleurs le présent volume. Nous savons gré également à Julie Boch, René Démoris et Jan Herman d'avoir eu la gentillesse de vouloir présider une de nos séances.

La rencontre d'Oxford ni le présent volume n'auraient toutefois été possibles sans le soutien financier des partenaires suivants. Qu'ils veuillent trouver ici l'expression de notre sincère gratitude:

La fondation Voltaire de l'Université d'Oxford

St. Edmund Hall, Université d'Oxford

Taylor Institution, Université d'Oxford

La galerie Ashmolean

Le Conseil d'administration de l'Université d'Anvers (UFSIA)

Le Groupe de recherche sur la littérature comparée (UFSIA)

Le département Langue et Communication de l'Université d'Anvers

INTRODUCTION:

CAYLUS, OU L'AFFECTATION DE LA SIMPLICITÉ

KRIS PEETERS

FRS Flandre, Anvers

Ce volume est le compte rendu d'un colloque international organisé par l'Université d'Anvers et la fondation Voltaire et tenu à Oxford en mai 2000. Un colloque sur Caylus s'imposait en effet, ne fût-ce que pour interroger le silence de la critique devant ce « gentilhomme universel », l'un de ces curieux qui font, d'après René Godenne, tout l'attrait du XVIIIe siècle mais dont le tricentennaire est passé quasi inaperçu. En dépit des quelques pages de la main de Jacques Guillerme et de Baldine Saint-Girons pour l'antiquité et les arts, de René Godenne, Franz-Jozef Hausmann, Raymonde Robert, Paul Vernière pour les lettres, ce n'est que depuis les années quatre-vingt-dix et grâce aux efforts de Marc Fumaroli surtout que l'on constate un regain d'intérêt plus général pour le comte de Caylus, intérêt dont la reprise de trois nouvelles dans la Pléiade d'une part et l'exposition au Musée des monnaies, médailles et antiques à la BNF-site Richelieu d'autre part constituent les points d'orgue récents.

Anne-Claude-Philippe de Tubières de Grimoard de Pestels de Lévi de Caylus (1692-1765), arrière-neveu de Mme de Maintenon et fils de la célèbre marquise qui lui dicta ses *Souvenirs*, fut pourtant, dès les années trente, un personnage connu dans le monde artistique. Ses gravures d'après Rubens, Van Dyck, Véronèse, Watteau et autres peintres anciens et modernes d'abord lui valurent un succès important – ainsi qu'une nomination à l'Académie en 1732 – si bien que les Raphaëls, à en croire le Voltaire du *Temple du goût*, s'applaudirent de se voir gravés par ses mains. Le comte fut certes un graveur habile – Voltaire est de cet avis et les gravures d'après Watteau et Rembrandt[1] surtout en portent témoignage par leur li-

---

[1] Les dessins gravés et publiés par Caylus dans son *Histoire de Joseph* (1757) étaient à l'époque attribués à Rembrandt, aujourd'hui à son élève Van Eeckhout.

gne pure et leur rendu du clair-obscur respectivement – mais on ne s'empêche pas d'attribuer ce succès, au moins en partie, à l'extraction noble de Caylus et à la renommée de sa famille. Par ailleurs, c'est grâce à celle-ci que le comte connut l'abbé Conti et qu'il se garantit l'entrée chez Crozat d'abord, l'accès, par l'intermédiaire de Coypel, au cabinet du Roi ensuite. A une époque où celui-ci était inaccessible au public, ce fait même entre pour beaucoup dans l'intérêt qu'on prit aux gravures en question.

Cela dit, la renommée de Caylus, qui prit dès la seconde moitié des années quarante une allure européenne, ne s'explique pleinement que par ses activités effrénées d'académicien et de collectionneur, auxquelles il sut donner un complément pratique important sous forme de règlements et de concours pour les élèves de l'Académie d'un côté, de protections et d'aides à des artistes en vogue comme Bouchardon, Trémollières ou Lagrenée de l'autre. Grâce notamment à ses relations avec Charles-Antoine Coypel, mais aussi avec Maurepas, Lenormant de Tournehem, Mariette, Caylus organisa, à partir de 1747 et en étroite relation avec la pratique artistique et avec les pouvoirs en place, un puissant retour à l'antique initié au sein des deux académies – celle de Peinture et de Sculpture mais aussi celle des Inscriptions et Belles-Lettres dont il était membre depuis 1742. Correspondant fidèle du père Paciaudi, de Maffei et nombre d'autres, Caylus était au centre de cette nouvelle « intelligentsia » européenne dont parle Pomian, celle qui prit intérêt aux arts et aux antiquités découvertes à Pompeï et à Herculanum. Son *Recueil d'Antiquités* en sept volumes, l'œuvre d'une vie faite de recherche et d'amour pour l'antiquité, est un véritable monument de connaissance et de savoir.

Toutefois, ce savant antiquaire s'occupa aussi de broutilles, de badinages légers destinés, semble-t-il, à l'amusement pur et simple. On le voit prêter son burin à ces *Cris de Paris* dont les Goncourt chanteraient l'éloge, des gravures bien rabelaisiennes à en croire ces derniers qui représentent, sur des dessins de Bouchardon, les petits métiers de Paris. On le voit aussi prêter sa plume au conte de fées, genre mineur qu'il défendra cependant, dans la préface de *Cadichon*, comme ayant des ancêtres classiques. On le voit composer, au sein de plusieurs sociétés formées autour de Maurepas, de Coypel, de Jeanne-Françoise Quinault, des pièces de circonstance, des lazzis, des comédies pour la plupart représentées à la société même, voire même l'*Histoire de Guillaume*, *Les Etrennes de la Saint-Jean*, *Les Ecosseuses* et tous ces autres contes populaires et joyeux réunis après sa mort dans les *Œuvres badines*. Si tous ces recueils ont pu être qualifiés d'ordures, de platitudes, voire de fumier, Caylus y exprime, bien avant

Rousseau ou Rétif, son goût du peuple, de son sans-gêne et de sa simplicité primitive.

C'est par rapport à ces différents domaines que le présent livre essaie, comme se le propose René Démoris dans la riche contribution qui ouvre ce volume et qui sert d'orientation à la discussion, de replacer cette figure complexe dans l'histoire, de déterminer ce qui fut le propre de Caylus en interrogeant ses rapports complexes à la référence classique, à la théorie de l'art et à sa pratique. Tâcher de comprendre l'enchevêtrement des différentes perspectives esthétiques qui traversent l'œuvre de Caylus et qui déterminent cette position spécifique, « entre théorie et critique d'art » comme l'écrit René Démoris, revient tout d'abord à nuancer l'image d'« antiquaire acariâtre et brusque » due à Diderot et au parti encyclopédiste – on se souviendra en particulier du portrait peu flatteur brossé par Marmontel[2] – parti que Caylus a pu qualifier, et on le comprend, de « sectaire »[3]. C'est pourquoi Didier Masseau ouvre la seconde partie de ce volume, intitulée « perspectives esthétiques », en analysant avec finesse les rapports hostiles qui opposent, dans cette période qui marque, avec les *Réflexions* de La Font et les *Salons*, les premiers pas de la critique d'art, l'amateur antiquaire au critique philosophe. Si l'analyse de Paul Vernière imputait cette hostilité à un conflit de personnes, Didier Masseau démontre qu'il y va au contraire de toute une conception de l'art et de ses rapports au pouvoir comme aux artistes. C'est sur ces mêmes rapports de l'histoire de l'art au savoir antiquaire que s'interroge Elisabeth Décultot, mais en se concentrant sur un autre conflit, celui qui opposa Caylus à Winckelmann. Si ce dernier a sans aucun doute puisé, pour son *Geschichte der Kunst des Altertums*, dans le *Recueil d'antiquités* de son rival, Elisabeth Décultot établit avec précision la divergence de principe qui oppose l'approche systémique et conjecturale de l'Allemand à celle, davantage fragmentaire, de Caylus qui refuse, comme il l'écrit, toute « conciliation forcée avec l'histoire »[4]. Julie Boch se penche, quant à elle, sur les détails de ce projet esthétique que forme le *Recueil d'antiquités*. Contrairement à *L'Antiquité expliquée*

[2] *Mémoires*, Paris, Firmin Didot, 1846, livre VI, p. 236.
[3] Lettre à Paciaudi du 28 avril 1760, *Correpondance inédite*, Charles Nisard éd., Paris, Imprimerie nationale, 1877, 2 vols, t. I., p. 190.
[4] Cité par Baldine Saint-Girons, *Esthétiques du XVIIIe siècle*, Paris, Philippe Sers, 1990, p. 285, sans doute en reformulant l'avertissement du t. I du *Recueil d'antiquités* où Caylus se propose de substituer l'observation rigoureuse de l'objet d'art aux « veilles que les antiquaires consacrent à concilier les monuments avec l'histoire » (Paris, Tilliard, t. I, 1752, « avertissement », p. iii-iv).

de Montfaucon qui précède le *Recueil* de quelques décennies, Caylus s'affranchit de l'érudition ancien style, ne considère plus les monuments comme des preuves de l'histoire mais « du côté de l'art ». Se conjuguent ainsi méthode expérimentale et connaissance des techniques, description rigoureuse et comparaison systématique des objets décrits. Là où le *Recueil* s'échafaude donc sur un processus critique qui part de la description de l'objet d'art pour aboutir au texte, les recueils d'iconographie de Caylus suivent, d'après les analyses d'Isabelle Guillot, un processus inverse. La description part au contraire du texte ancien – de l'histoire – source de l'ekphrasis, pour enseigner aux jeunes peintres les sujets de tableaux auxquels celui-ci peut donner lieu. Si Caylus franchit ainsi, une fois de plus, la frontière qui sépare (mais de moins en moins à mesure que le siècle avance) théorie et pratique artistiques, Letizia Norci Cagiano reconduit cette conception paticulière de l'art qui est celle de Caylus à son origine, le voyage à l'âge de vingt-deux ans, qui le mena, comme il était de règle dans sa caste, en Italie. Portant témoignage, malgré sa jeunesse, d'une vive sensibilité esthétique due en partie à la fréquentation du cabinet de Crozat, Caylus y commence à dessiner d'après l'antique, y apprend à connaître non seulement la magnificence romaine mais aussi ces « antiquailles » qu'il allait collectionner, les monnaies et les pierres gravées qui feraient l'objet d'un de ses recueils, les peintres italiens et flamands qui animeraient ses gravures comme ses théories sur le dessin, sur les couleurs, sur l'harmonie... S'il ne fait donc pas de doute que Caylus s'inspira de ce climat romain où on respirait la curiosité pour les vestiges de l'histoire mais aussi cette conception de la beauté épurée qu'il ferait la sienne, Elisabeth Lavezzi se concentre, en guise de conclusion à cette partie, sur un cas spécifique, à savoir *De l'avantage des vertus de société* (1756), mémoire singulier et inédit jusqu'à présent – Elisabeth Lavezzi nous en offre également une édition critique – où l'on voit se mêler propos académique et référence au théâtre de la foire. La contribution en question, outre qu'elle explique savamment les circonstances de composition qui confèrent à ce mémoire sa signification, présente aussi l'intérêt particulier de nous montrer comment ladite conception de l'art se traduit dans une compréhension spécifique de l'émulation, accoudoir du génie des peintres, et du rôle de conseiller et de garde-fou conféré à cet égard à l'amateur.

La troisième partie de ce volume, que nous avons un peu commodément intitulée « spectacles », débute sur une réflexion originale de Jan Herman au sujet d'une prise de position inattendue de Caylus dans les discussions contemporaines sur les origines de la musique. Echafaudée sur une *Lettre sur la musique* que l'abbé Arnaud adressa à Caylus au moment même où éclatait la querelle des Bouffons d'une part, sur la *Lettre sur l'origine de la musique* qui clôture les *Histoires nouvelles et mémoires rammassés* d'autre part, l'analyse de Jan Herman montre que Caylus adhère, ici encore, à une théorie classique de l'imitation, mais non sans formuler un écart important par rapport aux théories voisines d'un Rousseau ou d'un Condillac: la suprématie de la musique instrumentale, seule capable d'après Caylus de traduire les émotions de l'amour. C'est également d'amour qu'il s'agit dans cette « société de Morville », compagnie théâtrale et galante formée autour de Caylus, Coypel et Mlle Quinault – reine de la troupe surnommée « la Ninon du siècle » elle noua, à en croire Ballieu, des intrigues avec le duc de Villars, Livry, Duclos, Piron, tous membres, à un moment ou un autre, de la société. C'est de cette société que traitent les deux contributions qui suivent. Dominique Quéro d'une part se concentre sur le début des années trente, première période d'activité de la compagnie qui est aussi celle des lazzis édités par Curtis et Troth, pour en reconstituer avec précision la composition, le répertoire et les circonstances de représentation. Marie-Emmanuelle Plagnol-Diéval d'autre part complète, en examinant les « saisons » de 1739 et 1740, le tableau de cette forme de sociabilité particulière qu'est le divertissement du théâtre aristocratique amateur. Elle en souligne les différents registres d'autoreprésentation, mais aussi la tension entre héritage et innovation qui caractérise les pièces de Caylus en particulier.

Pour ce qui est des contes et badinages, enfin, qui relèvent pour une bonne part de cette même société assurément flottante, Jean-Paul Sermain s'interroge sur les contes de fées et y constate une même tension entre d'un côté le respect d'une tradition moralisante qu'incorpore en particulier Mme de Murat – avec aussi la récusation du libertinage qui depuis le *Tanzaï* de Crébillon envahit le conte – et de l'autre une pédagogie analogue à celle de Fénelon, pédagogie à laquelle président certes un idéal du simple et du naturel, mais aussi l'épreuve et l'« exemple terrible ». Refusant ainsi la toute-puissance de l'illusion et la solution facile qu'elle offre, dans un usage traditionnel du conte, à tous les problèmes, Caylus retourne le genre contre lui-même pour opposer à l'illusion – non sans souligner d'ailleurs les stéréotypes récusés – une pédagogie davantage « réaliste » et moralisante de l'acceptation et de l'effort sur soi-même. Anne Defrance, quant à elle, complémente ce propos en attirant l'attention sur la fréquence des commentaires théoriques qui ponctuent, dans les *Féeries nouvelles*, les différents contes et leur confèrent ainsi valeur de démonstration par l'exemple. Substituant à l'idéal inhérent au genre une morale du possible, Caylus offre une pédagogie de l'épreuve et de l'obstacle permettant de tirer le meilleur de soi-même. Le paradoxe, c'est que cette morale du possible frôle elle-même l'utopie... Anne-Laure Cognet se penche elle aussi sur les *Féeries nouvelles*, mais pour en reconstruire, dans une contribution brillante, la genèse et les circuits de circulation. Portant son attention sur un manuscrit inconnu de la bibliothèque municipale d'Agen ayant appartenu à la famille d'Aiguillon, Anne-Laure Cognet reconstruit l'auteur Caylus, un auteur qui, tout en avouant les *Féeries nouvelles*, reste indifférent à leur publication par les libraires... Ce qui revient à mesurer le poids, dans la pratique culturelle de l'époque, du manuscrit face au livre imprimé et de se rendre compte que celui-là s'inscrit, contrairement au dernier, dans une sociabilité particulière. La dernière contribution, quant à elle, traite de cet autre volet narratif, de ces récits populaires fabriqués au Bout du Banc, récits qui ne vont pas sans rappeler le fabliau que Caylus mit au centre de sa réflexion littéraire et qui présupposent eux aussi une sociabilité spécifique, échafaudée sur une pose extraordinaire: celle de se faire, au nom d'une imitation égrillarde de la nature simple, cocher ou colporteur pour une après-midi.

Il semble en effet que la simplicité, ensemble avec l'importance donnée à la pratique, est une des idées maîtresses de l'œuvre aussi impressionnante que variée – la bibliographie de Caylus en fin de volume en porte témoignage – que nous laissa cet original « anticomane ». Qu'il s'agisse de l'imitation de la nature ou des anciens, du « bon goût », de l'importance du dessin, de l'harmonie des couleurs ou de la force d'expression, Caylus souligne sans cesse dans ses conférences académiques cette simplicité dans laquelle il voit un remède contre la « manière », contre le « faux clinquant [...] et le faux brillant »[5] qui, à l'en croire, envahissent l'art. Il encourage invariablement la simplicité d'exécution et propose aux artistes des sujets de tableaux tirés d'Homère et de Virgile afin de reconduire la peinture d'histoire à son origine, celle, écrit-il, de « l'élégante simplicité »[6]. Quant aux antiquités qui lui mangent, à en croire la *Correspondance littéraire* de septembre 1765, la plus grande part de ses soixante mille livres de rente, et qu'il accumule au point de devoir déménager à plusieurs reprises sa collection au cabinet du Roi, on sait que Caylus ne cherche pas à se constituer un cabinet sur le modèle de celui de Crozat, mais à développer un « cours

---

[5] *Sur l'harmonie et sur la couleur* (1747), André Fontaine éd., 1910, p. 143.
[6] *Tableaux tirés de l'Iliade*, Paris, Tilliard, 1757, t. I, livre 12, p. 18.

d'antiquité »[7] par les objets, une collection de menus objets formée non pas
« de morceaux d'apparat, mais que de guenilles »[8], des « balayures de la
place Navone »[9]. Pour ce qui est de son activité de conteur, enfin, Caylus
épouse, comme il l'explique dans son *Mémoire sur les fabliaux*, le point de
vue de La Fontaine pour qui non pas le contenu, mais « le narré est le plus
grand mérite de ce genre d'ouvrage »[10]. Centré autour d'une « action inventée, petite, plus ou moins intriguée […] agréable ou plaisante dont le but
est d'instruire ou d'amuser » (p. 85), le conte porte sur « la vivacité de la
repartie, sur un mot plaisant ou dit à propos, sur une idée peu composée »
(p. 86). Les « narrations fines » (p. 80) que recherche Caylus baignent
donc elles aussi dans cette simplicité, esthétique mais aussi morale, qui
était pour le comte, en littérature comme en peinture, une voie royale vers
le « bon goût ». Il est d'autant plus étonnant, dans un tel contexte, que
l'amateur renommé consacrât son peu de temps libre au sein de cette société du Bout du Banc à produire des drôleries rabelaisiennes, des badinages
où il se penche sur les cochers et les colporteurs et où la parodie rime avec
le carnavalesque. S'il s'agit certes là d'une pose tout aristocratique, si
c'était sans doute aussi un moyen d'amuser la coterie qu'il avait formée, de
l'attacher à lui et de se créer des obligations moyennant la bonne chère
bien arrosée, l'écriture et le règlement de compte faciles, ces recueils véhiculent peut-être aussi – et le paradoxe nous paraît alléchant – une même
esthétique de la simplicité, de la nature primitive, du trait peu élaboré. Si
tel était le cas, les recueils badins seraient en même temps une façon de
prendre position, sur le mode de la parodie et du rabaissement, contre ces
formes littéraires qui n'expriment pas la nature simple mais relèvent de la
mode, de la manière, de la recette contre lesquelles Caylus lutta toute sa
carrière. Peut-on envisager, en effet, de la part d'un homme qui « ne sépare
jamais théorie et pratique » (J. Boch), une pratique qui ne serve pas, d'une
façon ou d'une autre, d'appui à la théorie?

C'est cette simplicité même, enfin, qui se tourna aussi contre Caylus,
car elle fut prise, par les encyclopédistes surtout – à raison sans doute,

[7] Lettre à Paciaudi du 25 décembre 1759, *éd. cit.*, t. I, p. 116, citée par Uzanne,
Facéties du comte de Caylus, Paris, Quantin, 1879, p. XXVIII.

[8] Lettre à Paciaudi du 12 février 1758, *éd. cit.*, t. I, p. 4, citée par Jacques Guillerme, « Caylus "technologue"; note sur les commencements problématiques d'une
discipline », *Revue de l'Art*, 60, 1983, pp. 47-50. Ici, p. 47.

[9] Lettre à Paciaudi citée par Amilda Pons dans la préface du *Voyage d'Italie*.

[10] *Mémoire sur les Fabliaux* (1746), *Mémoires de littérature*, t. XXXIV, 1770,
pp. 86-87.

mais aussi fort commodément – pour de l'affectation aristocratique. Bien pire, cette affectation de la simplicité, qui caractérise Caylus jusque dans l'accoutrement ordinaire à la Rétif dont il se piqua, est devenue, sous la plume de Diderot, de Grimm, de Marmontel, synonyme d'une emprise autoritaire et aristocratique sur les arts, l'emblème caricatural – comme en porte témoignage le *Singe antiquaire* de Chardin qui, malicieusement, s'attaque au statut même de l'amateur en reprenant un thème satirique connu identifiant l'amateur à un simple imitateur, auquel le jeune Caylus avait supplanté les ânes de *L'Assemblée des brocanteurs* et donc la satire du jugement artistique du public – d'une domination ancienne à éradiquer pour que la critique d'art puisse, enfin, voir le jour sous le soleil brillant (mais Caylus ne dirait-il pas plutôt « glacial »[11]) de la philosophie…

[11] Dans une des dernières lettres que Caylus adressa au père Paciaudi, il dénon-cé en effet les « fleurs glaciales » de la « métaphysique encyclopédique » (lettre du 25 mars 1764, *éd. cit.*, t. I., pp. 441-42).

CAYLUS

ENTRE THÉORIE ET CRITIQUE D'ART

LE COMTE DE CAYLUS ENTRE THÉORIE ET CRITIQUE D'ART

UNE ESTHÉTIQUE DU « LAISSÉ »?

RENÉ DÉMORIS

Paris III

Un anticomane acariâtre appelé à finir dans une cruche étrusque: la caricature que Diderot nous a laissée du comte de Caylus a survécu, agrémentée d'anecdotes qui en font un personnage sans doute pittoresque, mais dont l'infortune critique est exemplaire. Une raison à cela sans doute: malgré une bibliographie considérable (dont le beau travail de Kris Peeters donne une idée, même si de nombreux titres restent d'attribution douteuse), Caylus écrivain s'est exclusivement adonné à des genres mineurs, que l'institution littéraire s'est longtemps flattée d'ignorer et de mépriser: contes de fées, contes orientaux, théâtre de société, récits qui ne parviennent pas à se faire romans, traductions, jusqu'à ces *Bals de Bois*, croquis inclassables qui valent à leur auteur le titre de « Jeaurat des rues de Paris ». Il n'y a pas si longtemps qu'on s'est avisé de prendre en considération ces objets littéraires mal famés, commodément rassemblés, pour partie, sous le nom d'*Œuvres badines*. Ce qui revient à prendre en compte un usage quasi privé de la littérature et à en apprécier le poids dans la vie culturelle de l'époque.

En regard de ces badinages, faut-il penser que c'est du côté de l'art que se situerait la face « sérieuse » du personnage? Caylus eut un rôle dans la vie artistique de son époque: ami de Watteau, graveur, mécène généreux pour de jeunes artistes, conseiller écouté de Maurepas et de Lenormant de Tournehem, membre de deux Académies (de Peinture, dont il est amateur honoraire depuis 1732, et des Inscriptions), il ne se met que tardivement (à une exception près) à écrire et à parler de peinture, à l'âge de 55 ans, en 1747, où il donne trois conférences à l'Académie de peinture. C'est-à-dire au milieu de la tourmente provoquée par la publication des *Réflexions* de La Font de Saint-Yenne, manifeste antirococo et amorce du néoclassicisme, qui inaugure le genre des « salons » de peinture, promis à un succès immédiat et durable.

On sait que le texte de La Font porte un diagnostic sévère sur la décadence de la peinture contemporaine, appelle à un renouveau de la peinture d'histoire et surtout remet le jugement des tableaux à une élite de connaisseurs, définie de façon assez imprécise et supposée représenter « le public », à l'exclusion des peintres englués dans leur routine et leurs rivalités. Déconseillée par Caylus et Bachaumont, cette publication va dans le sens de l'intérêt porté aux arts depuis une dizaine d'années par le pouvoir politique: en 1737 Philibert Orry a réinstitué l'exposition publique et annuelle qui faisait partie des projets de Colbert dès 1663, avec le souci d'entretenir l'émulation chez les artistes, ce que traduit le concours proposé en 1746 à onze académiciens sur un sujet d'histoire[1].

La colère des artistes devant l'afflux des brochures ira jusqu'à suspendre le Salon en 1749. Amateur honoraire depuis 1732, sur proposition de son ami Charles Coypel, devenu avec son appui en 1747 directeur de l'académie, Caylus vient au secours des artistes, mais sans entrer dans la polémique. Il ne se fait ni salonnier ni antisalonnier (il fournira seulement au *Mercure* trois brefs comptes-rendus en 1750, '51, et '53, uniformément élogieux). En revanche il vient à l'Académie ranimer la tradition des conférences qui y était à peu près abandonnée: on ne relève que 10 conférences entre 1722 et 46, on en a 6 en 1747. Il en prononcera dix-huit jusqu'en 1764, sans compter les lectures de ses vies de peintres. Une seule passera à l'impression de son vivant. Il ne manque pas d'y proclamer la compétence des peintres. Il s'agit de montrer, par la tenue des conférences, que l'Académie est aussi le lieu de débats théoriques et qu'elle n'est pas indigne de sa devancière de 1667[2]. Dans le même sens, vont les initiatives pédagogiques de Caylus (cours de perspective, prix d'expression) et ses propositions pour rédiger des vies de peintres susceptibles de contribuer à la gloire de l'Académie. Dans une certaine mesure, c'est bien reconnaître la justesse, non du diagnostic, mais des demandes inscrites dans les *Réflexions*, qui plaident pour la grandeur de l'art. Caylus a-t-il eu l'ambition d'être le théoricien de la peinture et la conscience esthétique de

---

[1] Ce renouvellement des arts est soutenu par Mme de Pompadour qui prépare son frère Marigny à la surintendance, et il se ressent du vent d'héroïsme que fait souffler après une longue paix la bataille de Fontenoy.

[2] Caylus va même jusqu'à souhaiter que soit reprise la procédure ancienne du commentaire en présence d'une toile, rendue impossible en raison du transfert du cabinet du roi à Versailles.

l'Académie? Il ne le semble pas si l'on considère son indifférence à la publication, alors qu'il confie à l'imprimé ses recherches archéologiques.

La figure de l'anticomane a valu à Caylus d'être tenu pour un agent du néoclassicisme. La lecture des textes montre que la réalité est plus complexe. Tenter de déterminer ce qui fut *le propre* de Caylus, dans l'histoire de la réflexion sur l'art, ne peut se faire sans apprécier l'écart entre l'ensemble de la théorie proprement classique (en clair Félibien, Roger de Piles, Antoine Coypel, pour l'essentiel) et les orientations sensiblement différentes qui se font jour à partir de 1747 (où La Font et Diderot peuvent servir de repère), lors même qu'elles font appel aux grands exemples du siècle de Louis XIV.

Dessiner sans objet

En 1747, la passion de Caylus pour la peinture est déjà une vieille histoire, qui remonte sans doute à 1712, époque probable d'un premier contact avec Watteau. L'intérêt pour l'art n'a rien de surprenant chez un homme de sa caste et de son rang. Il est moins habituel que cela le conduise à se faire graveur. Il est encore plus rare qu'un personnage qui est le fils de la nièce protégée de Mme de Maintenon en vienne à un rejet exceptionnellement violent de la brillante carrière qu'il a amorcée dans l'armée. En 1715, il écrit à sa mère: « je quitterais ma patrie, je porterais ma tête sur un échafaud, plutôt que de continuer à servir »[3]. C'est beaucoup dire. Par la suite, Caylus ne sera ni mondain ni homme de Cour, et affectera un habillement bourgeois peu en rapport avec son rang. Il n'est pas besoin de recourir à l'idée d'une illumination artistique, que rien ne semble indiquer explicitement dans le journal du voyage d'Italie. Peut-être suffit-il de rappeler que les dernières années du règne de Louis XIV ont été le théâtre d'une exceptionnelle fermentation intellectuelle, dont un des résultats est de faire ressentir les exigences de la vie sociale, particulièrement celle des Grands, comme fruit d'une *dénaturation*, au reste fort explicitement évoquée par Fontenelle, étayé ici par le discours des moralistes. A travers ces êtres de nature que sont le héros picaresque ou le sauvage, se dessine une quête de la vraie vie. C'est l'âge d'or du théâtre de la Foire qui a pris la suite des Italiens chassés de France par Louis XIV, où se concrétise un intérêt singulier et contestataire de la bonne société pour le peuple et ses divertissements.

---

[3] Cité par Amilda-A. Pons, *Journal du voyage d'Italie*, Paris, Fischbacher, 1914. p III.

Mon hypothèse est la suivante: dans une société où se dessine déjà une *idéalisation* de l'art, Caylus, pour des raisons dont la plupart nous échappent sans doute, se décidant pour une existence privée, substitue cet idéal, à celui, défaillant, de sa caste[4]. A l'activité artistique, il participera à travers la pratique humble, artisanale, de la gravure. Il n'entend pas alors écrire sur l'art, laisse à Mariette le soin d'écrire la notice de son *Recueil de têtes* de 1730, et se contente de son rôle de conseiller du pouvoir et d'ami des peintres, à l'occasion se faisant mécène. Il n'est pas en quête de notoriété, comme le prouve sa réaction devant les éloges que lui décerne Voltaire dans *Le Temple du goût*[5].

Dans cette vocation, les voyages en Italie et en Turquie ont sans doute joué leur rôle. Mais plus encore, sans doute, la rencontre avec Watteau, qui se situe probablement vers 1712, au moment où le peintre se voit agréé à l'Académie et suivi, pour son travail de réception, par le Directeur, Antoine Coypel. Dans la *Vie* que Caylus écrit en 1748, il rappelle « le tendre souvenir que je conserve de Watteau, l'amitié que j'ai eue pour lui et la reconnaissance que je lui aurai toute ma vie de m'avoir découvert, autant qu'il lui a été possible, les finesses de son art »[6]. A ses prédécesseurs il reproche d'avoir trop accordé à la louange. Effectivement son jugement est étrangement sévère: « infiniment maniéré », incapable d'exprimer aucune passion et donc de représenter une action, ignorant de l'anatomie, incapable de peindre le nu, indifférent à la composition, Watteau a cédé sans mesure à sa passion du dessin. Evoquant ses moments de vivacité, Caylus écrit: « il en était quelquefois animé, mais beaucoup moins que du plaisir de dessiner. Cette occupation avait un attrait infini pour lui, et, quoi que ce fût, sans prévoir la place que la figure occuperait, il s'en arrachait avec peine. / Je dis donc qu'il dessinait sans objet »[7]. Et en outre l'artiste com-

---

[4] A prendre en compte la position singulière d'un protégé de Mme de Maintenon, qui perd tout espoir de carrière, une fois cassé le testament de Louis XIV (mais la décision de Caylus est antérieure à la mort du roi). Et aussi le rapport à un père ivrogne et brutal, maintenu par la Cour sur les frontières jusqu'à ce qu'enfin il s'y fasse tuer, au soulagement général, Caylus devenant « l'ami » de sa mère et tenant la plume de ses *Souvenirs*.

[5] Le demi-vers consacré à Caylus en 1733 (« Gravez, Caylus ») est devenu un quatrain élogieux en 1737, avant d'être supprimé en 1748. Réponse de Caylus: « Un homme simple, retiré de toute affaire, n'aime pas que le public parle de lui ». (cité par Samuel Rocheblave, *Essai sur le comte de Caylus*, Paris, Hachette, 1889, p. 50).

[6] *Vie de Watteau*, in: *Vies d'artistes du dix-huitième siècle*, André Fontaine éd., Paris, Renouard, 1910, p. 2.

[7] *Ibid.* p. 17.

promet la qualité de sa couleur en laissant les ordures s'accumuler dans sa boîte à huile...[8] Watteau semble être par excellence le modèle à ne pas suivre.

Dans ce récit qui est pour une bonne part à la première personne, Caylus dit aussi que ce temps où il « préparait » pour Watteau des dessins des maîtres flamands et italiens pour le « servir selon son inclination », fut celui du certain bonheur. Evoquant ces chambres où il parvient à fixer quelque temps l'errance de son ami (« qui ne nous servaient qu'à poser le modèle, à peindre et à dessiner »), Caylus écrit:

> Dans ces lieux *uniquement consacrés à l'art, dégagés de toute importunité*, nous éprouvions, lui et moi, avec un ami commun que le même goût entraînait, la joie pure de la jeunesse jointe à la vivacité de l'imagination, l'une et l'autre unies sans cesse aux charmes et aux attraits de la peinture et du dessin.[9]

Lieu de rêve, situé à l'écart de l'échange social, dont l'artiste insouciant consent à être rejeté. A Caylus qui tente de lui parler raison, Watteau répond:

> Le pis aller, n'est ce pas l'hôpital? on n'y refuse personne! J'avoue que je n'eus point de réponse à ce bel argument, et que je gardai le silence.[10]

L'artiste mélancolique, dupe facile, qui n'avait « d'autre ennemi que lui-même », est aussi la figure d'une autonomie dont Caylus a pu rêver.

Que l'artiste pût devenir un modèle *éthique*, Félibien l'avait montré, entre autres, dans la vie de Poussin, modèle d'une philosophie néostoï-cienne qui s'incarne en Diogène, et d'une autonomie qui s'était éprouvée face à la demande royale[11]. Sans l'analyser en détail, Félibien suggérait au moins un rapport entre la grandeur de l'œuvre et celle de l'homme, schéma peu applicable à Watteau, voué au genre du petit. Or curieusement Caylus inverse à son propos le *topos* de la critique portée contre les flamands: ex-cellence de l'exécution, bassesse de l'idée. Il écrit:

> Ce fut dans ces retraites que je connus pour mon profit combien Watteau pensait profondément sur la peinture et combien son *exécution était inférieure à ses*

---

[8] On remarquera que c'est sur ce seul point que La Font de Saint-Yenne critique le charmant Watteau « à qui il n'a manqué que cette partie pour être le Peintre le plus séduisant, & le plus piquant de tous nos modernes ».

[9] *Vie de Watteau, éd. cit.*, pp. 13-14. Je souligne.

[10] *Ibid.* p. 19.

[11] On sait que Poussin préféra en 1641 l'Italie aux obligations de la charge de premier peintre.

idées[12]

Cet écart entre conception et exécution, corrélatif d'une insatisfaction, nous renvoie à une autre image du grand artiste, incarnée chez Félibien par Léonard et Annibal Carrache en particulier[13]. Caylus laisse donc son lecteur face à un problème: y aurait-il un rapport, malgré toutes les critiques énoncées, entre la personne singulière de Watteau et la séduction qu'exercent ses œuvres, à laquelle n'échappe même pas le sévère La Font de Saint-Yenne, et dont semblent rendre assez mal compte la qualité de la couleur, la justesse des plis, la légèreté de la touche invoquées par Caylus?

Tout se passe comme si les grandes idées avaient tout de même fait leur effet. La solution se trouve peut-être dans cette phrase de Caylus, évoquant leur intimité: « Je puis dire que ce Watteau, si sombre, si atrabilaire, si timide et si caustique partout ailleurs, n'était plus alors que le Watteau de ses tableaux, c'est à dire l'auteur qu'ils font imaginer, agréable, tendre et peut-être un peu berger »[14]. Autrement dit, le Watteau que fantasment ses spectateurs, à la fois profond et tendre, ne relève pas d'une illusion. A ces spectateurs, Caylus vient dire: je l'ai rencontré. Ce propos qu'il ne développe pas, n'en est pas moins essentiel: l'effet de l'œuvre tient aussi à ce que le spectateur y consomme la figure de son auteur, y participe d'une vérité que travestissent et dissimulent les exigences de l'échange social. Une telle perspective, éminemment moderne, pourrait menacer l'édifice des catégories qui servent à *juger* des tableaux: et c'est bien pourquoi sans doute Caylus se montre aussi critique, se donnant le champ libre pour dire sa tendresse pour l'homme et pour l'œuvre, tout en précisant: « Je n'imiterai pas l'enthousiasme de ceux qui mettent les auteurs de quelques nouvelles espagnoles et de quelques petites pièces données aux Italiens, en comparaison avec M. de Thou et Corneille »[15]. Le problème que pose Watteau ne saurait se résoudre à travers la question du genre. C'est à l'écart de l'évaluation critique que Watteau parvient, dans ses toiles, à être lui-même, et c'est ce moi dont Caylus est le témoin et qui s'impose au spectateur.

A rapprocher peut-être des propos de Caylus dans sa lettre de 1751 à Lagrenée: « Vous devez, à votre âge, suivre votre goût, vous laisser empor-

---

[12] *Vie de Watteau, éd. cit.*, p. 14. Je souligne.

[13] Voir le Second (1666) et le Sixième *Entretien* (1679). Je renvoie sur ce point à mon étude: « Félibien entre biographie, théorie, histoire », *Vies d'artistes*, Paris, Éns/ba, 1996.

[14] *Vie de Watteau, éd. cit.*, p. 14.

[15] *Ibid.*, p. 3.

ter par le sentiment et chercher à vous remplir des belles choses, c'est à dire de celles qui vous affectent, telles qu'elles soient, il n'importe »[16]; et de la formule qui la clôt: « ne faites rien parce qu'un autre l'a fait; faites par la raison que vous pensez, sentez et voyez »[17]. Il importe que le peintre sache être lui-même et le manifeste dans sa toile. C'était le conseil que donnait Marivaux à l'écrivain dans le *Spectateur français*[18]. Et c'est en somme à quoi réussit Watteau, malgré tous ses défauts.

Il importe que l'artiste se comporte en dépositaire d'un idéal. C'est ce qui fait que Caylus admire la grandeur d'un François Lemoyne, qui a su faire les efforts exigés par une grande œuvre, malgré le peu de sympathie qu'il a pour la féroce ambition du fils de postillon parvenu à la charge de Premier peintre. Mais au delà de cette ambition, il y a l'exigence de l'artiste, que Caylus ne perd pas de vue, même si elle entraîne l'artiste dans une mégalomanie à laquelle met fin le suicide. Après quoi l'on peut pardonner au peintre un manque de correction qui résiste à tous ses efforts.

Avant 1747, le seul texte sur l'art que produise Caylus est la conférence sur les dessins, prononcée en 1732, à l'invite de Charles Coypel[19]. On ne saurait s'étonner de l'accueil plutôt froid réservé à ce texte étrange, qui tient, du moins dans ses débuts de la déclaration d'amour. Car c'est l'ivresse de l'amateur que chante Caylus:

> Quoi de plus agréable, en effet, que de suivre un artiste du premier ordre, dans le besoin qu'il a eu de produire, ou dans la première idée dont il a été frappé, pour une machine dont on peut comparer l'exécution; d'approfondir les différents changements que ses réflexions lui ont fait faire, avant que d'avoir arrêté son ouvrage; de chercher à s'en rendre compte; de se voir enfin avec lui dans son propre cabinet, et de pouvoir se former le goût, en examinant les raisons qui l'ont engagé à faire des changements.[20]

---

[16] *Lettre à Lagrenée*, André Fontaine éd., Paris, Renouard, 1910, p. 211.

[17] *Ibid.*, p. 214.

[18] *Journaux et œuvres diverses*, F. Deloffre éd., Paris, Garnier, 1969, p. 149.

[19] Le public fut clairsemé, à la première comme à la seconde lecture et Caylus abandonna l'Académie pour 15 ans. Gilles Delpierre a analysé le rapport complexe qui unit Caylus à Charles Coypel (fils d'Antoine, le Premier Peintre, qui hésita longtemps entre théâtre et peinture et collabora aux théâtres de société) dans « Charles Coypel et le comte de Caylus. De l'artiste noble et du noble artiste », in: *La licorne*, 23, *Lisible et visible, problématiques*, Poitiers, 1992.

[20] *Sur les desseins*, in: *Revue universelle des Arts*, Paris, France et Bruxelles, Labroue, 1855-1866, t. 10, p. 318.

Il ne s'agit de rien moins que de s'identifier à l'artiste au moment de la création et de violer, en somme, son intimité. Lorsque Caylus ajoute: « Il me paraît encore que les grands Artistes nous font éprouver des Impressions semblables a celles qu'ils ont eux-mêmes ressenti; » on assiste de fait à un curieux déplacement du schéma de la catharsis retenu par l'abbé du Bos. Alors que chez ce dernier, le spectateur participe des passions des *personnages* du tableau (passions éventuellement mimées par le peintre), c'est bien ici l'affect *de l'artiste*, en tant que tel, que Caylus entend éprouver. Cette participation active, le dessin la permet mieux que le tableau:

> La différence qui se trouve selon moi, entre un beau dessein et un beau tableau, c'est que dans l'un on peut lire, à proportion de ses forces, tout ce que le grand Peintre a voulu représenter, et que dans l'autre on termine soi-même l'objet qui vous est offert; par conséquent on est souvent plus piqué de la vue de l'un que de celle de l'autre.[21]

Le propos me semble devoir quelque chose à Roger de Piles qui en 1708 à propos du paysage opposait le style « fini » au style « ferme », sans cacher sa préférence pour le second qui laisse à imaginer au spectateur[22]. Le dessin autorise donc une participation active à l'œuvre. Que Caylus parle ici de sa passion propre, qui fut celle, blâmée plus tard, de Watteau, est assez évident. Cela pourrait conduire à penser que la meilleure jouissance est celle du dessin....

Le reste de la conférence est consacré à condamner cet attrait coupable et à mettre en garde les peintres contre la tentation de se livrer « au charme flatteur de jeter promptement leurs idées sur le papier, aussi bien qu'à celui d'imiter la nature dans les Paysages, et dans les autres beautés dont elle sait si bien piquer le goût de ses adorateurs »[23]. Parmesan et La Fage (Watteau n'est pas nommé, mais comment ne pas penser à lui?) incarnent ce péril du dessin tentateur. Caylus reprend alors l'idée classique d'une nécessité de « l'idée première », de l'ouvrage « composé dans la tête », répétée tant par Félibien que par de Piles. Mais c'est surtout sur ce dernier qu'il s'appuie. L'idée première importe sans doute, mais ce qui fait la « solidité » du tableau, c'est « l'indication de la *couleur* », une « *économie* sage et

---

[21] *Ibid.*

[22] « Le style ferme donne de la vie à l'ouvrage, et fait excuser les mauvais choix, et le style poli finit et polit toutes choses, il ne laisse rien à faire à l'imagination du spectateur, laquelle se fait un plaisir de trouver et d'achever des choses qu'elle attribue au Peintre, quoi-qu'elles viennent véritablement d'elle ». *Cours de peinture par principes*, Paris, Gallimard (coll. « Tel »), 1989, p. 127.

[23] *Sur les desseins*, éd. cit., p. 318.

majestueuse », l'*harmonie*, l'intelligence du *clair-obscur*, termes qui relèvent tous de la problématique de Piles bien plus que de celle de Le Brun. C'est bien la disposition que privilégie Caylus et non l'invention. Curieux retournement: alors que pour Le Brun la solidité s'appuyait sur la composition, le dessin et l'expression, et non sur le plaisir coupable de la couleur que procure le « fard » des Vénitiens, c'est contre le dessin que Caylus retourne la culpabilité d'un peintre qui sacrifie l'œuvre à son propre plaisir[24]. Retournement original qui traduit une bonne lecture de Roger de Piles, mais où surtout Caylus semble conjurer ses propres démons, et ceux de Watteau. Avouons-le: le diptyque présenté est peu cohérent, et les peintres ont dû peu apprécier cette leçon que l'amateur semblait leur administrer dans le second volet, leçon au demeurant assez banale. Peut-être se sont-ils méfiés de ce qu'il y avait d'indiscret et de possessif dans la passion de l'amateur. Ce dont témoigne Caylus, malgré lui en quelque sorte, c'est bien d'un rapport nouveau à l'œuvre comme médiation de la figure de son créateur. L'objet du désir du spectateur, c'est aussi le geste même du peintre. Cette identification à l'artiste risquerait-elle de faire passer au second plan ses personnages et le sujet lui-même? Caylus n'est certes pas prêt à accepter cette conséquence. D'où ici comme ailleurs, le caractère digressif d'un propos qui frôle l'incohérence, pour rendre compte des aspects contradictoires de l'expérience esthétique.

Peut-on dire que Caylus s'écarte de la référence classique[25]? Notre difficulté à répondre à cette question tient au fait que le modèle classique a été l'objet au XIXe siècle de simplifications abusives, dues pour une large part à la version qu'en a utilisée la seconde moitié du XVIIIe siècle, à commencer par La Font de Saint Yenne et Diderot, qui reprennent le lexique des grands anciens, quitte à l'affecter de sens passablement différents. La situation se complique du fait que l'âge du rococo (disons pour faire bref celui de Lemoyne, de Troy, de Boucher), où le discours sur la peinture fait silence, n'a en rien contesté le modèle classique et qu'il n'a pas élaboré sa propre théorie. On examinera ici quelques uns des thèmes sur lesquels se fixe la réflexion de Caylus.

---

[24] De Piles avait souligné ce plaisir du peintre à propos du paysage.

[25] Voir l'intéressante étude de Julie Boch: « L'esthétique du comte de Caylus: un nouveau classicisme expressif », in: *Littératures,* 36, 1997, qui a fait une exploration approndie de l'œuvre de Caylus, mais à laquelle j'objecterais de négliger la complexité de la réflexion classique et de son rapport aux critiques de 1750.

De la pratique

En 1750, à l'instant des débats entraînés par la suspension du Salon, Caylus lit sa conférence *De l'Amateur*, sa réponse la plus directe sans doute aux propositions de La Font. Ce dernier avait réservé le jugement des tableaux à des « connaisseurs judicieux […] éclairés par des principes, & encore plus par cette lumière naturelle que l'on appelle sentiment », lumière qui est le fait d'une « heureuse naissance ». A la différence des peintres qui « ne jugent des beautés & des défauts de leur Art que relativement a la froideur & à la sécheresse des règles, ou par une routine de comparaison à leur propre manière », ce connaisseur *doit* ignorer la pratique de l'art[26]. La réponse de Caylus, qui soutient la compétence des peintres, est claire. Sans nier la nécessité d'un « goût naturel », il rappelle celle d'un goût « acquis », fruit d'un apprentissage qui se développe par le commerce des peintres (c'est la position de Roger de Piles). Mais aussi par la pratique, fût-elle imparfaite, de l'art. Evoquant les tâches de l'amateur, Caylus écrit:

> Vous concevez aisément, Mrs, que de pareilles opérations, dont la nature est toujours la base, nous mènent insensiblement à la nécessité que je crois presqu'indispensable à l'amateur de copier en tout genre, de dessiner et de peindre même d'après la nature, enfin de pratiquer toutes les opérations de ce bel art; toute imparfaite que puisse être son Etude, il apprend par elle à lire, il médite ce qu'il veut écrire, en l'écrivant les traces de sa mémoire deviennent plus profondes, le dégoût de ce qu'il fait le met en état de sentir les finesses des grands maîtres, enfin la Sensibilité qu'il acquiert, lui fournit les moyens d'admiration pour le beau, et des raisons d'indulgence pour ce qui ne l'est pas autant.[27]

Chez La Font comme chez Caylus, il est fait appel au *sentiment*: ce n'est pas à la raison de juger de l'œuvre d'art, chacun en est d'accord. Mais alors que dans les *Réflexions*, le terme renvoie à un donné immuable, Caylus décrit un processus d'imprégnation, sur un mode très sensualiste. N'avait-il pas dit en 1747: « Il est certain que nous n'avons aucune idée innée, et que les dons de la nature ne consistent qu'en une plus grande aptitude, en une disposition de fibres plus propres dans un sujet que dans un autre à recevoir une expression à la faire germer »[28]. Ce qui revient à écarter l'essentialisme du « vrai beau » évoqué par La Font. L'amateur ne parlera la langue de l'art qui est « langue de sentiment » « qu'autant qu'il sera

---

[26] *Réflexions*, La Haye, J. Neaulme, 1747, pp. 3-4. La Font précise: « sans manier le pinceau ». Il reprend ici l'argumentation de l'abbé du Bos.

[27] *De l'amateur*, André Fontaine éd., Paris, Renouard, 1910, p. 122.

[28] *Sur l'harmonie et la couleur*, in Fontaine, *op. cit.*, p. 139.

pénétré de l'art même ». Caylus ajoute: « il en faut convenir, un amateur ne peut que penser et méditer sur l'art, mais la pratique est comme la clé qui ouvre l'esprit à la véritable intelligence. La pratique unie à la réflexion, met le comble à la connaissance et peut seule le porter à sa perfection »[29]. Cela dit, cette connaissance reste chez l'amateur inférieure à celle du peintre, et ne l'autorise pas à accéder à la composition, sinon « dans sa tête », ce dont Caylus s'explique par une comparaison: « il sait lire, mais il n'a pas assez écrit, c'est à dire assez dessiné pour avoir les formes et les exemples généraux et particuliers présents à l'esprit »[30].

Sans doute, Félibien, dans la préface des *Conférences* de 1667 a déclaré la théorie plus « noble » que la pratique (reflet de l'argument qui avait servi la promotion de la peinture lors de la fondation de l'Académie en 1648). Cela dit leur union est rappelée dans le même texte et plus encore tout au long des *Entretiens*, tout comme dans les *Principes* de 1676 qui corrigent la formule simpliste de 1667[31]. Félibien est de toute évidence sensible à la difficulté de tracer une ligne nette de démarcation, mais se garde de mépriser la pratique, comme le feront La Font de Saint Yenne et Diderot, et s'applique à définir les limites de la compétence du non-praticien. Ni lui-même, ni Roger de Piles (encore que ce dernier ait effectivement pratiqué) n'exigent que l'amateur passe à l'exécution. Mais l'entreprise même des *Principes*, première encyclopédie de l'art, et les passages techniques du *Cours de peinture* de 1708 montrent bien la voie où s'engage Caylus, bien plus fidèle à l'esprit de la réflexion classique qu'un La Font, qui tend à faire dépendre le succès de l'œuvre, pour l'essentiel, du choix du sujet. Ce dernier, suivant une fois de plus du Bos, tend à séparer, pour l'exalter, le registre de l'invention de celui de l'exécution. De fait chez lui, c'est moins la « théorie » (il ignore le terme) qui s'oppose à la pratique que le « génie » ou le « sentiment ».

A propos de Bachelier et de la peinture à l'encaustique, objet des recherches de Caylus, Diderot exprimera énergiquement le rapport d'exclusion entre génie et métier, où la notion d'invention n'a pas droit de cité: « tous ces chercheurs de méthodes nouvelles n'ont point de génie »[32].

---

[29] *De l'amateur, éd. cit.*, pp. 131-32.

[30] *Ibid.*, pp. 126-27. « Il a commencé trop tard à se livrer à son goût, il l'a suivi avec trop de distraction ». Est-ce l'ébauche d'une confession?

[31] Voir les *Principes de l'architecture*, 1676, chapitre II: « le raisonnement est comme le père de la Peinture, & l'exécution comme la mère ».

[32] *Salon de 1759*, Paris, Club français du livre, t. III, p. 567. Voir « La peinture

On sait qu'une bonne part du travail de Caylus archéologue a justement pour objet de retrouver les secrets perdus des anciens.

Il n'ignore pas que les peintres, irrités des beaux discours que leur tiennent des gens de lettres donneurs de leçons, sont sujets à « mépriser la théorie ». Reconnaissant que les grands artistes ne raisonnent pas « avec méthode » et n'écrivent pas de leur art « avec ordre », il n'en tient pas moins qu'ils possèdent la théorie de leur art « intérieurement placée dans leur tête, […] mais à la vérité liée et confondue avec ce qu'ils appellent leur pratique »[33]. C'est reconnaître l'existence d'un savoir non verbal, ou du moins non immédiatement verbalisable, dont le modèle peut se trouver dans l'esprit de finesse pascalien, mais aussi dans le « sentiment » tel que le conçut Marivaux. Assurément Caylus reconnaît à l'amateur la capacité d'aider le peintre du côté du *costume* ou de l'histoire. Mais alors que La Font tend à sacraliser ce type de connaissances, Caylus rappelle qu'elles ne mettent en jeu que le « *mécanisme* de l'amateur », usant ainsi d'un terme généralement réservé à l'artisanat[34].

Caylus n'est donc pas le représentant d'un impérialisme littéraire qui effectivement s'exerce sur les peintres à partir de la naissance des Salons. Dès 1747, il apporte un correctif aux exigences des *Réflexions* qui ne voient de salut pour le peintre que dans la lecture intensive des grands auteurs: « Cependant je ne vous exhorterai jamais qu'à des lectures peu étendues et assez modérées. Cette occupation n'a souvent que trop de charmes: vous en avez une principale à laquelle vous vous devez par préférence »[35]. Non sans ajouter: « Combien de gens d'esprit ai-je vus en [*de la peinture*] exiger ce qui lui était impossible? »

Il est exact que Caylus se fait donneur de sujets avec ses *Nouveaux sujets de peinture* en 1755, ses *Tableaux tirés de l'Iliade* en 1757, son *Histoire d'Hercule le Thébain* en 1758, s'attirant les railleries de Cochin. Mais ces propositions ne l'entraînent pas vers l'exercice favori de Diderot

---

à l'encaustique de Caylus », actes du colloque *Séries-Parodies*, à paraître.

[33] *Discours sur la peinture et la sculpture*, André Fontaine éd., Paris, Renouard, 1910, pp. 184-85. Lorsque Caylus concède à ces artistes la faculté cependant de parler « avec justesse, avec chaleur », d'être « lumineux », on ne peut guère éviter de penser à la réflexion de Diderot sur Chardin « il parle bien de la théorie de son art ».

[34] *De l'amateur, éd. cit.*, p. 125.

[35] *Réflexions sur la peinture et la sculpture, éd. cit.*, p. 136. Dans *De l'amateur*, Caylus rappelle l'anecdote, qu'il pouvait trouver chez Félibien, d'Annibal Carrache donnant, par un dessin du *Laocoon*, leçon à son frère Augustin qui en disserte savamment (*ibid.*, p. 128).

qui consiste à refaire les tableaux qui lui ont déplu. C'est l'imagination du peintre qui peut donner relief aux épisodes de l'histoire[36]. En quoi il est bien fidèle à une tradition classique qui, malgré son respect pour la littérature, n'en avait pas moins donné le dernier mot, à propos de *La Manne* ou d'*Eliezer et Rébécca*, au projet pictural sur le respect littéral du texte[37]. Malgré son amour pour Homère, Caylus ne fait pas du poète le maître du peintre.

De l'expression

Ecart encore de Caylus par rapport à ses contemporains en ce qui touche à la catégorie de l'expression des passions. Depuis l'âge classique, cette « âme de la peinture » a une place essentielle dans une peinture d'histoire vouée au récit d'une action, mais surtout chez du Bos qui, en 1719, adaptant la catharsis aristotélicienne, fait de cette expression le moyen privilégié (pour ne pas dire le seul) de *toucher* le spectateur, qui s'identifie au personnage ému. D'où l'importance des passions violentes dont Diderot se fera le chantre. Caylus n'est donc guère original lorsqu'il rappelle l'exigence de l'expression. Mais son écoute de la théorie classique est ici encore différente de celle de La Font et de Diderot. Sa préférence marquée pour les « passions douces » en fait un héritier de Félibien plus que de Le Brun. Il écrit:

> Je les regarde incontestablement comme le sublime de la peinture et comme la plus difficile de toutes ses parties; car, sans mépriser les passions terribles, je crois qu'il est plus aisé, de déclamer les fureurs d'Oreste que de bien rendre le caractère de Bérénice. [...] Mais les mouvements tranquilles ne tiennent à rien; la plus faible altération d'un trait intérieur ou extérieur en fait disparaître l'expression; un rien dans la nature l'altère, un rien dans l'art le fait évanouir.[38]

Caylus, dans sa conférence *Sur les études de têtes* critiquera explicitement l'entreprise sémiotique de Le Brun, dans sa série de dessins proposant des modèles des passions, propre en effet à rendre les passions fortes, à l'égard

---

[36] « Oui, Messieurs, vous devez goûter un attrait bien plus vif que tous les autres hommes à lire ces historiens, ces poètes, où tout est, pour l'ordinaire, en cation. » (*Réflexions sur la peinture et la sculpture, éd. cit.,* p. 136).

[37] On oublie trop souvent que les conclusions des deux conférences citées décident contre le respect scrupuleux du texte (qui se trouve être la Bible). Mais le lieu commun d'une peinture classique « littéraire » a la vie dure…

[38] *Sur la manière et les moyens de l'éviter*, André Fontaine éd., Paris, Renouard, 1910, p. 179.

de laquelle Félibien a visiblement des réserves[39]. Il n'est pas indifférent bien sûr que l'exemple choisi pour illustrer ce sublime-là soit la Madeleine de Le Sueur, objet de l'hostilité de Le Brun.

La série typologique de Le Brun entendait répondre à la difficulté de trouver en nature le modèle des passions. A cette difficulté, de Piles, hostile aussi à la proposition de Le Brun, avait proposé une solution: la passion étant connue de l'intérieur, le peintre, comme l'orateur de Quintilien, doit mimer celle qu'il veut représenter. Cette solution dont le modèle est littéraire (orateur ou comédien) est adoptée par du Bos et ses épigones: l'expression devient la pierre de touche du génie de l'artiste, à tel point que du Bos prétend le reconnaître à ce que, pour l'expression, il copie la nature « sans la voir »[40]. Il n'y a chez Caylus aucune référence à ce modèle intérieur: il renvoie le peintre à l'observation des hommes, c'est à dire à la pratique du dessin sur le vif, des études particulières comme celle de Léonard. La proposition du concours d'expression (où devait être employé un modèle non professionnel) répond sans doute, même si c'est de façon maladroite, à un désir d'échapper à la fois à l'arbitraire de l'imaginaire et à la recette académique[41].

Du coup Caylus ne partage pas l'obsession de la *lisibilité* qui traverse la critique de Diderot et lui fait exiger une parfaite univocité de l'expression, qui permette au spectateur d'identifier aussitôt et donc de *nommer* la passion[42]. Pour Diderot, la peinture se rêve comme totale transparence aux signes du corps, et tout effort intellectuel compromet l'effet affectif attendu, l'exigence de lisibilité immédiate s'accommodant bien des passions violentes aussi bien que des modèles de Le Brun. Cette exigence s'étend du reste au delà de la catégorie de l'expression, au point d'entraîner une condamnation de l'allégorie. Qu'il s'agisse des corps ou du tableau, Caylus, lui, s'il parle de « lire la peinture », reconnaît un *plaisir* de l'interprétation, qui serait en particulier celui de l'amateur averti. Il

[39] Notamment dans le sixième *Entretien*. Nicolas Mignard, dans la 4e conférence de 1667 (éd. 1669, p. 56) a pu inspirer le propos de Caylus.

[40] Du Bos, *Réflexions critiques sur la poésie et sur la peinture*, Paris, Pissot, 1770, t. I, p. 221.

[41] A mettre en rapport avec la mise en garde contre une confusion entre *génie* et *réminiscence*. Caylus est très conscient que la prétendue invention peut n'être que la résurgence des figures typiques, même si le peintre n'en a pas conscience.

[42] Attitude que résume la formule: « L'expression est faible ou fausse si elle laisse incertain sur le sentiment ». (*Essais sur la peinture*, in: *Œuvres esthétiques*, Paris, Classiques Garnier, 1959, p. 698).

l'évoque à propos de l'*Iphigénie* de Van Loo:

> C'est une découverte pour le Spectateur il se flatte que les autres n'auront point saisi cette finesse de l'Art; il la relève, & s'en occupe avec cette complaisance secrète que donne le sentiment d'une perception juste & délicate. L'Artiste ne remplit pas tout son objet en remuant les passions: il faut encore qu'il s attache à réveiller des idées; l'âme n'aime pas moins à réfléchir qu'à se passionner.[43]

Rien à voir ici avec un militantisme patriotique ou moralisant qui vise à faire passer un message par le biais du pathétique. C'est bien du plaisir spécifique de savoir et de deviner que parle Caylus. Il ne demande pas une peinture qui pense: il attend plutôt que la peinture *donne à penser*, fût-ce sous le voile, par le biais des suggestions, des sous-entendus, des laissés évoqués dans *La légèreté de l'outil*, des presque riens qui font rêver. Mais n'est-ce pas la vertu de ces dessins qu'il chantait en 1732? Contrairement à un Diderot demandant sans cesse au tableau ce qu'il *veut dire*, et exigeant en somme qu'il s'épuise dans le langage, Caylus entend préserver en peinture la relative opacité de l'objet du désir. Encore une fois, on n'est pas si loin de la théorie classique, méfiante à l'égard de tout expressionnisme, et plaçant l'allégorie au sommet de la hiérarchie des genres.

L'imitation de la nature

A travers le rapport entre théorie et pratique, aussi bien qu'à propos de l'expression, se pose la question de l'imitation de la nature. Bien entendu, Caylus adhère à un principe que personne ne met en doute. Mais de quelle nature s'agit-il? Malgré une opinion trop souvent répandue, l'âge classique n'élabore pas franchement une théorie de la *nature idéale*, qu'on voit apparaître de biais en quelque sorte lorsque Le Brun attaque les Vénitiens, plus nettement chez Roger de Piles à propos des belles antiques, dans une présentation au reste assez peu cohérente. Tout le monde s'accorde pour reconnaître que le modèle visible, généralement imparfait, a besoin d'être corrigé. Mais Félibien et de Piles restent méfiants devant une suprématie de « l'idée » et évoquent volontiers le modèle de Zeuxis à Crotone, qui réunit dans sa Vénus les perfections de plusieurs modèles. Aussi bien pour Félibien l'accession au beau est le fruit d'expériences successives, historiquement situables, et l'idée, curieusement proche du sensualisme, sera reprise par Caylus. C'est au XVIIIe siècle que progresse l'idée d'une « belle nature » suprasensible de type platonicien, que l'on trouve chez l'abbé Bat-

---

[43] *Description d'un tableau représentant le sacrifice d'Iphigénie*, Paris, Duchesne, 1757, p. 26.

teux. On voit comment la théorie de l'expression chez du Bos (« peindre la nature sans la voir ») peut s'y retrouver. Option évidemment spiritualiste: la beauté de l'œuvre d'art renvoie à une perfection qui n'est pas de ce monde. On connaît assez les difficultés que cette notion engendre chez Diderot, qui, comme beaucoup d'autres, plaide pour l'imitation de la nature, sans spécifier s'il s'agit de l'idéale ou de la visible. Dans le *Salon* de 1767, c'est tout de même le recours au visible qu'il condamne, au profit d'une exploration intérieure de l'artiste, c'est à dire d'un recours au génie.

Chez Caylus, l'absence de toute référence à la nature idéale est frappante. S'il écoute de Piles, c'est pour, comme lui, exalter l'infinie variété de la nature visible et son inépuisable richesse. C'est à la rencontre de l'objet visible que se rencontre la beauté, et il peut s'agir aussi de ce fragment d'un tableau du Titien que le temps a épargné et d'une harmonie si audacieuse qu'on n'aurait osé l'imaginer, car elle sème « l'épouvante »[44]. Le visible excède l'imaginaire. De ce rapport à la nature, est caractéristique son traitement de la *manière*. Condamner la manière est banal. Mais l'argumentation de Caylus est singulière: le modèle étant imparfait, il convient de « faire des liaisons d'une belle partie à une autre », de « remplir l'intervalle ». Il y a donc « nécessité de suppléer, malheureusement inévitable ». Que fait le peintre? Après avoir consulté le modèle:

> il travaille, et, dans la vérité, à quelque effet de lumière près, il ne voit que ce qu'il est dans l'habitude de voir et ne dessine que ce qu'il pense, semblable à ces hommes distraits qui ne répondent qu'à leur pensée, malgré les objets dont ils sont environnés.[45]

Ainsi se produit la manière. Là où les théoriciens de la belle nature situent l'intervention d'un génie créateur (que ce soit au défaut du sujet ou du modèle), Caylus présente une procédure de réparation. Il ajoute:

> Car en convenant que l'imitation scrupuleuse est un art, il faut convenir aussi que c'est un art bien plus difficile encore de n'ajouter que le nécessaire; l'un est, pour ainsi dire, l'effet de la justesse de l'œil, de la main, et quelquefois de la patience, l'autre émane de l'esprit et du goût, nous fait cesser, pour ainsi dire, d'être créateurs, et nous réduit à une soumission dont nous ne sommes que trop portés à franchir les bornes.[46]

---

[44] *Sur l'harmonie et la couleur*, André Fontaine éd., Paris, Renouard, 1910, p. 146. Voir le commentaire de Baldine Saint-Girons dans ses *Esthétiques du XVIIIe siècle,* Paris, Philippe Sers, 1990, sur cette « chanterelle »…

[45] *Sur la manière et les moyens de l'éviter*, André Fontaine éd., Paris, Renouard, 1910, p. 176.

[46] *Ibid.*, p. 178.

Opération qui relève non de l'inspiration, mais bien d'une maîtrise de l'artiste apte à contenir sa tentation d'embellir. On voit le corollaire: n'est-ce pas avec la manière et donc avec l'académisme qu'a partie liée l'idéologie du génie créateur? C'est quand il se retourne vers lui-même et oublie l'objet visible que l'artiste tombe en manière (alors que chez Diderot, par exemple, l'absorption est la posture même du génie)

Quel remède? Caylus ne recourt pas, comme d'autres, aux modèles antiques, mais bien à un retour au visible, ce qui revient à imiter la procédure des Grecs. Mais il écarte l'argument traditionnel de la familiarité grecque avec le nu, pour dire que, quant aux traits et caractères du visage « nous en sommes encore plus environnés ». Et de renvoyer aux têtes de Léonard, dont il souligne la modernité[47].

Cette prééminence accordée au visible aurait pu faire de Caylus un avocat de la peinture de genre. On a vu à propos de Watteau qu'il entendait ne pas ignorer la hiérarchie reconnue. Mais il ne revient guère sur cette idée. En revanche, il écrit dans la conférence sur l'harmonie:

> Il n'y a point de si petite toile qui ne puisse indiquer un grand homme, et point de sujet qui ne vous donne les moyens de prouver vos talents en surmontant quelques difficultés.[48]

Ce qui semble annoncer le « grand homme » dont Diderot gratifiera Chardin en 1767. En 1750, Caylus rappelle que l'amateur

> ne doit affecter aucun genre, ni aucun goût […] car toute peinture, c'est à dire ce qui peut en mériter le nom, doit être bonne pour lui: il n'y en a point qui n'ait une partie favorable dont il ne puisse profiter…[49]

La réflexion vise sans doute La Font de Saint Yenne qui tient le genre pour pur « amusement ». En 1759, Caylus blâme le mépris de Pline pour un tableau représentant des gens de peu:

> Il semble en effet que de certains yeux ne peuvent regarder que des sujets nobles. Cette réflexion n'est pas un philosophe, elle est encore moins d'un amateur de Peinture.[50]

---

[47] « On est assurément inventeur de tout ce qu'on fait sans en avoir eu d'exemple: il ne paraît pâs qu'avant Léonard aucun peintre ait fait des études particulières sur les détails de chaque passion. L'antiquité même ne nous a laissé aucune citation qui laisse soupçonner cette opération ». (*ibid.*, p. 181).

[48] André Fontaine éd., Paris, Renouard, 1910, p. 148.

[49] *De l'amateur*, *éd. cit.*, pp. 120-21.

[50] *Mémoires de l'Académie des Inscriptions*, tome XXV, 1759, p. 162.

Une chose est sûre: Caylus ne participe pas de cet appel à la grandeur héroïque qui accompagne la naissance des *Salons*. Chez lui comme chez Antoine Coypel, le terme de *grandeur* qualifie l'œuvre, non son sujet. La comparaison entre genre et histoire qui préoccupe tant La Font et Diderot est absente chez lui. En quoi il est proche d'un Félibien qui, une fois posé le principe de la hiérarchie, ne s'en occupe plus guère au cours des *Entretiens*. Dans les années 1750 ce silence est remarquable.

Pourtant Caylus écrivain a choisi les genres mineurs, qu'il s'agisse des contes ou de sa reprise humoristique du *Paysan parvenu* de Marivaux avec l'*Histoire de M. Guillaume*. Sur ce point, un texte capital serait les *Confidences réciproques*, si on peut le lui attribuer. Car le roman contient une justification en règle de la représentation des besoins élémentaires:

> Qu'on ne dise point, qu'il y a du bas, à représenter une fille aimable mangeant, et ayant besoin de manger: si j'étais à portée de faire des informations, sur la façon de vivre, de ceux qui feront cette critique, je trouverais justement, les plus forts mangeurs, et les plus gourmands, croyant se donner par là, un air de petite bouche, au lieu que les gens qui mangent raisonnablement, rendront, sans façon, justice à la nécessité de manger. Ce ne sont pas les couleurs qui déshonorent le pinceau, c'est la façon de les employer.[51]

L'opposition qui suit entre besoins réels et factices correspond bien à l'horreur de la mondanité que professe Caylus. Au livre II, une discussion en forme opposera les partisans du « cœur » (et donc des œuvres qui font appel au sentiment, donc du côté des grands genres) à un défenseur des romans modernes qui soutient que l'*agréable* et le *plaisant* présentent plus de difficultés pour l'auteur, version moderne de la thèse de Molière dans la *Critique de l'Ecole des femmes*. On songera aux commentaires des scènes de genre de Chardin, dont les contemporains apprécient non seulement la vérité, mais le piquant et l'élégance. On ne trouvera nulle application de plaidoyer du côté de la peinture et le seul commentaire que fait Caylus de toiles de Chardin reste en somme assez banal.

Lorsqu'il a évoqué le nom de La Fontaine dans *De la légèreté de l'outil*, a-t-il pu oublier que Chardin avait été baptisé le « La Fontaine de la peinture »? Si l'on tente de cerner *le propre* de Caylus dans la réflexion sur la peinture, c'est sans doute dans cette conférence lue en 1755, la seule qu'il ait voulu publier, dès 1756, qu'il faut le chercher. Il y propose une réflexion sur sa propre pratique d'écriture et sur la fonction d'un amateur

---

[51] *Les confidences réciproques*, Berg-Op-Zoom, sd. [1747], pp. 29-30.

susceptible d'enrichir et de diffuser la langue de l'art[52]. La filiation avec Marivaux est si évidente qu'on serait tenté de penser à une relecture récente des *Pensées sur la clarté du discours*. On retrouve ici la même conception dynamique de la langue, où l'idée nouvelle est approchée par le biais des antonymes, de la description, de la comparaison, de l'analogie, éventuellement par l'usage du néologisme. On est dans le registre de l'esprit de finesse qui permet d'aborder les « matières fines et délicates » relevant de la « métaphysique de l'art ». Caylus élabore donc au cours d'un trajet sinueux entre peinture et poésie, le concept de *légèreté d'outil*, « cette dernière touche qui fait le plus d'impression sur l'esprit du spectateur ». En contraste avec une rhétorique de la profondeur et de la solidité (qui anime une critique antirococo avide de sérieux), le texte devient une étonnante célébration de la toile comme surface, comme épiderme formé par la « caresse » du peintre. Dans cette légèreté qui pourrait paraître relever de la pure pratique, Caylus n'hésite pas à reconnaître « une des parties qui concourent au sublime de l'Art ». En insistant sur le pouvoir de suggestion qu'elle possède, en évoquant ces « *laissés* » qu'on ne peut comparer qu'à ces sous-entendus, à ces mots suspendus qui font l'agrément de la conversation », il retrouve l'ambition qu'eut Marivaux, d'accéder au tissu interstitiel du langage oral, à ce qui se dérobe en dernière analyse à la verbalisation rationnelle, mais dont les mots peuvent indiquer la présence[53]. Mais n'est-ce pas retrouver dans l'écriture la vertu de ces dessins qui faisaient l'objet de la conférence de 1732? C'est bien à l'éloge du rien ou du presque rien qu'en vient Caylus, qui se retrouve en peinture dans la légèreté d'outil. Mais sans rien de la nuance critique ou dédaigneuse qui, dans la *Vie de Watteau* en situait l'effet dans « le genre du petit »[54].

Encore une fois la jouissance du spectateur se trouve à participer au geste comme au projet du peintre, et à son plaisir, tout en respectant en quelque sorte son opacité. En quoi Caylus répond bien à la demande que Condillac faisait à la peinture: « je veux une âme qui parle à mon âme ». Mais à sa manière qui n'est pas celle de Diderot. Comparant la « légèreté » de Lemoyne à l'expression d'un « homme du monde qui parle avec agré-

---

[52] Cette réflexion s'amorce en 1753: voir *Eclaircissements sur quelques passages de Pline*, in: *Mémoires de l'Académie des Inscriptions*, t. XIX, p. 250.

[53] Marivaux s'en explique en particulier dans la préface des *Serments indiscrets*.

[54] A propos de la recherche de l'*effet* par Watteau: « le genre du petit y conduit promptement; un rien altère ou produit son expression » (*Vie de Watteau, éd. cit.*, p. 16).

ment » (saluons au passage ce terme pascalien, qui renvoie à la théorie du
« naturel » classique), Caylus se montre tout prêt à lui pardonner ses fautes
contre la « pureté » et l'exactitude » et n'est pas loin de reconnaître un rapport peut-être nécessaire entre sa réussite et son incorrigible incorrection.
Contrairement à un Diderot qui rêve d'atteindre la beauté idéale par une
correction poussée à l'extrême, Caylus ne montre guère de sympathie pour
cette vertu, aussi bien que pour le respect scrupuleux des règles de
l'école[55]. On en a un exemple frappant dans la conférence sur la composition où il se livre à une furieuse charge contre ce qu'il appelle la composition
de « pratique » ou « d'habitude »: de façon amusante, mais, avouons-le
assez arbitraire, il évoque les différentes étapes qui conduiront le peintre à
un tableau admiré, encore que passablement défectueux, car dépourvu du
« génie qui doit toujours être soumis à un objet » (la formule est saisis-
sante), de la justesse d'expression nécessaire « pour parler à l'esprit », de
la convenance, et du rapport au sujet. De fait, non plus un tableau, mais
« un assemblage plus ou moins étendu de plusieurs parties de la peinture »[56]. La formule s'éclaire à la lecture des salonniers, qui font subir au
tableau une analyse par rubriques, induisant le peintre à produire une toile
irréprochable, mais où il ne prend pas les risques que comporte le traitement de son sujet. Ce que Caylus évoque ici est un artiste terrorisé par ce
nouvel horizon critique. Au reste certains ont pu auparavant jouer avec
habileté de leur correction pour faire carrière: ainsi de Mignard qui masque
ainsi la faiblesse de son « feu » et calcule habilement ce qui peut servir à
« l'avancement de sa fortune »[57]. Aussi bien Caylus s'abstient-il, dans ses
brefs salons, de toute critique d'un artiste vivant, et ne retient, selon le
conseil de Félibien, que les toiles qui méritent éloge, faisant silence sur les
autres. S'agissant d'artistes disparus, il tend à une saisie globale de

---

[55] Voir le premier chapitre des *Essais sur la peinture*, qui commence par: « La
nature ne fait rien d'incorrect ».

[56] *De la composition*, André Fontaine éd., Paris, Renouard, 1910, pp. 164-65. Il
serait difficile de tirer de là un programme positif: Caylus s'en prend à la fois à
l'absence d'expression, à l'ignorance de la perspective, à l'attention exclusive portée
à l'harmonie, au joli qui ne saurait remplacer le beau, dans un certain désordre.

[57] « [...] que ses ouvrages manquant de ce feu qui fait oublier les défauts, ils ne
se soutiendraient qu'autant qu'il y mettrait de la correction et de l'exactitude; & que
les études que l'un & l'autre exigeraient, seraient un obstacle à la multiplicité de ses
productions, & par conséquent à l'avancement de sa fortune ». (*Vies des premiers
peintres du roi...*, Paris, Durand, 1752, p. 113). Mignard choisit donc le portrait:
« c'était le peintre des belles têtes, & jamais il ne s'écarta des règles que prescrit la
correction du dessin » (*ibid.*, p. 118).

l'œuvre, qui permet de remonter au projet du peintre, ct d'apercevoir l'intrication nécessaire des qualités et des défauts. Position peu propre à cette impatience *d'évaluer* qui est celle des salonniers comme de Diderot. On voit que si le propos de Caylus peut recouper celui de La Font (qui blâme la routine des peintres et diagnostique volontiers un manque de génie), sa démarche reste différente, dans la mesure où elle privilégie l'affaire *singulière* que l'artiste a avec son sujet.

Caylus a-t-il relu, avant d'écrire *De la légèreté*, les *Sentiments* d'Abraham Bosse, son confrère en gravure? En 1749, ce dernier méditant sur le moyen de distinguer une copie d'un original voyait dans la touche une voie essentielle pour repérer la singularité de l'artiste. Or Caylus voit dans la légèreté de l'outil une véritable signature du peintre. Le propos, à la date où il est tenu, a une toute autre résonance: car il aborde la question devenue centrale de *l'originalité* de l'artiste, et développe la suggestion de Bosse en insistant sur le rôle qu'y a la main, grâce à sa fonction « sublimante ». C'est par la main que l'artiste parvient à être lui-même, comme l'écrivain l'est par le style chez Marivaux, lui aussi peu respectueux de la correction. Il n'est pas question ici de donner des règles (et ce serait le lieu d'évoquer la méfiance de Félibien et de Molière à l'égard des règles, aussi bien que leur approbation modérée par de Piles qui juge que l'artiste doit se les donner lui-même). Aussi bien lorsqu'il est assez déchaîné contre la composition « ordinaire », Caylus se trouve bien empêché de fournir des règles pour la « bonne » composition: il s'en tire par une description commentée des cartons de Raphaël. C'est revenir au précepte autorisé par Colbert, dans la Préface des *Conférences de 1667*, c'est à dire d'instruire « par l'exemple » plutôt que par le précepte. Aussi bien Caylus exprimera ailleurs son souhait de voir restaurer l'ancienne coutume de la conférence tenue devant un tableau[58]. Son refus d'une fermeture doctrinale se lit dans la conférence même de 1755. Ayant défini la légèreté comme « les dernières touches qui, conduites par un sentiment exquis, fleurissent toutes les parties d'un tableau », il ajoute: « Le terme de *Fleuri* est allégorique, et conséquemment ne convient point à une définition: mais je n'en connais point qui exprime plus précisément cette légèreté »[59]. Pratique en somme de « ces mots suspendus qui font l'agrément de la conversation. On peut les sentir et non les définir… ».

---

[58] Dans *De la nécessité des conférences,* Ms Sorbonne 1155, f° 84, p. 5.
[59] André Fontaine éd., Paris, Renouard, 1910, p. 156.

Ce que peut avoir d'érotique cette approche de la peinture, l'allusion finale à la virginité ne le laisse pas ignorer. Caylus ne perd jamais de vue qu'un rapport désirant est essentiel à la peinture, pour l'artiste comme pour l'amateur. Et contrairement à Diderot qui, face aux baigneuses de Van Loo suspecte aussitôt « notre vice » et s'efforce de croire que le rapport à l'art est d'une autre nature, il n'en a pas honte. Le tome XXX des *Mémoires de l'Académie des Inscriptions* illustre ce thème d'amusante façon. Le lecteur peut être surpris d'y trouver un dessin de femme nue, de toute évidence moderne. Caylus s'explique: ayant reçu une figurine féminine antique de trois pouces dans une posture remarquable, il a fait poser un modèle « en nature » dans la même attitude, et c'est ce dessin gravé qui illustre son propos. Une fable, en quelque sorte, dont Caylus a dû s'amuser.

A-t-elle frappé Diderot? Caylus dans le même texte écrivait: « J'ai toujours été persuadé qu'Homère avait échauffé l'imagination des plus grands artistes de la Grèce »[60]. On pensera bien sûr au début de la grande digression des *Essais sur la peinture*[61] qui commence par la même idée, mais s'applique ensuite et surtout à expliquer comment les modernes, en raison de leur formation chrétienne qui les rend sensibles à la souffrance, sont incapables de retrouver la religion de la volupté pratiquée par les Anciens. Une réponse à Caylus que ce texte, peut-être, ou du moins à ce que Caylus laissait entendre. Non qu'il ignore la vertu: mais le terme renvoie à tout autre chose que le moralisme de Diderot (on pensera à sa formule: « Né vertueux, j'aime la vertu: je ne me refuse aucune idée »[62]).

Grâce, finesse, délicatesse, riens, sous-entendus, séduisant: le lexique de Caylus n'est pas celui du néoclassicisme naissant, ni au reste celui de l'abbé du Bos. Il évoque plutôt Marivaux, de très près, et renvoie aux peintres de 1710-1740, Boucher, Lemoyne, de Troy, Van Loo. A le lire, on comprend que dans la période de silence théorique, entre 1721 et 1747, la peinture de l'âge rococo a pu se tenir sans trahison pour la légitime héritière de la théorie classique, et non sans raison, de ce qu'il faudrait appeler le *féminin* du classicisme, qui s'exprime à travers Félibien plus que chez Le Brun, du côté de la grâce et du je ne sais quoi plus que de celui d'une grandeur dont on s'est désabusé. La sensibilité de Caylus peut sembler contraire à la vision d'un classicisme « raide » qu'a privilégiée et cons-

---

[60] *Mémoires de l'Académie des Inscriptions*, tome XXX, 1764, p. 449.
[61] *Ed. cit.*, p. 703.
[62] Caylus, *Mémoires et réflexions*, Paris, Rouquette, 1874, p. 32.

truite la tradition critique ultérieure, à commencer par celle de 1747. De fait, s'il répète, comme bien d'autres, la leçon de ses prédécesseurs, il a aussi le sentiment de la développer et de l'enrichir, en y intégrant l'expérience de l'âge du rococo. En ce sens il prend la suite d'Antoine Coypel, même s'il ne le mentionne jamais (c'est la créature du détesté Philippe d'Orléans). A bien des égards (prééminence du modèle, visible, refus du beau idéal, souci de la pratique, rappel à la simplicité en face des excès de la rocaille), il est proche de son vieil ennemi Cochin, dont la conférence *Sur l'illusion* s'inspire de *La Légèreté* pour en faire explicitement une application à Chardin. Le fameux et énigmatique « sublime du technique » que Diderot invente pour ce peintre pourrait bien devoir quelque chose au Caylus de 1755, par le biais de Cochin peut-être. Formule étincelante, mais qui de fait rend plutôt obscurs les enjeux que Caylus, puis Cochin ont tenté d'élucider.

A l'Académie des Inscriptions, en 1753, Caylus déclare à ses collègues: « Je ne vais parler ici que comme un artiste, qui vous soumet les idées que la connaissance de l'art a fait naître en lui »[63]. Mais c'est comme lettré qu'il figure à l'Académie de Peinture. A-t-il tenté d'asseoir une autorité incertaine face à deux tribunaux incompétents? Falconnet n'écarte pas l'hypothèse, tout en jugeant que cette posture ne correspond pas « à la candeur, à l'esprit juste, la droiture dont chacun sait que le comte de Caylus faisait profession », en plaidant au moins son innocence[64]. Il est vrai que cet académicien qui ignore le latin (ce qui ne l'empêche pas, en 1747, de critiquer les traducteurs de Pline, avant d'accuser son auteur, en 1759, de n'avoir rien compris aux informations qu'on lui avait données…), qui soutient contre Cochin la perfection des fresques d'Herculanum qu'il n'a pas vues, ne peut passer pour un modèle de rigueur scientifique. Son intérêt est ailleurs et peut-être justement dans ce refus du clivage entre esthétique et savoir, qui s'affirme au XVIIIe siècle[65].

Il faudrait à son propos cesser de confondre sa passion archéologique et ses positions quant à l'antiquité. Son respect de l'antique n'est pas comme chez d'autres, article de foi, et il sait reconnaître le cas échéant les faiblesses des Grecs. Caylus antiquaire ne part pas en quête du beau idéal.

---

[63] *Réflexions sur quelques chapitres du XXXVe livre de Pline*, in: *Mémoires de l'Académie des Inscriptions*, t. XXV, 1759, p. 151.

[64] Diderot, *Œuvres complètes*, éd. cit., t. VII, p. 485.

[65] Je renvoie à mon étude: « Le peintre et le savoir au siècle des Lumières: l'invention d'un clivage », *XVIIIe siècle*, décembre 1999.

Il cherche, entre autres, à se rendre utile aux peintres, dans deux registres, celui de l'histoire et du costume, celui des techniques. Il le dit clairement: « je fais un cours d'antiquités et je cherche pour les usages ce qui les procure et pour les pratiques ce qui les démontre. » Cette entreprise comporte des aspects troublants, car elle conduit son auteur à s'intéresser précisément aux objets dénués de beauté. A travers la correspondance avec le Père Paciaudi, se lit une étrange insistance sur le statut de *déchet*, pour ne pas dire d'ordure, des objets qui l'intéressent:

> guenilles, d'agathe, de pierre, de bronze, de vitre », « guenilles même de terre cuite qui tiennent aux Etrusques et aux Egyptiens, fussent-elles mutilées

> Voilà le sujet pour lequel je ramasse volontiers les ordures. Je ressemble en cela aux chiffonniers…

> Si vous trouvez des enduits de peinture, j'en serai véritablement charmé; des fragments d'enseigne, dont la variété a besoin d'être examinée pour être conçue, des instruments de tous les genres, des opérations de l'art, comme incrustations, damasquinures, des verres singulièrement travaillés avec des ornements en relief, des petites plaques de bronze avec des inscriptions en creux ou en relief

> Je vous avoue que les arts les plus vils et les opérations nécessaires étant l'objet de mon étude autant que les choses de goût, je vous serais obligé de me faire avoir quelque morceau cassé mais orné, et surtout quelque partie de moule […]. Somme toute les balayures de la place Navone et toutes les guenilles me conviennent.[66]

Plus curieuse la comparaison agressive des « belles antiques aux belles dames et aux beaux messieurs dont la toilette est complète, qui arrivent dans une compagnie, s'y montrent et n'apprennent rien; au lieu que je retire quelquefois d'un morceau fruste, que je comparerais en ce cas à un homme crotté, le sujet d'une dissertation et l'objet d'une découverte ». On sait le mépris de Caylus pour le beau monde, son intérêt d'écrivain pour les milieux et les genres populaires. S'exprime ici, sous couvert d'intérêt heuristique, une curieuse fascination pour l'univers de la *bassesse*, comme lieu d'une réalité à découvrir, comme lieu d'un *plus* de réalité. Et c'est paradoxalement le terme de « dégoût » (traditionnellement réservé aux objets des genres mineurs, qu'il s'agisse d'un poisson ou d'une cuisinière) qui vient s'appliquer aux œuvres achevées.

---

[66] Textes tirés de la *Correspondance inédite du Comte de Caylus avec le père Paciaudi*, 1874 (lettres III, V, VII, XII, XXII, XXVIII, XXXVI) par Amilda-A. Pons dans la préface du *Voyage d'Italie*.

On pourra songer ici au concept de *réparation* que Mélanie Klein plaçait au fondement de l'activité artistique. La « guenille » prête à une double opération: de réparation matérielle, exécutée par un spécialiste (Caylus parle de ses « médecins »); d'élaboration intellectuelle et imaginaire conduisant à une découverte. Cette activité peut être mise en rapport avec 1– la manière dont Caylus conçoit chez l'artiste la réparation des *défauts* du modèle 2– sa passion pour les dessins qui laissent à imaginer et sollicitent la participation active du spectateur 3– sa théorie des « laissés », qui privilégie l'allusion et le non-explicite. Cette jouissance d'archéologue, Caylus ne la qualifie pas d'esthétique, tout en la situant dans l'orbite de la peinture (elle peut être utile aux peintres). Il est difficile de n'y pas reconnaître « l'attrait infini » de cet *infectum* qu'incarnèrent autrefois les dessins de Watteau, tout comme un désir de participation active à l'œuvre d'art. Il faudrait sans doute y voir un aspect d'une attirance pour le « dégoûtant », ou du moins pour l'objet que ne magnifie pas le langage et qui se trouve situé par là même à l'écart des appréciations de valeur, attirance qui pourra se cautionner, chez d'autres, comme Rousseau, d'un retour à l'origine[67]. D'autres, plus tard, tombèrent amoureux d'enseignes idiotes. Expérience paradoxale d'un déplaisir sur lequel se bâtit un plaisir. Mais n'est-ce pas de « l'épouvante » qu'inspire d'abord l'accord inimaginable de couleurs d'un fragment préservé du Titien, cette « chanterelle » dont il est question dans la conférence sur l'harmonie? On laissera de côté pour le moment les trop longs développements qu'exigerait la passion paradoxale de l'archéologue.

Théoricien? Mais d'une théorie par principe inachevée, *infecta.* Critique? Non certes, et par choix. Dans l'entre-deux, comme entre ses deux académies, peut-être, Caylus livre une exploration remarquable de notre rapport à l'art, que cette étude, sans prétention à l'épuiser, a tenté de replacer dans l'histoire.

---

[67] Sur ce point, je renvoie aux hypothèses exprimées dans: « Chardin et les au-delà de l'illusion », *Catalogue de l'exposition Chardin*, Grand Palais, 1999.

PERSPECTIVES ESTHÉTIQUES

CAYLUS, DIDEROT ET LES PHILOSOPHES

DIDIER MASSEAU

Tours

On sait que Diderot et Caylus se détestaient. Des propos sont souvent rapportés par la critique; d'abord celui de l'amateur d'art sur le philosophe:

> Je connais peu Diderot, parce que je ne l'estime point; mais je crois qu'il se porte bien. Il y a certains bougres qui ne meurent pas, tandis que, pour le malheur des lettres en Europe, d'honnêtes gens comme Mélot meurent dans leur plus grande force.[1]

A cette diatribe répond en écho l'épitaphe épigrammatique de Diderot, souvent attribuée à Marmontel, reprise dans la *Correspondance littéraire* de Grimm, à la mort de Caylus:

> Ci-gît un antiquaire acariâtre et brusque;
>
> Oh! qu'il est bien logé dans cette cruche étrusque![2]

La violence du ton a frappé la critique. Paul Vernière imputait l'hostilité qui séparait les deux hommes à une jalousie réciproque et prétendait que l'incompatibilité d'humeur et la rivalité l'emportaient sur l'idéologie[3]. La querelle dépasse toutefois, nous semble-t-il, le conflit de personnes. C'est toute une conception du critique d'art, de sa relation avec les Grands, les pouvoirs en place et les artistes qui entre ici en jeu. L'opposition entre l'amateur d'art et le critique philosophe implique, nous semble-t-il, des luttes pour la reconnaissance intellectuelle. Pour comprendre ces conflits, il faut étudier des pratiques culturelles, des stratégies créant des polémiques, alors même que la critique d'art n'a pas encore im-

---

[1] Lettre de Caylus à Paciaudi du 16 février 1761. *Correspondance inédite du comte de Caylus avec le père Paciaudi théatin (1757-1765), publiée par C. Nisard*, Paris Firmin-Didot, Imprimerie Nationale, 1877, 2 vol.

[2] Grimm, *Correspondance littéraire philosophique et critique*, Maurice Tourneux éd., Paris, Garnier, 1877, reprint Kraus, 1968, t. 6, p. 366.

[3] Paul Vernière, « Diderot et Caylus, des *Bijoux* à *Jacques le Fataliste* », in: *Lumières ou clair-obscur*, Paris, P.U.F., 1987, pp. 66-75.

posé ses marques et qu'elle n'est pas toujours bien acceptée par certains artistes académiciens. Si l'on examine l'itinéraire des deux hommes de lettres, on a l'impression qu'ils sont condamnés à se côtoyer, car il leur arrive de fréquenter les mêmes lieux culturels et parfois de recourir à des discours similaires, mais l'on constate aussi qu'ils veillent à exhiber, haut et fort, chacun de leur côté, leur radicale différence.

Comme les Philosophes, Caylus fréquente le salon de Madame Geoffrin. L'hôtesse de la rue Saint-Honoré consacre une part importante de son temps à la peinture et aux discussions sur l'art. Le lundi elle reçoit à dîner les artistes: Soufflot, Bouchardon, Falconet, Vien, Boucher, La Tour, Joseph Vernet, Carle Van Loo, mais aussi des amateurs et des mécènes. Grimm rappelle dans la *Correspondance littéraire* du 15 juillet 1765 l'ardeur avec laquelle on commentait les tableaux exposés:

> Mme Geoffrin présidait alors à ces ouvrages, et c'étaient tous les jours des scènes à mourir de rire. Rarement d'accord sur les idées et les manières de les exécuter, on se brouillait, on se raccommodait, on riait ou pleurait, on se disait des injures, des douceurs; et c'est au milieu de toutes ces vicissitudes que le tableau s'avançait et s'achevait.

Caylus et Diderot participent à ces dîners d'artistes. Mais le rôle qu'ils jouent dans la théâtralité littéraire et mondaine semble bien différent. Alors que Diderot improvise, paraît-il brillamment, Caylus refuse l'esprit de conversation et se contente d'échanger des propos techniques avec les artistes; « goût qu'il poussait jusqu'à la manie » commente Rocheblave:

> Je ne crois pas qu'il y ait pour la perfection [de l'Amateur] d'autres moyens que ceux dont je viens de vous entretenir, surtout si les études réfléchies sont accompagnées du commerce des peintres, dont la conversation lui sera toujours instructive et profitable[4]

Révéler ses talents de causeur, pratiquer l'art de la saillie relèvent d'une mise en scène de l'homme de lettres et du philosophe, que l'amateur d'art juge d'une ostentation condamnable. Il refuse aussi de glorifier l'animatrice des lieux qu'il appelle, avec un dédain tout aristocratique, la « forte dame du Lundi ». Quant aux gens de lettres qui exhibent leurs talents de société, ils ne lui inspirent pas davantage de sympathie.

Autre occasion de rivalité avec Diderot: les relations avec la République européenne des Lettres. Caylus qui dispose d'importants revenus poursuit plutôt une politique d'achats, en usant d'un puissant réseau de corres-

---

[4] Samuel Rocheblave, *Essai sur le comte de Caylus*, Paris, Hachette, 1889, p. 61.

pondants susceptible de l'informer sur les objets de fouille et le marché des antiques grecs et égyptiens. Parmi ceux-ci l'abbé Barthélémy qui voyage en compagnie de la comtesse de Stainville, l'épouse du futur Choiseul, afin de rejoindre son mari nommé ambassadeur à Vienne[5]. A lire Bachaumont, on découvre l'influence grandissante des amateurs et des connaisseurs en Europe. Caylus joue pleinement de ce nouveau pouvoir et participe indirectement à la recherche des objets de fouille. Ses relations avec les artistes diffèrent aussi de celles que Diderot entretient avec eux. Celui qui fut ami de Watteau et qui a gravé les principaux dessins du cabinet de Crozat entend s'imposer auprès des peintres par ses connaissances historiques et techniques. Le savoir-faire, le travail en commun et la connaissance de la grande tradition antique, « le grand goût » ont pour fin de lui assurer un réel ascendant sur les jeunes peintres, surtout lorsqu'ils sont sans protecteurs. Il les abreuve alors de conseils, leur fournit un atelier et pourvoie même quelquefois à leur entretien. Cette activité débordante attire, de toute évidence, l'attention de l'Académie royale de Peinture qui lui confère en 1731 le titre prestigieux d'« honoraire amateur ». En 1742, on le sait, Caylus devient membre de celle des Inscriptions et belles-lettres. Or Diderot voit évidemment d'un mauvais œil le pouvoir que confère l'appartenance académique à son rival. On ne s'étonnera pas qu'il tourne volontiers en dérision le cérémonial des séances et qu'il ironise sur le statut d'« honoraire amateur » qui tend à rapprocher celui-ci des véritables créateurs, dans un même lieu ostentatoire.

La pratique littéraire de Caylus constitue une autre pomme de discorde, tant les similitudes sont apparemment fortes. Paul Vernière notait des ressemblances entre un petit roman attribué à Caylus, *Les Confidences réciproques* et « l'obscure histoire des *Bijoux indiscrets* ». « Chronologiquement », dit l'historien, « *Les Bijoux indiscrets* parus en janvier 1748 s'encastrent entre les deux premiers volumes des *Confidences* et le troisième ». Or Caylus dans son *Avis au lecteur* du printemps 1748 s'inquiète « des rapports et des ressemblances entre quelques traits du vicomte de Nantel et d'un seigneur congeois contant ses aventures à la cour de Mangogul ». Sans nous engager dans la critique des sources, constatons la commune attirance des deux conteurs pour la veine érotique, ou même pour le récit pornographique. Sans que l'auteur passe réellement à l'acte, la tentation affleure dans les œuvres de Diderot. *Jacques le Fataliste* qui mêle tous les genres, frôle à plusieurs reprises la veine pornographique. Nous

---

[5] *Correspondance inédite du comte de Caylus, éd. cit.*

pensons aux épisodes du père Hudson, à celui des amours paysannes (les aventures de Jacques avec dame Suzon et dame Marguerite). La référence au *Portier des Chartreux* de Gervaise de la Touche, ce grand classique de la littérature érotique est souvent présente dans la *Correspondance* et l'œuvre littéraire de Diderot. Dans *les Bijoux indiscrets*, il exploite la veine orientale à la mode dans les années cinquante, en accentuant comme Caylus, les audaces de l'écriture gazée. Dans une certaine mesure, ce type de récit permet à l'écrivain d'affirmer son pouvoir en considérant la littérature comme un jeu formel, faisant du lecteur un partenaire complice et un voyeur amusé. Il n'est pas sans importance que le premier Diderot qui cherche encore sa voie, se rapproche de Voisenon, du Crébillon du *Sopha* et du comte de Caylus. Mais l'érotisme revêt chez lui, on le sait, de multiples significations, que l'on ne trouve nullement dans l'œuvre de son rival: il ne prend sens que dans une interrogation générale sur les aventures du corps, sur la puissance du désir et bientôt sur le refus de la représentation chrétienne de la chair coupable (article « Jouissance » de l'*Encyclopédie*). Chez le comte de Caylus, le théâtre franchement pornographique, *Le Bordel* ou *le Jean-Foutre puni*, relève d'un libertinage aristocratique, d'un parti pris de dérision, et d'une attirance pour les bas fonds conçus comme l'envers pittoresque de la position même que sa naissance lui confère.

Avant que Diderot n'ait commencé la rédaction des fameux Salons (le premier date de 1759), l'amateur s'est, lui aussi, abaissé au rôle de journaliste en publiant ceux de 1751 et de 1753 dans le *Mercure de France*. Les vies d'artistes qu'il destinait sûrement à l'Académie représentent un autre genre susceptible de porter ombrage à son concurrent. Par son rôle de conseiller au sein de l'institution, par les idées qu'il entend imposer comme amateur-antiquaire[6], par le soutien qu'il apporte à l'illustre maison, par les relations qu'ils entretient avec les amateurs européens, et par sa pratique même de la littérature, Caylus représente incontestablement un rival pour Diderot.

Le critique d'art ne rate pas une occasion de polémiquer avec son adversaire. *L'Histoire et le secret de la peinture en cire* paru dans *Le Mercure de France* constitue un épisode révélateur de la lutte qui oppose les deux hommes. Alors qu'en 1759, lors du premier *Salon* publié dans la *Cor-*

---

[6] Sur la polémique avec Cochin, voir: Samuel Rocheblave, *Les Cochin*, Paris, Librairie de l'art, 1893, ch. V, VI et VII et les travaux d'André Fontaine, en particulier *Les Doctrines d'art en France: peintres, amateurs, critiques de Poussin à Diderot*, Paris, Laurens, 1909.

respondance littéraire, Diderot envoie cette pique au peintre Bachelier: « Tous ces chercheurs de méthode n'ont point de génie », il se présente quatre ans plus tôt comme l'un des grands admirateurs du peintre, tout simplement parce qu'il vise à prendre fait et cause pour les expériences sur l'encaustique de Bachelier, contre les théories émises par Caylus sur ce même sujet. Pour reconstituer le procédé de la cire fondue, apprécié des Anciens, l'amateur travaillait à l'interprétation d'un écrit de Pline l'Ancien sur la peinture à l'encaustique. En mars 1755, un article du *Mercure de France* vantait sa supériorité sur les autres chercheurs. Le mois suivant Diderot entre en lice à son tour pour contester l'originalité des découvertes de Caylus ainsi que son interprétation de Pline et lance à son tour l'*Histoire et le secret de la peinture en cire*. La référence à l'Antiquité représente un enjeu de taille, car Diderot refuse ce qu'il appelle l'anticomanie, mais entend aussi se poser en connaisseur de l'antiquité classique et en partisan du « grand goût » contre les modernes trop attachés à un rococo dont il déplore les excès. Il s'agit de se démarquer de Caylus en luttant sur son propre terrain, tout en manifestant une différence dans l'organisation et le style du discours critique. Pour ce faire, le co-responsable de l'*Encyclopédie* exhibe d'abord ses connaissances en chimie, multiplie les termes techniques, tout en visant à clouer son rival au pilori de l'incompétence. Mais ce même discours est comme distancié voire discrédité par un système de notes qui réinsère un ton désinvolte et capricieux, tout en fustigeant le pédantisme de son rival: « Voilà une phrase très longue et très entortillée dont on sera mécontent. Si c'était la seule, je la corrigerais »[7]; ou encore: « Cette longueur n'a pas d'autre raison que la précédente. Ceux qui sont pressés de voir la fin, n'ont qu'à passer ce qui les ennuie »[8]. On peut à bon droit penser que plusieurs passages parodient le style de Caylus, car Diderot critique la sécheresse de l'amateur et son didactisme prétendument pesant. Il est également révélateur que les conditions qui auraient fait découvrir à Bachelier le procédé de la peinture en cire s'opposent à celles qui ont conduit Caylus à interpréter le texte de Pline. Le peintre tire, quant à lui, sa découverte d'un charmant hasard. Des

---

[7] Diderot, *L'Histoire et le secret de la peinture en cire*, Le Club français du livre, *Œuvres complètes* éd. Lewinter, 1969, t. 2, p. 797 note 1. Voir aussi Danielle Rice, « Jean-Jacques Bachelier et la redécouverte de la peinture à l'encaustique », in: *Jean-Jacques Bachelier, Peintre du Roi et de Madame de Pompadour*, Paris, édition d'art Somogy, 1999, pp. 67-74. Il s'agit du catalogue de l'exposition Bachelier qui s'est tenue au musée Lambinet à Versailles.

[8] *Ibid.*, note 3.

enfants de la maison dont il était pensionnaire s'amusèrent à jouer avec des boules de cire... Une de ces boules tomba dans un godet où M. Bachelier tenait de l'essence de térébenthine pour son usage; l'essence de térébenthine produisit son effet sur la cire; la boule fut dissoute, et tout le mérite de M. Bachelier fut alors de conjecturer, à l'aspect de cette dissolution fortuite, qu'on pourrait la substituer à l'huile qu'on emploie dans la peinture[9]. En revanche, Caylus se livrerait à une analyse laborieuse et stérile de Pline l'Ancien, puis revendiquerait à tort la paternité de cette redécouverte. D'un côté, Bachelier: le talent de l'inspiration, l'insouciance du véritable artiste qui oublie sa découverte parce qu'elle se révèle inefficace dans un premier temps, de l'autre un glossateur qui s'applique à déchiffrer un passage de Pline « où cet auteur en a fait mention [de la peinture à l'encaustique] comme il a parlé de beaucoup d'autres choses, c'est-à-dire d'une manière incorrecte, obscure et laconique »[10]. C'est bien une position de pouvoir que l'article de Diderot tente de saper par un discours dénonciateur, sarcastique et tout en chausse-trapes. Il convient d'empêcher l'amateur d'user de ses prétendues connaissances historiques et techniques pour prodiguer des conseils aux peintres et exercer sur eux une domination. N'a-t-il pas incité Vien à exécuter sous les yeux de ses confrères une tête de Minerve, où chacun crut reconnaître la véritable encaustique des Anciens? C'est bien l'exercice effectif d'une influence et une pseudo-légitimité consacrée par le discours académique qu'il faut à tout prix récuser.

La question de la postérité, à laquelle Diderot attribue l'importance que l'on sait, représente un autre sujet d'affrontement avec Caylus. En filigrane l'amateur est accusé d'être incapable de faire revivre le passé de Pline, le grand historien, et de mettre à jour son pouvoir évocateur. A une analyse prétendument froide, plate, appliquée, Diderot oppose une approche subjective, émotive, contagieuse et il évoque une musique si fine que peu d'oreilles l'ont sentie. Le véritable écrivain d'art doit être capable de trouver un style qui suggère, dans une entreprise mimétique, un équivalent musical de l'œuvre plastique ou sculpturale qu'il s'efforce de faire revivre. On devine que Caylus figure en arrière-plan de ce discours comme un repoussoir.

La *Correspondance littéraire*, que les articles soient de Grimm ou de Diderot (de Diderot selon Rocheblave), à de rares exceptions près, déni-

---

[9] *Ibid.*, p. 786.
[10] *Ibid.*, p. 788.

grent systématiquement les interventions de Caylus dans les deux académies dont il est membre. Lorsqu'il décide d'instaurer un prix d'expression,
la *Correspondance* du 1er décembre 1760 lui reproche de brûler les étapes. Avant de se livrer à l'étude des passions, les élèves auraient trouvé
plus de profit à étudier les belles formes de la nature tranquille.
« Concluons que M. le comte de Caylus a rendu un fort mauvais service à
nos jeunes gens en fondant un prix d'expression, et que, bien loin de
contribuer aux progrès de l'art, il aura hâté la corruption du goût ». On
relève le même parti pris pour les œuvres littéraires: *La Chauve-souris du
sentiment*, pièce en un acte, attribuée à Caylus, s'attire ce commentaire
laconique: « cette sale comédie est de M. le comte de Caylus, et n'a point
été jouée »[11]. Quant aux *Soirées du Bois de Boulogne ou Nouvelles françaises et anglaises*, elles sont présentées comme « un mauvais petit roman
qui a paru il y a vingt ans pour la première fois »[12]. Si Caylus publie un
ouvrage dont on ne peut décrier l'importance, la *Correspondance littéraire*
s'abstient alors de tout commentaire (15 février 1756).

La riposte de Caylus est franche et sans concession. On l'a parfois remarqué, l'amateur se situe souvent sous la bannière des adversaires des
Philosophes. En mai 1755, *l'Année littéraire*, le périodique de Fréron, soutient Caylus dans la querelle sur la peinture à l'encaustique. Dans un long
article, les arguments de Diderot sont passés au peigne fin: le journaliste
dénonce ses erreurs scientifiques, et juge peu vraisemblable le silence de
Bachelier sur sa découverte. L'on a moins remarqué que Caylus usait aussi
du vocabulaire anti-philosophique pour discréditer ceux qu'il considère
comme ses adversaires. Dans la lettre du 28 avril 1760 au père Paciaudi, il
s'en prend vertement à l'*Encyclopédie* à laquelle il relie, comme le font les
anti-philosophes, l'*Esprit* d'Helvétius:

> Vous avez peut-être su tout le train que l'Encyclopédie a fait à Paris. Les au-
> teurs avaient pris la modestie ecclésiastique, et sous le prétexte des arts, des
> sciences et des connaissances, il se sont faits sectaires, par des pages d'une mé-
> taphysique qui peut être d'autant plus dangereuse que le beau roman de l'Esprit
> dit tout et ne dit rien.[13]

Caylus dénonce le discours allusif et voilé que des esprits déterminés
dirigeraient contre les autorités légitimes et le pouvoir religieux. Voltaire
n'est pas épargné: son édition des œuvres de Corneille fait l'objet d'une

---

[11] *Correspondance littéraire, éd. cit*, t. II, p. 168.

[12] *Ibid.*, lettre du 15 août 1754, t. 2, p. 392.

[13] *Ibid.*, lettre du 15 août 1764.

critique en règle. Caylus lui reproche une approche vétilleuse des grandes œuvres du XVIIe siècle, la sacralisation du texte, le manque de référence à l'histoire, la constante mise en scène de soi comme figure omnipotente et privilégiée. C'est le sacre de l'écrivain moderne et, par avance, sa panthéonisation que l'amateur d'art entend récuser:

> Des douze volumes, il y en a plus de six de critique au bas de chaque page, et quelle critique! sans entrer dans les détails de jugement, de temps, de progrès, et de circonstances. Un vers corrigé par l'auteur même dans une seconde édition, est relevé avec l'aigreur d'un dévot qui n'a pu commettre le péché mortel qu'il relève.[14]

Quant à d'Alembert, surnommé ironiquement le marquis de Brandebourg, il représente l'arriviste de mauvaise compagnie, l'écrivain sans usages. Dans la plus pure tradition anti-philosophique, Paciaudi fustige le grand dirigeant de la secte, en même temps qu'il manifeste son admiration pour Watelet, l'amateur, de surcroît un modèle d'urbanité. N'existe évidemment aucun parti pris religieux dans la position de Caylus: sa condamnation des convulsionnaires atteste un rationalisme qu'il partage avec les Philosophes[15]. L'hostilité de Caylus à l'égard des Encyclopédistes rejoint l'anti-philosophie dans la mesure où celle-ci dénonce une stratégie d'infiltration visant à occuper les lieux de pouvoir intellectuel et à imposer un mode unique de pensée. Ce que dénonce l'amateur d'art quand il évoque ses adversaires, ce sont « leur plan de conduite pareille à celle des Jésuites »[16]. Au-delà de Diderot, c'est donc contre l'ensemble des mouvements philosophiques que Caylus s'insurge. Il est toute une conception de l'écrivain patenté, soucieux de reconnaissances symboliques et désireux d'imposer sa marque personnelle que l'amateur tourne en dérision en cultivant l'anathème ou la supercherie.

Quittons le domaine le domaine stratégique, pour aborder la question de fond. Dans un article remarquable, Krzysztof Pomian a déjà amplement traité la question[17]. Je me contenterai, pour ma part, d'analyser trois points: la question des légitimations, la relation de l'amateur et celle du critique

---

[14] Lettre à Paciaudi du 8 avril 1764.

[15] « Le motif de ces pauvretés ne peut être entendu ni expliqué par aucun homme raisonnable, et je trouve très- bien de ne pas les tourmenter, et de rendre, par cette indulgence, publiques leurs sottises. » Lettre n° 49, 16 février 1760, *op. cit.*, t. I, p. 143.

[16] *Ibid.*, t. I, p. XLIX.

[17] Krzysztof Pomian, « Médailles/coquilles = érudition/philosophie », *Studies on Voltaire*, 154, 1976.

d'art-philosophe avec les artistes, et enfin la mise en scène du discours critique.

Diderot conteste la légitimité du discours sur l'art produit par l'amateur qu'est Caylus. Dans la *Correspondance littéraire* du 1er mars 1763, à l'occasion de la mort de son rival personnel, il montre, preuve à l'appui, ce que doit faire le véritable critique d'art. Caylus venait de publier une vie de Bouchardon. Or, selon Diderot, l'amateur est incapable de s'élever jusqu'aux principes généraux de la création artistique et de définir clairement la poétique d'un genre, sans laquelle on ne peut espérer porter un jugement esthétique digne de ce nom. Si Caylus, le panégyriste de Bouchardon, ne parvient pas à rendre compte de l'œuvre du maître, c'est qu'il n'appuie pas sa démonstration sur une analyse rigoureuse des effets propres à l'art sculptural. En inscrivant dans l'espace une forme solide, le statuaire se trouve plus que le peintre soumis à une exigence d'unité formelle et à la globalité d'un projet qui lui interdit les repentirs. L'unicité du geste créateur appelle une saisie rapide du contemplateur:

> on ne pardonne rien au statuaire. Son morceau pèche-t-il par l'endroit le plus léger, ce n'est plus rien; un coup de ciseau donné à propos réduit le plus grand ouvrage au sort d'une production médiocre, et cela sans ressource; le peintre au contraire revient sur son travail, et le corrige tant qu'il lui plaît.[18]

D'autre part la théorie de l'imitation de la nature prônée par l'amateur, pour exacte qu'elle soit, ne suffit pas à rendre compte de la technique du statuaire, car les lois de la pesanteur excluent le choix de certains sujets. Le sculpteur doit user de béquilles, de supports, bref de palliatifs afin de jouer avec les contraintes matérielles, au risque de voir s'effondrer son œuvre. Certains sculpteurs usent avec maladresse de ces accessoires nécessaires:

> Voyez ces énormes trophées qu'on a placés sous les chevaux de la terrasse des Tuileries: quelle contradiction entre ces animaux ailés qui s'en vont à toutes jambes, et ces supports immobiles qui restent![19]

Les contraintes imposées par le matériau doivent être étudiées parallèlement à l'analyse des modes de réception spécifiques: « Je regarde un tableau; il faut que je m'entretienne avec une statue ». En filigrane, Diderot suggère une méditation sur le temps, provoquée par une idée inscrite dans une forme grande et forte. Ce préambule théorique constitue « la pâte » qui

---

[18] *Sur la sculpture, Bouchardon, et Caylus*, in: *Œuvres complètes, éd. cit*, t. V, pp. 289-90.

[19] *Ibid.*, pp. 290-91.

aurait dû nourrir, selon Diderot, le discours « sec et maigre » du comte de Caylus. Sans porter de jugement de valeur sur cette analyse, constatons seulement qu'elle a pour fin de révéler la supériorité du critique d'art-philosophe sur les simples amateurs. Parce qu'il a accès au savoir scientifique, et qu'il ne cesse de s'interroger sur son rapport à la vérité, le Philosophe serait mieux placé pour discourir sur les œuvres d'art.

Une dernière qualité lui permet de saisir l'inspiration de l'artiste: la perception immédiate du « génie » du peintre et de son enthousiasme, au lieu de la démarche historicisante froide et compassée de l'amateur, le fait entrer en sympathie avec l'œuvre. La jubilation qui transporte au delà de soi-même représente aussi un indice plus fort que le simple plaisir revendiqué par l'amateur.

Ultime légitimation du critique d'art et marque de sa supériorité: sa liberté par rapport aux puissances d'argent. Le thème revient de manière quasi obsessionnelle dans les *Salons* et les essais théoriques de Diderot: lorsque la possibilité d'accumuler des œuvres d'art l'emporte sur le jugement désintéressé, les lois du marché pervertissent la relation entre l'acheteur et les artistes. On connaît la célèbre diatribe du *Salon de 1767* dirigée peut-être contre Watelet, mais qui pourrait aussi bien s'adresser à Caylus:

> Ah! Mon ami, la maudite race que celle des amateurs! Il faut que je m'en explique, et que je me soulage, puisque j'en ai l'occasion. Elle commence à s'éteindre ici, où elle n'a que trop duré et fait trop de mal. Ce sont ces gens-là qui décident à tort et à travers des réputations; qui ont pensé faire mourir Greuze de douleur et de faim [notons que celui-ci fut un moment le protégé de Caylus]; qui ont des galeries qui ne leur coûtent guère; des lumières ou plutôt des prétentions qui ne leur coûtent rien; qui s'interposent entre l'homme opulent et l'artiste indigent; qui font payer au talent la protection qu'ils lui accordent; qui lui ouvrent ou ferment les portes; qui se servent du besoin qu'il a d'eux pour disposer de son temps; qui le mettent à contribution; qui lui arrachent à vil prix ses meilleures productions; qui sont à l'affût, embusqués derrière son chevalet; qui l'ont condamné secrètement à la mendicité, pour le tenir esclave et dépendant; qui prêchent sans cesse la modicité de fortune comme un aiguillon nécessaire à l'artiste et à l'homme de lettres, parce que si la fortune se réunissait une fois pour toutes au talent et aux lumières, ils ne seraient plus rien.[20]

Le pouvoir de l'amateur serait donc illégitime et despotique puisqu'il intervient à toutes les étapes de la production, de la circulation et de la réception de l'œuvre d'art: il entraverait la liberté de l'inspiration, la fantai-

[20] Diderot, *Salon de 1767*, in *Œuvres*, Laurent Versini éd., Paris, Laffont (coll. « Bouquins »), t. IV, p. 520.

sie du talent, et les foucades du génie; en abreuvant de ses conseils l'artiste dans son atelier, il entretiendrait ses protégés dans une nécessaire indigence pour maintenir sur eux leur emprise. Cette charge lourde et emportée, sans doute partiale, témoigne d'un très violent conflit de pouvoir. Elle construit aussi tout un imaginaire de l'aliénation de l'artiste. L'argent altérerait par principe les termes de l'échange et briserait même à sa source le pouvoir créateur en substituant les simulacres à la nature. S'en suivrait une quête des effets de mode, étrangers à l'art véritable.

Le Philosophe, parce qu'il entretient un lien direct avec la vérité et qu'il n'est pas asservi à des puissances extérieures, serait donc l'instance la mieux préparée pour s'adresser aux artistes et exprimer clairement ce qu'ils conçoivent confusément. Disposant de tous les savoirs, et doué en même temps d'une propension à la méditation rêveuse, Diderot se pose en maître du discours:

> Certainement, il y a un démon qui travaille au-dedans de ces gens-là et qui leur fait produire de belles choses sans qu'ils sachent ni comment ni pourquoi. C'est à l'éloge du philosophe à leur apprendre ce qu'ils valent.[21]

Dans ce passage essentiel de l'article sur Bouchardon, il attribue au critique d'art-philosophe et homme de lettres un monopole. C'est à lui et à nul autre qu'appartient la possibilité d'énoncer les principes aristotéliciens de la vraisemblance. Ce gardien avisé de la tradition du « grand goût » est donc en mesure de dire au créateur s'il a respecté inconsciemment ou consciemment, une fidélité minimale aux lois du monde physique. Le Philosophe est donc le mieux disposé à rectifier les erreurs commises contre « les lois constantes de la nature » et les « observations de la physique ». Cet argumentaire place le critique-philosophe dans une position en surplomb, la seule qui vaille à ses yeux. A la fois ambitieux, puisqu'il rappelle les principes du vrai et modeste, puisqu'il refuse de passer au crible d'une analyse critique le génie de l'artiste, en procédant comme Caylus à une étude historicisante et technique des œuvres, illégitime parce que réductrice: « Et voilà aussi la tâche du philosophe: car pour les parties et le mécanisme de l'art, il faut être artiste pour en apprécier le mérite »[22], qualité que Diderot dénie précisément à Caylus.

Reste l'organisation du discours critique, qui doit aussi s'opposer à celui de Caylus. Si l'amateur se fie, comme le dit Diderot, à son « tact aveu-

---

[21] *Sur la sculpture, Bouchardon et Caylus, éd. cit*, p. 296.
[22] *Ibid.*, p. 297.

gle », le critique-philosophe de la *Correspondance littéraire* entend, inversement, s'ouvrir à la parole de l'autre, lorsqu'il procède à des jugements de valeur:

> Y aurait-il, comme ils le prétendent [il s'agit des amateurs], un tact donné par la nature et perfectionné par l'expérience, qui leur fait prononcer d'un ton aussi sûr que despotique: Cela est bien, voilà qui est mal, sans qu'ils soient en état de rendre compte de leurs jugements? Il me semble que cette critique-là n'est pas la vôtre. [il s'adresse à Grimm]. J'ai toujours vu qu'un peu de contradiction de ma part et de réflexion de la vôtre amenait la raison de votre éloge ou de votre blâme.[23]

Diderot évoque ici la nécessaire présence d'une mise en scène de la contradiction et plus largement d'un obstacle, d'une résistance fictive ou réelle, dans la quête de la vérité, ce que nous appelons une relation dialogique. En revanche, le « tact aveugle » de Caylus fait surgir de multiples reproches: l'émotion esthétique exclusivement fortifiée par l'expérience entraînerait tout un lot de limitations et d'écueils: étroitesse du jugement assené sans recherche ni médiation, petitesse d'esprit.

Il va sans dire qu'il ne s'agit pas pour nous de prendre parti dans cet affrontement évidemment partial. Nous l'avons dit, ce conflit témoigne d'une rivalité qui offre à la fois une part de sincérité et d'artifice, de réalité et d'imaginaire. On a parfois l'impression que les acteurs en présence sont comme contraints d'accentuer les différences statutaires qui les opposent de fait, pour imposer leurs marques. Il existe aussi un puissant imaginaire social. Le philosophe s'en prend évidemment au grand seigneur qui occupe des lieux de pouvoir institutionnel, en légitimant sa fonction par la maîtrise de l'érudition. Pour les Philosophes, le pur savoir accumulé est privé de sens, s'il n'est pas sous-tendu par un dessein qui le transcende. Cette rivalité implique aussi des discours stratégiques qui ne coïncident pas nécessairement avec les pratiques. Après tout, Diderot qui reproche à l'amateur d'entraver la spontanéité du créateur et de pervertir la relation entre l'artiste et le public, n'a-t-il pas été lui-même courtier auprès de Catherine II? En un sens, aussi, les goûts de Caylus dans le domaine pictural peuvent nous sembler plus ouverts que ceux du critique-philosophe, condamnant comme on le sait, les chefs-d'œuvre du rococo. En fait Diderot tente de discréditer son adversaire en s'attribuant le monopole du discours théorique sur l'art, et en laissant entendre que le Philosophe est le seul à échapper aux déterminations sociales qui contaminent ou dévoient le jugement

---

[23] *Ibid.*, p. 291.

esthétique. S'inscrivant dans la grande tradition platonicienne lorsqu'il est question d'échapper aux obstacles impurs qui entravent la relation à la vérité, le « philosophe » nouvelle manière, en dépit de ses interventions orientées sur la scène publique, se situerait dans une position d'extériorité absolue qui légitimerait de manière irrécusable le discours sur l'art. Rendons-nous à l'évidence: le fossé qui sépare les deux adversaires est infranchissable.

WINCKELMANN ET CAYLUS

ENQUÊTE SUR LES RAPPORTS DE L'HISTOIRE DE L'ART AU SAVOIR ANTIQUAIRE

ÉLISABETH DÉCULTOT

CNRS, Paris

Winckelmann (1717-1768) fait paraître sa *Geschichte der Kunst des Altertums* (*Histoire de l'art dans l'Antiquité*) en 1764, ouvrage qu'il veut aux fondements d'une discipline nouvelle: l'histoire de l'art. L'écrivain entend être le premier à proposer un tableau historique cohérent des métamorphoses de l'art à travers les peuples antiques, depuis les Egyptiens jusqu'aux Romains, en passant par les Phéniciens, les Perses, les Etrusques et les Grecs. Douze ans auparavant cependant, dans le premier volume de son *Recueil d'antiquités* (1752), le comte de Caylus avait, en termes plus discrets, tracé les linéaments d'une « histoire des arts » qui paraît étrangement proche, dans sa structure, de celle de Winckelmann:

> On [...] voit [les arts] formés en Egypte avec tout le caractère de la grandeur; de là passer en Etrurie, où ils acquièrent des parties de détail, mais aux dépens de cette même grandeur; être ensuite transportés en Grèce, où le savoir joint à la noble élégance les a conduits à leur plus grande perfection; à Rome,

Liste des abréviations utilisées:

BN All. – Bibliothèque Nationale de France, cabinet des manuscrits, fonds allemand (suit la référence précise au volume et au folio).

GdK – J. J. Winckelmann, *Geschichte der Kunst des Altertums*, Darmstadt, 1993 (réimpression de l'édition de Vienne de 1934, d'après la 1ère édition de 1764, chez Walther, à Dresde).

Paciaudi – *Correspondance inédite du comte de Caylus avec le Père Paciaudi, théatin (1757-1765)*, Charles Nisard éd., 2 vols, Paris 1877.

Recueil – Caylus, *Recueil d'antiquités égyptiennes, étrusques, grecques et romaines*, 7 vols, Paris, 1752-1767.

WB – J. J. Winckelmann, *Briefe*, éd. par Walther Rehm en collaboration avec Hans Diepolder, 4 vols, Berlin, 1952-1957.

enfin, où sans briller autrement que par des secours étrangers, après avoir lutté quelque temps contre la barbarie, ils s'ensevelissent dans les débris de l'Empire.[1]

Cette parenté n'est pas le fruit d'un rapprochement contingent, le produit d'un regard niveleur et lointain, posé depuis l'ultime fin du XXe siècle sur des œuvres publiées plus de deux cents ans auparavant. Elle n'a pas manqué de frapper les lecteurs du XVIIIe siècle eux-mêmes. En Allemagne, Johann Gottfried Herder, Christian Gottlob Heyne et Friedrich August Wolf, par exemple, établissent un lien de filiation direct entre le *Recueil d'antiquités* de Caylus et la *Geschichte der Kunst* de Winckelmann[2]. Qu'en est-il de cette filiation présumée? Winckelmann a-t-il emprunté à Caylus les principes de son projet historique?

La question est d'importance. Pour l'historiographie allemande, tout d'abord, elle recouvre un enjeu national précis. Winckelmann, qu'elle considère traditionnellement comme l'inventeur de la *Kunstgeschichte*, aurait-il usurpé ce titre de fondateur? Aurait-il eu en la personne de Caylus un prédécesseur quelque peu oublié par la postérité? Très vite, l'interrogation déborde le cadre germanique pour revêtir une dimension plus générale. Qu'en est-il du rapport entre savoir antiquaire et histoire de l'art au XVIIIe siècle? En quoi l'œuvre de Caylus se distingue-t-elle de celle de Winckelmann? Les relations de Caylus et de Winckelmann engagent, on le voit, une réflexion centrale sur l'ordre des savoirs à l'époque des Lumières.

Relations personnelles

Au plan strict des témoignages biographiques, les relations entre Winckelmann et Caylus semblent n'avoir guère été amènes. Les deux hommes, séparés d'une génération, ne se sont ni rencontrés, ni même directement écrit. Ils se sont en revanche beaucoup lus. Winckelmann rédige à partir du *Recueil d'antiquités* de Caylus d'importantes notes de lecture,

---

[1] *Recueil*, vol. 1 (1752), pp. IX-X.

[2] Pour la référence à Caylus comme pendant à Winckelmann, cf. Johann Gottfried Herder, *Denkmal Johann Winckelmanns* (1778), in: *Schriften zur Ästhetik und Literatur 1767-1781*, Gunter E. Grimm éd., Francfort/Main, 1993 (*Werke in zehn Bänden*, vol. 2), pp. 655, 657; Christian Gottlob Heyne, *Lobschrift auf Winckelmann* (1778), in: *Die Kasseler Lobschriften auf Winckelmann*, Arthur Schulz éd., Berlin, 1963, pp. 21-22; Friedrich August Wolf, *Winckelmanns Studienzeit* (1805), in: *Kleine Schriften in lateinischer und deutscher Sprache*, G. Bernhardy éd., 2 vols, Halle, 1869, vol. 2, p. 737.

actuellement conservées à la Bibliothèque Nationale de France – comme la quasi totalité de sa bibliothèque manuscrite (cf. ill. n° 1)[3]. Cependant, comme toujours lorsqu'il se sent une dette importante envers un contemporain, l'écrivain allemand n'avoue jamais ses emprunts. Lorsque d'aventure il se réfère explicitement aux travaux de son homologue français, c'est pour le critiquer sévèrement. « [Caylus] est un homme qui a le don de dire beaucoup de choses sur rien », « [il] se trompe car il n'en sait pas assez »[4]. L'hostilité de Winckelmann envers Caylus est tout d'abord de principe. Le *Recueil d'antiquités* incarne à ses yeux tous les défauts de la tradition antiquaire: curiosité éclectique, incapacité à ordonner le divers des monuments dans un ordre rigoureux – autant de caractéristiques dont la *Geschichte der Kunst* se veut le contre-modèle. Mais l'opposition est aussi de détail. Winckelmann aime à souligner les informations douteuses de l'antiquaire français, ses descriptions de seconde main, ses confusions les plus patentes entre le grec et le romain. Dans un essai sur Herculanum de 1762, il reproche à Caylus d'avoir donné pour un original antique une mauvaise copie de l'Italien Giuseppe Guerra. En un mot, Caylus a été la dupe d'un vulgaire faussaire[5]. Cette hostilité se traduit par une rivalité mesquine sur le terrain archéologique. Winckelmann, qui jouit d'un grand prestige à Rome où il réside depuis 1755, tente par tous les moyens de fermer à son homologue français la porte des collections italiennes d'antiquités. En 1757 par exemple, il s'ingénie à empêcher les émissaires de Caylus d'accéder à la collection du cardinal Alessandro Albani, son protecteur et ami – une hostilité qui deviendra plus efficace encore lorsqu'il sera nommé, en 1763, « préfet des antiquités de Rome », c'est-à-dire responsable en chef du patrimoine archéologique romain[6].

---

[3] Pour une analyse de cette bibliothèque manuscrite, qui joua un rôle central dans la genèse de l'œuvre winckelmannienne, cf. E. Décultot, *Johann Joachim Winckelmann. Enquête sur le genèse de l'histoire de l'art*, Paris, 2000.

[4] WB 370, lettre à Wilhelm von Stosch, 26 juillet 1760, vol. 2, p. 96; WB 444, lettre à Leonhard Usteri, 3 octobre 1761, vol. 2, p. 182.

[5] J. J. Winckelmann, *Sendschreiben von den Herculanischen Entdeckungen an […]Heinrich Reichsgrafen von Brühl* (1762), Stephanie-Gerrit Bruer et Max Kunze éds, Mayence, 1997, p. 87. Caylus a été sensible à cette attaque, cf. lettre de Caylus au Père Paciaudi du 22 septembre 1760, in: *Paciaudi*, vol. 1, p. 208. On trouve par ailleurs quelques allusions neutres à la collection de Caylus dans la *Geschichte der Kunst*, cf. GdK, pp. 62, 81; ainsi que dans la *Description des pierres gravées du feu baron de Stosch*, Florence, 1760, pp. 21, 184, 230, 376, 453, 456, 468.

[6] WB 196, lettre à Stosch, 10 décembre 1757, vol. 1, p. 317; WB 198, lettre à Wille, [1ère moitié de décembre 1757], vol. 1, p. 320; WB 375, lettre à Stosch, 4

En retour, Caylus nourrit à l'endroit de Winckelmann des sentiments à l'évidence mêlés. En apparence, certes, il semble éprouver pour lui une grande considération. Il lit avec intérêt sa *Description des pierres gravées du feu baron de Stosch* (1760) et participe en 1763 à la souscription de l'avant-dernière œuvre de Winckelmann, les *Monumenti antichi inediti* (1767)[7]. C'est même à son initiative que le *Sendschreiben von den Herculanischen Entdeckungen* (1762) est traduit en français, une publication qui lui coûta beaucoup d'argent et assura à Winckelmann une renommée dans l'Europe entière[8]. Pourtant, cette sollicitude apparente cache des sentiments beaucoup moins généreux. Le projet de traduction du *Sendschreiben* n'est en effet nullement dénué d'arrière-pensées fielleuses. Caylus, qui sait les manigances de Winckelmann contre lui à Rome, a vu dans cette entreprise l'occasion de brouiller son confrère avec une partie importante des antiquaires italiens, dans le cercle de l'Académie de Naples notamment. Il comptait par là lui interdire l'accès au site d'Herculanum. Le *Sendschreiben* contenait en effet beaucoup d'attaques contre les érudits napolitains, passées quelque peu inaperçues dans la version allemande. En conférant à cette étude une diffusion beaucoup plus large par le biais du français, il espérait entamer sérieusement les relations de Winckelmann avec ses pairs italiens, ce qui ne manqua pas d'arriver[9].

Une prémisse commune: ce que valent les objets

L'ambivalence de ces relations personnelles trouve un exact pendant dans l'ambiguïté de leurs affinités intellectuelles. D'un côté, en effet, Caylus et Winckelmann partagent quelques convictions fortes dans leurs

octobre 1760, vol. 2, p. 102; W*B* 629, lettre à Wille, 28 janvier 1764, vol. 3, p. 13.

[7] J. J. Winckelmann, *Description des pierres gravées du feu baron de Stosch*, Florence, 1760; *Monumenti antichi inediti*, 2 vols, Rome, 1767. Pour l'intérêt de Caylus pour ces deux ouvrages, cf. lettres de Caylus au Père Paciaudi, 24 octobre et 4 décembre 1763, in: *Paciaudi*, vol. 1, pp. 374, 383.

[8] La correspondance de Caylus avec le Père Paciaudi fournit la chronique de cette traduction. Caylus avait d'abord confié le travail à un traducteur incompétent, dont il ne donne pas le nom. Cette première version, illisible, a dû être totalement remaniée par un second traducteur, Michael Huber, ainsi que par Pierre-Jean Mariette. Elle paraît en 1764 chez Tilliard à Paris sous le titre: *Lettre de M. l'abbé Winckelmann... à M. le comte de Brühl... sur les découvertes d'Herculanum.*

[9] Lettre de Caylus au Père Paciaudi, entre le 10 et le 21 mai 1765, in: *Paciaudi*, vol. 2, pp. 123-24. Pour ces querelles entre Caylus et Winckelmann, cf. également Carl Justi, *Winckelmann und seine Zeitgenossen*, 3 vols, Leipzig, 1898, vol. 2, p. 368 ss.

recherches communes sur les antiquités, au premier rang desquelles le statut de l'objet. Une idée préside en effet aux travaux de l'un comme de l'autre: le monument doit être la source première du savoir, une source dont l'autopsie seule peut rendre fidèlement compte. Caylus se prévaut de ne faire figurer dans son *Recueil* que des objets examinés par lui-même, des pièces qui ont transité par sa propre collection. « Je me suis borné », annonce-t-il au tout debut de son ouvrage, « à ne publier dans ce *Recueil* que les monuments qui m'appartiennent, ou qui m'ont appartenu. Je les ai fait dessiner avec la plus grande exactitude et j'ose dire que les descriptions ne sont pas moins fidèles »[10]. La cible de ces professions d'empirisme strict est double. Il s'agit tout d'abord de se démarquer d'antiquaires imprécis, qui, à l'instar de Bernard de Montfaucon par exemple, osaient représenter dans leurs ouvrages des objets qu'ils n'avaient nullement observés eux-mêmes. Mais il s'agit plus encore de se démarquer d'une autre tradition, puissante et rivale: la philologie. Une antinomie fondamentale parcourt en effet l'œuvre archéologique de Caylus: lire *versus* voir – un motif en réalité présent dans le discours archéologique depuis la Renaissance[11]. L'antiquaire français ne cesse d'affirmer la dignité de l'objet face à la suprématie du texte. Les statues, les pierres gravées, les médailles constituent des sources de savoir au moins aussi sûres que les manuscrits et les imprimés.

Winckelmann s'inscrit directement dans cette lignée. Depuis son installation à Rome, il ne cesse d'en appeler à l'antinomie du texte et de l'objet. « Lorsque l'on parle des antiquités à partir des livres, sans les avoir vues soi-même, on les voit à demi », annonce-t-il dès 1755, quelques jours seulement après son arrivée dans la ville pontificale[12]. La *Geschichte der Kunst* développera à loisir ce motif:

> Quelques ouvrages ont déjà paru sous le titre d'histoire de l'art. Mais l'art n'y a que peu de part, car leurs auteurs ne se sont pas suffisamment familiarisés avec lui et ne pouvaient par conséquent rien livrer qu'ils ne tinssent des livres ou

---

[10] *Recueil*, vol. 1 (1752), p. I.

[11] Pour ce motif, cf. Alain Schnapp, *La conquête du passé. Aux origines de l'archéologie*, Paris, 1993, pp. 136, 150 ss., 156 ss., 219 ss., 380 ss.; Eve Gran-Aymerich, *Naissance de l'archéologie moderne, 1798-1945*, Paris, 1998, pp. 23-62. En 1587, par exemple, A. Agostino écrivait dans les *Diologos de medallas, inscriciones y otras antiguedadas*: « J'ai plus de foi dans les médailles, les tablettes et le pierres qu'à tout ce qu'écrivent les écrivains » (cf. A. Schnapp, *op. cit.*, p. 155).

[12] W*B* 121, lettre à Francke, 7 décembre 1755, vol. 1, p. 191.

qu'ils n'eussent appris par ouï-dire.[13]

Cette dichotomie entre lire et voir revêt pour Winckelmann un double intérêt. Dans l'ordre autobiographique, elle lui permet tout d'abord de dresser
une image avantageuse de lui-même, de styliser sa vie en récit dynamique,
marqué par une césure existentielle forte. En passant de l'Allemagne à
Rome, l'écrivain allemand se serait hissé de l'univers confiné des bibliothèques poussiéreuses aux terrasses lumineuses des palais romains. Mais
cette dichotomie recouvre un enjeu épistémologique plus déterminant encore. Elle permet à Winckelmann de se poser en fondateur d'une discipline
nouvelle: l'histoire de l'art. Avec la *Geschichte der Kunst*, le discours historique sur l'art, qui s'était jusqu'alors fondé sur les *textes* anciens, sur les
descriptions *littéraires* d'œuvres et d'artistes, en un mot sur la référence à
une tradition *écrite* héritée de l'Antiquité, se fonderait désormais sur
l'observation directe des œuvres. Winckelmann entend être le premier à
faire parler les statues avant de laisser parler les textes.

  Mais la convergence de Winckelmann et de Caylus va bien au-delà de
ces convictions empiristes. Elle touche au statut artistique de l'objet même.
Pour Caylus comme pour Winckelmann, les antiquités ne sont pas, contrairement à ce qu'une longue tradition antiquaire avait voulu y voir, un sujet
de savoir strictement érudit, visant à reconstituer l'origine, la fonction et
les occurrences diverses du matériau exhumé. Elles sont aussi et surtout un
sujet d'analyse *esthétique*. En d'autres termes, ce qui pour la tradition archéologique antérieure avait d'abord été *objet de science* devient pour les
deux écrivains avant tout *œuvre d'art*. Les antiquités intéressent Caylus et
Winckelmann en ce qu'elles fournissent le support idéal d'un discours sur
le beau. « Les arts », indique Caylus dans la préface à son *Recueil*, « sont
en quelque façon l'objet principal de cet ouvrage »[14]:

> La forme, le trait et les détails de chaque monument sont devenus mes règles en
> plusieurs occasions et je n'ai pas eu lieu de m'en repentir. Quoique jusqu'ici on
> ait peu suivi cette manière d'écrire sur les antiquités, je la crois cependant très
> utile; elle est du moins très propre à donner aux artistes quelques idées des bel-
> les formes.[15]

Une thématique que Winckelmann, lecteur attentif de Caylus, développe à son tour en introduction à la *Geschichte der Kunst*:

---

[13] *GdK*, pp. 9-10.
[14] *Recueil*, vol. 1 (1752), pp. XI-XII.
[15] *Ibid.*

Aucun écrivain ne nous introduit à ce qu'est l'art dans son essence et dans sa vraie nature. Ceux qui traitent d'antiquités se bornent aux sujets qui leur permettent d'étaler leur érudition. Quant à ceux qui parlent de l'art, ils le font dans des dithyrambes vagues, ou appuient leur jugement sur des arguments erronés et étrangers à l'art. [...].

On cherchera en vain une analyse et une connaissance de l'art dans les gros et précieux ouvrages qui contiennent les descriptions de statues découvertes jusqu'à maintenant. La description d'une statue doit démontrer l'origine de sa beauté et indiquer la particularité de son style artistique: on doit donc aborder la question de l'art avant de pouvoir parvenir à un jugement sur ces œuvres d'art. Mais où nous enseigne-t-on en quoi la beauté d'une statue consiste? Quel écrivain l'a examinée avec les yeux d'un artiste éclairé? Ce qui a été écrit à notre époque sur cette question ne vaut guère mieux que les statues de Callistrate: ce piètre sophiste aurait pu décrire dix fois plus de statues sans en voir une seule. Nos idées se rétrécissent à la lecture de la plupart de ces descriptions. Ce qui a été grand ne fait plus qu'un pouce.[16]

Il y a d'ailleurs fort à parier que Winckelmann se soit directement inspiré du modèle de Caylus sur ce point. La seule qualité qu'il reconnaisse en effet officiellement à son travail – au milieu d'un nombre conséquent de reproches – touche précisément à l'analyse des styles. « A [Caylus] », écrit-il en italien à son ami Bianconi, « revient la gloire d'avoir ouvert le premier le chemin qui, en art, révèle la substance du style des anciens peuples »[17].

Certes, une divergence lexicale majeure semble séparer les deux auteurs. Là où Winckelmann emploie le mot « Kunst » au singulier, Caylus parle encore des « arts » au pluriel, comme s'il participait encore de cette tradition où le mot « art » signifiait d'abord « artisanat ». Mais la divergence n'est qu'apparente. L'art de Caylus s'est déjà largement affranchi de l'acception artisanale qu'il possédait encore dans l'*Antiquité expliquée* de Montfaucon, un ouvrage qui n'hésitait pas, par exemple, à ranger les outils des agriculteurs et les instruments des boulangers sous cette catégorie. Il ne se perd plus dans la profusion des produits de la culture matérielle. Ce que Caylus et Winckelmann guettent de concert, c'est bien l'épiphanie de l'art au singulier, c'est-à-dire d'une entité autonome investie de qualités strictement esthétiques. Pour l'un comme pour l'autre, la science antiquaire doit avant tout être une science du beau.

---

[16] *GdK*, p. 10.
[17] W*B* 224, lettre à Lodovico Bianconi, 22 juillet 1758, vol. 1, p. 394.

Un point d'achoppement: ce que disent les objets

Par-delà ces convergences fortes, des différences se font néanmoins jour entre les deux auteurs, qui expliquent l'ambiguïté de leurs relations. S'ils occupent une place centrale chez l'un comme chez l'autre, les objets n'y sont en effet pas investis de la même qualité heuristique. Pour Caylus, ils ont, par leur matérialité même, valeur de preuve absolue. L'antiquaire doit en quelque sorte être le « physicien » de l'histoire[18]. Sa collection est, au sens propre, son laboratoire. L'objet y revêt la même valeur que l'expérience en physique: il est la source unique du savoir, l'ultime mesure de la vérité:

> Je voudrais qu'on cherchât moins à éblouir qu'à instruire et qu'on joignît plus souvent aux témoignages des Anciens la voie de la comparaison *qui est pour l'antiquaire ce que les observations et les expériences sont pour le physicien.* L'inspection de plusieurs monuments rapprochés avec soin en découvre l'usage, comme l'examen de plusieurs effets de la nature combinés avec ordre en dévoile le principe. Et telle est la bonté de cette méthode que *la meilleure façon de convaincre d'erreur l'antiquaire et le physicien, c'est d'opposer au premier de nouveaux monuments et au second de nouvelles expériences.*[19]

Dans le strict respect de ce paradigme expérimental, Caylus refuse les conjectures lorsque les monuments se taisent. Il faut, annonce-t-il en 1752, « oser ignorer »[20], c'est-à-dire laisser des béances s'introduire dans le discours, abandonner le rêve d'un récit linéaire. Les monuments sortis de terre constituent une chaîne perpétuellement interrompue, brisée, lacunaire, que tout discours continu, et plus encore tout commentaire à thèse, trahit nécessairement.

L'usage du monument comme preuve est loin d'être aussi radical chez Winckelmann. Conformément à une tradition archéologique ancienne – dont il avait notamment trouvé la trace chez Montfaucon[21] – Winckelmann se réserve en effet le droit, malgré toutes les professions d'empirisme strict, de formuler parfois des conjectures, de quitter le terrain des certitudes tangibles pour aborder celui de la probabilité, lorsque la matière reste muette.

---

[18] Pour la postérité de ce paradigme expérimental dans la tradition archéologique du XIXe siècle en France, cf. A. Schnapp, *op. cit.*, pp. 333 ss.

[19] *Recueil*, vol. 1 (1752), pp. III-IV (je souligne).

[20] *Ibid.*, p. III.

[21] Cf. Bernard de Montfaucon, *L'Antiquité expliquée et représentée en figures*, 15 vols, Paris, 1719-1724, vol. 1, pp. VI-VII: « Ma maxime est de ne rien dire sur chaque chose en particulier que ce qu'on peut savoir de sûr *ou de fort probable* » (je souligne).

Au cœur de l'introduction à la *Geschichte der Kunst*, il place ainsi cet éloge de l'hypothèse:

> J'ai osé avancer quelques idées qui peuvent paraître insuffisamment corroborées. Peut-être pourront-elles cependant faire progresser d'autres personnes désireuses d'explorer l'art antique. Combien de fois une conjecture n'est-elle pas devenue vérité par l'effet d'une découverte ultérieure! Les conjectures, celles qui se rattachent au moins par un fil à un socle stable, ne doivent pas davantage être bannies d'un texte de ce genre que les hypothèses dans les sciences de la nature. Elles sont pour ainsi dire l'échafaudage du bâtiment. Elles deviennent même indispensables lorsque l'on se refuse à sauter à grandes enjambées par-dessus des lacunes nombreuses, étant donné notre manque de connaissances en matière d'art antique. Parmi quelques causes que j'ai avancées au sujet de choses encore obscures, elles ne font, prises une à une, qu'introduire quelque vraisemblance. Mais réunies ensemble et reliées les unes aux autres, elles constituent une preuve.[22]

La démonstration est pour le moins osée. En termes de logique, elle se résume à ceci: une somme de conjectures suffit pour Winckelmann à constituer une preuve.

Le fragment contre le système

Entre Caylus et Winckelmann, on le voit, la divergence est finalement profonde. Dans son souci de fonder l'archéologie en science exacte, Caylus sacrifie ce qui tient le plus à cœur à Winckelmann: l'exposé d'un panorama complet et cohérent, l'esquisse d'un tableau général de l'art antique, sans lacune ni béance. Caylus, d'ailleurs, avait pleinement pris la mesure de cette divergence. Sa correspondance avec le Père Paolo-Maria Paciaudi regorge d'invectives contre l'antiquaire allemand. « Je suis content de lui par rapport à Herculanum », concède-t-il, « mais je continue à ne pas l'être de la façon dont il traite les arts ». Winckelmann est accusé de « s'échauffer » des arts plus que de les entendre, de « se battre les flancs [...] pour élever des comparaisons de la nature de l'antique », en d'autres termes, de quitter le terrain de l'expérience pour échafauder quelque théorie générale, et nécessairement fausse[23]. Car une règle prévaut pour Caylus:

> il n'y a pas de thèse générale sur les monuments, et un coup de pied donné au hasard est capable de démentir les propositions de tous les antiquaires, présents,

---

[22] *GdK*, p. 18.
[23] Lettres de Caylus au Père Paciaudi, 23 janvier 1764, 5 février 1764, 26 février 1764 et 1er juillet 1764, in: *Paciaudi*, vol. 1, pp. 410, 414 ss., 423 et vol. 2, p. 15.

passés et futurs.[24]

Dans son principe même, la *Geschichte der Kunst*, panorama synthétique de la marche de l'art à travers l'histoire, est, pour Caylus, irrecevable.

L'effet le plus visible de cette divergence apparaît dans la forme de leurs ouvrages respectifs. Débris de vases, tessons d'amphores, parcelles de fresques: ce que le comte de Caylus aime à souligner dans les monuments antiques, c'est leur caractère intrinsèquement fragmentaire, qui ne se laisse saisir qu'à travers une forme à son tour fragmentaire, le recueil. Les antiquaires, insiste-t-il au début de son ouvrage,

> auraient dû observer que parmi les restes précieux d'antiquités qui sont venus jusqu'à nous, il s'en trouve un grand nombre qui, n'étant que de simples fragments, ne sauraient indiquer le tout dont ils sont détachés.[25]

Seule la composition a-systématique, cumulative, éclatée de ces thesaurus d'objets rend fidèlement compte, à ses yeux, d'une caractéristique centrale du savoir sur l'antique: son intrinsèque incomplétude – une idée totalement opposée aux principes de Winckelmann. Ce qui importe à Winckelmann, en effet, c'est l'intégrité de la fresque, l'exhaustivité du panorama des peuples, l'harmonie sans faille du déroulement cyclique – le système en un mot, ce « *Lehrgebäude* » qu'il n'hésite pas à édifier au prix d'innombrables ravaudages, ajouts et dissimulations[26]. Là où Winckelmann tente le récit historique, c'est-à-dire le lien et la synthèse, là où il ose l'épopée de l'art, Caylus se choisit collectionneur, assumant aussi toutes les apories de cet état. Si le collectionneur dit rêver de complétude, il sait aussi cet horizon inaccessible: sa condition est l'éparpillement, la lacune et le manque.

Prégnance et subversion du paradigme philologique

Par-delà ces divergences s'esquisse un antagonisme plus profond encore, qui tient au rapport de l'objet et du texte. Caylus ne savait, comme l'ont perfidement noté quelques contemporains, ni le grec ni le latin[27]. Doué de talents certains pour les arts, il était dépourvu de la formation philologique qui caractérisait ses pairs. De cette infirmité, il a fait le principe d'une redistribution des savoirs:

---

[24] Lettre de Caylus au Père Paciaudi, 20 novembre 1763, in: *ibid.*, vol. 1, p. 380.

[25] *Recueil*, vol. 1 [1752], pp. II-III.

[26] *GdK*, p. 9.

[27] Cf. le portrait très caustique qu'en donne Jean-François Marmontel, in: *Mémoires d'un père*, Paris, 1827, vol. 1, pp. 352-53.

Lorsque j'ai commencé à faire graver cette suite, j'ai eu d'abord en vue l'homme de lettres, qui ne recherche dans les monuments que les rapports qu'ils ont avec les témoignages des Anciens. J'ai saisi ces rapports quand ils se sont présentés naturellement, et qu'ils m'ont paru clairs et sensibles; mais n'étant ni assez savant, ni assez patient pour employer toujours cette méthode, je lui ai souvent préféré une autre, qui intéressera peut-être ceux qui aiment les arts: elle consiste à étudier fidèlement l'esprit et la main de l'artiste, à se pénétrer de ses vues, à le suivre dans l'exécution, en un mot, à regarder ces monuments comme la preuve et l'expression du goût qui régnait dans un siècle et dans un pays.[28]

L'antiquaire doit s'affranchir de la tutelle de l'homme de lettres, l'objet, s'émanciper de l'allégeance à la tradition écrite. Il faut, en d'autres termes, fonder la science antiquaire en discipline autonome – une discipline dont le but n'est plus d'abord d'éclairer les textes, d'infirmer ou de confirmer la thèse des manuscrits, mais de rendre compte des objets eux-mêmes, hors de toute perspective philologique. A cette fin, Caylus esquisse les linéaments d'une herméneutique nouvelle, dont la maxime principale est indiquée dès les premières pages de son *Recueil*: le monument s'explique par le monument seul.

Les monuments antiques sont propres à étendre les connaissances. Ils expliquent les usages singuliers, ils éclaircissent les faits obscurs ou mal détaillés dans les auteurs, ils mettent le progrès des arts sous nos yeux et servent de modèles à ceux les cultivent. Mais il faut convenir que les antiquaires ne les ont presque jamais envisagés sous ce dernier point de vue: *ils ne les ont regardés que comme le supplément et les preuves de l'histoire, ou comme des textes isolés, susceptibles des plus longs commentaires.* Il leur était difficile de ne point abuser d'un savoir acquis par la lecture des Anciens, dont ils étaient remplis; aussi l'ont-ils prodigué quelquefois sur des sujets qui pouvaient tout au plus donner lieu à quelques conjectures.[29]

Les objets se suffisent à eux-mêmes. Leur sens ne provient pas du texte, mais de leur mise en relation avec d'autres objets. Avec Caylus, l'univers des objets tend à conquérir une autonomie forte par rapport au monde de l'écriture.

Rien de tel chez Winckelmann. De la tradition antiquaire, ce dernier a en effet retenu un élément essentiel: l'ambivalence de son rapport au texte. Malgré ses revendications d'autonomie, l'archéologie continue jusqu'au cœur du XVIIIe siècle d'être principalement saisie à travers le prisme de la philologie. C'est d'abord à des fins philologiques que l'antiquaire accomplit son travail: il s'agit, en dernière instance, de compléter, de rectifier ou

---

[28] *Recueil*, vol. 1 (1752), pp. VI-VII.
[29] *Ibid.*, pp. II-III. Je souligne.

d'appuyer par l'étude des objets la leçon des textes. C'est bien dans la continuité directe de cette tradition que Winckelmann se situe. « En analysant les œuvres d'art antiques, mon plus grand plaisir a été de pouvoir expliquer ou rectifier grâce à elles un auteur ancien », annonce-t-il dans la préface aux *Anmerkungen über die Geschichte der Kunst* de 1767[30] – une idée réitérée au seuil des *Monumenti antichi inediti.* Les monuments occupent certes une place majeure dans son œuvre, mais c'est avant tout en ce qu'ils possèdent une propriété singulière: éclairer les textes. La visée ultime de l'enquête antiquaire reste d'ordre philologique. A cela, une raison historique forte, amplement développée dans les *Monumenti:* dans la culture grecque, la matrice du savoir est non pas la forme figurative, mais la fable, non pas la plastique, mais l'écrit. C'est de la référence à la poésie – et notamment à la poésie d'Homère – que les artistes tirent tout à la fois leur inspiration artistique et leur dignité sociale. En d'autres termes, c'est dans un corpus poétique qu'il faut aller chercher la clef du monument.

Ethnologie verticale contre ethnologie transversale

A ces divergences méthodologiques multiples s'ajoute enfin une opposition théorique majeure, qui touche à la lecture de l'histoire, et notamment de l'histoire grecque. Dans le panorama winckelmannien des peuples antiques, la Grèce occupe une place d'exception. L'art grec est pour Winckelmann fondamentalement autarcique – une qualité qui est tout à la fois la cause et la condition imprescriptible de sa perfection. Autrement dit, c'est *parce que* l'art grec est endogène qu'il a atteint cette perfection, et l'art grec ne peut être parfait *que s'il* est endogène. Lorsqu'il décrit le premier âge de l'art grec, c'est-à-dire le style « archaïque » précédant Phidias, Winckelmann évite soigneusement d'évoquer d'éventuelles influences extérieures. En art, les Grecs ont été leurs propres « inventeurs » – une originalité qui garantit leur prééminence absolue. « Chez les Grecs », note-t-il au début de la *Geschichte der Kunst*, « l'art, bien que né bien plus tard que dans les pays de l'Orient, a surgi avec une naïveté [*Einfalt*] telle qu'ils n'en ont emprunté la prime semence à aucun autre peuple »[31]. C'est lorsque les Grecs ont commencé à essaimer, à se mêler à d'autres peuples que leur art a décliné. En d'autres termes, toute hybridation, toute translation géo-

---

[30] J. J. Winckelmann, *Vorrede zu den Anmerkungen über die Geschichte der Kunst des Alterthums* (1767), in: *Kleine Schriften. Vorreden. Entwürfe*, Walther Rehm éd., avec une introduction de Hellmut Sichtermann, Berlin, 1968, p. 257.

[31] *GdK*, p. 26.

graphique sont facteurs de décadence.

Par son autarcie même, l'art grec incarne un modèle idéal dans l'historiographie winckelmannienne. En théorie en effet, toute nation devrait pouvoir, selon Winckelmann, ne se nourrir qu'à ses propres racines, puiser en elle seule l'énergie utile à son développement. La lecture winckelmannienne de l'histoire tend à s'organiser selon un schéma vertical, qui juxtapose les civilisations plus qu'il ne les relie.

> A l'époque de leur floraison, ces trois peuples [les Egyptiens, les Phéniciens et les Perses] avaient vraisemblablement peu de choses en commun. Nous le savons des Egyptiens. Quant aux Perses, qui accédèrent tardivement aux côtes de la Méditerranée, ils ne pouvaient entretenir auparavant que peu de relations avec les Phéniciens. Les langues de ces deux peuples étaient d'ailleurs totalement différentes par leur écriture. L'art doit donc nécessairement avoir été particulier à chacun de ces pays.[32]

Dans ce système ethnographique, le modèle transversal existe certes, mais il fait figure d'accident du devenir. Il est l'indice d'une déficience des civilisations, d'une absence d'autonomie – d'une infériorité en un mot, que seul le recours à l'autre peut combler. Ainsi, c'est pour atténuer leur rigidité et leur sécheresse natives que les Egyptiens et les Etrusques ont dû emprunter aux Grecs.

Cette lecture de l'histoire des peuples n'est nullement celle de Caylus. Au schéma vertical de la germination *sui generis*, ce dernier oppose le schéma horizontal d'une communication transversale. Les cultures ne tirent pas leur énergie de leurs seules racines, mais aussi, et surtout, de leur mutuelle fécondation. Certes, les subdivisions ethniques continuent de présider à la structure externe du *Recueil d'antiquités*. Comme la *Geschichte der Kunst*, le *Recueil* est organisé selon l'ordre des nations: Egyptiens, Etrusques, Grecs, Romains et Gaulois[33]. Cependant, dès le premier volume, ces clivages nationaux se trouvent subvertis par des métissages qui brouillent sévèrement ces lignes de partage. Ainsi trouve-t-on en Egypte et en Etrurie un ensemble de motifs – lions ailés, inscriptions diverses – qui témoignent de l'intime enchevêtrement de leurs patrimoines formels respectifs. Chez Caylus, l'art naît d'abord de l'hybridation des cultures. Cette différence n'a

---

[32] *GdK*, pp. 84-85.

[33] Ainsi, dans la présentation du premier volume du *Recueil d'antiquités*, on peut lire ceci: « Le goût d'un peuple diffère de celui d'un autre presque aussi sensiblement que les couleurs primitives diffèrent entre elles; au lieu que les variétés du goût national en différents siècles peuvent être regardées comme des nuances très fines d'une même couleur » (*Recueil*, vol. 1, 1752, p. VIII).

pas échappé à Winckelmann qui, dans ses notes sur le *Recueil d'antiquités*, consigne précisément les remarques les plus explicites de Caylus sur le « commerce réciproque » des nations (cf. ill. n° 2)[34]. Ainsi le regard du copiste a-t-il été attiré par le cas singulier de deux cylindres égyptiens reproduits dans le *Recueil d'antiquités*, deux objets sur lesquels sont représentés, malgré leur origine indubitablement égyptienne, des figures persanes (cf. ill. n° 3).

> Par quel hasard, [note Winckelmann recopiant Caylus], des figures persanes sont-elles représentées avec des hiéroglyphes égyptiens? Pour résoudre cette question, il faut observer que les Perses ont été maîtres de l'Egypte pendant 135 ans, que dans cet intervalle de temps, ils ont adopté plusieurs usages du peuple qu'ils avaient soumis et ont employé par préférence des ouvriers de cette nation.[35]

En feuilletant le *Recueil d'antiquités*, Winckelmann s'est découvert avec Caylus une divergence fondamentale, qui, plus qu'aux détails d'interprétation archéologique, touche au ressort même de l'histoire. Pour Caylus, c'est du commerce et des échanges entre nations que les arts tirent leur progression. Pour Winckelmann, c'est une dynamique interne à chaque nation qui explique leur évolution.

Cette transversalité n'est évidemment pas sans incidence sur la hiérarchie des nations artistiques. Chez Caylus, la Grèce continue certes de jouir d'une prééminence absolue. « [Les Grecs] sont la plus agréable nation qui ait habité la terre », aime à répéter l'auteur du *Recueil*[36]. Cependant, ce premier rang ne leur est pas concédé sans insister fortement sur le rôle fécondant d'une autre nation à leur endroit: l'Egypte. Les Grecs doivent aux Egyptiens l'origine de leur art – une dette que seul « l'amour de la gloire » leur fit oublier[37]. Par opposition aux Grecs de Winckelmann, donc, les Grecs de Caylus n'ont été pendant de longues années que de talentueux imitateurs – une caractéristique qui s'applique d'ailleurs aux peuples antiques dans leur ensemble. Dans les temps primitifs, Egyptiens, Grecs, Etrusques et Phéniciens étaient liés entre eux par d'intenses relations d'emprunt et de partage. Entre le modèle winckelmannien, vertical et na-

---

[34] Sur ce « commerce réciproque entre les Egyptiens et les Etruriens », cf. *Recueil*, vol. 1 (1752), p. 78; recopié par Winckelmann, in: BN All., vol. 67, fol. 46 v°-47.

[35] *Recueil*, vol. 1 (1752), pp. 54-57, commentaire de la planche XVIII, 1 et 2; recopié par Winckelmann, in: BN All., vol. 67, fol. 46 v°.

[36] *Recueil*, vol. 5 (1762), p. 127.

[37] *Recueil*, vol. 1 (1752), pp. 117-18.

tional, et celui de l'antiquaire français, horizontal et transversal, se dégage, on le voit, un clivage fondamental dans la lecture de l'Antiquité, une ligne de fracture profonde qui n'a pas échappé aux lecteurs contemporains, et notamment à Herder. « Le souvenir d'une origine *étrangère* » est insupportable aux Grecs, note Herder dès 1767 dans son commentaire de la *Geschichte der Kunst*. Et Winckelmann commet à ses yeux l'erreur de rédiger son histoire de l'art en Grec, c'est-à-dire de se laisser comme les Grecs contaminer par « l'obsession de l'originalité ». Caylus, en revanche, présente pour l'auteur des *Kritische Wälder* (*Sylves critiques*) le mérite d'avoir efficacement résisté à cette « *Originalsucht* »[38]. Contre Winckelmann, Herder prend résolument le parti de Caylus.

Winckelmann était décidément maître dans l'art de façonner son image. La postérité a en effet bien vite oublié ses dettes envers la tradition antiquaire pour l'ériger en fondateur absolu d'une discipline nouvelle: l'histoire de l'art. Caylus, en revanche, a connu une fortune beaucoup plus limitée. Ses contributions novatrices à la lecture de l'Antiquité – notion de style, herméneutique des objets, transversalité des cultures – n'ont guère dépassé la limite des cercles érudits. Si Herder, Heyne ou Wolf le citent encore comme un digne contradicteur de l'antiquaire allemand à la fin du XVIIIe siècle, il n'en va plus de même dès la première moitié du XIXe siècle[39].

A cela de multiples raisons – parmi lesquelles nous n'évoquerons ici qu'une seule. Winckelmann était un auteur très sensible à la sociologie intellectuelle de son époque. Son œuvre paraît en un *in quarto* concis, élégant dans sa forme matérielle comme dans sa facture stylistique, s'adressant certes aux spécialistes, mais aussi à l'homme de lettres, au sens plus général du terme. Autrement dit, il rassemble en quelque 400 pages une matière pour laquelle Caylus avait eu à peine assez de sept imposants volumes. Auprès du public français notamment, l'ouvrage, qui connaît trois traductions avant la fin du XVIIIe siècle, remporte un succès considérable – et bien supérieur au *Recueil* de Caylus. En subsumant le savoir anti-

---

[38] J. G. Herder, *Kritische Wälder. Älteres kritisches Wäldchen*, in: *Schriften zur Aesthetik und Literatur 1767-1781*, *éd. cit.*, pp. 28 et 31 (terme souligné dans le texte original).

[39] Pour les allusions à Caylus chez ces trois auteurs, cf. le début du présent article. Christian G. Heyne, par exemple, oppose à Winckelmann un « spécialiste », le comte de Caylus, qui « possédait incontestablement des connaissances plus précises et plus étendues des arts eux-mêmes, dominait leurs aspects mécaniques, dessinait et gravait admirablement » (*Lobschrift auf Winckelmann*, *éd. cit.*, pp. 21-22).

quaire sous le titre d'histoire, Winckelmann l'a aussi sorti de la confiden-
tialité des cabinets d'érudition.

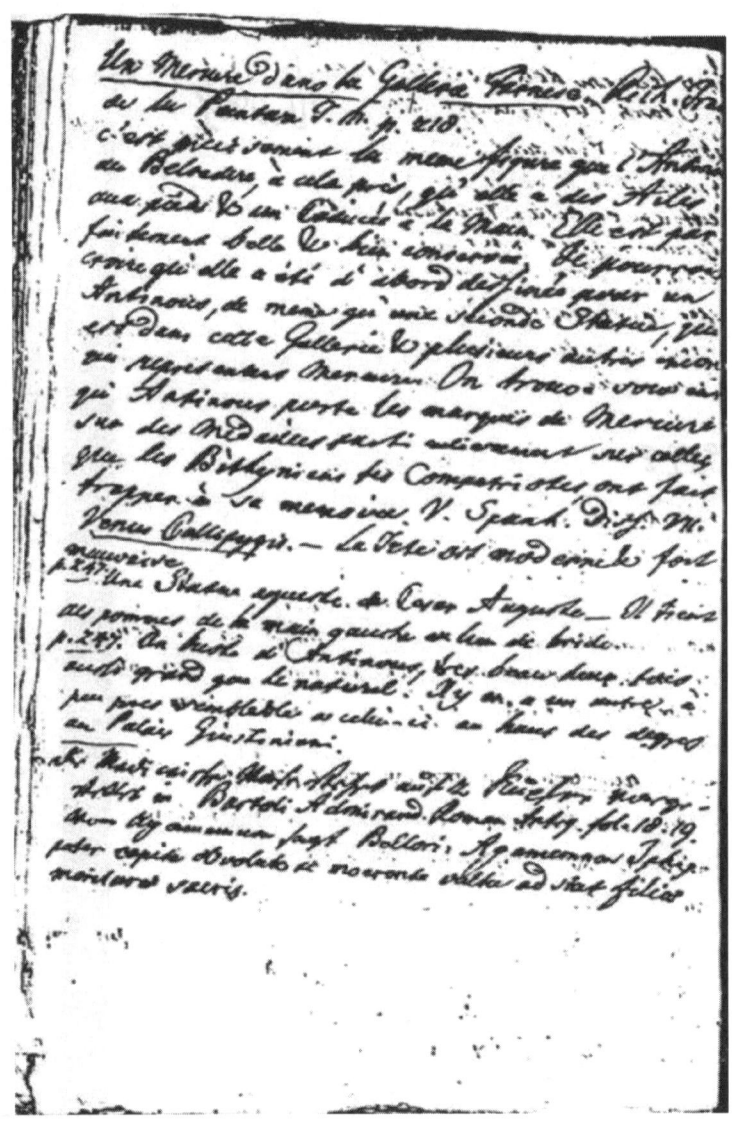

– Illustration 1 –

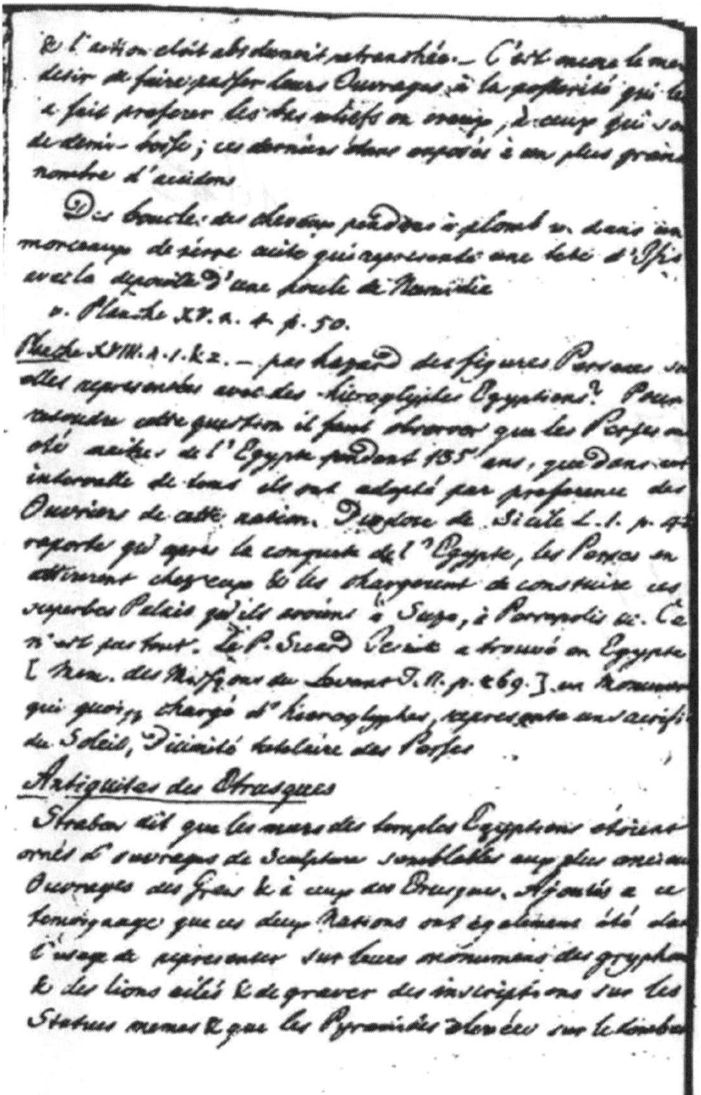

& l'action doit absolument retranchée. – C'est même le moindre
désir de faire passer leurs Ouvrages à la postérité qui les
a fait préférer les très actifs en oeuvre, à ceux qui sont
de demi-bosse ; ces derniers étant exposés à un plus grand
nombre d'accidens

Des boucles des cheveux pendans à plomb &c dans un
morceaux de pierre noire qui représente une tête d'Isis
avec la dépouille d'une boucle de Numidie
v. Planche XV. n. 4. p. 50.

Planche XVIII. n. 1. & 2. – par hazard des figures Persannes sont
elles représentées avec des hieroglyphes Égyptiens? Pour
résoudre cette question il faut observer que les Perses ont
été maîtres de l'Égypte pendant 135 ans, que dans cet
intervalle de tems ils ont adopté par préférence des
Ouvriers de cette nation. Diodore de Sicile L. 1. p. 4.
rapporte qu'après la conquête de l'Égypte, les Perses en
attirèrent chez eux & les chargèrent de construire ces
superbes Palais qu'ils avoient à Suse, à Persepolis &c. Ce
n'est pas tout. Le P. Sicard Jésuite a trouvé en Égypte
[Mem. des Missions du Levant T. II. p. 269] en Momie
qui quoiqu'chargé d'hieroglyphes, représente un sacrifice
au Soleil, Divinité tutélaire des Perses

Antiquités des Étrusques

Straban dit que les murs des temples Égyptiens étoient
ornés d'ouvrages de Sculpture semblables aux plus anciens
Ouvrages des Grecs & à ceux des Étrusques. Ajoutés à ce
témoignage que ces deux Nations ont également été dans
l'usage de représenter sur leurs monumens des gryphons
& des lions ailés & de graver des inscriptions sur les
Statues mêmes & que les Pyramides élevées sur le tombeau

– Illustration 2 –

– Illustration 3 –

L'ARCHÉOLOGIE COMME PROJET ESTHÉTIQUE

LE *RECUEIL D'ANTIQUITÉS* DU COMTE DE CAYLUS

JULIE BOCH

Warburg Institute, Londres

> J'ai pris pour maîtresse l'antiquité: je la caresse, je la regarde, je l'étudie, et les goûts de passion sont constants pour les vieillards: ils meurent avec leur attachement.[1]

Cet aveu, fait par Caylus au théatin Paciaudi dans une lettre de décembre 1758, pourrait être l'exergue de l'œuvre maîtresse de l'archéologue, le *Recueil d'antiquités égyptiennes, étrusques, grecques, romaines et gauloises*, qui paraît en sept volumes *in quarto* de 1752 à 1767[2], fruit d'un labeur de trente années et d'une vie d'études passionnées. Son intérêt ne réside pas seulement dans les circonstances de sa composition – Caylus possède dans l'Europe entière des correspondants qui lui expédient les objets qu'ils ont mis au jour – les principes qui le régissent ou la méthode qui en détermine l'organisation – la combinaison de la description, de la comparaison et de l'expérience, dirigées par la lecture, la pratique et le dessin; le projet même qui fonde l'ouvrage fait de ce dernier une contribution majeure, non seulement à l'archéologie, mais aussi à la critique d'art et à la pensée esthétique[3], et prend place au sein d'une œuvre cohérente, tant

---

[1] *Correspondance inédite du comte de Caylus avec le père Paciaudi, théatin, suivie de celle de l'abbé Barthélémy et du P. Mariette avec le même*, p. p. Charles Nisard, Paris, Firmin-Didot, 1877, 2 vols, lettre du 12 décembre 1758, t. I, p. 19.

[2] *Recueil d'antiquités égyptiennes, étrusques, grecques, romaines et gauloises*, Paris, Desaint et Saillant, 1752-1767, in-4, 7 vols.

[3] Voir Fabrice Denis, *Le comte de Caylus et l'Antiquité*, Paris, 1992. Voir aussi Marc Fumaroli, « Le comte de Caylus et l'Académie des inscriptions », *Académie des inscriptions et belles-lettres, comptes rendus des séances de l'année 1995, janvier-mars*, Paris, 1995, pp. 225-50. Pour replacer Caylus dans l'histoire de l'art, voir André Fontaine, *Les Doctrines d'art en France*, Paris, 1909, rééd. Genève, 1970. Enfin, pour comprendre le lien entre les différentes facettes de l'activité de Caylus, l'étude de Samuel Rocheblave, *Essai sur le comte de Caylus. L'homme, l'artiste,*

l'antiquaire ne saurait être séparé de l'écrivain, du mécène ni de l'amateur.

Circonstances de composition

Les circonstances de composition du *Recueil* méritent qu'on les rappelle brièvement, parce qu'elles font plus qu'éclairer, elles déterminent en partie le projet archéologique de Caylus. Pour le mener à bien et nourrir les planches de l'ouvrage, le comte avait besoin d'élargir le cabinet qu'il avait commencé à composer dès son retour d'Orient[4], et il lui fallait des fournisseurs dévoués qui l'aidassent un peu partout à poursuivre ses investigations. Aussi sa correspondance archéologique ne cesse-t-elle de prendre de l'envergure. Taitbout lui écrit de Naples pendant trois ans (1750-1753), les abbés de Saint-Non et de Mazéas lui envoient des détails de leurs activités et de leurs expériences, le médecin Calvet, qui correspond avec lui pendant quatre ans (1761-1765), le fait profiter de sa connaissance du sud de la France, des admirateurs étrangers lui offrent leurs services, tels le Suisse Schmidt, qui lui décrit les antiquités de Coulm, ou le Hollandais Benhinck. Bref, Caylus a des commissionnaires aux quatre coins de l'Europe, à qui il enjoint notamment de ramasser ce que les crues découvrent, le long de la vallée du Rhône en particulier, et auquel il sera toujours reconnaissant, n'oubliant jamais de citer leur apport.

C'est de l'autre côté des Alpes que Caylus s'associa le plus dévoué des antiquaires, avec lequel il entretint une abondante correspondance de 1757 à sa mort: le père Paolo-Maria Paciaudi, théatin érudit ami de Barthélémy, chargé par le ministère français de recueillir des médailles à Rome pour le cabinet du roi. Il nous reste cent quarante-sept lettres de Caylus à Paciaudi, et soixante-quinze de son correspondant. Le but de cette relation, de la part du comte, est de se procurer, pour en orner son recueil, des antiquités de toutes sortes. En échange, Paciaudi demande les brochures paraissant à Paris au sujet du procès des jésuites portugais et de leur déportation dans les Etats romains. « C'est bien le moins, écrit Caylus à Paciaudi, que j'aie des attentions quant aux nouveautés pour celui qui me fournit si bien d'antiquités »[5]. C'est un curieux échange que celui qui nous permet d'avoir à la fois le récit des travaux de Caylus pour la réalisation de son *Recueil*

---

l'antiquaire, Paris, Hachette, 1889, est toujours essentielle.

[4] *Voyage de Constantinople*, (1716-1717), Paul-Emile Schatzmann éd., *Gazette des Beau.-Arts*, 897, mai-juin 1938, pp. 272-92; 899, septembre 1938, pp. 111-26 et 902, décembre 1938, pp. 309-22.

[5] *Correspondance*, *éd. cit.*, Lettre XXXII, t. I, p. 150.

d'antiquités, et l'histoire quotidienne de la suppression des jésuites de France et du Portugal.

Paciaudi envoie de Rome à son correspondant des caisses d'antiquités, des « boîtes » comme Caylus les appelle, qui voyagent avec les avantages et les garanties accordés aux bagages des ambassadeurs. Pourtant, le comte s'inquiète de leur sort; l'incertitude des moyens de transport, les différentes douanes de tous les petits princes d'Italie, la négligence des intermédiaires menacent ses trésors, et il en vient à déclarer que les envois des antiquaires et des gens de lettres devraient être à l'abri de lois si sévères, que lors même que des corsaires les trouveraient flottants sur la mer, ils fussent obligés de les renvoyer à leur adresse[6]. Dès qu'ils lui arrivent, Caylus soumet les objets qu'on lui envoie à un traitement chimique destiné non seulement à les dégager de leurs salissures, mais à tester leur authenticité. Il a par ailleurs à son service « deux médecins, l'un de [s]es marbres, l'autre de [s]es bronzes, qui restaurent sous [s]es yeux […] »[7] avant que des graveurs ne reproduisent sous ses ordres les pièces qu'il destine au *Recueil*. Ces envois lui servent directement à constituer son *Recueil*, en lui fournissant, de semaine en semaine et sans qu'un grand ordre y soit donné, sinon le regroupement par provenance, la matière des planches de l'ouvrage. Il résume lui-même, avec cette désinvolture qu'il affectionne souvent de prendre par rapport à ses œuvres, la méthode de composition du *Recueil*:

> Les antiquailles m'arrivent; je les étudie; je les fais dessiner à des jeunes gens dont le goût se forme. […] Je jette ces gravures dans un coin avec leurs explications, et quand il y a de quoi faire un volume, je le donne à quelqu'un de notre Académie qui veut bien corriger les épreuves et veiller à l'impression, ce que je serais incapable de faire.[8]

Cette manière de procéder conduit Caylus à passer de véritables commandes:

> Je suis bien faible en étrusque […]. En général, tous les morceaux ou les fragments de cette nation, de quelque matière qu'ils puissent être, me feraient grand plaisir. Il me suffirait d'en avoir pour remplir trois ou quatre planches, et je vous serais bien obligé de les rassembler si l'occasion vous les présente.[9]

---

[6] *Ibid.*, lettre XXX, t. I, p. 136.

[7] *Ibid.*, lettre X, 5 février 1759, t. I, p. 40.

[8] *Ibid.*, lettre XXXVIII, 21 avril 1760, t. I, p. 178.

[9] *Ibid.*, lettre IV, 27 septembre 1758, t. I, pp. 16-17.

Ailleurs, il demande à Paciaudi des fragments d'enseignes, des verres travaillés en relief, des terres cuites, des petites plaques de bronze, ou lui donne un aperçu de ses richesses et de ses manques, espérant susciter des envois en conséquence: « Je triomphe sur l'étrusque, mon romain est singulièrement étoffé, l'égyptien va un peu, mais le grec respire à peine »[10]. Caylus n'aime pas collectionner pour la quantité; une fois qu'il a un exemplaire d'une sorte d'objet, il n'en veut pas d'autres, sinon pour confirmer ses vues. Plutôt savant que collectionneur, il se débarrasse des pièces dès qu'il les a étudiées et répertoriées, ou dès que sa maison est pleine. Il parle d'ailleurs du peu de souci qu'il a de sa propriété, et avoue que « [s]es richesses font [s]on incommodité »[11].

Si la correspondance de Caylus avec Paciaudi est donc bien propre à éclairer les recherches menées par le comte en vue de la publication de son *Recueil d'antiquités* et la manière dont il compose ce dernier, c'est aussi une manière intime de partager ses émois d'antiquaire, puisque nous ouvrons pour ainsi dire avec lui les caisses qu'il attend avec une douce anxiété mêlée d'espérance, et dont il commente immédiatement le contenu. C'est également le plaisir de découvrir un style et un homme plus sensibles qu'on ne l'a voulu dire, et son amitié sincère pour celui en qui il reconnaît un frère d'esprit; le comte définit d'ailleurs lui-même joliment la relation qui l'unit à son correspondant italien:

C'est une jouissance pure et sans inquiétude; c'est une fontaine particulière éloignée de tout le bruit et de l'apparat des fontaines publiques.[12]

Principes et méthode

Les ouvrages consacrés à l'antiquité figurée qui paraissent avant le *Recueil* de Caylus pèchent par l'abus de rhétorique et d'érudition littéraire. Ils ne sont bien souvent qu'une suite de commentaires des auteurs classiques, illustrés par des reproductions de la collection de quelque amateur d'antiques. On n'y trouve nulle enquête sur la provenance des objets, nulle information sur leur style ou leur ancienneté. Trois noms se distinguent de la masse de ces antiquaires: celui de Spon, auteur des *Miscellanées*[13], de Berger, qui écrivit un *Thesaurus*[14], et surtout de Montfaucon, dont

[10] *Ibid.*, lettre XXXIV, 10 mars 1760, t. I, p. 159.
[11] *Ibid.*, lettre XVI, 14 mai 1759, t. I, p. 71.
[12] *Ibid.*, lettre XXXVIII, 21 avril 1760, t. I, pp. 181-82.
[13] *Miscellanea eruditae antiquitatis Lugd. Batav.*, 1685.
[14] *Thesaurus Brandenburgicus selectus, etc.*, Cologne, Liebpert, 1696.

l'*Antiquité expliquée et représentée en figures* parut en 1719 en dix volumes[15]; mais bien que ces illustres antiquaires aient posé les fondations de la connaissance de l'art ancien, ils n'ont pas la curiosité universelle de Caylus, et, surtout, il leur manque l'éducation artistique que possède le comte. Ils n'envisagent l'art que comme un simple appendice à l'histoire. Caylus accomplit le passage de cette position purement historique à l'attitude du critique et de l'historien de l'art. S'il adopte la forme ancienne du « recueil » et non celle d'un ouvrage théorique, l'esprit en est tout nouveau. Paciaudi l'a bien compris, qui écrit:

> Vous réunissez deux qualités qui vous mettent au-dessus de tous les autres antiquaires; à la connaissance de l'antiquité vous ajoutez celle des arts. [...] Vous avez ouvert une route nouvelle: peu de savants pourront la suivre.[16]

Rompant avec la conception traditionnelle de ce qui ne s'appelle pas encore l'archéologie, Caylus expose dès l'avertissement du premier tome de son *Recueil d'antiquités*, puis dans tous ceux qui suivent, à la fois ses principes, sa méthode et son projet. Ses principes, ou plutôt l'état d'esprit avec lequel il aborde son grand ouvrage, est d'abord celui d'un artiste qui considère les antiquités « du côté de l'art ». Caylus affirme donc d'emblée que sa voie ne sera pas celle de l'érudition, qui aveugle et abuse l'œil le mieux disposé à l'observation. Avant lui, les antiquaires n'ont regardé les monuments que comme

> le supplément et les preuves de l'histoire, ou comme des textes isolés, susceptibles des plus longs commentaires. Il leur était bien difficile de ne point abuser d'un savoir acquis par la lecture des anciens dont ils étaient remplis; aussi l'ont-ils prodigué quelquefois sur des sujets qui pouvaient tout au plus donner lieu à quelques conjectures.[17]

Or Caylus estime qu'il est dangereux de voir dans les écrits de l'Antiquité, forcément parcellaires et plus ou moins fiables, une source de vérité intangible, et de ne considérer les productions artistiques et les témoignages matériels des temps anciens que comme une confirmation de préjugés acquis par la lecture érudite des historiens antiques, au mépris de la réalité qu'enseignent les monuments. Ceux-ci ne sont pas que des « suppléments » de l'histoire, ils ont la leur propre. De plus, le côté fragmentaire

---

[15] Sur Montfaucon, voir Juliette Jestaz, « Bernard de Montfaucon mauriste et antiquaire: la tentative de *L'Antiquité expliquée* (1719-1724) », *Positions des thèses de l'Ecole des Chartes*, Paris, 1995, pp. 169-73.

[16] *Correspondance, éd. cit.*, t. I, lettre LVII.

[17] *Recueil d'antiquités*, 1752, t. I, avertissement, p. ii.

d'un grand nombre de restes antiques doit mettre en garde celui qui les étudie contre la tentation de formuler des conclusions hâtives sur le tout auquel ils appartenaient.

> [Les monuments antiques] expliquent les usages singuliers, ils éclaircissent les faits obscurs ou mal détaillés dans les auteurs [...].[18]

La perspective qui avait cours depuis la Renaissance est donc renversée, et, comme l'écrit Alain Schnapp, Caylus propose de « remplacer le modèle philologique par un paradigme expérimental, de faire de l'antiquaire une sorte de physicien du passé »[19], bien différent de l'humaniste des siècles précédents. En un mot, dit Caylus, « il faut souvent oser ignorer, et ne pas rougir d'un aveu qui fait plus d'honneur que l'étalage pompeux d'une érudition inutile »[20]. Il faut accepter l'imperfection du savoir et éviter toujours de transformer l'hypothèse en certitude. C'est là une donnée fondamentale de la démarche archéologique de Caylus: il procède par hypothèses, qu'il ne solidifie en affirmations que lorsque toutes les preuves permettent de confirmer ses intuitions. Le plus souvent, il laisse posée à la science à venir la question du sens. L'interrogation est un travail aussi long et difficile que l'apport de réponses, car il faut savoir poser les bonnes questions à une œuvre. Chacun doit apporter sa propre pierre à l'édifice commun, en proposant une conjecture. La convergence des interrogations et des propositions pourra seule faire avancer la connaissance d'un objet, d'un fait, d'un usage, d'une pensée, d'une finalité. Cette modestie est étonnante de la part d'un homme à la passion si exclusive, qui se déclare « trop Gaulois et pas assez charlatan pour donner à entendre ce dont [il n'est] pas convaincu »[21].

L'érudition contre laquelle Caylus part en guerre est bien différente de la culture et du savoir; il existe entre les deux le fossé qui sépare « l'antique érudition », faite de connaissances sûres et bien employées, de « l'ancienne érudition », qui « charge, [...] répète, enfin [...] veut briller par des inutilités sans nombre, tandis que l'esprit d'ordre et de géométrie ne se permet que le nécessaire »[22]. Cette méfiance envers l'érudition mal comprise, minutieuse et stérile, conduit Caylus à professer une antipathie

---

[18] *Ibid.*

[19] Alain Schnapp, *La Conquête du Passé, aux origines de l'archéologie*, Paris, 1994, p. 238.

[20] *Recueil d'antiquités*, 1752, t. I, avertissement, p. iii.

[21] *Correspondance, éd. cit.*, t. I, lettre XXV, 17 décembre 1759, p. 109.

[22] *Ibid.*, lettre à du Tillot, 28 décembre 1761, t. I, p. 277.

irréductible envers l'esprit de système. Les systèmes sont des « maladies de l'esprit » provoquées par l'amour-propre, qui conduisent l'antiquaire à réunir arbitrairement et contre tout bon sens des objets et des idées hétéroclites dans le moule rigide d'une unique pensée directrice, assujettissant l'esprit aux chimères d'une conception globale et despotique. Par conséquent, le chercheur qui s'abandonne à l'esprit de système

> cherche tyranniquement à s'ériger un trône sur le débris des opinions contraires. Il règne en effet; mais dans un empire imaginaire. Assis sur un groupe de nuages, formé des vapeurs de son cerveau, l'imagination domine, et donne ses ordres à des fantômes, que leur peu de consistance rend dociles à ses volontés.[23]

De même qu'il appuie son œuvre de critique d'art sur une connaissance intime des techniques, Caylus ne conçoit pas le métier d'antiquaire sans savoir pratique. Dans la Préface du tome III du *Recueil*, il expose les qualités et les habitudes requises par une telle vocation. Elles consistent en trois choses: le dessin, la lecture et la pratique. L'antiquaire doit connaître le dessin, non pas avec la perfection d'un artiste, mais suffisamment « pour avoir acquis la justesse de l'œil, et la facilité d'embrasser un objet, à un degré suffisant, pour saisir ses perfections ou ses défauts »[24]. La reproduction des pièces étudiées fixe leur forme et leur style dans l'esprit du graveur. Ensuite, la connaissance des auteurs anciens, historiens et poètes, peut être d'un grand secours pour faire sortir une idée de l'impasse où elle se trouve, et non pas fonder, mais compléter utilement le jugement ou l'hypothèse que l'on a formulés à propos d'un monument. La pratique du grec est donc souhaitable, qui permet d'avoir accès sans intermédiaires, et donc sans risque de déformation, aux sources mêmes de la pensée antique. Caylus souffrit toute sa vie de ne pas connaître cette langue, et chercha toujours à pallier cette insuffisance en confrontant inlassablement les traductions pour approcher au plus près de la vérité des textes. La lecture des grands auteurs sera cependant nuisible si on les aborde avec la moindre prévention, et si l'on ne cherche dans leurs œuvres que la confirmation des opinions préconçues que l'on a à cœur de voir confortées. Enfin, l'antiquaire doit sans cesse mettre en pratique son savoir théorique, et se livrer à l'étude des vestiges eux-mêmes.

> En conclusion, s'il ne peut y avoir de connaissance sans la pratique, sans le dessin, cette connaissance ne peut être certaine, et sans la lecture, elle est aussi peu

---

[23] *Recueil d'antiquités*, t. III, préface, p. xii.
[24] *Ibid.*, p. xix.

utile qu'agréable.[25]

Ces principes président à une méthode qui fait elle aussi l'intérêt et la nouveauté du travail archéologique de Caylus. Elle peut se résumer en trois mots: description, comparaison et expérience.

Caylus prône toujours une simple mais rigoureuse description des objets, surtout lorsqu'il ne pense pas être en mesure de dire des choses neuves sur un sujet. Outre qu'elle offre la certitude d'une observation minutieuse des monuments, elle est indispensable pour donner une vue exhaustive de ce dont on parle, rendre saillant un détail négligé jusqu'alors, faire apercevoir un rapprochement inédit. La description est le préalable à la comparaison, point central de la méthode de Caylus, qui habitue l'esprit à rapprocher et opposer constamment les styles et les œuvres, et, à travers la compréhension de leurs parentés et de leurs différences, à saisir les caractéristiques de chacun. Voir et comparer, autrement dit savoir observer, puis mettre en parallèle ses observations pour en tirer des déductions, ce mot d'ordre doit remplacer « les veilles que les antiquaires consacrent à concilier les monuments avec l'histoire »[26]. La qualité maîtresse de cette méthode comparative est l'exactitude la plus rigoureuse, exactitude qui suppose une compétence sur des questions fort variées[27]. Le but de cette méthode de confrontation est avant tout didactique:

> Je voudrais qu'on cherchât moins à éblouir qu'à instruire, et qu'on joignît plus souvent aux témoignages des anciens la voie de la comparaison, qui est pour l'antiquaire ce que les observations et les expériences sont pour le physicien.[28]

Le rapprochement opéré entre l'antiquaire et le physicien conduit au troisième élément de la méthode de Caylus: l'expérience.

> Comme les procédés des arts sont intimement liés avec leur théorie, écrit le comte, j'ai cru ne devoir point négliger un autre avantage, qui est de rechercher, quand l'occasion s'en est présentée, les moyens dont les anciens se sont servis pour opérer.[29]

---

[25] *Ibid.*, p. xxv.

[26] *Recueil d'antiquités*, t. I, avertissement, p. iii.

[27] Caylus est ainsi capable de faire un parallèle convaincant entre des monuments d'Egypte, de Chine et d'Inde, pour mettre en lumière la singularité de chacun d'eux, comme le prouve son étude comparative de l'enceinte d'Ecbatane, de la tour de Bélus à Babylone et de la porte de la pagode de Chalembrom en Inde dans les *Mémoires de l'Académie*, t. XXXI, pp. 41-47.

[28] *Recueil d'antiquités*, t. I, avertissement, pp. iii-iv.

[29] *Ibid.*, p. xi.

Caylus ne sépare jamais théorie et pratique, il s'intéresse au « physique » de l'art, et pense qu'il n'est pas de procédés si anciens et apparemment si perdus qu'on ne puisse retrouver et utiliser de nouveau. Cet empirisme a une fonction essentielle de révélateur: lorsque sont reconstituées les conditions physiques de la création, une « théorie » se dégage de l'objet, celle de sa « manœuvre ». Le caractère expérimental des recherches permet, non seulement de garantir et d'authentifier une découverte, mais d'élaborer une idée plus générale des arts, en comparant de façon concrète des procédés et des techniques.

La conséquence de ces principes est la pierre de touche de la pensée archéologique de Caylus; c'est qu'il faut considérer l'objet avant toute chose, car celui-ci est représentatif du goût de son siècle et du peuple qui l'a créé. En effet, la *manière*, qui peut être comparée au style, est reconnaissable dans la moindre production artistique, car c'est en vain que l'artiste cherche à copier la nature telle qu'il la voit:

> sa nation, ses entours, son habitude particulière le séduisent, l'aveuglent, et servent à faire reconnaître son pays, son école, et décèlent jusqu'à sa main en particulier, quand on a la pratique de sa *manière.*[30]

L'étude incessante des morceaux de l'Antiquité façonne la justesse du jugement et de l'œil, qui peut ensuite déceler sans se tromper le style, l'école, la nation de l'artiste. Chaque objet a sa place et son statut dans une histoire dont le développement est spécifique, chaque vestige témoigne du goût propre à un peuple et à une époque. Caylus s'intéresse principalement aux antiquités dont il espère tirer quelques notions touchant les usages les plus vulgaires des peuples anciens, les objets qu'ils utilisaient le plus communément, la matière dont ils se servaient, leurs outils, leurs procédés de fabrication. Il pense que les objets modestes sont les plus propices pour entrer intimement dans les techniques des anciens par rapport aux arts « les plus vils » et aux « opérations nécessaires ». Il abandonne aux archéologues présents et à venir la tâche distinguée de l'étude des plus beaux monuments. Lui préfère tracer, pièce à pièce, le panorama des mœurs des anciens.

C'est pour cela qu'il importe peu au comte que les antiquités qu'on lui expédie soient rares ou communes, en bon ou en mauvais état; au contraire, les fragments négligés ont sa préférence, qui lui offrent plus de chances de le renseigner sur les usages anciens les plus répandus. Sa préférence pour

---

[30] *Ibid.*, t. III, préface, p. xxii.

les « guenilles », les « antiquailles », les « balayures de la place Navone »
et les « pots cassés » ne cesse de se confirmer au long de sa correspondance:

> Je vous prie toujours de vous souvenir [écrit-il à Paciaudi], que je ne fais pas un
> cabinet, que la vanité n'étant pas mon objet, je ne me soucie point de morceaux
> d'apparat, mais que des guenilles d'agate, de pierre, de bronze, de terre, de vi-
> tre, qui peuvent servir en quoi que ce soit à retrouver un usage ou le passage
> d'un auteur, sont l'objet de mes désirs.[31]

Le marchand et l'acheteur dédaignent les morceaux mutilés et les
fragments hétéroclites, mais « les guenilles que personne ne voudrait ramasser produisent des éclaircissements et des lumières quand une fois le
plan est fait et les points de vue donnés », si bien que « le connaisseur vrai
et l'amateur de bonne foi [y] trouvent leur compte »[32]. Les objets envoyés à
Caylus doivent ainsi se conformer aux exigences et à la spécificité de son
travail; son ouvrage ne sera pas un simple dictionnaire illustré de
l'Antiquité ni un livre d'images; son propos, qui peut sembler trivial, est en
fait didactique et bien plus ambitieux:

> Je ne fais pas un cabinet, je fais un cours d'antiquités, et je cherche pour les
> usages ce qui les procure, et pour les pratiques, ce qui les démontre.[33]

Ce n'est pas par avarice ni par mauvais goût que Caylus refuse de faire
l'acquisition des pièces bien conservées, mais en vertu d'un principe archéologique qu'il ne dément jamais:

> Je compare les belles antiquités aux belles dames et aux beaux messieurs dont
> la toilette est complète, qui arrivent dans une compagnie, se montrent et
> n'apprennent rien; au lieu que je retire quelquefois d'un morceau fruste, que je
> comparerai en ce cas à un homme crotté et qui marche à pied, le sujet d'une dis-
> sertation et l'objet d'une découverte. [...] Je ressemble en cela aux chiffon-
> niers.[34]

A d'autres le soin délicat de commenter les Vénus, les Apollons ou les
Mercures. A lui l'examen des poids, des boucles, des armes, des coupes,
des ex-voto, des scarabées, des pierres gravées; la connaissance des objets
du culte ou de la toilette, des ustensiles de cuisine ou des outils agricoles;
l'analyse de ce qui sert à la vie quotidienne, intime ou publique. Il s'agit,
en partant de la matière, de la technique et de la forme, de s'élever à la

---

[31] *Correspondance, éd. cit.*, lettre II, 12 février 1758, t. I, p. 4.

[32] *Ibid.*, lettre XXII, 28 novembre 1759, t. I, p. 98.

[33] *Ibid.*, lettre XXVI, 25 décembre 1759, t. I, p. 116.

[34] *Ibid.*, lettre III, 28 août 1758, t. I, pp. 8-10.

connaissance du style, du goût et de l'idée. Du travail particulier d'un objet par un ouvrier, Caylus déduit un art. Son étude consiste à:

> étudier fidèlement l'esprit et la main de l'artiste, à se pénétrer de ses vues, à le suivre dans l'exécution, en un mot, à regarder ces monuments comme la preuve et l'expression du goût qui régnait dans un siècle et dans un pays.[35]

On voit l'originalité de cette pensée, qui ne propose rien moins que de juger d'un art à travers les produits d'une industrie. C'est aussi une gageure: comprendre le goût d'une nation à partir d'objets qui semblent n'en témoigner aucun. Caylus a cru en la fécondité de ce point de vue, et sans doute a-t-il eu raison. D'abord, ses « pots cassés » sont parfois des objets d'une plus grande qualité qu'il ne veut bien le dire, et certains d'entre eux ne déparent pas, aujourd'hui encore, les collections du musée du Louvre. Ensuite, la pertinence de beaucoup de ses déductions montre qu'il a souvent judicieusement inféré le goût de tout un peuple des travaux individuels de ses artisans ou de ses artistes. Sur Rome, l'Egypte, la Phénicie, il donne des vues nouvelles et solides qui tranchent avec la façon hasardeuse dont on attribuait avant lui un objet à une civilisation. Le comte représente donc le passage d'une discipline archéologique qui n'est que l'illustration d'œuvres littéraires de l'Antiquité, à une analyse scientifique des monuments historiques, à la fois étude du style d'une époque ou d'un lieu et connaissance des techniques d'artistes porte-parole de leur temps.

Portée et projet

Cette idée fondamentale donne tout son sens au projet qui sous-tend le *Recueil d'antiquités*: d'une part, enrichir les arts et servir à l'instruction des artistes contemporains grâce à la connaissance des œuvres – au sens large, incluant le produit de l'artisanat – de l'Antiquité, d'autre part, tenter de percer le secret des origines de l'art et des « communications » entre les différents pays.

> [Les monuments antiques] mettent les progrès des arts sous nos yeux et servent de modèles à ceux qui les cultivent.[36]

L'entreprise de Caylus et sa portée sont résumées dans cette phrase, qui affirme la valeur pédagogique des antiquités, mais aussi leur valeur historique, esthétique et canonique. L'idée qu'il existe des œuvres exemplaires est affirmée d'emblée au début d'un travail qui peut dès lors passer pour un

---

[35] *Recueil d'antiquités*, t. I, avertissement, pp. vi-vii.
[36] *Ibid.*, pp. i-ii.

objet de publication universelle, de diffusion d'un art à méditer. Caylus se pose un peu comme un médiateur qui propose à l'admiration et à l'étude de ceux qui se lancent dans l'art les grandes réalisations de l'humanité. Il formule ainsi l'idée d'un patrimoine universel de l'humanité: tous les pays profitent du génie de quelques peuples. Les différentes techniques de reproduction mettent à portée de tous les beautés de l'Antiquité, c'est pourquoi il faut inciter les possesseurs de vestiges à les faire connaître au public:

> Les copies multipliées, quoique destituées de cette vie et de cette âme qu'on admire dans les originaux, ne laissent pas de répandre au loin le goût de l'antique; et en se réunissant de différents côtés dans les cabinets des curieux, elles y forment, en quelque façon, un corps de lumière dont toutes les parties s'éclairent mutuellement.[37]

La publicité des collections ne fait pas seulement plaisir aux amateurs, elle rend également service à l'antiquaire, qui peut résoudre un problème historique grâce au fragment issu du cabinet d'un curieux. L'archéologie est présentée comme un tout, dont chaque collection constitue une parcelle essentielle. C'est ce motif, dit Caylus, qui l'a engagé à éditer son *Recueil*, et à faire don au cabinet du roi d'une partie des objets qu'il renferme[38], « pour les conserver et les mettre à l'abri des accidents que ces formes de collections essuient à la mort des particuliers »[39]. On retrouve ici, non simplement le souci pédagogique de Caylus et sa générosité jamais démentie, mais son approche moderne de la tâche d'antiquaire, qui ne consiste pas à amasser pour soi-même ou quelques privilégiés les merveilles arrachées à l'ensevelissement, mais à les diffuser le plus largement possible, pour le plaisir du plus grand nombre et afin de favoriser les recherches et la collaboration entre scientifiques:

> J'aurai du moins ouvert une carrière féconde en découvertes, et dans laquelle l'homme de lettres comme l'artiste doivent également entrer. L'un en joignant la connaissance de l'art à celle des faits historiques, rendra son étude moins sèche pour lui; l'autre perfectionnera son talent, en approchant un peu plus de la

[37] *Ibid.*, p. v.

[38] Caylus fit au cabinet du roi plusieurs versements. A sa mort, par disposition testamentaire, la bibliothèque du roi et le cabinet des estampes se partagèrent sa bibliothèque; après la mort de Robert de Lignerac, héritier de sa fortune, le cabinet des médailles, auquel Caylus avait fait deux donations en 1750 et 1762, reçut toutes ses antiques.

[39] *Recueil d'antiquités*, t. I, avertissement, p. vi.

manière noble et simple du bel antique.[40]

L'envie de se rendre utile aux artistes en leur faisant connaître les œuvres de l'Antiquité accompagne donc le grand dessein de Caylus, qui est d'étudier l'art en et par lui-même, et de faire, comme il le dit lui-même dans la préface de son *Recueil*, « l'histoire des arts »; des arts, et non plus des artistes: la formule est significative. Le comte range les monuments par « classes générales », d'abord par pays, puis par ordre chronologique, et ébauche ainsi une théorie majeure, celle de la *communication* des arts, qui ignorent les frontières et passent d'un pays à l'autre en fonction des mouvements des populations et grâce souvent à la conformité des religions:

> Cette marche développe une portion intéressante de l'esprit humain, je veux dire l'histoire des arts. On les voit formés en Egypte avec tout le caractère de la grandeur; de là passer en Etrurie, où ils acquièrent des parties de détail, mais aux dépens de cette même grandeur; être ensuite transportés en Grèce où le savoir joint à la plus noble élégance, les a conduits à leur plus grande perfection; à Rome enfin, où sans briller autrement que par des secours étrangers, après avoir lutté quelques temps contre la barbarie, ils s'ensevelissent dans les débris de l'empire.[41]

Cet ordre historique des arts donne sa structure à l'ouvrage de Caylus. Le premier, il affirme que l'Egypte a été le foyer des arts, que les marchands phéniciens furent les intermédiaires artistiques entre l'Egypte, l'Etrurie et la Grèce. C'est en Egypte qu'il faut chercher non seulement l'origine de principes esthétiques mais aussi celle de nombreux usages dans lesquels les autres nations ont puisé par la suite, comme l'écriture ou l'idolâtrie, perversion d'un déisme antérieur par des prêtres intéressés à la superstition de la foule. Chaque peuple a emprunté à son voisin des notions qu'il a cédées à d'autres. On progresse par l'imitation et les échanges mutuels. Le *goût* seul est indépendant et situe, par sa valeur esthétique, les nations aux divers degrés du Beau:

> Le goût d'un peuple diffère de celui d'un autre peuple presqu'aussi sensiblement que les couleurs primitives diffèrent entr'elles; au lieu que les variétés du goût national en différents siècles peuvent être regardées comme des nuances très fines d'une même couleur.[42]

Combinant approche synchronique des différents peuples et étude diachronique de leur évolution respective, le comte accorde une grande impor-

---

[40] *Ibid.*, pp. xii-xiii.
[41] *Ibid.*, pp. x-xi.
[42] *Ibid.*, p. viii.

tance aux conditions historiques et sociales dans lesquelles naissent et vivent les arts, qui dépendent du milieu où ils éclosent. Cette conception déterministe de l'art le rapproche, comme son empirisme du reste, des idées exposées par Hume dans ses *Essais esthétiques*[43], mais Caylus est un des premiers à concevoir le développement graduel, continu de l'art dans les civilisations anciennes. Il en retrace l'évolution, de leur naissance à leur perfectionnement puis à leur déclin, en dégageant des lois générales sans négliger pour autant le poids des circonstances historiques.

Caylus relève que les premières opérations de l'art se signalent toujours par leur grandeur et leur simplicité, qui sont ensuite poussées à la perfection puis dégénèrent sous l'effet du goût, absent à la naissance des arts mais réglant par la suite leur développement et devenant leur pire ennemi. Ainsi, c'est la solidité rustique et la majesté qui caractérisent l'architecture égyptienne, dont tous les éléments sont tournés vers l'utilité et le souci de la postérité, de même que la sculpture du même peuple, sans parties saillantes et pleine d'attitudes simples. C'est à cause de la simplicité de leurs monuments que Caylus pense que les Egyptiens ont servi de modèle aux autres peuples. Les petits ornements, la recherche de plus d'effet, « décèlent l'esprit imitateur ». Plus les monuments paraissent chargés d'attributs, moins ils sont anciens: « la figure simple est la première idée; les attributs sont enfantés par des allégories qui ne naissent qu'après coup »[44]. Après les Egyptiens, les nations sont venues, le ciseau à la main, pour suppléer, par des détails d'embellissement, à ce qui leur manquait du côté de la vaste étendue des idées et de la grandeur des efforts. Les Etrusques, habiles en architecture, en sculpture et en peinture, ont suivi les traces des Egyptiens, mais en s'écartant un peu de leur noble simplicité, et ont donné plus de mouvement à leurs compositions. Imitateurs et non copistes, ils ont su garder les leçons de leurs illustres prédécesseurs tout en ajoutant leur apport propre. Les Grecs se sont également inspirés de l'art égyptien, et l'ont amélioré:

---

[43] Par exemple, sur l'habitude de faire des statues aux yeux d'argent, Caylus échafaude l'idée qu'elle vient d'Egypte, car plus les hommes d'un pays sont basanés, plus le blanc des yeux ressort et frappe le regard (Lettre V à Paciaudi, 12 décembre 1758, *éd. cit.*, t. I, p. 20).

[44] *Sur la Diane d'Ephèse et sur son temple*, Mémoire lu à l'Académie des inscriptions et imprimé dans l'*Histoire de l'Académie royale des inscriptions et belles-lettres, avec les mémoires de littérature tirés des registres de cette académie*, Paris, Imprimerie royale, t. XXX, 1764, p. 438.

Ils se sont écartés du goût pour le grand et le prodigieux, dont les Egyptiens leur avaient donné l'exemple. Il ont diminué les masses, pour ajouter de l'élégance et de l'agrément dans les détails. Ils ont joint à ces belles parties de l'art les grâces et les licences savantes auxquelles on ne peut arriver que par un degré de supériorité que la nature accorde rarement.[45]

Les Grecs ont porté à la perfection l'art de l'architecture, mais ils ont au fil du temps abusé des ornements, et ont perdu l'austérité grandiose des monuments égyptiens. Dernier avatar de cette évolution du goût, la Rome de la République n'est pas recommandable dans le domaine des arts. Seule l'arrivée à Rome des dépouilles de la Grèce a pu ouvrir les yeux des Romains sur l'utilité de l'art, mais ils n'ont fait dès lors que copier ces richesses et en abuser. De plus, ce peuple de soldats abandonnait le soin de cultiver les arts aux esclaves, ce qui a entraîné une corruption du goût, car la perte de la liberté étouffe le génie. En conséquence de quoi l'art romain est « lourd, mou, sans finesse »[46]. C'est le luxe, « cet ennemi de la durée des empires »[47], qui a perdu l'art romain. Imitation par les particuliers de la richesse qu'on ne voit d'abord qu'aux princes, il s'étend à toutes les couches de la population, au-delà de leur fortune, et devient général et nécessaire. Cette nécessité conduit à la préférence des choses frivoles qui flattent la vanité et au rejet des formes simples et naturelles; la corruption du goût s'installe alors:

Ainsi, pour satisfaire à ces prétendus besoins, l'Art a cherché les moyens d'imiter la Nature, afin de remplacer, avec une moindre dépense, ce qu'elle ne pouvait fournir au désir trop étendu des peuples policés.[48]

Caylus décèle donc un sens dans l'histoire de l'art, et discerne trois étapes: d'abord le nécessaire, puis le beau, puis le superflu et l'exagération. Si les particularités de l'art sont nationales, et s'influencent d'une nation à l'autre, le comte postule en même temps que son essence est unique, eût-il été réinventé plusieurs fois dans des régions du monde qui s'ignoraient les unes les autres.

En somme, l'originalité et la gloire de Caylus dans sa recherche archéologique sont de n'avoir jamais séparé les aspects historique, physique

---

[45] *Recueil d'antiquités*, t. I, 3e partie, p. 119.

[46] *Ibid.*, 4e partie, p. 159. Cependant, Caylus accorde aux Romains le mérite d'avoir ajouté aux trois ordres grecs, dorique, ionique et corinthien, l'ordre toscan issu des Etrusques, et l'ordre composite, mélange de l'ionique avec le corinthien.

[47] *Des vases dont les anciens faisaient usage dans leurs festins*, Mémoires de l'Académie, éd. cit., t. XXIII, 1756, p. 358.

[48] *Ibid.*, p. 359.

et moral de l'étude de l'antiquaire. La partie historique consiste dans l'examen du peuple et du pays qui ont produit les monuments, la partie physique, dans celui des objets, de leur matière et de leur forme. La partie morale est celle qui permet d'apprendre à connaître les hommes. Les réflexions produites par l'étude de l'Antiquité conduisent en effet celui qui s'en occupe à la fois à saisir les ridicules et les erreurs de l'humanité et, par amour pour elle, à lui trouver des excuses et contribuer à son perfectionnement[49]. C'est sans doute ce qui relie entre elles les activités apparemment si disparates du comte: le *Recueil d'antiquités*, la critique d'art et les œuvres poissardes procèdent de la même curiosité pour l'humanité, et du postulat jamais démenti selon lequel on peut saisir celle-ci non seulement à travers ses plus grandes réalisations mais aussi dans ses usages les plus banals. La visée qui commande l'entreprise archéologique de Caylus, et les qualités qu'il y manifeste, sont en effet les mêmes que celles dont il fait preuve dans ses ouvrages littéraires, ses écrits esthétiques ou ses récits de voyages. Le sens de l'observation dont il fait preuve en détaillant les mœurs des Parisiens n'est pas foncièrement différent de celui qui lui permet d'estimer d'un coup d'œil un objet égyptien ou une sculpture de Bouchardon. Etudier les mœurs des anciens Romains ou celles des poissonnières des bords de Seine, c'est toujours étudier l'homme, manifester de l'intérêt pour les formes multiples de l'humain, et en comprendre à la fois l'existence changeante et l'essence immuable.

---

[49] Cf. *Recueil d'antiquités*, t. V, préface, p. xvi.

UN CHAMP ABANDONNÉ ET FÉCOND, UNE GRANDISSIME COYONNADE

L'EKPHRASIS CHEZ LE COMTE DE CAYLUS

DE LA LITTÉRATURE ARTISTIQUE À LA PRATIQUE ARTISTIQUE DES LETTRES

ISABELLE GUILLOT

Paris

> Le travail que j'ai fait sur l'antiquité, peut-être comparé à celui d'un homme qui cultive selon ses forces, mais sans obstacle, un champ fécond, abandonné, et très heureusement éloigné des passants et du chemin fréquenté.

Caylus fait ainsi le bilan du *Recueil d'Antiquités* dans un texte étonnamment personnel, placé en préambule au septième et dernier volume, publié en 1767 à titre posthume[1]. Quelques années auparavant, alors qu'il est pleinement absorbé par la composition et l'édition du même ouvrage dont trois volumes ont déjà vu le jour, il envoie au Père Paolo Paciaudi, son fidèle correspondant italien et fournisseur à cette époque d'objets de cabinet, les deux recueils de sujets de tableaux récemment publiés et qu'il destine à l'édification de jeunes peintres:

> [Je vous envoie] une suite de tableaux d'Homère et de Virgile [et] une vie d'Hercule Le Thébain faite pour les peintres et dans le même goût. C'est une grandissime coyonnade et je voudrais qu'elle pût vous amuser. Ce qu'il y a de certain, c'est que son auteur vous aime et qu'il vous embrasse de tout son cœur.[2]

La forme respective qu'adopte Caylus pour désigner d'une part son travail d'antiquaire, d'autre part ses ouvrages didactiques d'amateur tient à la place de ces déclarations, un texte d'introduction à un ouvrage savant et une lettre familière qui accompagne l'histoire du même ouvrage. Dans ces trois textes auxquels on peut adjoindre *La description d'un tableau repré-*

---

[1] *Recueil d'Antiquités*, tome VII, 1767, pp. xxv-xxviii.
[2] *Correspondance de Caylus et de Paciaudi*, Parme, Nisard, 1877, Imprimerie nationale, Lettre III, p. 11, post-scriptum.

sentant le sacrifice d'Iphigénie peint par M. Carle Van Loo[3], Caylus décrit inlassablement des objets d'art, mais la description suit un processus
inverse: dans *Le Recueil*, elle part de l'objet dont elle complète la gravure,
elle l'étudie, le caractérise, l'identifie et parfois en célèbre les qualités esthétiques. La description de l'objet d'art ou de la curiosité aboutit à un
texte dicté par une méthode rationnelle et dont la finalité est de contribuer à
l'élaboration d'une histoire de l'art. Dans les *Tableaux tirés de l'Iliade et
de l'Odyssée* ou *L'histoire d'Hercule le Thébain,* la description part au
contraire du texte et enseigne quels sujets peuvent en être tirés pour la
peinture: la description didactique – il s'agit de guider de jeunes peintres
sur la voie des lettres anciennes – aboutit virtuellement à une peinture.
Nous nous proposons tout d'abord d'examiner les principes qui guident ces
ekphraseis, puis d'étudier quelques unes des plus exemplaires et
d'apprécier par ce moyen la valeur de ces textes de littérature artistique.

Les principes de la description dans le *Recueil d'antiquités*

Caylus explique dans chacun des avertissements les principes qui ani-
ment son travail de description d'antiques: le dessin, la lecture et la pratique sont les trois moyens qu'il faut employer pour l'examen de documents.
La comparaison est une méthode sûre pour conduire l'étude qu'il faut
aborder en se gardant de tout système:

> Je voudrais […] que l'on utilisât la voie de la comparaison qui est pour
> l'antiquaire ce que les observations et les expériences sont pour le physicien.

Pour cela il est bon à la fois de se référer aux témoignages des anciens et
de ne pas s'en contenter. La finalité est clairement affirmée: « trouver à
Rome les dépouilles de l'univers »[4], reproduire un modèle artistique parfait
et le préserver de l'oubli. Caylus souligne la difficulté de son entreprise,
ses limites, à commencer par celles des objets et des outils dont il a disposé. Il fait preuve à la fois d'une grande circonspection et d'un enthousiasme
dans lesquels on décèle la conviction d'avoir poursuivi un grand dessein et
en même temps le discernement de celui qui sait qu'il est susceptible
d'avoir commis des erreurs ou d'avoir été abusé par des copies fallacieu-
ses.

> Il est facile de trouver ridicule l'étude de l'antiquité[…]Ma critique serait même
> plus vive que la plaisanterie ordinaire, si je voyais qu'[on] ne regardât ces objets

---

[3] Ce texte est paru dans le *Journal encyclopédique*; nous l'avons consulté dans
une édition de 1757.
[4] *Recueil d'Antiquités*, Tome I, 1752, avertissement.

que des yeux du corps, sans avoir aucun des projets de recherche qui peuvent conduire à la véritable philosophie. Car il ne faut pas s'y tromper, et je le dis avec la plus entière conviction, l'étude de l'antiquité doit procurer la sagesse à des amateurs.[5]

La notion de succession, de transformation de l'objet d'art est soulignée avec insistance et mène directement à la conception historique de l'étude des arts du passé. Caylus va jusqu'à mentionner les ouvrages utiles à son étude; les récits de voyage suscitent sa défiance, en revanche il souligne l'intérêt de l'étude des objets communs qu'il n'hésite pas à faire figurer dans ses planches et ses commentaires. Caylus procède en homme des Lumières, dans un esprit qui allie la raison et la ferveur. L'homme de lettres et ceux qui cultivent les arts sont les destinataires de son ouvrage.

Quelques fragments descriptifs parmi des milliers ont retenu notre attention et permettent de mieux saisir l'intérêt de ces textes: le commentaire accompagne toujours sa représentation gravée et se présente selon une classification qui varie peu d'un volume à l'autre. La description supplée au dessin, représentation souvent minutieuse et parfois d'une grande beauté; certaines pierres gravées tout particulièrement. Il faut donc rappeler à la mémoire des artistes l'image de ces objets, il faut aussi les préserver de l'oubli et de la destruction. Le sort des peintures antiques redécouvertes à l'époque en témoigne suffisamment. La description de l'objet d'art n'est cependant pas purement substitution du texte à l'objet perdu, comme c'est fréquemment le cas pour l'ekphrasis, mais description d'un dessin qui est ainsi expliqué, commenté, l'objet décrit est le cas échéant replacé dans un usage, explicité au moyen d'une référence littéraire, comparé à d'autres représentations analogues. Le cas descriptif le plus attendu et le plus exemplaire du travail de l'antiquaire est celui où l'ekphrasis rejoint la fable et la description se trouve parfois même complétée d'une citation d'un texte antique. Le plus souvent Caylus se contente de rappeler le mythe, l'épisode, le personnage probablement représenté: la description vaut alors comme une confirmation de la référence littéraire, elle est objet venant à l'appui d'une culture, elle conforte dans l'amateur le lecteur, dans le connaisseur l'homme de lettres au sens où Caylus l'entendait.

Je regarde cette cornaline comme un des plus beaux monuments qui nous reste des Etrusques.[…] Elle représente Achille, dont le nom est écrit sur la pierre en caractères étrusques. Il tient d'une main son bouclier et de l'autre une espèce de bottine qui servait à couvrir le devant de la jambe. Il paraît que cette pièce en-

---

[5] *Ibid.*, tome V, 1762, Introduction, p. aiij.

trait dans l'armure des anciens, et qu'Homère l'a souvent désignée comme un terme que les traducteurs rendent ordinairement par celui de cuissart. On verra la preuve de ce que j'avance dans un passage d'Homère. Ce grand poète voulant peindre Achille qui se prépare à venger la mort de Patrocle, dit que ce héros prit la belle chaussure, et l'attacha sur ses jambes avec des agrafes d'argent.

Caylus cite alors la traduction que fit Mme Dacier de ce passage:

> Je ne doute point que le graveur en composant son sujet n'ait eu la description d'Homère en vue, mais content d'en saisir l'esprit et les détails principaux, il s'est donné des licences pour ne point changer son sujet. Il a rejeté la cuirasse et le baudrier, parce qu'ils l'auraient empêché de dessiner le nud de la figure et de lui donner une attitude élégante. C'est ainsi que les grands artistes doivent rendre les sujets que fournissent les poètes, en les présentant du côté le plus avantageux pour leur art, et sachant à propos indiquer le tout par une partie. [...] La cornaline ne peut être mieux conservée et plus belle; elle est en forme de scarabée.[6]

La richesse de ce fragment révèle bien tout le prix de l'ouvrage de Caylus: souci d'esthète et de connaisseur, connaissance des textes, esprit historique et méthode se trouvent ici réunis sans que l'émotion soit bannie. Dans d'autres descriptions c'est l'éloge qui prévaut, et le texte rejoint alors une des règles de la pratique rhétorique de l'ekphrasis: la beauté du texte reflétant celle de l'objet. On distinguera cependant les textes où l'appréciation louangeuse de la façon se confond avec l'émotion, de textes que le plaisir de la description paraît seul justifier:

> Les Grecs passionnés pour la poésie et pour la musique, ont multiplié le type de la divinité qui présidait à ces deux arts; le dieu de l'harmonie est ici représenté presque nud, et couvert seulement dans la partie inférieure d'une draperie légère qui sert à nourrir le bas de la figure et à lui procurer ce trait primordial que l'œil voit avec un si grand plaisir. Ses proportions approchent celles d'une belle femme, et par cette raison les hanches sont tenues un peu larges, ce que les anciens ont observé toutes les fois qu'ils ont voulu représenter Apollon et Bacchus, persuadés que l'une et l'autre de ces divinités doivent participer aux beautés particulières de deux sexes. Cet Apollon soutient sa lyre de la main droite, et ce qui demande beaucoup d'intelligence par la difficulté qu'il y avait à exprimer cette action en creux, la partie du bras qui passe derrière la lyre, se dessine sans aucune confusion, et le cède à l'instrument qui est plus avancé, le bras gauche se porte vers un génie, qui voulant se faire le plus grand qu'il est possible, en s'élevant sur la pointe des pieds, présente au dieu, l'archet qui lui est nécessaire, pour charmer les oreilles par le mérite de sa lyre. La figure d'Apollon est belle, mais celle de l'enfant lui est peut-être encore supérieure par sa finesse et son expression, et par son mouvement naturel et bien suivi. Cette pierre appar-

---

[6] *Ibid.*, tome I, 1752, Antiquités étrusques, p. 91.

tient à Monsieur Mariette qui a bien voulu lui donner place dans ce recueil.[7]

Si une partie du texte est justifiée par un jugement de la qualité d'exécution, il est clair que dans la minutie de cette description Caylus transcrit le travail du regard, et le plaisir de l'observation devient celui du texte. Dans un recueil d'antiques le souci de la manière domine la description, mais ne la justifie plus seule. La même question se pose à propos d'une étude de drapé dont Caylus vante la supériorité dans les objets antiques et qui donne à maintes reprises lieu à de belles pages sensibles: dans ce cas la description vient confirmer le propos technique. La description peut encore constituer dans quelques cas une fin en soi, en particulier quand le sujet demeure non identifié:

> Cette gravure sur une cornaline se ressent encore beaucoup des impressions égyptiennes; mais tout est énigme dans le sujet: la figure principale représente une femme drapée et qui porte de très grandes ailes […]; cependant elle a le doigt sur la bouche et paraît recommander le secret à un amour assis par terre et sur le premier plan, dont la disposition est absolument celle d'un captif. Il paraît appuyé contre un piédestal qui porte la représentation d'un griffon ailé, auquel la victoire offre et laisse prendre trois palmes qu'elle tient dans la main qui n'est point employée à caractériser le secret. On avoue sans rougir, qu'on ne comprend rien à une pareille composition.[8]

Ce texte qui ne va pas sans évoquer par son sujet les recueils de Hiéroglyphes soumet le sujet à la perspicacité du lecteur; la description quitte la voie tracée en préambule et souligne que la représentation ne mène pas forcément à l'interprétation. Dans son opacité ce fragment garde le charme d'un sujet gracieux et non élucidé.

La description d'un coffret à encens illustre enfin la virtuosité dont Caylus, passé maître dans l'art de la description, peut faire preuve:

> La plaque principale, celle qui est la plus ornée, est remplie par le buste d'un Romain, traité avec la plus grande saillie: la tête parée de ses seuls cheveux est renversée et présente l'expression de la douleur; aucune espèce d'attribut ne l'accompagne et ne sert à le caractériser; une de ses épaules est couverte d'une draperie et l'autre est nue; ce buste est entouré par deux cornes d'abondance, disposées de façon que les fleurs et les fruits dont elles sont remplies couronnent la tête et que les deux extrémités inférieures soient nouées par un ruban; cette espèce de bordure est soutenue par la main de deux centaures placés de chaque côté; ils ont chacun une femme assise sur leur croupe, et cette attention qu'ils ont pour soutenir le portrait ne les occupe point assez pour les empêcher d'embrasser de la main qui leur reste libre, ces jeunes nymphes.

---

[7] *Ibid.*, tome VII, 1767, Antiquités grecques, p. 155, planche XXVII, n°1.
[8] *Ibid.*, tome VI, 1764, Antiquités romaines, planche LXXXI, II.

> J'ai vu peu de monuments antiques présenter autant d'action et de mouvement; les parties du cheval sont étendues et bien disposées; leurs queues sont volantes et bien jetées; en un mot la pensée et l'exécution s'accordent pour rendre ce meuble de sacrifice recommandable et précieux.[9]

Le texte restitue ici le caractère ornemental du motif, son côté ludique et surabondant; la valeur du détail et de la dynamique de la composition mettent en valeur la séduction de l'objet qui tient plus à l'agrément qu'au sujet tel qu'on l'attend généralement dans l'ekphrasis. Bel objet culturel ainsi restitué par le dessin et le texte, il invite directement à l'imitation. Dans le *Recueil d'antiquités,* l'ekphrasis va ainsi de l'objet au texte par la voie de la célébration, celle de l'étude de critères techniques, celle du croisement de la représentation et de la fable. L'amateur d'art et l'homme de lettres trouve dans ces milliers de fragments descriptifs le plaisir partagé de textes d'une indéniable qualité littéraire. Dans la recherche passionnée de critères artistiques que Caylus a souhaité léguer à la postérité, se produit l'émergence d'une belle écriture. Certaines ekphraseis où l'art de décrire rejoint celui de raconter, la froideur de Phaon pour Sappho[10] par exemple, assimilent de simples commentaires au demeurant à la pratique des belles lettres s'exerçant sur ces objets beaux, précieux, rares ou simplement curieux du collectionneur. Le *Recueil* relève de la littérature artistique, mais il n'est pas douteux qu'il conduise ici à une pratique artistique de l'écriture inspirée par l'observation passionnée du beau.

L'ekphrasis dans les *Tableaux tirés de l'Iliade et de l'Odyssée* et *L'histoire d'Hercule Le Thébain*

Dans ces deux ouvrages publiés respectivement en 1757 et 1758, Caylus affirme en préambule des principes également bien définis qui constituent une stratégie descriptive là où ils relevaient davantage de la méthode scientifique de description d'antiques précédemment. *Les tableaux tirés de l'Iliade et de L'Odyssée* s'ouvrent sur une définition très rigoureuse de la notion de tableau, passage qui n'est pas sans évoquer l'ouvrage de l'abbé Du Bos[11]:

> Le tableau pour parler exactement, est la représentation du moment d'une action; je dis pour parler exactement car ce mot a des acceptions différentes, trop longues à discuter dans une note, et que tout le monde peut sentir. L'image au contraire, n'a souvent point assez de corps pour être peinte dans les différents

---

[9] *Ibid.*, tome IV, planche LXXXVI, p. 282.

[10] *Ibid.*, tome I, Antiquités grecques, Planche XLVIII, pp. 127-28.

[11] Du Bos, *Réflexions critiques sur la poésie et la peinture*, 1719.

moments qu'elle présente, et n'est essentiellement qu'une description: ce mot est souvent employé sans beaucoup de précision, de même que celui de tableau. Ainsi le tableau ne peint qu'un instant, et l'image plusieurs instants successifs. Le tableau, s'il m'est permis de le dire, tient au génie, et l'image à l'esprit.[12]

Cette distinction de l'image et du tableau, la définition de ce dernier comme une forme supérieure de la description n'ont rien de surprenant et elles sont conformes à la norme académique du temps; nous les retrouvons dans la *Description du sacrifice d'Iphigénie peint par M. Carle Van Loo*. Caylus précise dans ce texte dont la publication est contemporaine des deux autres qu'il n'entend pas décrire cette toile de façon exhaustive, mais s'attacher uniquement aux parties qui intéressent l'art. Nous lisons ce passage exemplaire de la conception classique de tableau, dans un texte de littérature académique qui relève de la leçon à l'intention de jeunes peintres:

Le peintre au contraire rapproche et rassemble dans un seul point de vue tous les personnages qui peuvent intéresser son action et en augmenter l'effet. Comme il n'a qu'un instant, il emploie toutes les puissances et les ressources de l'art.[...] Il faut donc applaudir l'artiste d'avoir rapproché dans son tableau des parties et des personnages que le poëte avait été obligé de disperser. M. Van Loo n'a fait que ce qu'aurait fait Euripide lui-même, s'il avait tenu le pinceau au lieu de la plume.

La notion d'unité qui fait la force de la scène représentée amène directement au caractère littéraire de l'exercice, je n'ai pas écrit ce tableau, souligne Caylus je l'ai commenté. Ce qui ressort de ces quelques pages fortement didactiques, c'est la connaissance claire que Caylus a du texte qui préside à toute son analyse. Il met par ailleurs l'accent sur la superposition de traitements antérieurs du même sujet qui ont pu ici influencer Carle Van Loo. Le tableau résulte d'un double modèle à la fois littéraire et pictural et constitue dans sa restitution écrite, un dense tissu de références poétiques et artistiques, la complexité même de cette élaboration permettant de forger un tableau nouveau et supérieur.

Dans l'avertissement des *Tableaux tirés de l'Iliade et de l'Odyssée,* Caylus passe aussi en revue les grands peintres depuis Raphaël qui ont montré du génie dans le choix de leurs sujets tirés de la lecture des grandes œuvres de l'antiquité. Il précise ainsi l'idée du génie qui préside au choix du sujet: pour justifier la nécessité de son ouvrage, il évoque en outre un recueil analogue de la plume de Rubens, et dont il faut déplorer la disparition; le sien vient en quelque sorte combler un manque. Il a également et

---

[12] Caylus, *Tableaux tirés de l'Iliade et de l'Odyssée*, Paris, Tilliard, 1757, avertissement, p. ix, note de bas de page.

dans le même ordre d'idées, le souci d'éviter des répétitions: au lieu des mêmes sujets toujours repris de nouveau, il est judicieux par une lecture éclairée des textes antiques de proposer des passages des poètes suscepti-bles d'en fournir de nouveaux.

Dans chacun des deux ouvrages Caylus met en œuvre une structuration des textes: d'une part, dans ce qu'il désigne comme une *catalogue raison-né,* il suit le poème des trois épopées de façon linéaire et sélectionne les passages propres selon lui à offrir des sujets de tableaux; le cas échéant il signale des œuvres célèbres inspirées des passages qu'il cite. Dans l'*Histoire d'Hercule Le Thébain* d'autre part, Caylus se propose de consti-tuer à partir de plusieurs auteurs une manière d'anthologie des épisodes les plus fameux de la vie du héros et les plus propres à fournir des sujets de tableaux: Hérodote, Apollodore, Diodore de Sicile, Denis d'Halycarnasse, Ovide et Pausanias seront cités et commentés tour à tour dans le classement d'épisodes susceptibles d'être représentés par des peintres. Dans les deux cas Caylus pratique une sorte d'aller et retour du texte classique qu'il cite dans la traduction de Mme Dacier, pour ce qui est d'Homère, à la sugges-tion plus précise de sa mise œuvre et en valeur par la peinture, après quoi il revient fréquemment à la source littéraire du tableau. Ce dernier peut donc être défini non seulement comme une lecture commentée et appliquée à un objectif parfaitement défini: s'adresser à un destinataire restreint, un audi-toire de peintres qu'il convient de former à la connaissance des textes et plus particulièrement à la reconnaissance des sujets virtuels. Mais il peut aussi être conçu du point de vue de la réécriture: Caylus fait sien le texte antique dans ces innombrables fragments tirés des auteurs à partir desquels il compose des tableaux. C'est de ce point de vue essentiellement littéraire qu'il faut envisager le travail de l'académicien. Il s'en explique lui-même dans l'avertissement des *Tableaux tirés de l'Enéide de Virgile,* soulignant sa prédilection pour Homère qu'il ne lit, comme on le sait, qu'en traduction à la différence de Virgile:

> Si j'osais parler de moi, je croirais pouvoir ajouter à ce fait, et convaincu, qu'Homère dépourvu de toutes les beautés de détail, peut séduire et frapper; je dirais que je n'entends pas le grec, et que je puis au contraire saisir quelques unes des beautés de Virgile. Cependant le génie, le feu et les images du poëte grec, percent pour moi à travers une traduction, dont je sens la faiblesse; je di-rais que ce grand homme m'échauffe, qu'il m'élève; et qu'enfin il parle pleine-ment à mon goût pour la peinture.[13]

[13] *Op. cit..*, pp. 278-79.

Les qualités du texte de Virgile pour la peinture lui viennent souvent de la lecture d'Homère auquel il a emprunté de nombreux tableaux:

> les Tableaux de Virgile sont le plus souvent copiés et calqués sur ceux d'Homère, le fait est si constant, qu'on pourrait assurer qu'il n'y aurait point eu d'Eneïde, si l'*Iliade* et l'*Odyssée* n'avaient point existé. Caylus souligne enfin la chaleur originale,[…] le feu divin dont les arts doivent toujours être animés et qu'il trouve dans les tableaux d'Homère. Il est bon de relever l'emploi du mot tableau pour désigner non son commentaire didactique à l'usage des jeunes peintres, mais le texte de référence lui-même dans ce qu'il a de propre à intéresser la peinture. C'est donc tout d'abord dans un rapport de prédilection au texte qu'il faut comprendre l'ecphrasis inspirée de la poésie d'Homère. Et l'éloge de ce dernier, ce grand génie[que Caylus entend ici] considérer, uniquement du côté de la peinture conduira nous le verrons au paradoxe même des Tableaux.

L'étude comparée de la description dans le *Recueil d'antiquités* et les deux volumes de recueils de sujets de tableaux permet d'assister à une forme de libération de l'écriture dans ces derniers ouvrages: quittant les limites extrêmement codées d'une exercice de description et de commentaire savant, Caylus prend la plume et laisse parler par instant son imagination. Certes, et le travail d'Elisabeth Lavezzi[14] l'a bien montré, c'est au cœur d'une dense réseau de citations, en l'occurrence celles des traductions sur lesquelles − nécessité oblige − Caylus s'appuie pour conduire son projet. Ajoutons que le plus souvent les références des auteurs sont données avec précision, dans les deux ouvrages le texte est balisé de la mention des auteurs et du numéro de la page de la traduction de Mme Dacier, pour ce qui est d'Homère et de Virgile. Le cadre même de l'exercice l'impose: Caylus est amené à rendre au sujet proposé toute sa vivacité et telle description d'intérieur ou de paysage, telle scène générale d'un tableau ainsi mise en valeur sont de la plume de Caylus, devenu auteur incidemment.

> Ulysse au milieu de deux arbres, faisant un lit avec des feuilles dont la terre est couverte; ce qui prouve que ce naufrage est arrivé dans l'automne. L'artiste ne doit point négliger cette circonstance. Les arbres à moitié dépouillés, encore chargés de quelques feuilles, dont les teintes sont infiniment variées, comme on les voit dans cette saison, augmentent les beautés d'un paysage, enrichi déjà par la fertilité d'un fleuve, par l'opposition d'une mer, dont les brisants sont d'autant plus sensibles, que la côte est couverte de rochers. Tous ces objets sont absolument arbitraires, et donnent toute liberté à l'artiste.[15]

---

[14] Elisabeth Lavezzi, « Homère en peinture » in: *Homère en France après la querelle (1715-1900),* Champion, 1999, pp. 265-76.
[15] *Op. cit.*, livre V, X, pp.167-68.

L'intérieur opulent et coloré du palais d'Alcinoüs directement retranscrit de la traduction offre une exemple de réécriture, c'est-à-dire un passage dont les qualités picturales sont évidentes et appellent nécessairement un tableau, mais où il n'est point besoin de suppléer en quelque sorte au texte dont les vertus pour la peinture sont patentes.

Le terme d'arbitraire souligne le fait que le tableau se fonde avec exactitude sur les derniers vers du chant V de l'Odyssée, à partir duquel Caylus compose le décor d'une nature hospitalière qui s'oppose à l'épisode de la navigation et du naufrage du radeau. L'imagination est ici au service de la composition d'un paysage nourrie étroitement de la lecture d'Homère. Plus que la peinture, ce fragment qui mentionne « des teintes variées » sans les nommer, appelle la gravure. C'est avant tout par le souci de la meilleure représentation possible que cette page est animée, mais Caylus ne cite pas, il a pris la plume pour l'imitation du poème en peinture. « Il faut regarder la peinture le livre d'Homère à la main », écrit-il dans l'avertissement des *Tableaux*. C'est dire surtout que la qualité littéraire de ces pages tient au respect du poème, plus précisément à une intériorisation de passages choisis, une visualisation des instants de prédilection où les images d'Homère parlent à l'esprit, on n'ose dire l'imagination, de Caylus.

Lecteur passionné et averti d'Homère, Caylus ne manque pas de s'arrêter sur les morceaux fameux qui constituent pour les sophistes les modèles rhétoriques de l'ekphrasis: le bouclier d'Achille ou bien le manteau d'Ulysse. Dans ce recueil de descriptions d'œuvres d'art virtuelles, se trouvent ainsi placées des descriptions imaginaires exemplaires de la substitution de l'écriture à l'objet d'art. Caylus cite la traduction de Mme Dacier intégralement, puis la commente:

> Un beau manteau de pourpre, très fin et très ample, qui s'attachait avec une double agrafe d'or, et qui était brodé par devant. On voyait au bas un chien de chasse qui tenait un faon de biche, prêt à le déchirer. Cette peinture était si naturelle et si vive, qu'on ne pouvait la voir sans admiration. Le chien et le faon étaient tous deux d'or: le chien étranglait le faon pour le dévorer; et on voyait les efforts que faisait le faon pour se tirer de la gueule en se débattant.

> Je veux que Mme Dacier ait employé de son chef le mot *peinture* dont Homère ne parle dans aucun de ses poèmes. Il résulte toujours une opération, ne la regardant même qu'exécutée en broderie, dont le trait est non seulement recommandable, mais qui ne peut être qu'une suite de la peinture, bien connue et pratiquée selon les règles de la grande imitation. Il n'est pas douteux que cette description ne pût produire des tableaux; mais que voudraient-ils dire, épisodiques et peu intéressants? On ne doit les rapporter que comme des faits utiles pour la connaissance des anciens usages qu'un artiste ne doit point ignorer, pour exprimer plus hardiment tout ce que son art exigera de lui pour suivre Homère, et

pour secouer les préjugés que des modernes n'ont que trop établis.[16]

Caylus considère à juste titre l'ekphrasis homérique comme un objet d'art susceptible au même titre que les antiques de ses collections d'intéresser l'historien d'art; pour lui ce passage en dépit de ses qualités artistiques ne s'inscrit pas dans une suite, dans une galerie de tableaux des principaux moments de l'épopée. Rejeté comme sujet, le manteau a néanmoins retenu son attention et figure paradoxalement dans le recueil. Il est à noter qu'il n'écrit pas cette description, la force de texte homérique et sa traduction, d'ailleurs très approximative comme il le souligne dans la critique du mot tableau, paraissant suffir à restituer l'objet.

De la même façon Caylus porte un regard d'historien sur le bouclier d'Achille, décrit au chant XVIII de l'*Iliade*:

> Homère nous donne par la description de ce bouclier, non seulement l'idée d'une connaissance très étendue, mais encore celle du dessein, de la cizelure et de l'intelligence du bas relief.[…] l'accord de ces métaux prouve encore une connaissance de la peinture que plusieurs ne veulent point accorder aux Anciens du temps d'Homère.

D'emblée Caylus semble se dérober à la description du bouclier dont il rend compte toutefois en résumant le sujet de chacune des scènes représentées, mais il se réfère à la dissertation de Jean Boivin comme susceptible de guider les artistes mieux que ne le fera sa plume.

> Je ne pourrais rien ajouter à la sagacité avec laquelle M.Boivin a prouvé la possibilité de représenter un si grand nombre de sujets dans l'espace d'un bouclier; je renvoie donc à sa dissertation; la vue de dessein dont elle est accompagnée, serait suffisante à tous les artistes pour leur faire sentir la réalité de cette idée;[17]

Devant les passages les plus justement célèbres du point de vue littéraire, les ekphraseis, Caylus rompu à la description d'objet d'art, à l'analyse et l'interprétation de tableaux, s'incline devant la grandeur de ces textes auxquels il donne curieusement une place dans la galerie écrite que constituent ses recueils de sujets, en même temps qu'il se refuse à les écrire. Il faut peindre les différents sujets du bouclier, mais celui-ci trouve sa place dans les arts et non dans les lettres: « ce fameux bouclier qui donne seul une si grande idée de la connaissance et de la pratique des arts chez les Anciens ». Le manteau d'Ulysse est un grand passage du poète,

---

[16] *Ibid.*, pp. 240-41.

[17] Jean Boivin, *Apologie d'Homère et bouclier d'Achille*, 1715. On trouve au début de ce volume une magnifique gravure de C. Cochin, *Le bouclier d'Achille tel qu'il est décrit dans l'Iliade d'Homère*, L.18e, N.Vleughels invenit. C. Cochin sculp.

mais ne convient pas à une suite de sujets inspirés de l'Odyssée. Le bouclier d'Achille évoque plus immédiatement la belle gravure de l'ouvrage de Boivin laquelle suffira d'ailleurs à guider les artistes. Dans les *Tableaux tirées de l'Iliade et de l'Odyssée,* l'ekphrasis n'est donc pas redoublée dans ce qui se présente néanmoins comme sa mise en abyme, c'est-à-dire la description d'un objet d'art transposée dans un texte dont la finalité est précisément la production ou reproduction de l'objet initial. Ce traitement paradoxal des ekphraseis homériques bien compréhensible « dans un ouvrage n'ayant pour but que la peinture » souligne d'ailleurs son auteur, est un indicateur précieux du statut de la description chez Caylus. Tirer des belles lettres des sujets nouveaux pour la peinture en participant de la défense d'Homère ne doit pas être assimilé à une quelconque prétention littéraire. On touche ici aux limites de l'ekphrasis académique, et il est permis de se demander si l'emploi de ce terme est encore approprié dans les limites que Caylus fixe à l'exercice de la description d'objet d'art.

Caylus n'emploie jamais le mot ekphrasis et il est peut être abusif de le faire à propos de ces textes qui à divers titres décrivent des œuvres d'art, mais sans poursuivre l'objectif rhétorique de cet exercice tel qu'il est défini par les sophistes grecs. Dans l'ensemble du corpus que nous avons étudié, il semble que ces fragments descriptifs en dépit de leurs finalités propres et distinctes, assument tous la fonction de donner à voir et remplissent à divers égards un rôle didactique. L'œuvre de l'académicien est d'ailleurs animée de ce souci de transmettre, de restituer et d'enseigner au moyen des modèles antiques. Pour ce qui est de la qualité littéraire de ces textes, certains commentateurs déplorent la médiocrité de leur style; il est clair que la prétention de faire œuvre d'écrivain et de donner par ces textes des morceaux de bravoure dans lesquels la plume tente d'égaler le pinceau ou le ciseau n'a pas effleuré Caylus. Néanmoins le plaisir et la ferveur qu'il éprouve en composant – ou recomposant – ces pages est indéniable: les descriptions de certaines pierres gravées présentent des qualités littéraires incontestables, fidèles en cela à l'exigence de vivacité propre à donner l'illusion de la vérité dans l'ekphrasis. Caylus laisse ainsi dans le *Recueil d'antiquités* maintes belles pages. La facture de ces textes et l'esprit qui les anime est en outre fondamentalement littéraire, ces pages constituent un dense réseau de références aux textes antiques auxquelles s'ajoute parfois la mention de tableaux traitant les sujets proposés. Caylus a, pourrait-on dire, écrit des ekphraseis, non sans le savoir, mais sans le vouloir parce que son dessein, inspiré d'une pratique exemplaire des belles lettres n'est en rien littéraire, mais pleinement artistique. S'il montre ainsi une juste sensibilité au texte d'Homère dont il a saisi les beautés, il l'adapte, l'édulcore et le modifie dans le sens d'une convenance qui prête à sourire et avec la rigidité d'un académicien avant tout soucieux de bien se conformer aux parties de la peinture. En définitive le plan de la leçon d'analyse picturale qu'il donne au début de la *Description du sacrifice d'Iphigénie*, résume le mieux la stratégie descriptive qui domine ces textes. Caylus évoquant la difficulté de bien juger un tableau précise que:

> les juges peuvent se réduire à trois classes: à l'homme de lettres, qui n'observe que le point d'histoire et le costume; à l'homme d'esprit qui n'est touché que des expressions; à l'homme d'art qui ne considère que l'exécution.

Ayant de la sorte annoncé les grandes parties de son propos, il ajoute:

> […] heureux si je puis en même temps donner une idée de cette belle composition à ceux qui ne sont pas à portée d'en juger par eux-mêmes.[18]

La fonction substitutive de la description est aussi clairement indiquée, pour des raisons matérielles évidentes. Dans les deux volumes de sujets de tableaux, la description consiste le plus souvent en une sélection de citations traduites, agrémentées de commentaires soulignant les vertus du passage pour la peinture et assorties des modifications nécessaires à la qualité de la représentation; ici le tableau résume le drame en le rendant manifeste et le plus souvent se prête immédiatement non à la peinture mais à la gravure, le texte est rendu à l'image et plus que dans le *Recueil d'antiquités*, l'ekphrasis a un champ limité parce qu'elle répond à une ambition également plus circonscrite.

Etudier ces ouvrages du point de vue de l'ekphrasis permet encore de les considérer dans leur ensemble comme des unités: les deux ouvrages de recueils de sujets présentent une cohérence évidente, liée directement au déroulement des trois épopées présentées par une suite de tableaux; le même esprit anime cette manière d'anthologie relatant la vie d'Hercule: dans les deux cas Caylus renoue avec la pratique antique de la galerie dont il connaît bien le fameux modèle de Philostrate. Caylus a reconstitué par les textes des galeries thématiques et la vision globale de ces ouvrages ordonnés invite à comprendre ces fragments descriptifs comme constitutifs d'un ensemble; la réticence à utiliser comme sujet le manteau d'Ulysse – motif dont la vertu artistique est reconnue, mais qui est sans rapport avec le récit principal – prend alors tout son sens.

---

[18] *Description d'un tableau représentant le sacrifice d'Iphigénie peint par M. Carle Van Loo*, Paris, Duchesne, 1757, p. 6.

En marge du *Recueil d'antiquités,* Caylus a placé des vignettes, des beaux frontispices et culs-de-lampe; rien de surprenant pour un ouvrage à l'époque couramment agrémenté de ces ornementations. Les pages d'explications des vignettes qui figurent au début de chaque volume retiennent néanmoins l'attention: ces figures parfois curieuses, parfois amusantes, d'autres fois simplement gracieuses, sont des dessins d'objets que le collectionneur place ainsi dans son ouvrage, transformant ces pages érudites et graves en une sorte de monument – et l'ampleur des sept recueils mérite sans doute assez ce nom – monument qu'il élève à sa passion. Ce catalogue savant de ses collections qui jette les fondements de l'histoire de l'art devient ainsi, en marge, un livre-objet et par ces signes anecdotiques traduit tout l'attachement de Caylus pour son projet. L'amusement qu'il trouve à ces figurines animales est à l'égal de celui que lui procure sa recherche passionnée d'antiques, leur classification et leur description:

> Quand on est possesseur d'un ours qui caresse son petit et que l'on fait une préface, on ne peut s'empêcher de placer une allusion aussi juste et aussi convenable à toute espèce d'auteur[19]

Rien n'échappe donc à la description dans ces ouvrages: les explications des vignettes constituent un second degré de la description, l'antiquaire est en effet passé de celle de l'objet à celle du livre; l'objet de cabinet y devient ornement emblématique du recueil: Caylus y donne à voir des pièces qui n'avaient pas leur place dans les planches et les commentaires, comme des signes culturels qu'il entend faire passer d'une civilisation à une autre; et son livre devient à son tour un bel et curieux objet à l'image de tous ceux qu'il recèle.

C'est encore dans les pages marginales de ces ouvrages de littérature artistique qu'apparaît le mieux la passion qui anime le collectionneur et le connaisseur (à savoir la correspondance, les avertissements et ces pages étonnamment personnelles du dernier volume du *Recueil d'antiquités*). Caylus a emprunté des voies peu fréquentées, il a poursuivi en amassant et commentant ses collections démesurées une recherche avant tout intérieure qu'il exprime en ces termes:

> leur vue réveille un ancien plaisir qui rappelle aisément les charmes de la nouveauté, on les étudie, on écrit ses réflexions sans aucun autre dessein que de s'occuper d'un objet aimé, et d'éviter le désœvrement.[20]

---

[19] *Recueil d'antiquités*, tome IV, 1761, Explication des vignettes, p. XIV.
[20] *Ibid.*, tome VII, 1767, pp. xxv-xxviij.

La pratique de la description d'œuvre d'art se situe au croisement de plusieurs disciplines très habituellement et nécessairement conjuguées à l'époque de ces textes; la connaissance des lettres est indissociable de la peinture et de l'art antique, au même titre que de l'histoire, de l'histoire de l'art et de l'archéologie. Non seulement Caylus se montre soucieux d'un respect des règles académiques au point de presque méconnaître les vertus de la poésie homérique, mais il est aussi attaché à un esprit méthodique et scientifique qui n'est pas sans rappeler celui de ses ennemis et détracteurs – en l'occurrence peu éclairés – de l'Encyclopédie. En outre l'émotion, le goût de la retraite et de l'étude minutieuse sont également manifestes dans ces ouvrages de littérature artistique. Enfin Caylus est aussi tourné vers la postérité et sa passion de l'antiquité dictée par le désir de transmettre des modèles culturels et artistiques accomplis et menacés par la destruction et l'oubli. Comment apprécier justement au cœur d'un ensemble aussi complexe la valeur de ces innombrables descriptions? Dans les belles pages du *Recueil d'antiquités* et certains fragments des *Tableaux*, la ligne qui sépare la littérature artistique de la pratique artistique de l'écriture nous paraît franchie. Comment pourrait-on refuser à Caylus, et en dépit sans doute de ses protestations, la paternité d'authentiques ekphraseis, fruit de la lecture des modèles du genre, d'une pratique approfondie de l'exercice descriptif et d'un attachement éperdu à la conservation et la restitution des œuvres d'art de l'antiquité.

> Les monuments de l'espèce de ceux qui composent cette vignette n'étant susceptibles d'aucune explication, et ne pouvant entrer dans les planches ordinaires conviennent au lieu où je les place; ils présentent une branche de chêne chargée de feuilles et de glands et une autre d'olivier. Il est impossible aujourd'hui de comprendre le motif pour lequel ils ont été travaillés; mais je puis assurer que leur exécution ne peut être plus parfaite, et que l'imitation de la nature est poussée aussi loin qu'il est possible; je n'aurais même pas imaginé avant d'avoir vu ces deux morceaux que les Romains eussent recherché avec un si grand soin et sur des objets si médiocres, la sévérité et la finesse de l'imitation.[21]

---

[21] *Recueil d'antiquités*, tome IV, 1761, Descriptions des vignettes, p. xiv.

LA ROME DE CAYLUS ET « L'IDEA DEL BELLO »

LETIZIA NORCI CAGIANO

Rome

J'éprouve tous les jours que le germe qu'on acquiert à Rome et dans quelques autres villes d'Italie jette des racines si profondes qu'elles survivent pour ainsi dire à celui qui les porte.[1]

Si on prête foi à cette déclaration de Caylus, le voyage en Italie jouerait un rôle fondamental dans les choix et dans les directions de sa vie d'artiste et d'antiquaire. Sous ce point de vue il est donc important de creuser dans son aventure italienne et d'analyser à fond son journal, même si, à une première lecture, celui-ci se présente assez plat et ne livre que de faibles indices des activités futures du comte.

Une considération plus attentive du *Voyage en Italie*[2] montre une progression de la sensibilité de Caylus face à l'antiquité et au charme des anciennes civilisations de la Méditerranée. Le voyage à Naples et en Sicile joue un rôle déterminant dans cette évolution[3]: avant et après ce voyage se situent les deux séjours romains de Caylus. Dans le récit du deuxième séjour on peut cueillir quelques changements dans les réflexions du jeune voyageur, un peu plus d'indépendance et de passion dans ses jugements; mais c'est toujours trop peu pour définir un rapport entre Caylus et Rome.

En effet ce rapport est assez complexe et prolongé dans le temps, car il faut tenir compte de la Rome que Caylus a visitée à l'âge de vingt ans, lors de son voyage en Italie, mais aussi de la Rome qu'il a connue au fil des

---

[1] *Correspondance inédite du comte de Caylus avec le P. Paciaudi, théatin (1757-1765), suivie de celle de l'abbé Barthélemy et de P. Mariette avec le même,* publiées par M. Charles Nisard, de l'Institut, Paris, Imprimerie Nationale, 2 vol., 1877, vol. I, p. 142; lettre du 11 février 1760.

[2] Caylus décrit ce séjour dans son *Voyage en Italie*, Amilda-A. Pons éd., Paris, Librairie Fishbacher, 1914.

[3] J'ai essayé d'expliquer l'importance du voyage en Italie du Sud dans un article, « Caylus en Campanie », paru dans *Le Journal des Savants*, janvier-juin 2000, pp. 123-40.

ans, à travers ses correspondants (Paciaudi, Barthélémy), ses lectures, ses contacts concrets, matériels, avec des objets provenant de Rome et d'Italie.

Je me bornerai ici à considérer le séjour romain de Caylus, mais sans perdre de vue des aspects qui se situent avant et après cette expérience. On peut remarquer d'abord que le séjour romain de Caylus n'est pas très long: il arrive dans la ville éternelle au début du mois d'avril 1715, après avoir passé le carnaval à Venise; il assiste aux cérémonies de la Semaine Sainte et repart pour Naples et la Sicile le 23 du même mois. Il revient à Rome le 16 juin, pour la Fête-Dieu et ne reste que jusqu'au 26. Il s'agit donc d'un séjour bref qui doit être considéré dans le contexte des deux voyages de Caylus dans les pays de la Méditerranée: le voyage d'Italie (qui comprend, chose rare à l'époque, une visite de la Sicile et une randonnée jusqu'à Malte) et le voyage qu'il fit quelques années plus tard au Moyen Orient[4]. A l'ensemble de ces expériences correspondra la naissance d'un intérêt pour l'antiquité qui ne s'arrête pas à la Rome « classique » – la Rome de Tite-Live selon l'interprétation des classiques français – mais qui remonte à la Grèce, considérée comme l'expression la plus haute de l'esprit humain et la source première et jamais égalée de l'art romain, et aussi à des civilisations plus éloignées dans le temps (l'Egypte) et dans l'espace (les provinces ro-maines), sans oublier les anciens peuples qui habitèrent l'Italie (les Etrus-ques): il suffit de penser au célèbre *Recueil d'Antiquités*[5].

Mais revenons au séjour romain: un séjour assez bref (un mois à peu-près) par rapport aux habitudes des voyageurs de l'époque, qui se situe dans le contexte d'une expérience de voyage pour laquelle les temps, pour lui, n'étaient pas encore tout-à-fait mûrs. D'abord à cause du jeune âge de Caylus: il était âgé de vingt-deux ans et n'avait aucune familiarité avec l'antiquité; il avait, il est vrai, quelques connaissances dans le domaine de l'art, mais là il n'en était qu'à ses débuts. Ensuite à cause du moment déli-cat où ce voyage eut lieu: dans les premières années du XVIIIe siècle on assiste à une transition dans la façon d'envisager le voyage de Rome. Les échos de la Querelle des Anciens et des Modernes sont encore bien vifs; la crise du classicisme et la perte de confiance dans l'histoire ainsi que les

---

[4] Caylus fit ce voyage en 1716-1717. Le « Voyage de Constantinople » de Caylus a été publié par Paul-Emile Schazmann sur la *Gazette des Beaux Arts*, 897, mai-juin 1938, pp. 272-92; 899, septembre 1938, pp. 111-26 et 902, décembre 1938, pp. 309-22.
      [5] *Recueil d'Antiquités égyptiennes, étrusques, grecques et romaines*, Paris, De-saint et Saillant, 6 vol., 1752-1767.

auteurs l'avaient transmise, encouragent la recherche de points de repère à travers la documentation scientifique. Les opinions sont partagées, indécises: faut-il encore considérer Rome comme le symbole d'une grandeur idéalisée, selon la tradition du XVIIe siècle, ou faut-il plutôt l'envisager comme un immense dépôt de témoignages concrets et fiables de l'histoire? Caylus était sans doute au courant de ces débats, mais il le sera davantage après son retour en France[6]; de toute façon on ne trouve pas, dans son journal d'Italie, cette lucidité critique qu'on trouve par exemple dans le récit de voyage de Montesquieu pour lequel les temps et l'âge étaient parfaitement mûrs[7].

C'est pour ces raisons, et pour d'autres encore, que le récit du séjour romain de Caylus exprime parfois des jugements confus ou contradictoires où il n'est pas facile de demêler ce qui est dû aux « ciceroni »[8] ou aux amis et artistes rencontrés à Rome de ce qui est dû au jeune voyageur. Il faut donc beaucoup creuser et parfois aussi faire jouer son imagination pour comprendre les goûts de Caylus à cette époque. Il me semble cependant que l'on peut assez clairement repérer un amour naissant et passionné pour les arts et, quant à l'orientation des curiosités du comte, deux pôles d'attraction, qui correspondent tout-à-fait aux deux tendances de l'époque: d'un côté Rome est admirée comme une image de la grandeur et de la magnificence selon l'interprétation classique; de l'autre elle est considérée pour sa richesse en témoignages d'une antiquité qui, dans la réalité, ne correspondait pas, ou ne correspondait pas uniquement, à cette magnificence[9]. C'est d'ailleurs selon ces directions que se développera, au cours des années, la carrière artistique et archéologique de Caylus.

---

[6] Ses positions au sein des grandes querelles de l'époque ne se manifestent que dans les écrits de la maturité, mais il était certainement au courant dès sa jeunesse, (cf. Marc Fumaroli, « Un gentilhomme universel: Anne-Claude de Thubières, comte de Caylus (1694-1765) », in: *Annuaire du Collège de France*, 1992-1993, p. 565). Pensons, par exemple, à sa familiarité avec l'abbé Conti, dont il partage les opinions exprimées dans la célèbre lettre à Maffei (Antonio Conti, « Lettera al Signor Marchese Maffei », in: *Prose e Poesie*, Venezia, G.B. Pasquali, vol. II, 1756, pp. CVIII-CXXVII).

[7] Cf. Montesquieu, « Voyages » (1729), in: *Œuvres complètes*, Paris, Gallimard (Bibliothèque de la Pléiade), vol. I, 1949.

[8] Il est évident que dans ses visites de Rome Caylus suit un « cicerone », que l'on pourrait essayer d'identifier à travers une analyse des itinéraires et des attributions.

[9] C'est l'argument que Montesquieu développera dans les *Considérations*.

Essayons donc de considérer ces aspects plus en détail. Au moment de partir pour l'Italie, les goûts du comte, formés à la cour de Louis XIV, sont naturellement orientés vers une interprétation idéalisée de la grandeur de Rome et cette attitude se revèle dans sa prédilection pour les monuments les plus magnifiques de la République et de l'Empire. La « magnificence » représente une coordonnée privilégiée de ses jugements ou alors, si les traces de la magnificence ont disparu, il recherche au moins la grandeur[10]. En général il insiste dans l'admiration des grands édifices publics, bien supérieurs, lui semble-t-il, aux temples qui, exception faite pour le Panthéon, sont petits et n'ont rien de magnifique dans leur structure et leur forme[11]. Le joli « Temple de Vesta » lui apparaît, à première vue, comme un « grenier à foin »[12] et il déclare sa préférence pour les grandes églises du XVIIe siècle, comme le Jésus ou Saint-Ignace, qui sont une interprétation somptueuse de l'antique[13], ou encore pour Saint-André-au-Quirinal où le Bernin a réalisé en plein l'idéal classique en joignant « le meilleur de l'antique […] avec le meilleur du moderne »[14].

Pour ce qui concerne les statues antiques il ne cherche que les « superbes », les morceaux achevés comme ceux qui se trouvent à la Villa Borghese et qui lui sont familiers puisque « les copies font l'ornement des jardins d'un roi aussi magnifique que le nôtre »[15] et encore les chefs-d'œuvre des collections Chigi, Verospi, Sforza[16]. Ces considérations, qui sont en grande partie redevables à la première éducation de Caylus, sont enrichies par une vive sensibilité esthétique. Il ne faut pas oublier que quelques temps avant son départ Caylus avait eu une espèce de conversion: ce brillant officier avait découvert tout d'un coup que sa vraie vocation était l'art et non pas l'armée. Je ne sais si c'est à cela que fait allusion Mme de Caylus dans une lettre du 7 juillet 1714 où elle parle d'une « résolution hasardeuse » et se préoccupe du peu d'attention que son fils prête à ses devoirs d'officier[17]; il est certain cependant que depuis deux années le jeune comte s'adonne à des études artistiques, fréquente des peintres

---

[10] Cf. par exemple les pp. 182-83 du *Voyage*.

[11] Cf. *ibid.*, p. 184.

[12] *Ibid.*, p. 185.

[13] Cf. *ibid.*, p. 293.

[14] *Ibid.*, p. 287.

[15] *Ibid.*, p. 187.

[16] Cf. *ibid.*, pp. 273, 274, 275.

[17] In: *Les Souvenirs du comte de Caylus*, Antoine Serieys éd., Paris, Hubert, 1805, pp. 354-55.

comme Watteau et des collectionneurs comme Crozat[18]. Je me demande même si ce n'est pas sur les traces de ce dernier que Caylus part pour l'Italie en octobre 1714[19].

Sa fréquentation assidue des artistes se revèle à Rome dans son activité à l'Académie de France:

> M. le comte de Quélus, Colonel de Dragons, – écrit le directeur de l'Académie Poërson au duc d'Antin – qui a beaucoup d'esprit et d'inclination pour les sciences, a pris tant d'amour pour la peinture qu'il vient tous les jours, à cinq heures du matin, dessiner à l'Académie d'après le modèle. Ce bon exemple est suivi par M. Hénin et de quelques autres Cavaliers François, qui nous font honneur à Rome. Je vois leurs desseins, et les anime du mieux qu'il m'est possible.[20]

Ces séances à cinq heures du matin font déjà prévoir l'activité infatigable de Caylus comme dessinateur, comme graveur d'après les grands maîtres et sa prédilection pour les milieux artistiques, pour les artistes, pour le travail avec les artistes.

Caylus arrive donc à Rome non seulement avec une image idéalisée et magnifique de la Rome ancienne, mais aussi avec un amour pour l'art qui s'est alimenté à Venise et à Bologne. Or ces tendances trouvent une pleine correspondance dans le climat culturel romain de l'époque. En 1714 Rome est encore considérée comme la capitale artistique de l'Europe, on y respire encore cette « Idea del Bello » théorisée par Giovan Pietro Bellori en 1664 dans un célèbre discours à l'Académie de Saint-Luc et interprétée par de nombreux artistes dont les ouvrages pouvaient être admirés à côté de ces statues antiques (ou des rares peintures antiques) qui constituent, avec Raphaël, les coordonnées de cette « Idée ».

---

[18] Cf. André Fontaine, « Introduction », in: Caylus, *Vies d'artistes du dix-huitième siècle* [...], André Fontaine ed., Paris, Librairie Renouard, H. Laurens Editeur, 1910 et Marc Fumaroli, « Une amitié paradoxale: Antoine Watteau et le comte de Caylus (1712-1719) », in: *Revue de l'Art*, 114, 1996, pp. 34-47.

[19] Crozat arriva à Rome à la fin d'octobre 1714 comme émissaire du duc d'Orléans pour traiter l'achat des collections ayant appartenu à Christine de Suède. Il restera à Rome jusqu'au 5 avril, mais l'affaire ne sera conclue qu'en 1721. Je ne sais pas si au début d'avril Crozat et Caylus ont eu l'opportunité de se rencontrer à Rome. Sur le séjour romain de Crozat cf. *Correspondance des directeurs de l'Académie de France à Rome*, vol. IV (1711-1716), Anatole de Montaiglon éd., Paris, Jean Schemit, 1893, lettres du 6, 13 novembre et du 16, 18, 25 décembre 1714, du 1er, 5, 15, 25 janvier, du 5, 12, 19 février, du 5, 12, 19, 26 mars et du 2 et 5 avril 1715.

[20] Lettre de Poërson à d'Antin du 2 juin 1715, *ibid.*, p. 408. C'est d'ailleurs Hénin que Caylus retrouvera chez Crozat, avec Watteau, après le retour à Paris.

L'« Idea del Bello », née à partir de théories élaborées dès la première moitié du XVIIe siècle et qui avait déjà été appliquée par Annibale Carracci et ses élèves, consistait dans la conception d'un art qui recherche la beauté à travers une imitation de la nature épurée de ses aspects contingents et multiples, saisie dans son essence, telle que les anciens l'avaient interprétée:

> Quel sommo ed eterno intelletto, autore della Natura nel fabbricare le sue opere meravigliose, altamente in se stesso riguardando, costituì le prime forme chiamate Idee [...] Li celesti corpi sopra la Luna, non sottoposti a cangiamento, restarono per sempre belli e ordinati [...] Al contrario avviene de'corpi sublunari, soggetti alle alterazioni ed alla bruttezza; e sebbene la Natura intende sempre di produrre gli effetti suoi eccellenti, nulladimeno per l'inequalità della materia, si alterano le forme, e particolarmente l'umana bellezza si confonde, come vediamo nell'infinite deformità e sproporzioni, che sono in noi. Il perché li nobili pittori e scultori, quel primo Fabbro imitando, si formano anch'essi nella mente un esempio di bellezza superiore, ed in esso riguardano, *emendando la natura* senza colpa di colore e di lineamento. *Questa Idea,* ovvero Dea della Pittura e della Scoltura, aperte le sacre cortine degli alti ingegni, dei Dedali e degli Apelli, si svela a noi, discende sopra i marmi e sopra le tele; *originata dalla Natura, supera l'origine, e fassi origine dell'Arte*; misurata dal compasso dell'intelletto, diviene misura della mano, ed animata dall'immaginativa, dà vita all'immagine.[21]

Au cours des siècles précédents les artistes avaient abandonné la nature pour des modèles intellectuels abstraits et invraisemblables, qui n'avaient aucun rapport avec le monde réel ni avec la tradition classique représentée par les statues antiques qui abondaient à Rome, et renouvelée par Raphaël. Suivant la théorie de Bellori, les peintres qui venaient à Rome du nord de l'Italie, de France et des Pays-Bas dessinaient les statues, les bas-reliefs, les pierres gravées non pas pour copier, mais pour étudier, mémoriser, saisir le sens des proportions et de la beauté[22].

---

[21] « Discorso di Gio. Pietro Bellori detto nell'Accademia di San Luca la terza domenica di maggio MDCLXIV » publié dans *Le vite dei pittori, scultori e architetti moderni*, I, Roma, 1672 et dans toutes les éditions suivantes. C'est moi qui souligne.

[22] Les chefs-d'oeuvre de l'école romaine et les antiquités qui les ont inspirés ont été exposés à Rome en mars-juin 2000 dans une exposition organisée par Evelina Borea. Cf. le catalogue: *L'Idea del Bello. Viaggio per Roma nel '600 con Giovan Pietro Bellori*, Roma, De Luca, 2000, 2 vol. Pour ce qui concerne l'évolution de cette idée en France au XVIIe et au XVIIIe siècles cf. René Démoris, « La règle et le fantasme: réflexions sur l'Antiquité dans le discours sur l'art entre Poussin et Diderot », in: *Images de l'Antiquité dans la littérature française*, Paris, Presses de l'Ecole Normale Supérieure, 1993, pp. 151-60.

Les riches collections romaines d'antiquités étaient recherchées et étudiées par les artistes qui s'intéressaient non seulement aux grands chefs-d'œuvre, mais aussi à ce qu'on appelait « anticaglie » – des lampes, des petits bronzes, des terres cuites, des outils – en tant que témoignages immédiats de la culture matérielle des anciens. Mais ces objets, qui souvent n'étaient pas dépourvus d'intérêt formel, étaient considérés aussi sous un autre aspect: les antiquaires recherchaient dans leurs décorations figurées, ainsi que dans les monnaies et les pierres gravées, la clé pour interpréter les sens profond des grands chefs-d'œuvre de la sculpture ou des grandes scènes sculptées sur les colonnes et sur les arcs de triomphe.

Il me semble que c'est justement à ces principes que s'inspireront les intérêts et les activités de Caylus dans le domaine des antiquités. Sans compter que Bellori est l'un des premiers à avoir considéré les avantages que l'historien de l'art ou l'antiquaire pouvaient tirer des gravures reproduisant des peintures, des sculptures ou des objets: avoir sous les yeux ces gravures permettait d'analyser le style et la forme des modèles, d'établir des comparaisons, de composer des ensembles, classifier, relier, à travers des didascalies, les reproductions avec les lieux de provenance des originaux et assembler virtuellement dans des suites de gravures ce qui risquait d'être dispersé. Bellori a démontré l'importance de compléter le discours analytique et critique par des images et a conféré un rôle indispensable pour l'historien aux reproductions gravées qui, jusqu'alors, servaient principalement de modèles pour les artistes ou d'images-souvenirs pour les voyageurs, sans être reliées à des textes expliquant la valeur artistique des originaux[23].

Le climat culturel romain ne fait donc que révéler et vivifier des tendances présentes en germe chez le comte; ces tendances qu'il développera, dans les années à venir, par ses théories sur le grand-goût et sur l'imitation des anciens et par son activité infatigable de collectionneur et de graveur. Bellori n'est pas cité dans le *Voyage*, mais ses idées se respiraient à Rome et se réflètent dans le récit de Caylus. Ses goûts, en fait de peintres modernes, correspondent pleinement aux canons romains du XVIIe siècle: Raphaël, Guido Reni, Annibale Carracci, le Dominiquin, l'Albane, Carlo Maratta, le Guerchin, Jules Romain. Pour les vénitiens, le Titien et Véronèse. Pour les français, Poussin et Claude Lorrain, l'un des rares étrangers qui

---

[23] Bellori utilisa principalement deux graveurs, Pietro Sante Bartoli et Pietro Aquila, pour des séries de gravures auxquelles il ajouta ses commentaires. Cf. Evelina Borea, « Introduction » au catalogue *L'Idea del Bello*, éd. cit.

adoptent une poétique de la nature choisie et idéalisée et pour ces mêmes raisons très apprécié par Bellori; et encore Rubens et le Caravage, auteurs qui représentent des tendances différentes du classicisme, mais qui jouissaient d'une grande considération à Rome en raison de leur grande personnalité. Enfin l'admiration de Caylus va à deux grands protagonistes de l'époque d'Urbain VIII et d'Alexandre VII: Pietro da Cortona et le Bernin.

Par rapport au commun des voyageurs de son époque Caylus manifeste aussi des intérêts et des curiosités assez personnels: par exemple il consacre une certaine attention aux façades des palais et des églises, ce qui, à l'époque, n'était pas très considéré, du moins si l'on regarde les descriptions destinées aux visiteurs; ou en outre il se pose, avec une certaine insistance, le problème de l'expression dans les sculptures et montre un intérêt marqué pour les statues modernes[24].

Selon la meilleure tradition classique Caylus déteste le gothique[25] et la perspective irrégulière de certaines œuvres romaines antiques[26], mais il est en état d'apprécier des réalisations modernes en style rocaille, comme l'église de Saint-Yves, « morceau d'architecture beau et bien singulier du Borromini »[27] ou les décorations du Palais Colonna[28]. Cependant il n'insiste pas sur ce genre d'ouvrages: Borromini n'est cité qu'une fois et Schor, l'auteur des décorations du palais Colonna dont le style rappelle, par certains aspects, celui de Watteau, n'est même pas nommé. Il est clair que l'amitié de Caylus avec Watteau, qui remonte aux années qui précédèrent le voyage[29], n'influence que très légèrement ses jugements sur l'art, du moins dans son journal d'Italie. Et pourtant, à Rome, il fréquentait un autre ami de Watteau, Hénin, qui l'accompagnait dans ses séances de dessin à l'Académie de France.

On ne peut nier cependant que Caylus ne fût sensible, à cette époque, à l'épicurisme qui se révélait dans les théories de de Piles, dans la peinture

---

[24] Cf. *Voyage d'Italie, éd. cit.*, pp. 257, 263, 269, 270, 281, 296.

[25] Cf. *ibid.*, pp. 264, 276, 297.

[26] Cf. ses jugements négatifs sur les colonnes de Trajan et d'Antonin; ces jugements seront repris dans le mémoire « De la perspective des Anciens » (12 août 1749), repris dans *Histoire de l'Académie Royale des Inscriptions et Belles-Lettres*, Paris, Imprimerie Royale, vol. XXIII, 1756.

[27] *Voyage d'Italie, éd. cit.*, p. 295.

[28] *Ibid.*, p. 267.

[29] Sur l'amitié entre Caylus et Watteau voir Marc Fumaroli, *Une amitié paradoxale…, art.cit.*

de Watteau, dans les conversations du salon de Crozat. On en trouve même de vagues traces dans le *Voyage,* mais elles ne concernent pas la vision artistique du comte[30]. Il me semble d'ailleurs que le style de Watteau, tel qu'il se reflète dans les écrivains de son temps[31], n'a influencé la production littéraire de Caylus qu'après ses voyages dans les pays de la Méditerranée.

Quant à l'art, le journal du séjour romain fait déjà prévoir la direction que prendront ses idées et l'attention qu'il prêtera, après son retour en France, aux théories de l'abbé Conti, grand ami de sa famille. Si nous considérons les écrits de Conti, et en particulier sa lettre à Maffei, nous trouvons une critique sévère des « raffinements », des « caprices » et des « hardiesses » des sophistes modernes: raffinements, caprices et hardiesses qui peuvent correspondre, en architecture, aux inventions de Borromini ou, en peinture, au style rocaille. Mais si Conti critique les modernes et leur manière, il donne en revanche une grande importance à l'application de la méthode scientifique dans l'histoire et dans les autres disciplines[32]; le défi de Caylus consistera dans la recherche d'un équilibre difficile entre tradition classique et recherche empirique.

On peut se demander alors si, dans le séjour romain de Caylus, on peut déjà trouver quelques traces du futur archéologue, de celui qui cherchera passionnément des repères, jusqu'aux plus humbles, dans l'espoir de saisir quelques révélations sur les techniques et les usages des anciens. Certaines affirmations du récit semblent en pleine contradiction avec les déclarations de la maturité: on dirait que ce n'est pas la même personne qui déclare en 1715:

> [au Palais Borghese il y a] un jardin petit mais orné de figures et de reliefs dont il y en a beaucoup d'antiques, sur lesquelles on crache; aussi je ne parlerai que

---

[30] Cf., par exemple, *Voyage d'Italie, éd. cit.,* pp. 261-62: « [Sur le Palatin] il y a un bosquet destiné pour l'Académie des poètes. Ils tenoient leurs assemblées dans un bosquet assez champêtre, et cela dureroit encore sans des hommes et des femmes qui, échauffées par les idées que leur avoient données les pièces amoureuses des poètes, n'avoient par la brutalité gâté ce que les sentiments auroient fait tolérer. »

[31] Cf. René Démoris, « Les fêtes galantes chez Watteau et dans le roman contemporain », in: *Dix-huitième siècle,* 3, 1971, pp. 337-57.

[32] Cf. Antonio Conti, *Lettera al Signor Marchese Maffei, éd. cit.,* en particulier pp. CXI-CXII. La critique de Conti aux « caprices » des modernes correspond exactement aux affirmations de Bellori: « [Oggi gli architetti] deformando gli edificj, e le città istesse, e le memorie, freneticano angoli, spezzature, e distorcimenti di linee; scompongono basi, capitelli, colonne, con frottole di stucchi, tritumi e sproporzioni ».

des superbes.[33]

Et, en 1758:

> Je vous ai témoigné du dégoût pour les morceaux de belle conservation, ces froids Apollons, ces belles prétendues Vénus, etc. [...] dans la vérité, je compare les belles antiquités aux belles dames et aux beaux messieurs dont la toilette est complète, qui arrivent dans une compagnie, se montrent et n'apprennent rien; au lieu que je retire quelquefois d'un morceau fruste, que je comparerai en ce cas à un homme crotté et qui marche à pied, le sujet d'une dissertation et l'objet d'une découverte.[34]

Pour ce qui concerne la peinture antique rien ne fait prévoir, dans le récit du voyage, l'auteur du mémoire *De la perspective des Anciens*[35] et des reproductions de peintures antiques d'après les relevés inédits de Pietro Sante Bartoli[36]. A Rome il ignore la fresque monumentale de la *Roma Barberini* (et pourtant il revient plusieurs fois au palais Barberini qui est son préféré) et il ne fait aucun effort pour visiter l'intérieur de la pyramide de Cestius, dont le Sénat a la clé. Et pourtant il sait que dans la cellule se trouvent de beaux grotesques[37]. Le seul commentaire, assez banal, mais compétent, est reservé aux *Noces Aldobrandini* (« indubitablement peinture à fresque antique; ce morceau m'a fait bien du plaisir à voir »[38]). Mais cette indifférence n'est qu'apparente; à plusieurs reprises, dans ses travaux d'archéologue, Caylus se souviendra des *Noces*, « de la belle simplicité de la perspective qu'on remarque dans cette peinture antique »[39].

Il me semble qu'une refléxion s'impose: l'intérêt de Caylus pour la peinture romaine – non seulement les figures, mais aussi la peinture décorative – se développe parallèlement à la théorie que cet art n'a de valeur

---

[33] *Voyage d'Italie, éd. cit.*, p. 180.

[34] *Correspondance inédite, éd. cit.*, vol. I, p. 9, lettre du 28 août 1758.

[35] Ce mémoire, du 12 août 1749, est repris dans *Histoire de l'Académie Royale des Inscriptions et Belles-Lettres*, Paris, Imprimerie Royale, vol. XXIII, 1756.

[36] *Recueil de peintures antiques imitées fidèlement pour les couleurs et pour le trait, d'après les Desseins coloriés faits par Pierre-Sante Bartoli*, Paris, 1757, p. 3. Ce livre, dont les explications sont dues à Mariette, fut tiré en 30 exemplaires. En 1760 il fut suivi par un autre volume sur *La mosaïque de Palestrine* (explications par l'abbé Barthélémy). Un exemplaire des deux volumes, reliés ensemble, se trouve à la Bibliothèque Vaticane. On peut rappeler qu'il existe un recueil semblable où Bellori assembla et expliqua les reproductions de peintures antiques découvertes à Rome au cours du XVIIe siècle.

[37] Voir *Voyage en Italie, éd. cit.*, p. 185.

[38] *Ibid.*, pp. 268-69.

[39] *De la perspective des Anciens, éd. cit.*, p. 329.

que dans la mesure où il nous donne une pâle idée de la peinture grecque[40]. Or nous savons que les *Nozze Aldobrandini* sont en effet inspirées d'un modèle grec: est-ce pour cette raison qu'elles attirent l'attention de Caylus plutôt que l'imposante *Roma Barberini*? Dans ce cas la comprehension de l'art grec aurait des origines bien précoces dans la formation du jeune Caylus[41].

Pour revenir à la question des intérêts antiquaires de Caylus à l'époque du voyage, on peut remarquer qu'à côté de l'exaltation pour les aspects magnifiques de la ville ancienne et moderne, on trouve une curiosité poussée, insistante pour les témoignages de la décadence de Rome et de la transformation progressive des anciens bâtiments en monuments de la Rome chrétienne ou en ruines[42], ainsi qu'une attention assez marquée pour les objets d'usage quotidien, pour les matériaux utilisés dans les monuments, et pour le réemploi de colonnes ou de fragments antiques dans les églises[43]. Il est vrai que les « ciceroni » se chargeaient de divulguer tant bien que mal les théories et les découvertes de la grande génération d'antiquaires du siècle précédent; il est donc assez normal que Caylus manifeste ce genre d'intérêt. Ce qui est plus intéressant c'est la tendance, qui n'apparaît pas encore de manière très évidente, à chercher dans n'importe quel monument une valence esthétique qui se situe au-delà de la grandeur ou de la perfection de l'œuvre. Cela pourrait expliquer le jugement négatif de Caylus sur les statues de Castor et Pollux au Quirinal, œuvres grandioses et achevées, mais absolument inexpressives[44].

Rome stimule donc chez le jeune comte la curiosité pour les vestiges de l'histoire et dévoile l'intuition d'une valeur esthétique profonde intrinsèque aux objets d'art antiques: deux tendances que Caylus conciliera, dans les

---

[40] Cf. *ibid.* et l'introduction au *Recueil de peintures antiques.*.

[41] La compréhension profonde de l'art grec, qui se révèle dans de très belles pages du mémoire « De l'Architecture ancienne » (in: *Histoire de l'Académie Royale des Inscriptions et Belles-Lettres*, vol. XXIII, pp. 286-319), pourrait être l'objet d'une étude comparée avec les théories de l'abbé Barthélemy et de Winckelmann. C'est d'ailleurs ce que suggère Elisabeth Décultot avec sa lecture comparée de textes de Caylus et de Winckelmann. On se souviendra également des passages consacrés à l'architecture dans le *Discorso di Gio.Pietro Bellori, éd. cit.*

[42] Cf., par exemple, *Voyage d'Italie, éd. cit.*, pp. 258-59, 272.

[43] Cf. *ibid.*, pp. 183, 189, 260, 265, 277-78.

[44] « Devant le monte Cavallo, le pape veut faire une belle fontaine aux deux côtés de laquelle sera Castor et Pollux et leurs chevaux que je n'admire pas » (*ibid.*, p. 296).

années à venir, d'une façon tout-à-fait originale. Il applique ses intuitions esthétiques, parfaitement conformes à l'« Idea del Bello » théorisée au XVIIe siècle, à la recherche scientifique sur les pièces archéologiques au nom du métier d'artiste. Examinons ce qu'il écrit à Paciaudi à propos des « morceaux les plus humbles »:

> La beauté et la perfection du goût dans les morceaux me font autant de plaisir qu'à un autre [...] La singularité d'un outil, d'une opération technique, produit l'instrument et le piquant de l'explication. Et quand les morceaux les plus humbles seraient plus chers que les beaux [...] on en serait charmé par le parti qu'on est assuré d'en tirer, et de l'utilité dont on peut être aux artistes et aux hommes véritablement curieux.[45]

Pour Caylus le travail scientifique de l'archéologue s'adresse aux collectionneurs, aux historiens, mais aussi – et surtout – aux artistes. Caylus travaille pour les artistes, persuadé, selon les enseignements des classiques, que les procédés sont une partie considérable de l'art et que dans ce domaine les anciens, les Grecs notamment, n'avaient pas de rivaux. Connaître, renouveler, perfectionner les procédés de l'art, c'est donc améliorer ses moyens d'expression et élargir son horizon[46].

Caylus est bien conscient que tout ce qui est ancien n'est pas nécessairement parfait; toutefois il est persuadé du fait que dessiner, reproduire, examiner, toucher un objet ancien, permet de pénétrer son âme, son essence profonde; et si dans cette âme il ya une étincelle de beauté, qui peut se révéler aussi dans un détail fonctionnel (un manche, un pied etc.), celle-ci mérite d'être recueillie, reproduite, transmise. C'est pou cette raison que Caylus sera toujours hostile à ce qui peut cacher ou couvrir cette essence vitale des produits de l'art humain; il sera donc contraire aux restaurations maladroites des statues ainsi qu'aux mutilations et aux corrections d'Homère que pratiquaient les « Modernes »[47].

Il est difficile d'établir jusqu'à quel point des considérations esthétiques jouent dans l'amour de Caylus pour les objets antiques qu'il se procurait avec avidité pour les étudier et pour s'en débarrasser aussitôt[48]. Dans

---

[45] *Correspondance inédite, éd. cit.*, vol. I, p. 28, lettre du 12 janvier 1759.

[46] Cf. Samuel Rocheblave, *Essai sur le comte de Caylus. L'homme, l'artiste, l'antiquaire*, Paris, Hachette, 1889, p. 104.

[47] Cf. *ibid.*, pp. 77-78.

[48] Ce sont les critères déjà adoptés par Peiresc, selon la biographie de Gassendi: « Verum ipse, Non nescio, inquit, effuse a multis rideri hæc studia [les études antiquaires], quasi, nec nobis ornamento, nec cæteris usui sint: ij tamen soli iure carpuntur, qui ad vanam, aut etiam nullam eruditionem hæc referunt; cum plerique

la dédicace du *Recueil d'Antiquités* il semble affirmer que l'appréciation esthétique a précédé, chez lui, le goût scientifique[49]. Marc Fumaroli a montré comment Caylus, à travers sa double activité à l'Académie de Peinture et à celle des Inscriptions, est parvenu à établir un lien étroit entre la recherche des techniques du haut artisanat antique et le renouvellement des arts[50], mais il est légitime de se démander jusqu'à quel point il arrive à apprécier un objet pour sa beauté intrinsèque, sans le rapporter à des canons esthétiques établis.

On ne peut ignorer l'importance attribuée par Caylus aux canons esthétiques du classicisme français et italien du XVIIe siècle. Mais n'oublions pas la valeur absolue que ces classiques attribuaient à l'idée d'une beauté supérieure, presqu'insaisissable, maîtresse indomptée des formes canonisées. Je veux donc penser que les choix de Caylus et de ceux qui trouvaient pour lui des objets dans toute la région de la Méditerranée – parmi lesquels figure, nous l'avons vu, l'abbé Barthélémy, l'auteur du *Voyage du jeune Anacharsis*[51] – je veux penser, disais-je, que les choix de Caylus visaient principalement à saisir, même dans les plus humbles morceaux, une étincelle de cette beauté absolue, de cette « Idea del Bello » qu'il avait pour la première fois dévinée au moment de son voyage à Rome.

comparent solum in ornamentum armariorum, ac parietum, nec alio fine habeant, quam ut habere perhibentur. Porro laude digni videntur, nec tempus frustra terere, qui talia conquirunt, expendunt, illustrant, ut bonis authoribus legendis facem præferant; ut historiarum circumstantiæ perfectius clarescant; personæque, res, et actiones animo melius infingantur. » (P. Gassendi, *Viri illustris Nicolai Claudii Fabricii de Peiresc Senatoris Aquisextiensis Vita*, Paris, S. Cramoisy, 1641, p. 373).Voir à ce propos A. Schnapp, *La conquête du passé*, Paris, Editions Carré, 1993, pp. 138 et 240.

[49] « Avant que vous m'eussiez fait la grâce de m'admettre parmi vous, je ne regardois que du côté de l'art, ces restes de l'Antiquité Sçavante échappés à la barbarie des temps; vous m'avez appris à y attacher un mérite infiniment supérieur, je veux dire celui de renfermer mille singularités de l'Histoire, du culte, des usages et des moeurs de ces Peuples fameux, qui par la vicissitude des choses humaines, ont disparu de dessus la Terre qu'ils avoient remplie du bruit de leur nom. » (« Epître dédicatoire », in: *Recueil d'Antiquités*, vol. I).

[50] Marc Fumaroli, « Le comte de Caylus et l'Académie des Inscriptions », in: *Académie des Inscriptions et Belles-Lettres. Comptes rendus des séances de l'année 1995, janvier-mars*, Paris, 1995, pp. 225-50, en particulier pp. 230-32.

[51] Sur la modernité, à l'époque, de la vision de la Grèce telle qu'elle est représentée dans *Le voyage du jeune Anacharsis*, cf. Edouard Pommier, « Winckelmann et la vision de l'Antiquité classique dans la France des Lumières et de la Révolution », in: *Revue de l'Art*, 83, 1989, p. 11.

APPELLE EN ARLEQUIN

A PROPOS D'UN MANUSCRIT DE CAYLUS: *DE L'AVANTAGE DES VERTUS DE SOCIÉTÉ*

ÉLISABETH LAVEZZI

Paris III

La bibliothèque de la Sorbonne possède un manuscrit de Caylus[1], dont le titre, *De l'avantage des vertus de société*, est signalé dans les procès-verbaux de l'Académie Royale de Peinture et de Sculpture à la séance du 8 mai 1756[2]. L'auteur y présente son sujet, l'émulation, et le définit comme un « sentiment généreux » qui doit régner entre les Académiciens. Il consacre une première partie à Apelle, exemple d'émulation autant dans ses rapports avec ses rivaux et le public qu'avec lui-même. Dans la deuxième partie, il envisage l'hypothèse d'un Apelle contemporain qui, Académicien parfaitement sincère et dévoué, respecterait scrupuleusement les statuts de l'Académie. Il commence la troisième partie en résumant une comédie du théâtre de la foire, intitulée *La Boîte de Pandore*; puis il en applique le canevas à l'émulation pour mettre en garde les Académiciens contre les sentiments contraires à ce noble sentiment. Si le thème de l'émulation est banal, et s'explique par le genre de conférence auquel celle-ci se rattache, en revanche, l'originalité de son traitement conduit à réfléchir au sens de la double référence à Apelle et au théâtre de la foire.

---

[1] Réserve de la Bibliothèque Nationale, ms 1155, f° 76-81. Toutes les indications de folio sans autre précision renvoient à ce manuscrit.

[2] Anatole de Montaiglon, *Procès-verbaux de l'Académie Royale de Peinture et de Sculpture, 1684-1793, publiés pour la société de l'histoire de l'art français, d'après les registres originaux conservés à l'école des Beaux-Arts*, Paris, Charavay frères, 1886, tome VII (1756-1768), p. 8-9. Dorénavant P.V. suivi d'un chiffre romain. Je remercie Kris Peeters de m'avoir signalé cette date.

La constellation méta-académique

Nous savons que Caylus a prononcé sa conférence le 8 mai 1756, mais nous ignorons quand elle a été écrite; du moins, ne l'a-t-elle pas été avant 1746, puisque, d'une part, l'auteur a vu *La Boîte de Pandore* « il y a plus de vingt cinq ans » (f° 79) et, d'autre part, Lesage et d'Orneval précisent qu'elle a été représentée « à la Foire de Saint-Laurent [en] 1721 »[3]. Quelle que soit la date exacte de sa composition, cette dissertation appartient à une période (1746-1756) où la vie académique change en trois étapes. Une première étape se termine vers 1744: les séances de conférence sont, à une exception près, seulement l'occasion de relire les discours d'A. Coypel[4]. Une deuxième étape commence en 1745 quand Lenormant de Tournehem est nommé Surintendant des Bâtiments du Roi, se confirme en 1747, quand C. A. Coypel devient Premier Peintre du Roi en janvier, puis Directeur de l'Académie en juin, et s'achève en 1752, après les décès de Tournehem (novembre 1751) et de C. A. Coypel (juin 1752). Pendant ces années, tous deux donnent à la vie académique une impulsion nouvelle en prenant diverses mesures et en invitant les Académiciens à participer à ce mouvement. Des divers faits marquants de cette deuxième étape dont Jean Locquin a dressé le tableau[5], nous ne retenons que trois événements particulièrement éclairants pour *De l'avantage...*

D'abord, dès le 29 juillet 1747, alors qu'il vient d'être nommé Directeur de l'Académie, C. A. Coypel déclare espérer « que les *statuts soient exactement suivis*, à l'avenir, comme le seul moyen de maintenir l'ordre et la paix dans l'académie »[6]: ce comportement souhaité est celui que, dans notre texte, Caylus fait adopter à Apelle académicien, « attaché fidèlement aux statuts » (f° 78). Ensuite, le Directeur de l'Académie, le 5 août 1747,

---

[3] Lesage et d'Orneval, *Le théâtre de la foire ou l'opéra comique contenant les meilleurs pièces qui ont été représentées aux foires de S. Germain et de S. Laurent... recueillies, revues et corrigées par Lesage et d'Orneval*, Paris, chez Ganeau, 1724, tome IV, p. 376.

[4] A. Coypel (1661-1722), directeur de l'Académie et premier peintre du Roi de 1716 à sa mort. Dans *P. V.*, V, pour l'année 1744, les procès-verbaux signalent que les conférences de feu Antoine Coypel sont relues les samedis 8 février (p. 360), 7 mars (p. 361), 2 mai (p. 365), 6 juin (p. 365), 5 septembre (p. 372), 7 novembre (p. 374), 5 décembre (p. 375). La deuxième lecture de la conférence de son fils, C. A. Coypel (1694-1752), le samedi 8 août, est la seule exception.

[5] Jean Locquin, *La peinture d'histoire en France de 1747 à 1785*, Paris, Laurens, 1912. Nous renvoyons au premier chapitre de la première partie (pp. 1-14).

[6] *P. V.*, VI, p. 61. Nous soulignons, comme dans les citations suivantes.

défend la compagnie en lisant son *Dialogue*...[7], réponse implicite aux critiques que La Font de Saint-Yenne expose dans ses *Réflexions*...[8]; il s'élève
à nouveau, le 8 novembre 1749, contre une brochure anonyme qui prétend
« qu'on ne voit plus chez elle que *troubles* et que *divisions*, que les anciens
règlements ne s'y observent plus »[9]. Dans *De l'avantage*..., Caylus réfléchit à son tour à la critique et aux relations entre membres de la compagnie,
à qui, toutefois, il s'adresse sur le mode préventif: ils « ne peuvent être trop
avertis pour être en garde » contre des comportements abusifs car « La
boîte de Pandore est ouverte, et les exhalaisons peuvent opérer d'un moment à l'autre « (f° 81). Enfin, au concours lancé en janvier 1747[10], Tournehem répond en septembre que, comme il désire « *exciter l'émulation* », il
demande aux onze candidats de désigner eux-mêmes les six lauréats[11];
mais les peintres refusent cette proposition, font « douze prix au lieu de six,
pour *éviter toute jalousie* » et les partagent également, le douzième étant
accordé au secrétaire[12]. Le désir d'émulation de Tournehem a fait long feu,
car les Académiciens justifient leur refus d'auto-classement en alléguant la
menace de la jalousie, en quoi l'émulation peut dégénérer. Un cercle vicieux se dessine: l'absence de concurrence, si elle sert de garde-fou contre
la jalousie, dévitalise aussi l'émulation. Dans cette logique, l'alternative
offre deux partis également insatisfaisants: ou bien les peintres stérilisent
leur génie en s'amputant de l'émulation, sentiment supposé fécondant, ou
bien ils le stimulent en exacerbant ce sentiment, ce qui, par emballement de
la machine, les conduit à des abus. Bref, cela suppose sans le prouver que,
dans la compagnie, ce serait la paix sans peinture, ou la peinture sans la
paix. Cela explique non seulement que Caylus ait tenté, dans *De
l'avantage*..., de trouver une issue à cette double contrainte assez comique,
mais encore qu'il ait senti qu'elle étai peut-être imaginée sur fond de relative indifférence.

---

[7] *Dialogue de M. Coypel, Premier Peintre du Roi, Sur l'exposition des tableaux dans le salon du Louvre, en 1747*, in: *Mercure de France*, 1751, pp. 1-6, Genève, Slatkine reprints, 1791, pp. 95-98.

[8] *P. V.*, VI, pp. 62-63.

[9] *P. V.*, VI, pp. 181-85.

[10] *P. V.*, VI, p. 45.

[11] Je remercie René Démoris d'avoir rappelé, lors de la discussion, ce fait qui révèle, chez Tournehem, un désir de stimuler l'émulation que les peintres, eux, ne partagent pas.

[12] *P. V.*, VI, pp. 68-69.

La troisième et dernière étape commence en 1752 quand Sylvestre succède à C. A. Coypel, alors que Marigny remplace Tournehem depuis 1751. Dans la compagnie qui continue à être active, Caylus poursuit son travail mais, parce qu'il appartient à une génération qui s'éteint, il se trouve un peu isolé. C'est durant la période qui couvre les trois étapes décrites, qu'un nouveau genre de conférence se développe. Toutefois, la lecture qui pourrait être considérée comme son acte de naissance se déroule dès le 4 novembre 1730; ce jour-là, C. A. Coypel prononce le *Discours sur la nécessité de recevoir des avis*, où il analyse les conseils que se donnent les Académiciens, leurs conditions de validité et leurs effets. Or, c'est inventer un genre de conférence que, par commodité, nous appellerons « méta-académique » à cause de la singularité de son sujet: la compagnie, dans son lieu même et par la voix de ses membres, réfléchit à son propre mode de fonctionnement, voire en fait un critique implicite; cette analyse s'intéresse moins à la peinture en tant que production (processus et résultat), angle de vue adopté jusqu'alors par la plupart des Académiciens, qu'au rapport du peintre à ses collègues. Bien qu'il ne l'ait pas théorisé, C. A. Coypel a probablement conscience d'inaugurer un genre, du moins est-ce une des raisons qui, dans l'ennui général de 1744, le pousse à relire son discours le 8 août, et encore le 23 juin 1747, lors de sa nomination au poste de Directeur de l'Académie[13]. Le genre méta-académique est fréquemment pratiqué pendant l'année 1748 par C. F. Desportes, en mai, avec *Sur les avantages des conférences académiques*[14], par C. A. Coypel encore, en août, avec son *Dialogue*, enfin, en septembre, avec *De l'amateur* de Caylus qui signe aussi une *Vie de M. Le Moyne* en juillet, où se retrouvent des préoccupations méta-académiques[15]; une telle fébrilité permet de penser que l'effervescence suscitée par le texte de La Font de Saint-Yenne a

[13] *P. V.*, V, le samedi 8 août 1744, il s'agit d'une « dissertation qu'il a faite, il y a déjà du temps, sur la nécessité de recevoir des avis, et à laquelle il a fait plusieurs corrections et augmentations » (p. 369). Pour le 23 juin 1747, voir *P. V.*, VI, pp. 56-59.
[14] Réserve de la Bibliothèque de l'Ecole Nationale Supérieure des Beaux-Arts, ms 183. Claude-François est le fils d'Alexandre-François, le peintre animalier. Il est possible que C. A. Coypel ait demandé à Desportes de composer une conférence sur ce sujet et que celui-ci ait tardé puisque, en répondant au peintre, le directeur remarque: « Votre modestie seule peut faire excuser [votre] retardement » (f° 10).
[15] Caylus et C. F. Desportes aident Coypel à relancer l'usage des conférences, auxquelles dorénavant les élèves doivent assister. Caylus prononce, pour la seule année 1747, trois conférences, *Réflexions sur la peinture* en juin, *Sur la manière* en septembre et *Sur l'harmonie* en novembre.

dû vivifier cette production. La disparition de C. A. Coypel n'entraîne pas l'abandon du genre, puisque Caylus lit encore le 7 juin 1755 *Sur la nécessité des conférences*[16] et en mai 1756 *De l'avantage...* A ce moment-là, toutefois, le genre méta-académique semble s'éteindre.

Dernière étoile

Les trois conférences méta-académiques de Caylus[17], sans former un système, manifestent des préoccupations générales qui sont récurrentes dans le genre: réfléchir à la vie de l'Académie, souci qui découle de son fonctionnement insatisfaisant, conduit à en répéter les règles (*De l'avantage...* et *Sur la nécessité...* rappellent le devoir de faire des conférences), ou à définir les fonctions des divers statuts (comme celui d'amateur dans la conférence qui lui est consacrée). Plus particulièrement, dans *De l'amateur* et *De l'avantage...*, Caylus dénonce la jalousie, forme dépravée de l'ambition, qui pousse les praticiens à se donner de mauvais conseils. Dans *De l'amateur*, il déplore que les peintres qui « seraient les meilleurs juges, deviennent les conseillers les plus pervers » (p. 123); il en conclut que la fonction de critique et de conseil, qui a dégénéré chez l'artiste, doit être attribuée à l'amateur qui « s'est mis en état de remplacer la sincérité qu'on craint avec raison de ne pas trouver dans ses confrères » (p. 123). La *Vie de M. Le Moyne*, à qui l'ambition a fait perdre la raison, insiste sur cette image noire du peintre et semble le négatif photographique de l'Apelle idéal que décrit *De l'avantage...* Dans cette conférence, la fonction de critique et de conseil est à nouveau dévolue au peintre, parce qu'il s'agit, cette fois, du peintre parfait, qui, capable de « se louer sans partialité et se blâmer avec vérité » (f° 76), sait accorder « à ses confrères les parties qui lui manqu[ent] » (f° 78). De la jalousie morbide de Le Moyne à la noble sincérité d'Apelle; Caylus poursuit une réflexion sur l'émulation en variant les modes d'approche. Une même préoccupation demeure, seules les cartes sont redistribuées.

---

[16] *P. V.*, VI, p. 417. Caylus a lu un discours sur la « nécessité des conférences [...] qui sont *d'obligation dans les statuts*; il en fait sentir l'utilité par les *avantages* que les élèves en peuvent recevoir, et n'oublie rien pour encourager ceux que trop de timidité empêche de communiquer leur réflexion. »

[17] Ce sont *De l'amateur* en septembre 1748, texte repris dans *Vies d'artistes du XVIIIe siècle*, André Fontaine éd., Paris, Renouard, 1910, pp. 119-29; *Sur la nécessité* en juin 1755, Réserve de la Bibliothèque de la Sorbonne, ms 1155, f° 84-92; et *De l'avantage...*, Réserve de la Bibliothèque Nationale, ms 1155, f° 76-81.

C. A. Coypel sert de catalyseur aux écrits méta-académiques de Caylus. Les analyses successives de l'ambition et de l'émulation qui mènent l'amateur dans la *Vie de M. Le Moyne*, puis le Directeur dans sa réponse[18], et à nouveau l'amateur dans *De l'avantage*... tendent vers une conception organisée de ces deux sentiments opposés. L'idée de départ du premier discours qui évoque « la *haine* qu[e Le Moyne] avait pour tous ses confrères » (p. 85) est enrichie par le second texte qui décrit cet anti-modèle « *tourmenté* par cette *ambition* qui, dans nos émules, nous offre des objets de *haine* » (p. 139); et le troisième écrit, bien qu'il soit consacré au peintre modèle et à l'émulation, conserve la notion d'intériorité pour approfondir l'analyse: la « véritable émulation *ne* doit *tourmenter que* celui qu'elle anime » (f° 77). D'un texte à l'autre, le vice et la vertu en peinture sont pensés ensemble, dans un système qui s'élabore progressivement et pourrait se formuler ainsi: alors que l'émulation est un tourment exercé sur soi, l'ambition est un tourment qui s'exerce sur soi et sur autrui.

L'émulation, thème central dans *De l'avantage*..., est abordée dès 1730 par C. A. Coypel dans *De la nécessité de recevoir des avis*; si, chez les deux auteurs, des mises en garde contre l'ignoble jalousie y complètent des encouragements à la noble rivalité, en revanche, C. A. Coypel, pour sa part, se livre à une extrapolation. En étudiant les relations entre praticiens, il en arrive à décrire un modèle du peintre qui déborde du cadre de sa stricte activité: il doit être admiré, à part égale, pour sa peinture et pour la noblesse de ses sentiments à l'égard de ses collègues; de Troy, Largillière et Rigaud l'incarnent: « tous trois se faisaient *autant* révérer par une façon de penser si élevée, qu'ils excitaient d'admiration par l'excellence de leur pinceau » (p. 9)[19]. Quant à Caylus, il hésite à franchir le pas; dans un bref passage de *De l'avantage*..., il amorce cette extrapolation mais se rétracte immédiatement; il sort du cadre particulier de l'émulation académique pour s'approcher du domaine général d'une vie vertueuse: « Apelle [...] est un modèle capable de faire aimer la vertu. Toute sa vie ne nous présente que des actions de droiture et d'équité »; puis, bien vite, il fait demi-tour: « Mais sans m'éloigner de mon sujet [...] » (f° 76). Les conférences méta-

---

[18] *Vies des premiers peintres du roi depuis M. Lebrun, jusqu'à présent*, Paris, chez Durand et Pissot, 1752, Genève, Slatkine reprints, 1971. La *Vie de François Le Moyne* (tome II, pp. 81-137) est suivie de la réponse de Coypel (pp. 138-43).
[19] Pour cette question, il faut se reporter à « Charles Coypel et le comte de Caylus: de l'artiste noble et du noble artiste », in: *La Licorne. Lisible/Visible: problématiques*, Publication de l'Université de Poitiers, n° 23, 1992, pp. 85-93.

académiques inciteraient-elles à franchir cette fragile frontière entre, d'un côté, les « vertus de société » qui doivent régir les relations réelles entre praticiens, et, de l'autre, celles qui doivent présider à l'imaginaire d'une noble vie. Si c'est le souci de Coypel, cela l'est bien moins de Caylus, sa conscience de la digression et son repentir en témoignent. Car, certes compagnons de pensée, ils n'en partagent pas pour autant les mêmes rêves.

Comparablement, des réflexions exposées dans *Sur les avantages des conférences académiques* de C.-F. Desportes en croisent d'autres développées dans *De l'amateur* ou *De la nécessité des conférences* de Caylus. Par exemple, Desportes propose de recourir aux amateurs, membres de la compagnie, pour faire des conférences; quelques mois plus tard, Caylus consacre un discours aux devoirs attachés à ce statut, sans toutefois y expliciter celui de faire des conférences... la pratique en ferait preuve! Le sujet traité par C.-F. Desportes en 1748 est repris par Caylus en 1755 (la répétition du mot *conférence* l'atteste), mais il est traité différemment: alors que C.-F. Desportes voit l'*avantage* des conférences dans la diversité des talents, Caylus voit leur *nécessité* dans l'inévitable fécondité de toute idée soumise à la compagnie. Ainsi, les préoccupations communes aux discours méta-académiques de Coypel, Desportes et Caylus et leurs variations en font une constellation dont *De l'avantage...* est la dernière étoile.

Pline, hélas!

Parmi les conférences méta-académiques, *De l'avantage...* se distingue par deux références spécifiques, l'une à Apelle, à cause de sa longueur, l'autre au théâtre de la foire, à cause de son originalité. Caylus accorde à la figure du peintre grec la fonction du « plus parfait exemple de l'émulation » (f° 76), et renvoie au chapitre 10 du livre XXXV de l'*Histoire naturelle* (information donnée dans la marge de gauche du manuscrit). L'indication de la source n'est pas une invitation à s'y reporter pour la découvrir, car elle supposée connue de l'auditoire, mais une incitation indirecte à s'informer de l'étude critique complexe qu'il a consacrée aux passages de Pline sur la peinture, et exposée de 1745 à 1753 à l'Académie des Inscriptions[20].

---

[20] *Histoire de l'Académie Royale des Inscriptions et Belles-Lettres avec les mémoires de littérature tirés des registres de l'Académie*, Paris, Imprimerie royale. Les conférences qui ont un rapport direct à *De l'avantage...* sont:
- le 15 juin 1745 *Eclaircissements sur quelques passages de Pline qui concernent les arts dépendants du dessin* (tome XIX, 1753, pp. 250-86).

Et cela, d'autant qu'il y analyse déjà la place de l'émulation dans les beaux-arts. Dès 1747, dans *De l'amour...*, il y voit la cause de leur développement en Grèce antique (« Cette noble émulation *fit* toujours la gloire d'un pays », p. 178); il reprend la même idée en 1752, dans *Réflexions...* (voir plus loin, II, p. 177) et dans *De l'avantage...*: « Cet heureux pays ne *doit* à aucun autre sentiment, l'honneur d'avoir produit des hommes célèbres dans tous les genres » (f° 76). Toutefois, il ne répète pas cette idée sans en suggérer la critique. D'abord, en la répétant, il affiche sa nature de lieu commun; ensuite, s'il érige l'émulation aussi en condition de l'épanouissement artistique en 1747 (« Les arts *sans* émulation ne peuvent jamais fleurir », *De l'amour...*, p. 186), il y renonce par la suite: à en réduire les fonctions, il en accuse le déficit; enfin, en 1752, c'est de la propriété causale elle-même qu'une réticence soupçonne la validité: « la noble émulation paraissait à l'envi, et *vraisemblablement* c'est à ce sentiment généreux que cette même Grèce *a dû* la perfection des talents de ses artistes » (*Réflexions...*, II, p. 177). Ainsi, alléguer l'émulation ne va pas sans douter des fonctions qui lui sont attribuées.

De la même façon, les fréquentes références à Pline en font évoluer la lecture. En 1745, Caylus déclare que l'auteur latin « avait écrit savamment de la peinture, et comme aurait pu faire un homme de l'art » (*Eclaircissements...*, p. 273), ce qui indique qu'il prend le texte au pied de la lettre. Mais, en 1752, s'opère un virage à 190 degrés. Dans la première partie des *Réflexions...*, l'étude lui fait découvrir « des passages qui se contredisent et d'autres qu'il ne faut prendre ni traduire à la lettre » (I, p. 151); il se livre donc à un « examen » et à des « restrictions de bon sens » (I, p. 157) qui obéissent à un nouvel état d'esprit: « Tout ce que Pline rapporte de l'invention de la peinture, et de ses progrès n'est revêtu d'*aucune autorité*, et peut être mis au rang des *conjectures* » (I, p. 152). C'est pourquoi la deuxième partie des *Réflexions...*ne peint plus Pline en spécialiste de peinture, mais en écrivain qui se contente d'emprunter des connaissances: il « a profité avec raison des ouvrages de ceux qui l'avaient précédé » et s'est

---

- le 27 juin 1747 *De l'amour des beaux-arts et de l'extrême considération que les Grecs avaient pour ceux qui les cultivaient avec succès* (tome XXI, 1754, pp. 174-90). Dorénavant *De l'amour...*

- *Réflexions sur quelques chapitres du XXXVe livre de Pline* (tome XXV, 1759); la première partie est lue le 17 novembre 1752 (pp. 149-73), la deuxième, « Du genre et de l'espèce des peintures anciennes », le 7 décembre 1752 (pp. 173-89), la troisième partie, « Du caractère et des manières des peintres grecs », le 12 janvier 1753 (pp. 190-214). Dorénavant *Réflexions*, et un chiffre romain.

contenté de leur donner un tour plaisant en « s'échauff[ant] sur les beaux endroits » (II, p. 172). Ces conclusions sont déterminantes pour comprendre la signification de la référence à Pline dont dépend le portrait d'Apelle dans *De l'avantage*...

Quand Caylus y déclare que l'auteur latin lui « a fourni tout ce qu'[il] rapporte de ce grand homme [Apelle] » (f° 77), il faut se rappeler que dans ses *Réflexions*..., il juge bien embarrassante la nécessité d'en passer par Pline pour la peinture antique: « La postérité part de là [...] mais elle se réserve la liberté de *douter* » (I, p. 152). Par conséquent, si, dans la conférence de 1756, il ne peut pas ne pas se référer à l'auteur latin, il ne le fait pas sans esprit critique. La conférence suggère cette défiance de façon toutefois alambiquée:

> L'étendue du mérite et l'éclat des talents d'Apelle *ne* sont fondés aujourd'hui *que* sur le récit des anciens historiens, et les vertus de ce grand artiste *ne* parlent *qu*'à l'esprit; nous sommes assez malheureux pour *ne pas en juger nous-mêmes*, mais nous sommes suffisamment instruits, pour être convaincus de la droiture et de la simplicité de son cœur. (f° 79)

En effet, d'un côté, Caylus regrette que la disparition des tableaux d'Apelle empêche un jugement direct, seul valide; de l'autre, il prétend croire au portrait moral du peintre, manifestement idéalisé... Sa façon de faire deux poids, deux mesures, jette le discrédit sur ses propos. Quant à considérer que « le nom seul [d'Apelle] inspire une sorte de respect et de considération » (f° 76), c'est utiliser pour argument la tradition et l'autorité d'une façon qui prête à sourire. L'auteur des *Réflexions*... peut-il traiter Apelle en « plus parfait exemple de l'émulation » (I, p. 40) sans une touche de dérision?

Et d'espièglerie. Car, nous pouvons comprendre la référence au peintre grec comme Caylus le fait des anecdotes dans les études qu'il présente à la petite Académie. En 1747, dans *De l'amour*..., il s'attaque à deux petites histoires picturo-animales, devenues topiques. Des chevaux, réels, hennissent devant un cheval, peint par Apelle; commentaire: ce peintre est « trop instruit des règles de son art pour faire cas du jugement d'un animal, guidé peut-être par le hasard » (p. 179). Même scénario chez Strabon, version pépiante, avec Protogène et des perdrix, en plumes ou au pinceau; même consternation de l'artiste et de l'historien: le peintre efface le volatile « ne voulant pas que le vulgaire, toujours prêt à suivre des bagatelles, en prît occasion de priser son ouvrage par une partie qui, selon lui, n'en valait pas

la peine » (p. 179)[21]. En 1752, non seulement Caylus définit la nature fictive de ces anecdotes: ce sont des « sortes de conte » (*Réflexions...*, II, p.
181), mais encore il dégage leurs deux fonctions, l'une est de plaisir: elles
sont « répandues pour l'agrément du sujet », l'autre de mensonge: elles
visent à « *flatter* l'opinion de ceux qui en étaient persuadés » (p. 168). Or,
dans l'introduction de *De l'avantage...*, c'est à la figure d'Apelle qu'il
attribue cette double finalité en présentant ce recours comme un « exemple
séduisant et *flatteur* » de l'émulation (f° 76). C'est pourquoi, pas plus que
Pline et son lecteur clairvoyant ne croient aux anecdotes animales, Caylus
et son auditeur n'ajoutent foi au conte d'Apelle. Dès 1747 d'ailleurs,
Caylus voit dans l'émulation la conséquence d'un leurre: « l'amour propre
a besoin d'être *flatté* pour entretenir l'émulation » (*De l'amour...*, p. 187);
l'analyse critique de ce sentiment est une ombre portée sur son éventuelle
idéalisation, celle-ci fût-elle élaborée ultérieurement pour être proférée
devant une autre compagnie. Dans *De l'avantage...*, l'objet de la réflexion
dont le substrat est trompeur ressemble logiquement au choix de l'exemple
dont la nature est peu crédible. Et, au cas où cela ne suffirait pas, Caylus
impose une sincérité, à défaut de laquelle, toutefois, il conseille
d'« *affecter* des sentiments honnêtes » (f° 80)... Conclusion pour le moins
désenchantée.

Apelle en Arlequin

La troisième partie de la conférence surprend: Caylus, « pour varier les
instants de l'attention que [les Académiciens veulent] bien [lui] accorder »
(f° 79) se réfère à *La Boîte de Pandore*, pièce du théâtre de la foire[22], qui,
en montrant l'opposition des sentiments vertueux aux vicieux, illustre ce
qui menace l'Académie. Le rapprochement est cocasse: des recommanda-
tions morales adressées aux Académiciens s'appuient sur un théâtre qui a
existé envers et contre d'autres Académies, d'autant plus d'ailleurs que *La
Boîte de Pandore* est précédée de *La Fausse Foire*, prologue qui rappelle

---

[21] Le texte grec donne une autre explication: le peintre efface l'oiseau parce que
les gens regardent la perdrix au lieu du satyre appuyé sur la colonne (Adolphe Reinach, *La peinture ancienne*, Paris, Macula, 1985, p. 373; première édition en 1921
chez Klincksieck).
[22] Il s'agit probablement d'une parodie de la comédie *Pandore* de Saint-Foix,
représentée le 13 juin 1721 (voir Clarence D. Brenner, *A bibliographical list of
plays in the French language, 1700-1789*, Berkeley, 1947). Seuls des extraits en sont
édités dans les *Œuvres complètes de M. de Saint-Foix*, Paris, chez la Ve Duchesne,
1778, tome II, pp. 359-75.

que l'Opéra interdit à la troupe de Francisque, « non seulement le chant et la danse, mais jusqu'aux machines et changements de décoration »[23]. Partiellement préparé par le contexte critique de la référence à Pline, l'association que forment Apelle et Arlequin relève d'une provocation. Faire la leçon aux Académiciens avec un exemple si peu académique discrédite le propos.

Pourtant, la dérision, pour être au cœur de l'intertextualité, n'en connaît pas moins ses limites dans le souvenir que Caylus a de la pièce. Sa lecture, en effet, repose sur un clivage puisque *La Boîte de Pandore* lui semble « *distinguer et séparer* cette même émulation des sentiments noirs » (f° 80). Et quand il en reconstitue la trame, il en souligne les coupures; la pièce, qui ne suivrait pas « les règles du théâtre » (f° 79), serait constituée de « trois actes » disparates: le premier montrerait « les mœurs douces des premiers âges », le deuxième, jugé « postiche » car « l'action [est] absolument *coupée* », représenterait Pandore se livrant à « l'ouverture de la boîte fatale », et le troisième, inversant le premier, peindrait le caractère des personnages qui « était absolument changé » (f° 79-80). Belle trahison de la mémoire! La pièce est composée d'un seul acte qui respecte les unités de temps et de lieu. Les scènes, qui s'enchaînent sans rupture, s'organisent en séquences; d'abord celle où Pandore parle de la boîte qu'elle a reçue et va la chercher, ensuite celle où les personnages, innocents, préparent un mariage, puis celle où Pandore, de retour, ouvra la boîte, enfin celle où les maux se propagent et transforment les personnages.

C'est pourquoi, quand Caylus avoue que, dans le canevas de cette « pièce qu'[il n'a] jamais oubliée », les « détails [lui] ont échappé », il se trompe; contrairement à ce qu'il prétend, loin d'avoir conservé la structure essentielle de l'œuvre, sa mémoire en a redistribué les éléments, et, de ce fait, en a modifié la signification. Le souvenir, en séparant les temps de l'innocence de ceux des maux, efface toute subtilité; dans la pièce, dès la scène d'exposition, Pandore a déjà reçu la boîte, mais ne l'a pas encore ouverte; c'est montrer que, dans l'âge même des vertus, le vice est présent sur le mode potentiel, contenu dans la boîte fermée; l'âge des vices n'est que celui où cette potentialité devient effective. A la comédie réelle, où une dialectique du potentiel et de l'effectif élabore l'ambivalence, le souvenir de Caylus substitue un clivage chronologique, facteur d'idéalisation. Mais, grâce à un dernier renversement, ce traitement réducteur de la pièce ne dé-

---

[23] *La Fausse Foire. Prologue*, in: Lesage et d'Orneval, *op. cit.*, p. 355.

136 – É. Lavezzi

teint pas sur la conclusion de la conférence qui concerne l'Académie; la lucidité avec laquelle Caylus considère la réalité déjoue l'idéalisation consécutive à la simplification qui reste ainsi cantonnée au souvenir litté-raire: « je n'ignore pas que toutes les réflexions communiquées n'ont ja-mais changé le fond des cœurs » (f° 80); paradoxalement, c'est en aban-donnant la pièce pour revenir à la réalité, qu'il est fidèle à l'esprit de la comédie puisque ces derniers mots, qui visent ne comportement des Aca-démiciens, décrivent une boîte de Pandore menaçante: « La boîte de Pan-dore est ouverte, et les exhalaisons peuvent opérer d'un moment à l'autre » (f° 81). La figure idéalisée d'Apelle, à la fois utilisée et dénoncée, est prise dans un double mouvement qui n'est pas étranger à la façon dont la lecçon de la comédie, dénaturée par le souvenir réducteur, retrouve sa complexité quand elle est appliquée à la réalité.

Le procès-verbal de la séance où Caylus lit sa conférence *De l'avan-tage...* est d'une impressionnante brièveté: « en faisant l'éloge des vertus d'Apelle, il fait une distinction très juste des qualités qui caractérisent l'émulation »[24]. De la critique de Pline et de *La Boîte de Pandore*, aucune trace. Oubli du secrétaire, gêné par la référence au théâtre de la foire, ou autocensure (peu probable) de Caylus? Si rien ne prouve qu'il ait, le 8 mai 1756, prononcé le texte intégral du manuscrit de la Sorbonne, rien ne prouve non plus le contraire. C'est pourquoi, et non sans vraisemblance, notre sympathie pour l'originalité du propos nous conduit du moins à espé-rer qu'il ait été entièrement respecté. Cette dernière conférence méta-académique, parce qu'elle reprend un genre inventé par C. A. Coypel en période de crise, est écrite à la fois en commémoration du directeur défunt et en son hommage. Si cette touche nostalgique explique la tendance idéali-sante de Caylus, toutefois, et non sans une pointe d'agressivité envers son auditoire, son esprit critique veille. Et sa malice à nous faire imaginer Apelle en Arlequin.

---

[24] *P. V.*, VII, p. 9.

DE L'AVANTAGE DES VERTUS DE SOCIÉTÉ [1]

ÉDITION ET NOTES D'ÉLISABETH LAVEZZI

[Fol 76, recto] *Les réflexions sur la société exigeraient des détails d'autant plus étendus, que les branches dont elle est composée sont infinies. Mais en se renfermant dans ce qui concerne une assemblée académique, formée par des hommes occupés des mêmes objets, et doués en général des mêmes talents, l'émulation, constamment la base et le soutien d'une pareille société, me paraît l'objet le plus important. C'est donc sur l'examen de ce sentiment, et sur sa véritable essence que je vais vous entretenir.*

L'émulation est un sentiment généreux qui anime, élève l'esprit et lui fournit des moyens toujours honnêtes pour mieux réussir, et pour surpasser ceux qui ont suivi et qui suivent la carrière que l'on a embrassée.

Sans entrer dans des discussions longues et étudiées, je ne vous présenterai sur cet objet que des observations générales, fondées sur un exemple séduisant et flatteur, et sur une comparaison que vous me permettrez d'emprunter de la fable.

---

[1] Le texte reproduit est celui du manuscrit conservé à la Réserve de la Bibliothèque de la Sorbonne (ms 1155, fol 76 à 81). L'orthographe a été systématiquement modernisée; la ponctuation, bien qu'elle ait été le moins possible modifiée, l'a toutefois été quand l'élucidation du sens, à notre avis, l'a demandé (suppression des majuscules aux articles et aux noms communs, ajouts rares de virgules, quelques transformations de signes de ponctuation). Les procès-verbaux de l'Académie signalent que cette conférence a été prononcée le 8 mai 1756 (Anatole de Montaiglon, *Procès-verbaux de l'Académie Royale de Peinture et de Sculpture, 1684-1793, publiés pour la société de l'histoire de l'art français, d'après les registres originaux conservés à l'école des Beaux-Arts,* Paris, Charavay frères, 1886, tome VII, 1756-68, pp. 8-9).

L'histoire grecque offre plus que toutes les autres ensemble, des exemples continuels de la plus simple et de la plus noble émulation, cette vertu enseignée constamment dans l'ancienne Grèce, et cet heureux pays ne doit à aucun autre sentiment, [verso] *l'honneur d'avoir produit des hommes célèbres dans tous les genres.*

Apelle[2], dont le nom seul inspire une sorte de respect et de considération non seulement aux artistes, mais au reste des hommes, est un modèle capable de faire aimer la vertu. Toute sa vie ne nous présente que des actions de droiture et d'équité; son esprit était juste et simple, et son amour-propre éclairé, ces qualités essentielles à l'amour de la véritable gloire, ou de l'émulation, car ces deux termes sont exactement synonymes; un talent supérieur dirigé par une âme si belle, le fit parvenir au degré le plus éminent de son art, et a produit non seulement son bonheur personnel, mais il a fait les délices de ses contemporains, en excitant leur admiration; par les voies les plus simples il a rendu son nom si célèbre qu'il marche de pair avec les plus grands hommes de tous les genres. Mais sans m'éloigner de mon sujet, il faut convenir qu'un homme assez grand pour se louer sans partialité et se blâmer avec vérité, présente un exemple véritablement rare; l'émulation dirigée par les vertus du cœur, pouvait seule être le modèle d'une pareille sincérité; aussi toute la Grèce n'a eu qu'une voix pour faire l'éloge de ce grand artiste: la justesse de ses idées et la grandeur de son âme ont produit ce témoignage unanime; et ce concours général m'engage aujourd'hui à le regarder comme [fol. 77, recto] *le plus parfait exemple de l'émulation.*

Selon Pline qui m'a fourni tout ce que je rapporte de ce grand homme[3], il fut doux avec ses rivaux[4]: en effet la véritable émulation ne doit tourmenter que celui qu'elle anime, et cette douceur, ou plutôt cette affection sincère (car le mot latin donne une idée plus étendue[5]) était

---

[2] Le plus célèbre peintre de la Grèce antique serait né à Kolophon vers 380, et mort vers 300 avant J.-C.; portraitiste d'Alexandre, il aurait vécu à Ephèse et à Cos. De nombreuses anecdotes circulent à son sujet, comme, par exemple, celle de Pancaspe, favorite que le roi céda à l'artiste. Les textes grecs et latins qui le concernent sont réunis dans *La Peinture ancienne. Recueil Milliet,* d'Adolphe Reinach, réédité chez Macula, Paris 1985, pp. 314-60.

[3] On lit dans la marge de gauche « Liv. XXXV ch. 10 ». Voir Pline l'ancien, *Histoire Naturelle,* livre XXXV, § 79-97, pp. 70-78 (dorénavant, « Pline », suivi du seul numéro du paragraphe).

[4] Pline, § 79-80.

[5] Ce terme est probablement « conlaudatus », participe passé de « conlaudare »,

d'autant plus recommandable dans la personne d'Apelle, qu'il avait des rivaux d'un grand mérite[6]; dès lors on lui doit beaucoup plus d'estime, car les hommes ne sont que trop attachés à trouver des défauts dans le mérite et dans la vertu. On dira peut-être, qu'il est aisé d'être doux avec des rivaux, quand on est véritablement supérieur par le talent: cette opinion pourrait être contredite, quand même une pareille supériorité ne produirait pas, comme elle produit ordinairement des hommes avantageux[7]; mais en la supposant vraie, l'esprit devrait suffire pour démontrer qu'on ne peut retirer aucun profit de la hauteur, de l'envie et de la jalousie, sentiments affreux, trop souvent parés du nom d'émulation, sentiments aveugles, qui ne peuvent jamais en imposer, et qui ne méritent aucune indulgence.

Apelle très éloigné de recevoir des impressions pareilles, convenait qu'Amphion le surpassait pour l'ordonnance, et Asclépiodore pour les proportions ou la correction[8], mais avec la même sincérité, il disait que tous les ouvrages exécutés de son temps étaient dépourvus d'une certaine grâce[9], qu'on ne trouvait que dans les siens. Ce jugement paraît d'abord l'effet d'un [verso] orgueil non seulement aveugle, mais excessif. Cependant la réflexion nous apprend qu'il était fondé sur la plus grande vérité. Il n'est pas possible de douter qu'Apelle n'ait véritablement possédé les grâces. Les témoins les plus intéressés à démentir cette vérité, en sont convenus, même après une aveu public qui devait plutôt les révolter que

---

qui signifie « combler d'éloge » (§ 79).

[6] Voir aussi Pline, § 81 où est racontée l'anecdote de la ligne, lors de la visite d'Apelle à Protogène (330-290), et § 87 où se trouve l'épisode de l'achat à prix élevé par Apelle des œuvres de Protogène.

[7] Furetière: « Avantageux en paroles, est celui qui parle insolemment, qui emporte tout à force de crier, ou qui dit des choses fâcheuses à celui qui le contredit. »

[8] Au § 80, dans la même phrase, et dans une construction en écho, Pline fait référence à Mélanthius (de Sicyone, vers 370-330) pour la disposition (ou ordonnance), et à Asclépiodore pour les mesures (ou proportions): « Melanthio dispositione cedebat, Asclepiodoro de mensuris /./ ». Au § 107, il cite à nouveau Asclépiodore en termes comparables: « /./ Asclepiodorus quem in symmetria mirabatur Apelles. » Au § 200, il parle d'Amphion comme d'un esclave affranchi qui se serait exercé à la littérature, mais pas du tout à la peinture. Par conséquent, que fait, ou que veut faire Caylus quand, alors qu'il imite le balancement syntaxique que Pline utilise au § 80, et que, comme lui, il cite Asclépiodore, il remplace Mélanthius, peintre, par Amphion, affranchi devenu auteur? Se trompe-t-il? Opère-t-il cette substitution volontairement? Et, dans ce cas, se moque-t-il, avec facilité et mépris, de l'ignorance de son auditoire?

[9] Pline, § 79.

les persuader, mais tel est le charme de la vérité, elle ne redoute rien, elle ne craint rien et finit toujours par plaire, ou tout au moins par convaincre.

Vous savez encore qu'Appelle écoutait, sans être vu, le sentiment du public sur les ouvrages qu'il produisait[10], et c'est encore une précaution que l'on ne regrette guère que par[11] un principe d'émulation, dans le désir constant de corriger ses défauts, par un moyen d'autant plus convaincant, qu'il est souvent accompagné d'une vérité cruelle pour l'amour [propre], car alors elle est énoncée sans aucun ménagement.

Ce grand homme avait écrit plusieurs ouvrages sur son art[12], il est fâcheux que le temps nous ait enlevé de si solides et de si nobles instructions; nous pouvons du moins en retirer une très grand avantage, celui d'être convaincus que le plus célèbre des peintres n'a point négligé la théorie, et que dans la vue d'exceller et de surpasser tous ceux qui l'avaient précédé, ainsi que ses contemporains, non seulement il a réfléchi sur les raisons de sa pratique, mais il a voulu éclairer ceux qui lui succéderaient dans son art.

Frappé d'un modèle aussi parfait qu'Apelle, et à tous égards aussi convaincant pour un artiste, je suppose, sans trop forcer la vraisemblance, qu'il fut un de vos [fol 78, recto] *membres. Un homme doué du caractère que toute l'Antiquité s'accorde à donner à Apelle, aurait l'honneur de l'Académie en recommandation, il parlerait de lui-même comme un homme sage et éclairé s'énonce[13] sur les grands maîtres plus anciens que lui, c'est-à-dire sans prévention, sans orgueil; il ferait plus, il accorderait à ses confrères les parties[14] qui lui manqueraient à*

---

[10] Pline, § 84.

[11] Comprendre « précaution, que l'on ne regrette guère en raison du seul principe d'émulation »; le « ne » semble, en effet, devoir être associé autant à « guère » qu'à « que ».

[12] Pline, § 79.

[13] Au sens de « s'exprime ».

[14] En peinture, le terme de « partie » désigne deux niveaux d'approche. Tout d'abord, la peinture est divisée en deux grandes parties, l'une, spirituelle, ou théorie, l'autre mécanique, ou pratique, ou exécution, qui comprend le dessin et le coloris. Ensuite, chacune de ces parties est à son tour composée d'éléments, appelés aussi « parties », comme, par exemple, pour la théorie, l'invention, la disposition, et, pour l'exécution, en ce qui concerne le dessin, l'expression des passions, les proportions, et, en ce qui concerne le coloris, le clair-obscur, les couleurs locales. C'est dans ce second sens que le terme de « partie » est utilisé.

lui-même. Cette équité ne révolterait personne, d'autant qu'il n'aurait jamais de fausse modestie, de sourire mordant, ni de sous-entendus, plus cruels souvent que l'injure. Sa franchise l'engagerait à s'exprimer tout haut, et à déclarer son jugement quand il serait consulté sur un ouvrage au moment d'éclore et de paraître au grand jour. Eh! qui peut mieux donner un conseil salutaire que celui auquel la grande pratique est familière; mais par la crainte de déplaire, dit-on, sous le prétexte du danger de se faire un ennemi, on ne dit rien, ou l'on ne daigne relever que des minutes; souvent par méchanceté on loue les parties[15] faibles, ou celles que l'on trouve mauvaises et déplacées, dans l'indigne espérance qu'elles ne seront ni retranchées, ni corrigées. Mais éloignons de nos idées ces vices de la société, et revenons à Apelle dont les procédés ont toujours été aussi purs que le cœur, et continuons à le supposer dans l'Académie.

Non content des véritables agréments qui le rendaient aimable à l'homme le plus envieux, il regarderait le soin de son école particulière[16] comme un de ses [verso] *premiers devoirs, il serait flatté de voir les jeunes gens, que ses talents attireraient autour de lui, s'avancer chaque jour et promettre d'heureux succès. L'exemple de la vérité de son cœur leur apprendrait à convenir du degré de mérite, ou de talent que les autres jeunes gens pourraient indiquer[17]: ce même exemple les formerait dès l'enfance aux vertus, ils rougiraient de ressentir la moindre jalousie, et la véritable gloire, c'est-à-dire l'émulation, leur deviendrait naturelle. Apelle les consolerait de leur peu de force, et leur inspirerait de nouveaux efforts pour les engager à se distinguer; loin de les abandonner à eux-mêmes par rapport à leurs études, et de ne voir en eux que des objets d'utilité, il leur parlerait comme à ses enfants, et sacrifierait ses intérêts à leur avantage. Ces détails intérieurs ne l'empêcheraient pas de remplir les fonctions générales de l'Académie; citoyen plus étendu[18], ses propres élèves se trouveraient confondus et mêlés à l'essaim des jeunes gens qui travaillent sous la protection du roi; il ne verrait en eux que l'honneur et l'espérance de la nation; il saisirait les occasions de leur donner à tous*

---

[15] Voir la note 14.

[16] L'enseignement et les classes dont il serait chargé à l'Académie.

[17] Au sens de « manifester ».

[18] En tant que membre de l'Académie dont la fonction éducative ne se réduit pas à s'occuper des seuls élèves de sa classe, mais de l'ensemble de ceux qui étudient dans l'institution.

indifféremment les conseils nécessaires; sensible aux dispositions dont la nature les aurait doués, il leur communiquerait tout ce qui pourrait faire éclore ou perfectionner leurs talents; exact aux assemblées, attaché fidèlement aux statuts, pénétré de la pratique et de la théorie[19], il exposerait ses profondes connaissances, et saurait [fol 79, recto] les rendre familières par des conférences utiles, enfin il ne négligerait aucune partie d'un engagement contracté en vertu de vos règlements.

L'étendue du mérite et l'éclat des talents d'Apelle, ne sont fondés aujourd'hui que sur le récit des anciens historiens[20], et les vertus de ce grand artiste ne parlent qu'à l'esprit; nous sommes assez malheureux pour ne pas en juger nous-mêmes, mais nous sommes suffisamment instruits, pour être convaincus de la droiture et de la simplicité de son cœur, et ces vertus m'ont paru présenter le tableau le plus noble de la plus véritable émulation.

Pour varier les instants de l'attention que vous voulez bien m'accorder, je vais vous rapporter les images que m'a fournies une comédie que j'ai vu représenter il y a plus de vingt cinq ans.

La Comédie Italienne éprouvait une de ces disgrâces auxquelles tous les théâtres sont successivement exposés, c'est-à-dire qu'elle était dans les horreurs d'une absence de spectateurs, malheur qu'on a vu très souvent succéder à leur affluence. La troupe assez mal conseillée, prit le parti de s'établir à la foire de Saint-Laurent, donna des bals dans la canicule où personne ne se présenta; ce projet ne réussit point, et l'essai d'une seule foire suffit à cette Comédie pour revenir à l'Hôtel de Bourgogne, dont elle n'est plus sortie[21].

---

[19] Les deux parties de la peinture, voir note 14.

[20] Voir note 2.

[21] Les Comédiens Italiens, chassés de France en 1699 par Louis XIV, sont autorisés à y revenir en 1716 par le Régent. Ils sont alors dirigés par Luigi Riccoboni, dit Lélio. Ils participent en 1721 à la foire Saint-Laurent. Quant à l'hôtel de Bourgogne, il était situé rue Mauconseil, dans l'actuel premier arrondissement. En réalité, Caylus est trahi par sa mémoire car *La Boîte de Pandore,* pièce qu'il analyse quelques lignes plus loin, loin d'avoir été représentée par les Comédiens Italiens, l'a été par la troupe du sieur Francisque dans des conditions relativement exceptionnelles. Emile Campardon, dans son ouvrage *Les Spectacles de la Foire,* Paris, 1877, tome I, pp. 338-39, précise: « A la foire de Saint-Laurent de 1721, l'Opéra-Comique dirigé depuis l'année précédente par Lalauze et Restier, se trouvait exploité par une société composée de Pierre Alard, Baxter, Mlle d'Aigremont et autres joints à Lalauze; malgré leurs efforts, leur entreprise ne réussit pas et le public déserta leur spectacle pour

Cet exposé paraît ne convenir qu'aux chronologistes de nos théâtres; cependant il était nécessaire de le rapporter pour donner à ce récit tous les caractères de la vérité; en effet les Italiens représentèrent dans cet intervalle [verso] *et sur ce théâtre une pièce que je n'ai jamais oubliée. L'auteur était anonyme, et personne n'a pu m'apprendre son nom dans la suite[22]; il n'y avait point alors d'affiches imprimées, ni de feuilles critiques et périodiques pour indiquer aux hommes inutiles et désœuvrés, ce qu'ils doivent penser sur les ouvrages d'esprit.*

La pièce en trois actes avait pour titre La Boîte de Pandore[23], vous verrez qu'elle n'était pas dans les règles du théâtre, les tableaux qu'elle présentait nous suffisent, et j'espère qu'ils seront de votre goût.

On voyait dans le premier acte les mœurs douces des premiers âges, fondés sur les lois de la nature et de la raison. Le récit des acteurs indiquait qu'ils faisaient partie d'une société très étendue, et qui pensait

se reporter chez Francisque, à qui on permit alors d'ouvrir officiellement un théâtre d'opéra-comique, et qui fit représenter *La Boîte de Pandore,* pièce en un acte, en prose de Lesage, Fuselier et d'Orneval, précédée de *La Fausse Foire,* prologue, et suivie de *La Tête noire,* pièce en un acte, des mêmes auteurs (31 juillet 1721). Malheureusement pour Francisque, le privilège de l'opéra-comique ne lui fut pas continué /./ »

[22] La pièce est de Lesage, d'Orneval et Fuselier selon le *Dictionnaire des théâtres de* Paris, des frères Parfait, à Paris chez Rozet, 1767, volume IV: « Pandore (la boite de) pièce en un acte et en prose de Messieurs Lesage, Fuselier et d'Orneval, imprimée tome IV du *Théâtre de la Foire,* paris Ganeau, 1724 et représentée le jeudi 31 juillet 1721 précédée de *La Fausse Foire,* prologue, et suivie de *La Tête noire,* pièce d'un acte. On ne peut faire mieux l'éloge de cette pièce, qu'en ajoutant qu'elle était digne d'un autre théâtre que celui où elle a été représentée. » Une édition récente (Alain-René Lesage, *Théâtre de la foire,* Isabelle et Jean-Louis Vissière éds, Paris, Desjonquères, 2000) l'attribue au seul Lesage.

[23] Voir Lesage et d'Orneval, *Le théâtre de la foire ou l'opéra comique contenant les meilleures pièces qui ont été représentées aux foires de S. Germain et de S. Laurent . . . recueillies et revues et corrigées par Lesage et d'Orneval,* Paris, chez Ganeau, 1724, tome IV, pp. 376 ss. S'agit-il d'une parodie de la comédie *Pandore* de Saint-Foix, représentée le 13 juin 1721 (voir Clarence D. Brenner, A *bibliographical list* of *plays in the french language,* 1700-1789, Berkeley, California, 1947)? Seuls des extraits en sont édités dans les *Œuvres complètes* de M. de Saint-Foix, Paris, chez la Ve Duchesne, 1778, tome II, pp. 359-75. D'après ces pages, la pièce de Saint-Foix exploite les séquences qui concernent l'état premier de statue de Pandore, son mariage avec Epiméthée et le don de la boite par Jupiter qui veut se venger de Prométhée; la pièce se termine par l'ouverture de la boite. Manifestement, la pièce de la foire, qui ne reprend que ce dernier élément et en développe les conséquences, se distingue de l'ouvrage de Saint-Foix au point que l'on peut douter qu'elle en soit une parodie.

*comme eux, mais l'action était renfermée dans un nombre de personna-
ges suffisant, pour donner une idée agréable de tout le pays.*

*Un homme âgé déclarait son goût pour une jeune fille à ses plus pro-
ches parents, ils lui répondaient avec naïveté que leur fille semblait préférer un jeune homme de leurs voisins, et qu'ils ne pouvaient la blâmer;
le vieillard frappé de la raison et de l'équité de ce refus, se rendait justice, il était le premier à faciliter le mariage des jeunes gens, et faisait
plusieurs arrangements en conséquences. La possession d'un terrain désiré, était cédée par les mêmes motifs, avec la même tranquillité à ceux
qui exposaient une plus forte raison de convenance; un jeune homme
était considéré pour la force et la beauté du corps, loin de s'en prévaloir,
le contentement des faveurs de la nature le rendait plus doux et plus aimable.* [fol 80, recto] *Cet acte finissait sans qu'aucune des situations
qu'il exposait fut terminée, mais sans laisser imaginer aucun obstacle.
C'était une suite de tableaux de raison et d'équité, et qui ne présentait
aucun autre intérêt*[24].

---

[24] Caylus se trompe, car *La Boîte de Pandore* n'est composée que d'un acte. On
peut repérer les faux souvenirs de Caylus en confrontant ses propos à la pièce,
comme dans les deux tableaux de correspondance suivants.

Erreurs de Caylus et la pièce:

compte rendu de Caylus	La Boîte de Pandore
Premier acte	scènes 3 à 7
Deuxième acte	scènes 1 et 2, puis scènes 8 et 9
Troisième acte	scènes 10 à 24

Désignations des personnages et des actions par Caylus et la pièce:

compte rendu de Caylus	La Boîte de Pandore
LE SUPPOSE ACTE I	
LES PERSONNAGES:	
Un homme âgé	Silène
Une jeune fille	Olivette
Les parents	En réalité seulement la mère, Mira
Un jeune homme	Pierrot
LES ACTIONS:	
L'homme âgé aime la jeune fille mais renonce à elle, sans ressentiment.	scène 6
Un jeune homme doux	Pierrot dans les scènes 4 et 5.
L'ACTE DIT POSTICHE	
Pandore est chassée du ciel.	scènes 1 et 2
Ouverture de la boîte	scène 8

Selon les licences du Théâtre Italien et de plusieurs autres de l'Europe, l'action était absolument coupée, et le second acte représentait Pandore, elle arrivait chassée du ciel, elle exposait les raisons de sa disgrâce, en un mot la fable était plus ou moins bien en action, ces détails m'ont échappé. Cet acte postiche nous importe peu, il finissait par l'ouverture de la boîte fatale, et le théâtre se remplissait de monstres, de feux et de vapeurs, idées allégoriques qui peuvent, quelquefois, selon les places qu'on leur choisit, faire des illusions aux yeux même d'un philosophe, auquel cependant le tableau du troisième acte qui me reste à vous rapporter, aurait suffi, mais il était nécessaire de le motiver.

LE SUPPOSE ACTE III
Les parents forcent la jeune fille à épouser le vieillard qui veut satisfaire ses désirs.
Le procès sur le terrain.

Le jeune homme qui abuse de ses charmes et devient tyran.

En réalité, Pierrot et Olivette se séparent (sc. 12); Mira, mère d'Olivette donne sa fille en mariage à Silène, alors que Pierrot a retiré sa parole (sc. 16 et 17).
Faux souvenir; en revanche,
- à la scène 6, Silène propose de donner son bien à Pierrot et Olivette en cadeau de mariage;
- à la scène 21, Mercure conseille à Coridon de s'approprier les terres non par la conquête, mais par le droit.
Condensation entre:
- Pierrot qui devient inconstant, abandonne Olivette (sc. 12 et 13) pour se marier avec Chloé (sc. 17)
- et Coridon, riche laboureur du voisinage; il a armé une troupe de paysans et instaure la noblesse en obligeant les autres, par la force et l'emprisonnement, à lui obéir et lui manifester de la déférence (sc. 19 et 20, et 22); il détruit aussi le projet de mariage entre Silène et Olivette (sc. 20) pour épouser lui-même Olivette (sc. 21). Dans ce dernier volet de la pièce qu'il prend pour un troisième acte, Caylus a également omis
- qu'on assiste à une satire de la naissance de la noblesse,
- que Pierrot et Chloé, qui se marient dans la joie tout en restant pauvres, représentent non pas le bonheur innocent, mais la possibilité d'une jouissance joyeuse dans la pauvreté qui perdure alors que le monde est dévoré de vices.

Les acteurs du premier acte revenaient sur la scène, leur caractère était absolument changé, les parents séduits par l'opulence forçaient la jeune fille à préférer le vieillard qui lui-même aveuglé, voulait se satisfaire; le procès commençait sur la possession du terrain. Le jeune homme doué de la force et de la beauté, abusait de ces dons de la nature, il maltraitait les uns, inspirait de la crainte aux autres, forçait les plus timides à le suivre, en un mot, il établissait la tyrannie.

Je crois avoir prouvé que l'émulation n'est fondée que sur la raison et l'équité. Aussi les images vives dont cette comédie était remplie, me paraissent distinguer et séparer [verso] cette même émulation des sentiments noirs, ou des vices que les Anciens ont exprimées par la fable ou la fiction de la boîte de Pandore[25].

Il est vrai que les tableaux de cette petite pièce doivent être vus pour ainsi dire en la contre-épreuve[26] par rapport à mon objet, c'est-à-dire qu'ils suivent l'ordre de la nature et de la fable, et qu'il est nécessaire de faire rétrograder l'action pour suivre le plan que je me suis proposé, mais je parle dans un lieu où l'imagination est sur son trône, et vous pouvez aisément vous prêtez à cette nécessité.

Le tableau des vices du troisième acte concourt à rendre le premier plus intéressant et plus touchant par l'image des sentiments purs, pour lesquels l'homme semblerait être fait, par le plaisir et l'attrait qu'il trouve dans leur récit. Cependant je n'ignore pas que toutes les réflexions communiquées n'ont jamais changé le fonds[27] des cœurs, je sais que les exemples et l'usage du monde ne peuvent apprendre tout au plus, qu'à modérer les mauvaises inclinations, ou du moins qu'à faire sentir davantage d'affecter des sentiments honnêtes: cette affectation est recommandable quand on a le malheur d'avoir un cœur qui nous éloigne des vertus de société; je conviens que c'est une fausseté, mais elle est peut-être la seule permise; elle est au moins un hommage que l'on rend à

---

[25] A propos de la légende de Pandore, voir *Dictionnaire de la mythologie grecque et romaine* de Pierre Grimal, Paris, P. U. F., 1951, p. 344.

[26] « Contr'épreuve: c'est une estampe qui est imprimée sur une autre estampe fraîchement tirée. On se sert de ce moyen pour mieux voir les endroits qu'il faut retoucher à la planche, parce que la figure contr'épreuvée se présente du même sens qu'elle est sur la planche. » *(Dictionnaire portatif des beaux-arts* de Lacombe, Paris, chez la Veuve Estienne et fils, et Jean-Th. Hérissant, 1952).

[27] Le sens de la phrase demanderait le « fond », mais l'orthographe du manuscrit qui est reproduite présente une ambiguïté qu'il nous semble intéressant de préserver.

la vertu et dont la Société retire toujours des avantages. Il est encore vrai que jamais les artistes n'ont vécu dans aucune académie avec plus d'honnêteté, et avec moins d'apparence des vices dépeints dans le troisième acte de la pièce dont je vous ai parlé. Mais dans [fol 81, recto] *quelque situation que l'on soit, l'on ne saurait avoir les images de la candeur et de la sincérité du premier acte, trop présentes à l'esprit. Les hommes qui suivent la même profession, et qui ont pour objet la gloire et l'intérêt, ne peuvent être trop avertis pour être en garde contre de pareils abus. La boite de Pandore est ouverte, et les exhalaisons peuvent opérer d'un moment à l'autre.*

SPECTACLES

LE COMTE DE CAYLUS ET LA MUSIQUE

JAN HERMAN

Leuven

1.

Il ne serait pas difficile de montrer qu'en tant qu'archéologue et amateur d'art, Caylus s'est beaucoup moins intéressé à la musique qu'à la peinture, à la sculpture ou à l'architecture. Sans doute que la pénurie de sources historiques relatives à la musique des Anciens pourra fournir à ce constat un premier type d'explication, simpliste bien sûr. Il est vrai d'autre part que les Registres de l'Académie Royale des Inscriptions et Belles-Lettres contiennent deux Mémoires sur *Guillaume de Machaut, poète et musicien dans le XIVe siècle*. Cet intérêt pour la littérature médiévale, dont témoigne aussi un *Mémoire sur les fabliaux*, à de quoi surprendre quand on sait que les autres écrits esthétiques de Caylus portent presque exclusivement sur les arts et les antiquités. Cependant, et malgré le titre qui annonce un volet musical, les mémoires sur Machaut laissent à désirer à quiconque y chercherait une étude approfondie de la question musicale au Moyen Age. Caylus se contente d'en souligner l'intérêt tout en s'avouant incapable de l'élucider:

> La qualité de trouvère et les morceaux de musique qui font une si grande partie du recueil des ouvrages de Machaut, me fournissaient naturellement une occasion de dire ce que la musique était alors, surtout à l'égard du contrepoint dont l'invention, suivant l'opinion la plus commune aujourd'hui, ne remonte pas plus haut que le XIIIe siècle, cent ans ou environ avant Guillaume de Machaut. Mais quelque soin que j'aie apporté à l'examen des airs de ce recueil, qui présentent d'abord aux yeux un chant à plusieurs parties, quelques recherches que j'aie faites auprès de ceux qui pouvaient éclairer mes doutes, je n'ai pu trouver de quoi me satisfaire. Ces obstacles me rendent plus vif à recommander aux lumières des gens de Lettres, un sujet d'éclaircissement qui peut mériter des recherches et devenir entre des mains habiles la matière de plusieurs Mémoires intére-

sants, qui formeraient une suite de ceux de M.Burette[1] sur la musique des Anciens.[2]

2.

Pour être fort mince, la réflexion théorique de Caylus sur la musique ne manque pourtant pas d'originalité dès lors qu'elle s'oriente vers des discussions plus contemporaines sur l'origine de la musique. Pensée indirecte, qui peut se déduire de deux lettres, dont l'une émane de Caylus et dont l'autre lui est déstinée. Il s'agit, d'une part, de la *Lettre de M. *** à Mlle *** sur l'origine de la musique* et d'autre part, d'une *Lettre sur la Musique à Monsieur le comte de Caylus* attribuée à l'abbé François Arnaud. Les deux discours épistolaires s'inscrivent dans un genre nouveau d'écrits sur la musique – libelles, mémoires et lettres – suscités par les trois grandes querelles musicales qui scandent le XVIIIe siècle et qui sont inséparables de la crise profonde de l'art vers le milieu de l'époque des Lumières: le conflit entre les Lullistes et les Ramistes dans les années 1730, la querelle des Bouffons qui échauffait les esprits entre 1752 et 1754, et celle qui oppose, dans les années 1770 surtout, les Gluckistes aux Piccinistes. Toute enquête sur la pensée musicale de Caylus se doit de positionner les deux écrits sur la musique par rapport à ces différentes querelles. L'histoire en a été trop bien étudiée, et notamment par Béatrice Didier[3], pour qu'on s'y arrête longtemps ici. Il nous suffira de rappeler le rôle fort ambigu qu'on y fit jouer à Rameau. Considéré dès la première d'*Hippolyte et Aricie* en 1733 comme plus italianisant que Lully (d'origine italienne pourtant), il n'en fut pas moins promu chef de file des tenants de la musique française face aux zélateurs de l'opéra bouffon italien lors de la querelle de ce nom. Nous reviendrons bien sûr à Rameau. Quant à Gluck, auquel il faudra revenir également, sa position n'était pas moins ambiguë: étranger, d'origine autrichienne, et auteur célèbre d'opéras en italien dont il fit traduire les livrets en français tout en les adaptant à certaines contraintes de la tragédie lyrique, il fut, dans les années 1770, tenu pour le représentant

---

[1] Pierre Jean Burette (1665-1747), médecin et harpiste, est l'auteur de nombreux articles sur la gymnastique, les jeux et les danses des Anciens, publiés, comme le texte de Caylus sur Machaut, dans les *Mémoires de l'Académie des Inscriptions et Belles-Lettres.*

[2] Caylus, *Premier Mémoire sur Guillaume de Machaut; poète et musicien du XIVe siècle,* in *Mémoires de l'Académie des Inscriptions et Belles-Lettres,* Paris, Panckoucke, 1770, t. XXXIV, pp. 156-57.

[3] Béatrice Didier, *La Musique des Lumières,* Paris, PUF, 1985.

éminent de la musique française, alors qu'on lui opposait l'italianisant Piccini.

La *Lettre* de l'abbé Arnaud paraît en 1754, l'année du départ des Bouffons. Elle est inspirée de la *Lettre sur la musique française* avec laquelle Rousseau avait réveillé, l'année d'avant, les hostilités dans la querelle des Bouffons. La datation exacte de la *Lettre sur l'origine de la musiq.ie,* quant à elle, pose plus de problèmes: elle est reprise dans *Histoires nouvelles et Mémoires ramassés*, recueil publié par Caylus en 1745 qui rassemblait un ensemble très hétérogène de textes provenant « des *Mercures* de M. l'Abbé Buchet, à la réserve de la lettre sur la Musique, qui est beaucoup plus nouvelle, et qui provient cependant de la même source ».[4] Propos quelque peu énigmatique car l'abbé Buchet abandonna la direction du *Nouveau Mercure* en 1722. Si la *Lettre sur l'origine de la musique* est de date plus récente que les autres textes rassemblés, elle peut difficilement provenir de la même source. Mais il n'est sans doute pas absolument indispensable de dater avec précision ce texte, écrit, semble-t-il, peu avant 1745, pour en saisir tout l'intérêt.

Les deux écrits sur la musique pertinents pour notre enquête flanquent donc de part et d'autre, et d'assez prêt, la querelle des Bouffons. Les options esthétiques qu'ils reflètent les rapprochent cependant des deux autres querelles. La lettre adressée à Caylus est de la main d'un critique intelligent et redoutable que le *Mercure de France* sacrera bientôt « souverain pontife » des Gluckistes[5]. La lettre de Caylus lui-même d'autre part est inséparable de la remise en question des conceptions du compositeur-théoricien Rameau. La *Lettre sur l'origine de la musique* de Caylus semble donc tardivement s'inscrire dans la querelle des Ramistes et des Lullistes alors que la *Lettre sur la musique à Monsieur le Comte de Caylus* prélude à une révolution musicale à venir. Voilà la thèse qu'il s'agira de consolider dans la suite.

Comprendre la pensée musicale de Caylus implique dès lors une double enquête. L'exercice revient d'abord à interroger dans la *Lettre sur l'origine de la musique* la manière particulière de penser les questions

---

[4] *Histoires nouvelles et mémoires ramassés*, in: *Œuvres badines*, Amsterdam, 1787, tome VI, avertissement de l'éditeur

[5] Cf. Eugène de Bricqueville, *Deux abbés d'opéra au siècle dernier: Joseph Pellegrin, François Arnaud, extrait de la Revue de la Société des Etudes historiques*, Amiens, Delattre-Lenoël, Imprimerie de la Société des Etudes historiques, 1889, p. 20.

fondamentales qui agitent la réflexion musicale des Lumières: si la musique est, comme les autres arts, constamment ramenée à l'imitation de la Nature, que veut dire « imitation » et que veut dire « Nature »? Notre enquête devra ensuite consister à comprendre comment la lettre du futur gluckiste Arnaud a pu être adressée à Caylus et agréée par lui. La seconde question nous intéressera ici dans la mésure où elle permettra de révéler, rétrospectivement et à la lumière de la révolution gluckiste, la modernité de la pensée musicale de Caylus.

3.

L'existence de nombreuses querelles est en soi significative de la polarisation de la pensée musicale au XVIIIe siècle. Polarisation qui se traduit aussi dans la disposition rhétorique des écrits sur la musique même et en particulier des récits musicaux. *Les Bijoux indiscrets* (1748) constituent un bel exemple à la fois de cette polarisation et de la narrativisation du discours sur la musique. Lully et Rameau y sont portraiturés au moyen de figures à valeur allégorique: si le contemporain avait peut-être quelque peine à reconnaître dans utmiutsol le vieux Lully, il ne pouvait pas méconnaître en utremifasolasiututut son antagoniste Rameau. Pendant la querelle, Lully et Rameau sont opposés l'un à l'autre comme la mélodie à l'harmonie, comme la simplicité à la complexité retorse. Ce qu'on reprocha à Rameau était que sa musique avait l'audace de se présenter de façon autonome: elle ne semblait renvoyer qu'à elle-même, sans fidélité au modèle linguistique que la musique, selon les Lullistes, était censée soutenir. Lully était connu pour ses lignes mélodiques simples (do-mi-do-sol), tandis que Rameau privilégiait les grandes coulées, les gammes répétées, les doubles croches, la dissonance: musique tourbillonante soutenue par une harmonie, ingénieuse pour les uns, recherchée selon les autres. Tout cela est bien connu.

Or, le conte musical qu'est la *Lettre sur l'origine de la musique* de Caylus n'est ni moins polarisant ni moins allégorisant. Les deux types de musique qui y sont confrontées s'emblématisent l'une – la fausse – par le chat, l'autre – la vraie – par le rossignol. La musique de chat telle qu'elle s'exécute à Cythère, renvoie incontestablement à Rameau, pour qui – répétons-le – la perception musicale n'est pas spontanée mais affinée par un détour théorique. Voici un passage-clef du conte. La scène est à Cythère:

> Tous travaillèrent à l'envi à composer de la musique. Chacun vantait son travail
> et la peine qu'il s'était donnée: les géomètres même s'en mêlèrent; ils louaient
> les calculs immenses qu'ils avaient faits pour trouver le moyen de parcourir
> dans les airs de violon toutes les différentes combinaisons d'un re ou d'un mi,

avec les autres notes. Il est vrai que cet air n'avait point de chant, et dans cette musique contrainte et si pénible à composer, rien ne coulait de source, nul génie ne les animait, ils fuyaient la nature, et les sentiments: l'art n'aurait dû servir qu'à chercher l'un et l'autre, pour les orner et les mettre dans leur plus beau jour. Quand celui où l'on devait exécuter sur le théâtre de Cythère ce ballet tant vanté fut arrivé, la plupart des spectateurs s'écrièrent que les instruments étaient faux; leurs sons faisaient peine aux oreilles les moins délicates; on leur déclara dogmatiquement que c'était des dissonances faites exprès, et le chef-d'œuvre de l'art. Les chats, originaires de Cythère, ont transmis jusqu'à nous quelques tons de cette harmonie, comme les rossignols nous en font entendre quelques-uns de celle qu'ils ont entendue dans l'île de l'amour.[6]

Reste la question de savoir si l'autre musique, telle qu'elle fut inventée dans l'île fortunée, recoupe les conceptions esthétiques de Lully. La pensée musicale de Caylus acquiert par cette question toute sa profondeur car, en effet, si Caylus ridiculise la musique de Rameau, ce n'est pas pour lui opposer Lully, mais pour creuser l'essence même, la Nature, de toute musique vraie. Caylus, pour ce faire, double le discours narratif de l'allégorie.

Chats et rossignols, constituent des emblèmes doubles: à la fausse musique de Cythère correspond un faux amour. L'amour de Cythère est comme les chats: remplis de gentillesses dans leurs badinages, ils prennent

un air doux, pleins de dissimulation, cruels, trompeurs, féroces, sans amitié; lorsque l'amour les rend heureux, leur indiscrétion l'apprend au voisinage par leurs clameurs; ils sont légers et volages comme les cupidons. Le rossignol amoureux, venu de l'île fortunée, ne chante que pour toucher sa maîtresse. Est-il heureux? Il se tait et ne chante plus; content de sa bonne fortune, il la goûte en silence. (pp. 326-27)

C'est la fin du conte. Chats et rossignols incarnent, emblématisent, deux manières de penser le rapport entre Eros et les Muses. La double origine géographique de la musique, Cythère et l'île fortunée, ne double pourtant pas, comme on pourrait s'y attendre, le grand clivage qui plane sur toutes les querelles et qui consiste à opposer une musique française à une musique italienne: « les deux musiques se sont répandues dans les deux Nations » (p. 326). L'enjeu du conte n'est pas de relancer ce concert des Nations.

4.

La *Lettre sur l'origine de la musique* se termine comme elle a commencé: en posant un accord profond et emblématique entre la musique et l'amour, entre l'expérience musicale et l'érotisme. Pour soutenir la thèse de l'érotisme musical, l'unique texte de Caylus sur la musique des Lumiè-

---

[6] *Ed. cit.*, p. 328.

res choisit la forme, devenue topique, de la lettre-réponse:

> Vous m'avez souvent demandé ce que je pensais sur les différentes sortes de musique, en personne qui n'a pas décidé quel est son goût, qui n'ose s'y fier et qui reste dans l'incertitude. (p. 319)

Si la destinataire qui sollicite l'avis de M*** reste indécise quant à son goût musical, c'est qu'elle n'a jamais connu le véritable amour. Voilà l'étrange thèse de l'épistolier: il en va de la musique comme de l'amour. Avant de parler musique, il est donc nécessaire de débrouiller les idées fausses qu'a la destinataire en matière amoureuse. Un conte fera ici l'affaire.

Rien d'étonnant bien sûr à ce que Caylus nous reconduise à la mythologie grecque et plus exactement à l'histoire allégorico-romanesque de Psyché et d'Amour. L'on n'ignore pas que *Psyché* est également le titre d'une tragédie-ballet représentée en 1671 aux Tuileries: le plan et certaines scènes étaient dues à Molière, les dialogues à Corneille, les intermèdes à Quinault et la musique à Lully. Mais, comme pour marquer que sa pensée musicale transcende toute réflexion qu'auraient pu lui inspirer Lully et la tragédie lyrique, Caylus entreprend d'inventer une suite à l'histoire de Psyché et d'Amour . « La fable vous a appris les malheurs de Psyché », déclare le narrateur:

> la curiosité et la vanité les causèrent; elle y joignit la défiance, crime pour l'amitié, mais affreux et irrémissible aux yeux du véritable amour. Vous êtes étonnée de m'entendre dire *aux yeux du véritable amour*. Oui, à ses yeux, celui-là n'est point aveugle, il est clair-voyant, mais silencieux; il parle peu, simplement, évite les phrases et les tours affectés; son langage est vif, plein de naïvetés et d'expression, tout parle en lui. (p. 321)

Tel est le dieu, Eros, qu'épousa Psyché. Eros et Psyché étaient seuls dans l'univers, faits l'un pour l'autre. De ce couple harmonieux naquit une fille: Volupté.

> Cette déesse était digne de son origine; elle ne se sépara jamais de son père et de sa mère, elle en faisait les délices. Sans parler les différents idiômes, elle se faisait entendre à toutes les nations; il suffisait pour cela d'avoir une âme ou de l'amour. (p. 321)

Mais il existe un autre amour: Anteros. Tous ceux qui suivent les étendards de ce faux dieu de l'amour sont sourds pour la voix de Volupté. Quand Anteros s'est établi sur la terre, il y a subjugué pratiquement tous les mortels. C'est lui, habitant de Cythère, qui les blesse de ses flêches empoisonnées et qui sème jalousie, trahison, inconstance, indiscrétion. A sa suite il traîne une fausse Volupté, qui ne donne que des plaisirs grossiers, vite détruits par le temps.

Et la musique dans tout ceci? La fille de Psyché et d'Eros, un jour, eut la fantaisie d'imiter les soupirs d'amour sur un roseau. Sur l'instrument qu'elle se fabriqua, dit le conte, « elle trouva le moyen de peindre par des sons les différentes agitations d'un cœur amoureux: langueurs, larmes, délices, joie douce et naïve ». Volupté inventa bientôt d'autres instruments, qui chacun avaient leurs beautés particulières susceptibles de peindre les mouvements de l'âme et de les ressentir. Le doux ramage des oiseaux, et en particulier du rossignol, n'est à son tour qu'une imitation de la mélodie première où le sentiment amoureux et sa musicalisation se confondent. Et bientôt les bergers soupirent sur des flûtes et accompagnent leurs danses de la musette et du tambour...

Un jour Vénus, la jalouse belle-mère de Psyché qu'un rossignol conduit à l'île fortunée, est secrètement témoin d'un merveilleux spectacle:

> Ses yeux furent frappés du plus agréable spectacle qui fut jamais; son fils et Psyché sur un trône de gazon et de fleurs, dans le lieu le plus délicieux de l'univers. Je n'en ferai point la description; l'amour l'avait choisi pour sa demeure, et sa fille l'avait orné. A la tête des nymphes et de leur cour, elle leur donnait une fête champêtre; elle dansaient sur le gazon, les zéphirs légers dansaient avec elles; les bergers et les bergères dansèrent quelques entrées de ce ballet, les grâces de la suite de Psyché en dansèrent aussi. Ces grâces ne ressemblent point à celles qui accompagnent Vénus; elles sont aussi modestes, naïves et touchantes, que les dernières sont effrontées et minaudières. Toute la musique du ballet était caractérisée; les yeux fermés, on pouvait deviner quels étaient les danseurs, et se représenter à peu près les différentes figures du ballet; tant la même expression régnait et dans le chant et dans la danse. Il semblait que la nature seule eût produit l'une et l'autre; et sans que l'on s'en aperçut, on ressentait les plus délicates nuances des douces passions, exprimées par les sons. (p. 324)

C'est ce spectacle que Vénus voudra imiter sur son théâtre à Cythère. On a vu plus haut le déroulement catastrophique du spectacle cythéréen. L'opéra – car c'est à cela que le spectacle de Cythère renvoie – qu'il soit de Rameau ou de Lully, n'est pour Caylus que le décalque ridicule du spectacle authentique de l'île fortunée.

5.

Il est temps de formuler à partir de ces lectures quelques conclusions touchant les visées musicales de Caylus.

Il est clair qu'à aucun moment Caylus ne remet en question la théorie classique de l'imitation. La musique est fondamentalement un art imitatif. La fausse musique de Cythère tente en vain d'imiter la vraie musique de l'île fortunée, qui est l'imitation des soupirs de l'amour, imitée à son tour dans le chant des oiseaux, etc. Cependant, pour ce qui regarde les questions délicates de savoir comment la musique peut imiter et quel est l'objet de l'imitation, des écarts surprenants par rapport à des théories voisines méritent d'être soulignés. Je vois, pour ma part, trois facteurs importants.

Primo. La réflexion théorique des Lumières sur la musique est le plus souvent marquée d'un dédain pour la musique instrumentale. La musique est un art imitatif dans la mesure où elle imite la voix. Ainsi, Rousseau proclamera, dans l'article « musique » de l'*Encyclopédie*, l'antériorité de la musique vocale. Contrairement à Rousseau, qui affirmera ensuite dans *l'Essai sur l'origine des langues* (1754) que « les premiers discours furent les premières chansons » et que « les inflexions mélodieuses des accents firent naître la poésie et la musique avec la langue », Caylus écarte tout modèle linguisitque de sa conception musicale. A aucun moment dans le conte il n'est question de la voix[7]. Les bruits de la nature même, comme le chant des oiseaux, ne sont que l'imitation de la musique instrumentale qu'inventa Volupté.

Caylus est plus proche de Condillac et du « cri naturel » que de Rousseau. Le cri naturel est arraché à l'homme, malgré lui, par la peur ou la douleur. Cri involontaire que produit une émotion violente[8]. Mais pour Condillac aussi, musique et langage ont la même origine: musique et langage imitent, par les sons et chacun à sa façon, les mouvements qui accompagnent le cri naturel. S'il est indéniable que Caylus est proche des théories sensualistes d'un Condillac, il n'en récuse pas moins le parallèlisme entre la musique et la langue au profit d'une esthétique de la musique purement instrumentale.

Secundo. Dans la mesure où le concept même d'imitation se transforme au cours du siècle – processus qui, selon Béatrice Didier, va de pair avec l'élargissement considérable de la notion de Nature – la musique instrumentale est valorisée comme seule capable d'imiter le non-dit, l'infigurable[9]. Cette idée rejoint ma deuxième réflexion. Béatrice Didier souligne qu'au milieu du siècle, Rousseau, Diderot ou Grimm, ont bien

---

[7] A noter que dans le conte le mot « chant » renvoie à la mélodie et non à la voix humaine.

[8] Condillac, *Essai sur l'origine des connaissances humaines* (1747), cité dans Marian Hobson, *The Object of art. The Theory of Illusion in Eighteenth-Century France*, Cambridge University Press, 1982, p. 284.

[9] Béatrice Didier, *La Musique des Lumières*, Paris, PUF, 1985, p. 29.

senti que la musique était l'art par excellence capable de traduire « ce que nous appellerions la 'libido' ». Pour Caylus, dans un même ordre d'idées, l'origine de la musique c'est l'érotisme, dans ce sens particulier que la musique est transparence immédiate d'Eros à travers un tapis sonore. La musique vraie est fille d'Eros: elle ne fait pas qu'imiter les agitations qu'Eros produit, elle les reproduit à leur tour dans l'âme de celui qui écoute. Transparence immédiate donc, que ne ferait qu'obnubiler la médiation de la voix. Le véritable médiateur entre l'agitation du cœur et son expression sonore est le corps. La musique instrumentale produite par Volupté est une musique de danse. Tout le monde se consume en danses lors du spectacle de l'île fortunée:

> elle *dansaient* sur le gazon, les zéphirs légers *dansaient* avec elles; les bergers et bergères *dansaient* quelques entrées de ce ballet, les grâces de la suite de Psyché en *dansèrent* aussi. (p. 323)

Tertio. Il me semble enfin incontestable que Caylus anticipe (ou rejoint) dans ce conte les théories sensualistes. Béatrice Didier évoque l'apparition progressive d'une esthétique comparatiste, qui repose sur la réunion des cinq sens, abondamment sollicités par les œuvres d'art qui répondent à la philosophie sensualiste[10]. L'esthétique musicale de Caylus est sensualiste dans la mesure où l'œil s'installe en quelque sort dans l'oreille:

> [...] les yeux fermés, on pouvait deviner quels étaient les danseurs, et se représenter à peu près les différentes figures du ballet; tant la même expression régnait et dans le chant et dans la danse. (p. 324)

Parmi toutes les figures de style dite « par imitation », c'est à l'hypotypose[11] qu'on pense ici ou, mieux, à son équivalent musical « l'harmonisme », défini comme suit par Fontanier:

> l'harmonisme consiste dans un choix et une combinaison de mots, dans une contexture et une ordonnance de la phrase ou de la période, telles que par le ton, les sons, les nombres, les chutes, les repos, et toutes les autres qualités physiques, l'expression s'accorde avec la pensée ou avec le sentiment, de la manière la plus convenable et la plus propre à frapper l'oreille et le cœur.[12]

---

[10] *Ibid.*, p. 35.

[11] « L'hypotypose peint les choses d'une manière si vive et si énergique, qu'elle les met en quelque sorte sous les yeux, et fait d'un récit ou d'une description, une image, un tableau, ou même une scène vivante », in Pierre Fontanier, *Les Figures du discours*, Paris, Flammarion, 1977, p. 390.

[12] *Ibid.*, p. 392.

6.

Un mot, pour finir, sur la *Lettre* de l'abbé Arnaud. Non seulement cette lettre préfigure la réforme de Gluck par un plaidoyer pour le retour au théâtre et aux mythes de l'Antiquité grecque, par une recherche poussée sur la prosodie antique ou sur le rapport entre la déclamation et la musique..., elle reprend aussi l'idée la plus surprenante de Caylus: la suprématie de la musique instrumentale. L'abbé Arnaud distingue en effet entre une mélodie libre et une mélodie asservie:

> la mélodie libre, l'instrumentale par exemple, peut parcourir à son gré toutes les idées dont elle s'avisera, quelque vague que soit son expression, pourvu qu'elle soit agréable et conforme au goût général, elle a rempli son objet. Il n'en va pas de même de la mélodie asservie ou vocale; eût-elle tous les charmes, toutes les richesses possibles, elle peut être et n'est en effet que trop souvent très défectueuse.[13]

L'on sait toute l'importance d'une telle inversion de la hiérarchie musicale pour la mutation du concept même d'imitation au dix-huitième siècle. Ce sera, notamment, par le triomphe de la musique symphonique, et en particulier grâce au nouveau rôle qu'on réservera à l'ouverture, que l'art musical acquerra un statut autonome et autosuffisant. Que Caylus ait joué dans ce processus un modeste rôle, c'est ce que j'ai voulu démontrer.

[13] Abbé Arnaud, *Lettre sur la musique à Monsieur le Comte de Caylus*, s.l., 1754.

AUTOUR DE LA « SOCIÉTÉ DE MORVILLE »

ET DE TROIS PROLOGUES DE CAYLUS (1731-1733)

DOMINIQUE QUÉRO

Paris IV

La récente publication par David Trott et Judith Curtis de l'*Histoire et recueil des Lazzis*[1] a bien montré le rôle essentiel joué par le comte de Caylus dans la composition, la réalisation, et même la conservation manuscrite des spectacles donnés durant l'hiver 1731-1732 avec les comtes de Maurepas et de Livry, les comédiennes Mlles Quinault, Balicourt et Dufresne, ainsi que Piron et Salley. Parfaite illustration des « amusements à la mode »[2] parmi les gens du monde, qui ne manquent pas, à l'occasion, d'associer à leurs plaisirs de « théâtromanes » des actrices et des roturiers, l'activité des « Lazzistes » témoigne donc exemplairement de l'essor prodigieux du théâtre de société, en ce début des années 1730 qui voient se multiplier les lieux de représentation. La participation de Caylus n'a d'ailleurs pas de quoi surprendre, lorsqu'on sait combien ce « gentilhomme universel » a contribué à maints « divertissements d'amateur écrits en commun pour la récréation de 'sociétés badines' dont il était l'habitué »[3].

---

[1] *Studies on Voltaire and the Eighteenth Century*, 338, Oxford, Voltaire Foundation, 1996.

[2] Titre d'une pièce créée à la Comédie Italienne le 21 avril 1732 et d'autant mieux reçue du public que l'« on n'a jamais vu tant de gens de tous états se faire un amusement de jouer la comédie » (*Mercure de France*, mai 1732, p. 982). « Jamais le goût pour la déclamation et les représentations théâtrales n'a été si fort ni si général. A Paris et dans quelques maisons de campagne des environs, on compte plus de cinquante théâtres, fort bien ajustés et ornés proprement, où des sociétés particulières se font un plaisir de jouer des pièces tragiques et comiques, avec beaucoup d'intelligence et de finesse » (*ibid.*, avril 1732, p. 775).

[3] « Un gentilhomme universel: Anne-Claude de Thubières comte de Caylus », postface à *Tirant le Blanc* de Joannot Martorell, traduction et adaptation en français par le comte de Caylus (1737), Jean-Marie Barberà éd., Paris, Gallimard, « Quarto », 1997, p. 610.

Au nombre de celles-ci se trouve en particulier la « société de Mor-ville », du nom du comte de Morville, fils du garde des sceaux Fleuriau d'Armenonville dont la disgrâce, en 1727, met un terme à sa propre car-rière – aussi rapide que brillante – mais ne l'empêche pas de bénéficier d'une substantielle pension du Roi. C'est sans doute surtout à partir de cette date que l'ancien ministre des Affaires étrangères va entretenir des rapports étroits avec les milieux artistiques et littéraires de la capitale. Bien des toiles de sa galerie de peintures – riche de très précieux Véronèse, Ru-bens, Poussin, Mignard ou Rembrandt – ont dû être acquises à ce moment-là, à l'instar d'œuvres de Charles Coypel dont on sait qu'elles ont été exé-cutées en 1730-1731[4]. Le peintre semble d'ailleurs avoir été un familier du comte de Morville, pour lequel il réalise, après sa mort survenue en février 1732, une monumentale épitaphe, en collaboration avec le Président Hé-nault et le comte de Caylus, qui en tire une gravure. On sait en effet que, de 1725 à 1732, Caylus a gravé un grand nombre de dessins de Coypel. Et même s'il s'est par la suite brouillé quelque peu avec lui, en lui reprochant de ne pas lui avoir assuré une influence prépondérante à l'Académie de Peinture où il avait été nommé amateur honoraire en 1731, il n'en reste pas moins que Caylus et Coypel font tous deux partie, entre 1727 et 1732, de la « société de M. de Morville », dont le rayonnement et les activités vont se prolonger après la mort de ce grand homme célébré, dans l'hommage qui lui est rendu par Hénault, Caylus et Coypel, comme « L'ami de ses enfants, Le père de ses domestiques, Le conseil de ses amis » et « Le modèle des époux ».

Cette commune appartenance de Caylus et Coypel à la « société de Morville » est attestée par le comte de Tressan qui, dans ses *Œuvres diver-ses* (1776), insère ce commentaire en tête d'une épître *A Monsieur le mar-quis d'Armenonville*[5] :

> Ceux qui restent de la Société de feu M. le [comte] de Morville, doivent en conserver le souvenir le plus tendre. Peu de gens ont réuni comme lui les vertus les plus épurées, la justesse et la clarté de l'esprit, le savoir, l'érudition la mieux choisie, et une douceur de mœurs inaltérable: j'étais ami de ses sœurs, de ses enfants; j'ai passé quinze des plus belles années de ma vie dans cette société

---

[4] *L'Amour précepteur*, *L'Amour de village* et *L'Amour de ville* sont mentionnés dans l'inventaire après décès du comte de Morville, et sont encore signalés trente ans plus tard dans celui de sa veuve – laquelle n'avait pourtant conservé qu'une part très réduite de la collection de son mari. Voir sur ce point Thierry Lefrançois, *Charles Coypel (1694-1752)*, Paris, Arthena, 1994, pp. 59, 86-87, 448-49.

[5] Amsterdam et Paris, Cellot, 1776, pp. 444-47.

que j'ai sans cesse regrettée.

Une note précise en outre, s'agissant des talents d'acteur reconnus au destinataire du poème, plus particulièrement dans *Phèdre* et dans *Dom Japhet d'Arménie*:

> Nous avions loué une maison et un théâtre à Pantin, où la Société de M. de Morville se rassemblait une ou deux fois la semaine. M. de Caylus le dirigeait, M. d'Armenonville y jouait les premiers rôles. Nous y avons joué plusieurs comédies de M. Coypel, qui n'ont pas vu le jour.

Une version plus détaillée des mêmes faits nous est donnée dans les *Souvenirs du Comte de Tressan*, publiés en 1897 par son arrière-petit-neveu « d'après des documents inédits »[6]:

> J'ai passé quinze des plus belles années de ma vie dans cette société de Pantin que j'ai sans cesse regrettée; j'ai bien rarement retrouvé le ton, la pureté, les connaissances et les charmes qui l'animaient; je ne peux mieux en donner l'idée qu'en rappelant les noms de ceux qui la composaient: MM. de Morville, d'Armenonville, son fils, M. le marquis de Surgères, M. le comte de Crussol, ses gendres; M. Amelot, secrétaire d'Etat, le marquis de Loménil, depuis Doge de Gênes, l'abbé Franquini, Messieurs de Caylus, Duclos, Coypel; en femmes: Mme d'Autrey, sa sœur; Mmes de Surgères et de Crussol, ses filles; Mme la marquise de Genlis, Mme la marquise de Tourouvre, Mme Le Marchand et plusieurs personnes de la meilleure compagnie. Nous avions loué en commun une maison à Pantin, où nous allions faire d'excellents soupers; où nous avions un très joli théâtre où nous représentions les comédies de M. Coypel. C'est pendant un voyage [à] Gaillon[7] que la société joua *Dom Japhet d'Arménie*.

Sans revenir en détail sur l'identité de chacune des personnes mentionnées, il est aisé de remarquer la place de choix assignée à Coypel et Caylus dans cette compagnie. Le premier passe en effet pour l'un des fournisseurs attitrés de ce théâtre, et il n'est pas indifférent à cet égard de relever parmi les noms des habitués celui de Mme Le Marchand, dont l'hôtel de la rue Saint-Honoré « était le rendez-vous des personnes célèbres dans tous les genres. On sait que c'est chez elle que Coypel répétait ses comédies, et qu'il y avait toujours des succès »[8]. Caylus, pour sa part, nous est

---

[6] Versailles, Henry Lebon, 1897, pp. 10-11.

[7] Résidence de l'oncle du comte de Tressan, Monseigneur de Tressan, évêque de Rouen, qui meurt en 1733.

[8] *Le Cabinet des Fées*, t. XXXVII, Amsterdam/Paris, 1785, p. 137. Voir également *La Bibliothèque des romans*, décembre 1776: « [Mme Le Marchand] jouissait d'une fortune assez honnête pour avoir une bonne maison; elle y recevait très bonne compagnie, des gens d'esprit et des gens de lettres; [elle] avait chez elle un théâtre où l'on ne jouait que des pièces de société que l'on savait être de Coypel ou d'elle-même, et il n'y avait jamais qu'un rôle de femme, toujours rempli par Mme Le Mar-

présenté comme le « directeur des spectacles » et l'organisateur des festivi-tés. Se dégage, en outre, la figure du jeune marquis d'Armenonville, fils du comte de Morville, né en 1711, et qui va mourir au combat en 1742 – ce qui semble bien avoir mis un terme aux activités théâtrales de la petite so-ciété, qui se seraient donc bien étendues sur quinze années, comme l'écrit Tressan, à compter de la retraite forcée du comte de Morville en 1727. Le fils de celui-ci paraît avoir manifesté de réels talents d'acteur voire, à l'occasion, d'auteur dramatique, à l'instar de son beau-frère, Alexandre-Nicolas de La Rochefoucauld, marquis de Surgères (1709-1760), marié depuis 1728 avec l'une des demoiselles de Morville, et dont le comte de Tressan souligne le rôle en insérant dans ses œuvres – après avoir rappelé l'existence et les activités de la « société de feu M. de Morville » – une *Epître au Marquis de Surgères, qui venait de faire, pour notre Société, une Comédie intitulée* L'Ecole du monde.

On en vient par là à la question du répertoire joué par ce groupe de « théâtromanes », tant à Paris qu'à Pantin, ou bien encore au château de Morville (qui ne se trouve pas en Normandie, comme il nous est arrivé de l'écrire[9], sur la foi d'un article de l'ouvrage posthume d'Arthur Dinaux sur *Les Sociétés badines, chantantes et littéraires*[10], mais dans l'actuel dépar-tement de l'Eure-et-Loir, sur la commune de Hanches, près d'Epernon). S'il est sûr, comme le montre le témoignage de Tressan – faisant allusion à Racine, Corneille et Scarron –, que l'on puisait dans le fonds commun des tragédies et des comédies, il n'en est pas moins essentiel de noter la consti-tution d'un répertoire spécifique, dont font partie non seulement des pièces inédites de Coypel, mais encore bien des œuvres attribuées pour la plupart au comte de Caylus ou, dans une moindre proportion, à d'autres membres de la petite société de Morville. Nous avons eu l'occasion de dresser ail-leurs un état présent des pièces inédites du « théâtre du château de Mor-

chand, qui avait le talent le plus décidé pour la comédie. Le nombre des spectateurs était borné à trente » (cité par I. Jamieson, *Charles-Antoine Coypel premier peintre du roi et auteur dramatique (1694-1752)*, Paris, Hachette, 1930, p. 116).
[9] « *La Mort de Mardi-Gras:* résurrection littéraire d'un inédit de Duclos », in: *RHLF*, 2000, n° 2, p. 245.
[10] Paris, Bachelin-Deflorenne, 1867, article « Morville » (t. II, pp. 75-77), qui commence ainsi: « Le château de Morville, en Normandie, situé près de l'Andelle… ». Léo Claretie s'en inspire pour évoquer à son tour, dans son *Histoire des théâtres de société* (Paris, Librairie Molière, 1906, p. 20), « le château de Mor-ville en Normandie ». De même les éditeurs de la *Correspondance de Mme de Graf-figny* (Oxford, Voltaire Foundation) évoquent-ils en note le « château de Morville, près d'Argenteuil [*sic* pour 'Argueil'] en Normandie » (t. IV, 1996, p. 87 n13).

ville »[11], dont un recueil assez complet (ayant fait partie de la Bibliothèque dramatique de M. de Soleinne puis de celle du baron Taylor) a été acquis en décembre 1999 par la BNF[12], qui détenait déjà plusieurs manuscrits de comédies données à Morville, en particulier dans la très riche collection d'œuvres dramatiques réunie par le duc de La Vallière. La Bibliothèque de la Sorbonne conserve, en outre, un recueil de « Comédies inédites du comte de Caylus et autres auteurs »[13], dont la plupart ont été jouées à Morville, tout comme celles du « Théâtre de M. de Bombarde », dont le recueil manuscrit se trouve aujourd'hui à la Bibliothèque de la SACD[14]. L'ensemble de ces documents permet d'avoir une connaissance précise et variée des pièces interprétées et, pour un grand nombre de cas, de leur distribution – chacun des membres de la « troupe de Morville »[15] incarnant généralement le même type de personnage: Armenonville joue le rôle de jeune premier, Surgères celui de valet, sa femme celui de jeune première, Mme d'Armenonville celui de suivante, et Caylus s'attribue les rôles d'homme

---

[11] « Note bibliographique sur le comte de Caylus et le 'théâtre du château de Morville' », in: *RHLF*, 2001, n° 1, pp. 135-45.

[12] Conservé au Département des Arts du Spectacle (MY 354), ce recueil manuscrit en deux tomes comprend: I. *Le Confiant ou le Fat*, *L'Avantage de l'Esprit*, *La Maison culbutée*, et *Les Ages ou la Fée du Loreau*; II. *L'Humeur*, *La Comédie impromptu*, *Le Confident intéressé*, le *Prologue sur le retour de Mme de Morville*, la *Fête donnée à Morville à l'occasion de l'arrivée de Mme de Morville*, *Le Prince Pot-à-Thé*, et *L'Amant déguisé*.

[13] Ce recueil (Ms 1140) comprend *Silvie ou la Fausse Niaise*, *Le Jaloux*, *L'Humeur*, *L'Avantage de l'Esprit*, *La Comédie bourgeoise*, *Les Ages ou la Fée du Loreau*, *Le Confident intéressé*, *La Maison culbutée*, *Le Confiant ou le Fat*, *La Comédie impromptu*, puis deux pièces qui ne sont pas de Caylus mais du marquis d'Armenonville: *La Défense des romans* et *Les Mariages assortis*. La reliure aux armes de La Rochefoucauld semble indiquer que le volume appartenait au marquis de Surgères, dont au moins deux pièces jouées à Morville (*La Princesse Sirenne*, et *Comment l'esprit vient aux filles*) figurent dans un recueil similaire de la Bibliothèque Mazarine (Ms 4004).

[14] Mentionné au milieu du XIXe siècle dans le catalogue de la Bibliothèque Soleinne, ce recueil comporte six pièces attribuées à Pierre-Paul Bombarda, dit M. de Bombarde, oncle de la jeune marquise d'Armenonville: *La Fête du Loreau*, *Les Amants généreux*, *Le Faux Serment*, *Le Bal de l'Opéra*, *Les Trois Billets*, *L'Heureuse Folie*.

[15] L'expression se trouve chez le président Hénault, qui écrit que sa pièce du *Jaloux de lui-même* (jouée dans le plus grand secret le 20 août 1740 dans une salle des Porcherons) avait « été faite pour être jouée par la troupe de Morville, à Morville », mais que « comme [il] la leur donnai[t] trop tard, et qu'ils avaient des engagements pour jouer d'autres pièces, celle-ci fut renvoyée à l'année d'après » (Bibliothèque de la Sorbonne, Ms 1135, f° 96).

du peuple (paysan, intendant ou marchand), dans des petites comédies dont il est souvent aussi l'auteur, désigné nommément en tête de manuscrits qui sont même parfois autographes.

Pour avoir connu leur plein essor entre 1737 et 1741, dans le cadre du château qu'avait fait bâtir le comte de Morville au milieu des années 1720, les activités théâtrales de la « société de Morville » n'en commencent pas moins, semble-t-il, dès le début des années 1730, et c'est à cette « première période », marquée par la collaboration étroite de Caylus et Coypel, que nous pouvons rattacher les trois prologues auxquels nous avons choisi de nous intéresser, et dont le texte manuscrit nous a été conservé dans les portefeuilles La Vallière. L'un d'entre eux, *Le Jardinier de Chaillot* (F.fr. 24348), figure également dans le recueil de « Copies de pièces de théâtre faites par M. de Soleinne » (F.fr. 9304), contrairement au Prologue pour la comédie de *La Répétition* (F.fr. 24351) et au Prologue de *L'Ecole du monde* et de *La Fausse niaise* (F.fr. 24346)[16], qui ont en revanche été publiés tous deux par Charles Henry à la fin du XIXe siècle[17]. Nous nous proposons donc ici de présenter brièvement les circonstances et, dans la mesure du possible, les lieux et dates de représentation de chacun de ces trois prologues, avant d'en tirer quelques remarques sur le fonctionnement de ces théâtres de société auxquels le comte Caylus semble avoir apporté la contribution la plus active dès le début des années 1730, dans le cadre « élargi » de la « société de Morville ».

La première de ces pièces, sans être explicitement désignée comme prologue, joue pourtant bien ce rôle, puisqu'elle se termine sur l'annonce de deux comédies qui vont être représentées sur la scène d'un théâtre de société: celui d'une maison de plaisance des environs de Paris dont a la garde le héros éponyme du *Jardinier de Chaillot*. Le banquier M. Duchange, auquel il a prêté le théâtre en l'absence de ses maîtres, lui délivre

---

[16] On est tenté de penser que le collectionneur en possédait déjà le texte, dont une copie semblait dès lors inutile. Du moins cette interprétation vaut-elle pour les pièces du recueil de « Théâtre du château de Morville » ayant fait partie de la Bibliothèque de Soleinne, et non recopiées par ce dernier d'après les portefeuilles La Vallière.

[17] Dans son second article sur « Le comte de Caylus inédit » (in: *La Revue libérale*, juillet 1884, pp. 127-42), Charles Henry dresse une liste des productions de « l'auteur dramatique », avant de transcrire « les pages inédites qui nous font le mieux pénétrer dans ces joyeuses sociétés du *Bout du Banc* et de Morville », à commencer par le Prologue de *L'Ecole du monde* et de *La Fausse niaise* (pp. 129-33) et le Prologue de *La Répétition* (pp. 134-37).

en effet ce programme:

> D'abord nous allons jouer *Le Légataire*[18]. [...] C'est un malade qui te fera rire.
> [...] Ensuite on représentera une petite pièce intitulée *L'Avantage de l'esprit*,
> qui n'a jamais été jouée nulle part, et qui fait grand peur à un de nos acteurs qui
> s'est avisé par complaisance d'être auteur.

Cet auteur par complaisance est en fait Caylus, même si ce dernier
s'inspire, en l'occurrence, d'une pièce antérieure de Coypel, comme nous
l'apprend l'« Avis au lecteur » de *L'Avantage de l'esprit*[19]:

> Cette pièce est de M. Coypel; elle a d'abord été jouée à la Comédie Italienne en
> un acte et en italien avec le seul *scenario*. Ensuite M. Coypel l'a mise en prose
> française, mais toujours en un acte; il me la prêta pour être jouée sous mon nom
> à Chaillot où Mes de Duras et d'Aumont s'amusaient à jouer la comédie. La
> crainte[20] qu'il avait que d'autres ne lui demandassent lui fit prendre la précau-
> tion de ne la pas donner sous son nom, et comme nous étions alors fort amis, il
> trouva bon que je fisse quelques changements légers à la vérité. Dans la suite,
> j'imaginai de mettre cette même pièce en trois actes, persuadé que l'action ac-
> querrait plus de vraisemblance, et c'est dans cet état qu'elle a été représentée à
> Morville.

Ainsi le titre du prologue se comprend-il mieux à la lumière du commentaire de Caylus sur cette pièce que lui a prêtée Coypel « pour être jouée
sous [son] nom à Chaillot où Mmes Duras et d'Aumont s'amusaient à jouer
la comédie ». *Le Jardinier de Chaillot* constitue donc une sorte de reflet
« en abyme » des conditions de représentation, et l'on voit tout l'intérêt de
l'évocation à laquelle se livre le héros éponyme du sort auquel sa femme et
lui se trouvent réduits par leurs « douze ou quinze maîtres »:

> Nous étions ici tout seuls, tant que la journée était longue, tous deux visons vi-
> su; j'avions ordre de nos Messieurs de tenir toujours notre porte bouclée. En un
> mot je ne voyons jamais ici que nous deux, et puis un biau jour tout à la fois je
> voyons arriver tout notre monde, tout cela montait en haut sans nous dire une
> seule parole, j'entendions rire, j'entendions les ménestriers, et puis c'était tout.

---

[18] *Le Légataire universel*, de Regnard.

[19] « Avis au lecteur » reproduit dans les deux recueils manuscrits signalés plus
haut (BNF MY 354 et Sorb. Ms 1140). Le texte de la pièce conservé dans un des
portefeuilles La Vallière (Ms F.fr . 24344) porte, au-dessus de la date de 1731, la
mention: « Comédie en prose, en trois actes, tirée d'un canevas en un acte, donné aux
Italiens par Coypel en 1718 ». La date de 1718, substituée à celle encore lisible de
1728, paraît plus vraisemblable car on ne trouve trace de *L'Avantage de l'esprit* chez
les Italiens que le 9 septembre 1717 (I. Jamieson, *op. cit.*, p. 103).

[20] Dans sa *Bibliothèque du Théâtre Français* (Dresde, Groell, 1768, t. III, p.
160), le duc de La Vallière note à propos des pièces de Coypel: « Il était fort jaloux
de ne pas les rendre publiques, et c'est une par une preuve de la plus grande confiance
que j'ai eu une copie de toutes celles qu'il avouait. »

Quatre heures après, tout le monde s'en allait sans rien dire; ils étaient arrivés sérieux, ils s'en allaient de même, emportant tant, tant de paquets. Tiens, vois-tu, notre femme n'en pouvait plus, car cela fait bien enrager une femme de ne pouvoir rien deviner. Je n'avions pas meilleur marché des valets qui demeu-raient en bas, je n'en pouvions tirer une pauvre parole. Ils nous prenaient, je crois, pour des pestiférés. Tant y a qu'un beau jour (le lendemain qu'on était venu chez nous) je montimes en haut. J'ouvrimes la porte, voulant voir avec quoi l'on riait si fort, parce que je voulions rire aussi, ma femme et moi. Je trouvâmes ceci qu'on nous a dit qui était un théâtre, je trouvâmes là dedans, des habits rouges, noirs, jaunes, des chapiaux gris, des chapiaux noirs, des chapiaux pointus et tant de perruques que je n'y comprîmes rien.

S'il a de quoi étonner celui qui en a la garde, ce petit théâtre privé n'en a pas moins surtout de quoi retenir l'attention du banquier M. Du-change qui, en l'absence de « ces Messieurs »[21], partis « à la petite guerre ou à la milice », voudrait bien se faire prêter la maison: « Il aime à rire, il a su ce théâtre, et il s'est bouté dans la cervelle de venir jouer ici queuque drôlerie avec une bande joyeuse de Mrs et Dames de Paris qui sont venus chez nous pour prendre les yaux de Passy ». Chaillot, Auteuil, Passy: au-tant de destinations familières aux Parisiens avides de se livrer à leur théâ-tromanie. Les « douze ou quinze maîtres » de Noblet ne peuvent d'ailleurs manquer de faire penser à la société de Morville, dont on a vu que les membres avaient « loué une maison en commun à Pantin », avec « un très joli théâtre ». Aussi bien Caylus précise-t-il qu'après avoir été jouée à Chaillot – vraisemblablement en 1731[22] – la comédie de *L'Avantage de l'esprit* l'a été à Morville en 1737.

C'est à Paris, en revanche, que semble avoir été joué le prologue de *La Répétition*, qui met en scène Caylus et Coypel bientôt rejoints par Mlle Quinault, avec laquelle ils s'apprêtent à jouer une comédie de Coypel inti-tulée *La Répétition*, dont on conserve plusieurs manuscrits, mais dont on ignore la date et les circonstances de représentation. Le prologue indique le nom – malheureusement peu lisible[23] – d'une demoiselle à laquelle serait

[21] L'expression n'est pas sans faire penser à celle par laquelle seront désignés les participants de la société du Bout-du-Banc, responsables de la publication du *Recueil de ces Messieurs*.

[22] Hypothèse corroborée par la mention allusive, dans l'*Histoire et recueil des Lazzis*, de *L'Avantage de l'esprit*, pièce « que Luchon [*alias* Caylus] avait faite en ce temps-là » (*éd. cit.*, p. 225).

[23] I. Jamieson, qui mentionne ce manuscrit (*op. cit.*, p. 118), donne pour trans-cription « Mlle Sandoz », tandis que l'édition proposée par C. Henry porte « Mlle Céladon », qui semble bien plus vraisemblable, mais ne correspond à aucun nom ou surnom identifié à ce jour.

destinée la pièce, et dont on fait précisément valoir l'impatience pour contraindre les acteurs à entrer en scène. Du moins ne s'agit-il pas de Mme Le Marchand, chez qui semblent avoir été jouées la plupart des œuvres de Coypel[24]. Toujours est-il que le spectacle évoqué pourrait bien dater de ces mêmes années 1731-1732 où Caylus collabore activement aux divertissements des « Lazzistes ». Il n'est pas impossible, en effet, que les trois comédiennes du Théâtre Français qui interviennent dans *l'Histoire et recueil des Lazzis* (Mlle Quinault, sa cousine Mlle Balicourt et sa belle-sœur Mlle Dufresne) se retrouvent ici pour jouer la comédie de *La Répétition* (qui comporte trois rôles féminins) aux côtés d'un Coypel et d'un Caylus déclarant qu'« il faut être bien hardis pour jouer la comédie avec des actrices telles que les nôtres, l'ornement du plus grand et du plus beau théâtre de l'univers ». Une allusion du prologue suivant paraît d'ailleurs corroborer l'hypothèse d'une représentation durant l'année 1732, date après laquelle se seraient distendus les liens entre Caylus et Coypel.

Du dialogue entre les deux amis, tel que l'évoque le prologue de *La Répétition*, se rapproche à maints égards le prologue de *L'Ecole du monde* et de *La Fausse niaise*, qui consiste en un dialogue plus développé entre Caylus et Surgères. Ce dernier y apparaît nommément désigné comme l'auteur de *L'Ecole du monde*, tandis que *Silvie ou la Fausse niaise* (attribuée à tort à Surgères par Brenner) est l'œuvre de Caylus. Un manuscrit de cette dernière pièce[25] portant la mention: « représentée à l'hôtel de Sassenage, le carême 1733 », il est permis d'assigner cette date aux autres composantes du même spectacle, d'autant qu'on en retrouve l'annonce dans le *Journal de la Cour et de Paris*, à la date du 29 janvier 1733:

> M. de Pont-de-Veyle a mis les gens de condition dans le goût de faire des comédies. M. le comte de Caylus va faire exécuter chez Mme de Sassenage une petite pièce intitulée *La Fausse niaise*, M. le marquis de Surgères *L'Ecole du monde*, et M. le duc d'Epernon une autre comédie dont le titre ne se dit point encore et [qui] n'est peut-être pas encore faite.[26]

---

[24] *La Répétition* comporte d'ailleurs plusieurs rôles féminins, ce qui ne semble pas correspondre au schéma des pièces traditionnellement représentées chez et avec Mme Le Marchand, telle *La Soupçonneuse*.

[25] Sorb. Ms 1140.

[26] *Journal de la Cour et de Paris*, depuis le 28 novembre 1732 jusqu'au 30 novembre 1733, Henri Duranton éd., Presses de l'Université de Saint-Etienne, 1981, p. 58.

C'est également à l'hôtel de Sassenage que *La Mort de César* de Voltaire est donnée en privé la même année. Et n'est-il pas déjà question dans l'*Histoire et recueil des Lazzis* d'un poète qui a « commencé [une tragédie] pour l'hôtel de Sassenage »[27]? Aussi bien la maîtresse de maison, dont on retrouvera le nom dans la troupe du Théâtre des Petits Cabinets de Mme de Pompadour, semble-t-elle avoir dès les années 1730 accueilli dans son hôtel particulier des représentations théâtrales. Le prologue de *L'Ecole du monde* et de *La Fausse niaise* se conclut d'ailleurs par l'arrivée de Mme de Sassenage, qui vient rappeler à Caylus et à Surgères que le public se lasse de les attendre, avant d'ajouter: « Je ne suis pas fâchée de vous voir un peu souffrir pour votre chienne de comédie que je déteste et qui m'impatiente à mourir ». Le fait que les deux pièces aient été créées chez Mme de Sassenage n'empêche toutefois pas de les intégrer au répertoire du « théâtre de Morville » ou, du moins, de la « société de Morville », comme ne manque pas de le faire Tressan à propos de *L'Ecole du monde*[28].

Des éléments de datation sur cette comédie en 3 actes et en vers du marquis de Surgères nous sont encore apportés par une note de l'édition originale du *Temple du Goût* (mars 1733), qui se termine par un éloge de jeunes nobles amis des lettres:

Brassac, chantez; gravez, Caylus,
Ne craignez point, jeune Surgères,
D'employer des soins assidus
Aux beaux vers que vous savez faire;
Et que tous les sots confondus
A la cour et sur la frontière,
Désormais ne prétendent plus
Qu'on déroge et qu'on dégénère
En suivant Minerve et Phébus.

Et Voltaire de préciser en bas de page que « N... de La Rochefoucauld, marquis de Surgères, a fait une comédie intitulée *L'Ecole du monde*, pièce sans contredit bien écrite, et pleine de traits que le célèbre duc de La

---

[27] *Op. cit.*, pp. 128-29. Voir également cette mention insérée dans un fragment autobiographique inédit du comte de Sade, et citée en note d'une lettre à ce dernier du 18 mai 1733 (Bibliothèque Sade, *Papiers de famille I. Le règne du père (1721-1760)*, Maurice Lever éd., Fayard, 1993, p. 28): « J'étais dans ce temps-là livré à l'hôtel de Sassenage où nous jouions des comédies. »

[28] *Epître au Marquis de Surgères, qui venait de faire, pour notre Société, une Comédie intitulée « L'Ecole du monde »* (Tressan, *Œuvres diverses*, éd. cit., pp. 453-54).

Rochefoucauld, auteur des *Maximes*, aurait approuvés »[29]. Il n'est donc pas interdit de penser que Voltaire ait assisté « à l'hôtel de Sassenage, le carême 1733 », à la représentation de *L'Ecole du monde*.

De cette pièce de Surgères, on conserve deux versions manuscrites[30], sous le titre suivant: *Le Complaisant ou l'Ecole du monde*, titre qui renvoie bien à la peinture d'un « caractère » telle que l'évoque le prologue. L'identification de la pièce semble également confirmée par sa présence dans un recueil manuscrit relié aux armes de La Rochefoucauld, qui comporte aussi les deux autres pièces attribuées à Surgères (*Comment l'esprit vient aux filles* et *La Princesse Sirène*). On trouve, en outre, dans un recueil manuscrit qui pourrait avoir appartenu à Mme du Châtelet[31], une tirade présentée comme des « Vers de l'abbé Mac Carthy[32] dans la pièce de Mr de Surgères intitulée *L'Ecole du monde* »: vers que l'on retrouve effectivement à la deuxième scène du *Complaisant ou l'Ecole du monde*. Signalons enfin qu'en 1739, à la création d'une comédie de Voisenon jouée à la Comédie Française sans nom d'auteur et intitulée *L'Ecole du monde*, non seulement le nom de Surgères va circuler[33], mais on note sous la plume de Mme de Graffigny écrivant à Devaux, l'attribution à Caylus[34]. Se trouvent encore par là vérifiés les liens étroits entre le comte de Caylus et le

[29] *Le Temple du Goût*, O. R. Taylor éd., *Œuvres complètes de Voltaire*, Oxford, Voltaire Foundation, t. IX, 1999, p. 183. Voltaire renvoie à ces vers dans une lettre de mai 1733 à trois membres de la famille de Sade (dont deux au moins participent aux activités théâtrales de la « société de Morville »). A ces « messieurs de la trinité », « trio charmant », il écrit: « Je suis fâché de manquer une partie avec M. de Surgères, que j'ai chanté fort mal, mais à qui je suis attaché comme si j'avais fait pour lui les plus beaux vers du monde » (Best D 614).

[30] BNF F.fr. 24345 et Ms 4004 de la Bibliothèque Mazarine (avec une reliure aux armes de Surgères).

[31] Recueil en la possession de M. Patrick Lee (Barry University), que nous remercions pour cette information.

[32] Auteur d'une parodie de *Phaéton* (Comédie Italienne 1721), de *Réflexions critiques sur la comédie de « Timon le Misanthrope »* (Paris, Vve Mongé, 1722), d'une parodie de la fin de *Mithridate* mettant en scène le duc de Bourbon, Law et le Régent (1726), cet abbé Macarty ou Macarti, né à Nantes et d'origine irlandaise, est évoqué à plusieurs reprises sous la plume de Voltaire, auquel il avait emprunté de l'argent avant d'aller se faire circoncire en Turquie (vers 1734-1735) puis, « rechristianisé », servir à Rome puis à Lisbonne.

[33] Sur la foi, semble-t-il, d'allégations de Duclos, qui avait été un proche du marquis de Surgères.

[34] *Correspondance*, éd. cit., t. I, p. 328 (lettre 243 du 30 janvier 1740) et p. 337 (lettre 248 du 12 février 1740).

marquis de Surgères, précisément réunis dans le prologue considéré, et qui se côtoient par ailleurs dans le cadre de la société du Bout-du-Banc.

Ainsi le nom du comte de Caylus est-il associé aux activités de la « société de Morville », particulièrement s'agissant du théâtre, dont il est l'un des principaux pourvoyeurs, mais aussi l'un des acteurs. Et ce n'est assurément pas pure « complaisance » de sa part s'il déploie tant d'énergie et de « vivacité » pour « mettre en état » tel « petit divertissement » à l'intention de ses « amis »: « Vous savez le goût que j'ai pour le théâtre », confie-t-il encore à Coypel, dans le prologue de *La Répétition*, qui évoque pour commencer les conditions de la représentation:

> Nous venons ici quoi faire, je vous prie? jouer la comédie, et devant qui? devant une petite compagnie, à la vérité, mais bonne, mais choisie; nous avons à peine quatre pas pour nous retourner. Le geste, l'action, la voix, tout est contraint dans un aussi petit espace, de plus nous sommes à plate terre; […] je ne sais […] à quoi il tient que je ne sorte.[35]

Ce ne sont toutefois pas les contraintes matérielles mais bien plutôt les effets du trac qui sont une entrave à la bonne marche de la représentation et indisposent au premier chef Caylus, qui explique à Mlle Quinault les raisons de sa « sombre tristesse », de ses « vapeurs noires »:

> J'ai peur, et pour vous tout avouer, les fesses commencent à me trembler. Vous n'ignorez pas que je vous ai confié que telle était mon infirmité toutes les fois que je montais sur le théâtre. […] Il est réel que je me meurs et que je ne sais pas un mot de mon rôle, il est grand et point du tout dans mon caractère.

Et même si Mlle Quinault lui rétorque: « Voilà comme les mauvais acteurs parlent toujours », elle-même n'en finit pas moins par reconnaître, avant d'entrer en scène, qu'elle n'est « pas plus hardie que les autres ». Au reste, le prologue de *L'Ecole du monde* et de *La Fausse niaise* revient sur cette « infirmité » de Caylus qui déclare à Surgères:

---

[35] A rapprocher du prologue du second Lazzi, où les conditions de représentation dans « la maison de Luchon » sont évoquées en ces termes (*op. cit.*, p. 84): « On monta dans un grenier où l'on trouva un théâtre dressé à six pouces de terre. Le peu d'exhaussement du lieu, mettant la tête des acteurs dans les nuages, rendait le spectacle ridicule. » De même, l'avertissement de l'abbé de La Marre à l'édition de 1736 de *La Mort de César* de Voltaire, après avoir rappelé que « cette tragédie fut représentée il y a quatre ans à l'hôtel de Sassenage », note que « la scène de Shakespeare dans laquelle Antoine monte à la tribune aux harangues pour faire voir au peuple la robe sanglante de César ne put être représentée à cause du petit espace du théâtre, qui suffisait à peine au petit nombre d'acteurs qui jouent dans cette pièce » (cité en appendice à l'édition de *La Mort de César* par D. J. Fletcher, in: *Œuvres complètes de Voltaire*, Oxford, Voltaire Foundation, t. VIII, 1988, pp. 246-47).

> Vous savez quelle est la peur que j'éprouve chaque fois que je joue la comédie. Vous savez quelle est celle dont tout le monde s'aperçut dans la mauvaise petite pièce que je fis l'année passée[36]; eh bien, tout cela n'est rien auprès de ce que je sens. C'est aujourd'hui pis que jamais. […] A vous parler vrai, je me meurs de peur.

Et le marquis de reconnaître que son interlocuteur, « pâle comme la mort et tremblant comme la feuille », pourrait à peine « prononcer les premiers vers de [son] rôle », avant d'ajouter pour finir: « Ma foi, Caylus, votre maladie me gagne; je commence à avoir peur. » Telle est donc la peur éprouvée par des acteurs amateurs, a fortiori lorsqu'ils jouent avec des professionnels. « N'est-il pas vrai qu'il faut être bien hardis pour jouer la comédie avec des actrices telles que les nôtres, l'ornement du plus grand et du plus beau théâtre de l'univers? », se demande ainsi Caylus dans le prologue de *La Répétition*, tandis que Coypel répond à Mlle Quinault qui, « le prenant par dessous le menton », lui demande familièrement « Qu'as-tu donc, mon Quoy? »: « Presque rien, je joue avec vous, et la pièce est de moi. »

Car le trac est encore plus fort lorsque les acteurs sont aussi les auteurs des petites pièces qu'ils représentent, comme le fait observer Coypel:

> Moi qui cours tous les mêmes risques que vous, qui ne suis non plus que vous, Monsieur, qu'un comédien de campagne, et qui joins à toutes les raisons d'inquiétude celle d'être l'auteur de la pièce que nous allons jouer.

De même, à la fin du *Jardinier de Chaillot*, M. Duchange annonce qu'après *Le Légataire* « on représentera une petite pièce intitulée *L'Avantage de l'esprit*, qui n'a jamais été représentée nulle part, et qui fait grand peur à un de nos acteurs qui s'est avisé par complaisance d'être auteur » – à savoir, le comte de Caylus. Ces scrupules d'auteur (dont l'une des conséquences est souvent l'anonymat ou tout au moins le refus d'une diffusion publique de son texte) se retrouvent dans le prologue mettant en scène Caylus et Surgères. Ce dernier ne trouve-t-il pas sa peur « plus pardonnable » que les terreurs paniques éprouvées par le comte qui, pour sa part, craint d'autant plus le jugement de l'assistance que sa petite pièce n'est pas en vers et ne met pas en scène un caractère?

Caylus:

> Convenez que la complaisance et la politesse de notre assemblée ne vont pas jusques au point de se refuser au plaisir de dire en sortant, sur un ouvrage connu: cette pièce a été bien mal jouée, ce rôle a été bien mal rempli, ou bien sur un ouvrage nouveau: Je me garderais de le montrer aux gens, et cent mille

---

[36] Caylus fait peut-être allusion ici au prologue de *La Répétition*, qui daterait donc bien de 1732.

autres choses de cette nature. Je veux croire que vous ne courez peut-être pas ce risque aujourd'hui. Car enfin vous donnez un caractère de plus, vous l'avez mis en vers, et ce sont deux points qui méritent une grande indulgence. Mais moi que vous avez engagé à faire une petite pièce, je suis dans un état bien différent. Croyez-vous que je ne sache pas combien est difficile de faire rire la bonne compagnie[37]. Cependant je touche au moment de me repentir de la complaisance que j'ai eue pour vous.

Surgères:

Bon, bon, une petite pièce est très courte, elle n'est composée que de cinq ou six scènes plaisantes ou non plaisantes; à peine a-t-on eu le temps de voir arriver les acteurs que les violons jouent, que le divertissement commence et que tout est fini sans que l'on ait eu seulement le temps de la réflexion.

Caylus:

Malgré l'idée d'expédition que vous en avez, je crains bien qu'elle ne paraisse encore trop longue.

Surgères:

Si votre inquiétude était bien fondée, quelle devrait être la mienne, car ordinairement quand on attend une comédie, on espère avec raison y trouver du plaisant. Cependant tous les sujets n'en produisent point. Telle est par exemple la pièce que nous allons jouer.

Caylus:

Mais *L'Ecole du monde*, un sujet aussi délicat à traiter, ne peut pas non plus produire une farce, à moins que vous ne vous fussiez allé au ridicule dont on revient beaucoup aujourd'hui, c'est celui de faire passer pour des sots tous les maîtres que l'on introduit dans une pièce dans la seule intention de donner de l'esprit à leurs valets.

Surgères:

Vous avez raison, mais tout le monde ne pense pas comme vous, et ce sont de ces choses sur lesquelles la bonne compagnie se laisse emporter par le courant. Car enfin qui veut ou qui doit même réfléchir sur son amusement?

Caylus:

Rien n'est plus vrai, mais tout le monde en général sait bon gré à un homme d'avoir fait un ouvrage en vers, et plût à Dieu que ma petite pièce fût en vers, non seulement parce qu'elle est à la suite d'une qui se trouve écrite en ce genre mais encore par les grâces et le brillant que la poésie ajoute à un sujet.

Surgères:

Et moi je pense bien différemment. Je voudrais presque dans ce moment que *L'Ecole du monde* fût en prose; premièrement elle ne m'aurait pas tant donné de peine, secondement on ne me reprocherait peut-être pas comme l'on va faire des rimes faibles et mille autres choses que cette maudite poésie exige de celui qui

---

[37] La mention de « la bonne compagnie » a été substituée sur le manuscrit à celle, biffée, des « honnêtes gens », qui renvoie évidemment à *La Critique de l'Ecole des femmes* de Molière.

la met en œuvre.

Caylus:

Voyez, je vous prie, combien le moment de paraître en public change les gens, car ordinairement nous soutenons le parti contraire.

Surgères:

Cela est vrai, mais quant à la situation où nous nous trouvons l'un et l'autre, rassurons-nous mon ami sur ce qu'au moins nous aurons le mérite de la nouveauté et sur ce que l'on ne peut voir ailleurs les pièces que nous allons jouer.

Caylus:

Le goût de la nouveauté, tout établi qu'il est dans le pays, n'ira peut-être pas jusque là.

Surgères:

De plus l'on sait bien que ni vous ni moi ne sommes point et ne serons jamais des auteurs; l'on n'ignore pas non plus que sans l'amusement de notre société nous ne ferions pas de semblables ouvrages.

Caylus:

L'on sait tout cela, j'en conviens, mais aussi l'on nous pardonnera plus difficilement de les avoir faits.

Surgères:

Oh, pour moi, je vous assure que dans le cas où nous sommes l'on n'est pas si difficile et que l'on se laisse aller aux endroits les plus agréables et que l'on pardonne à ceux qui sont les plus froids.

Un tel dialogue semble éminemment révélateur des idées de Caylus et de ses contemporains sur les formes et les fonctions du théâtre de société, qui relève avant tout d'une esthétique du plaisir, où se lit en filigrane le souvenir de Molière. Aussi bien est-il paradoxal de souffrir le martyre, alors qu'il ne s'agit que de « [s']amuser avec [ses] amis », comme le fait remarquer Surgères à Caylus:

Vous souffrez; et pourquoi, je vous prie? pour représenter les pièces de théâtre qui nous plaisent le plus, ou celles que nous ou nos amis nous sommes amusés à faire.

Ainsi Caylus avoue-t-il lui-même n'avoir pu résister au « plaisir d'amuser un moment » la destinataire du spectacle dont il est l'ordonnateur. Tant il est vrai que le fondement d'un tel théâtre pourrait encore se résumer dans l'ultime réplique du héros éponyme du *Jardinier de Chaillot*:

Je vous cède tous les droits que j'ai céans, mais morgué, divertissez-moi.

A ce mot d'ordre obéit, de fait, l'activité des théâtromanes, dont un reflet en abyme nous est proposé non seulement dans les petites pièces évoquées, mais encore dans celles dont elles constituent les prologues. Le désir de s'amuser et le plaisir du théâtre ne laissent pas d'être, on le sait, un

thème récurrent de cette production destinée aux scènes privées. Sans revenir sur l'intense activité théâtrale déployée à Paris et en banlieue, telle
qu'en témoignent nos trois prologues, qu'il suffise de renvoyer ici à *La
Répétition* et à *Silvie ou la Fausse niaise*, qui se situent l'une et l'autre
dans un château à la campagne. C'est ainsi qu'à son valet Carlin qui ne
l'aurait « jamais soupçonné de faire des comédies », le Chevalier de *La
Répétition* explique que « quand on doit être longtemps à la campagne il
faut bien se préparer des amusements ». Nécessité sur laquelle revient la
Présidente de *La Fausse niaise:*

> Il faut absolument que cette campagne produise quelque divertissement. Si
> j'étais à mon autre campagne, je ne serais pas dans l'embarras où je me trouve:
> c'est là que j'ai formé des acteurs, avec lesquels je puis tout entreprendre; ici je
> n'ai que des imbéciles; mon juge, mon notaire, et mon filleul, trois manants qui
> connaissent à peine leur main droite d'avec leur main gauche, Barbe ma femme
> de chambre qui ne sait ni parler ni marcher, et qui de plus est dévote; ma nièce
> que l'on m'a renvoyée hier du couvent, pour laquelle je me suis toujours senti
> de la tendresse et que j'ai vue si vive dans son enfance, arrive plus imbécile
> qu'on ne le fut jamais. Ne voilà-t-il pas de belles ressources pour exécuter des
> fêtes?

Non sans arrière-pensées, dans les deux cas, quant au bénéfice es-
compté des répétitions pour l'avancement de ses propres affaires de cœur[38],
la pratique du théâtre de société reste ainsi pour chacun des personnages,
comme pour ceux qui les incarnent ou les regardent, le meilleur remède à
l'ennui, l'expression la plus accomplie d'une forme de sociabilité chère à
des cercles d'amateurs tels que celui réuni autour du comte puis, surtout, de
la comtesse de Morville. Laquelle fait précisément l'objet d'un hommage
appuyé, dans une pièce donnée à Morville le 1er septembre 1740, *La Comédie Impromptu*, dont « la scène est sur le théâtre du château de Morville », et où Caylus fait dire à l'un des personnages, joué par le propre fils
de la dame:

> C'est le théâtre de Mme la Comtesse qui nous reçoit avec bonté dans son châ-
> teau. […] Il faut bien amuser la Comtesse, elle nous reçoit si bien.

---

[38] Le Chevalier de *La Répétition* ne peut cacher à son valet que c'est « l'amour
qui [l]'a fait devenir auteur », et le désir de divertissement manifesté par la Présidente de *La Fausse niaise* tient d'abord à sa volonté de retenir Valère au château:
« Oh! pour moi, j'aime les répétitions; elles me serviront à entendre de Valère, et à
lui dire sans embarras, les choses du monde les plus tendres. Ah! que je jouerai bien
avec lui, que je lui témoignerai de la jalousie, de la tendresse, enfin tous les sentiments dont la pièce que j'ai choisie est heureusement remplie. »

La représentation de cette petite comédie semble, en outre, avoir été précédée d'un prologue de circonstance – également composé par Caylus – « sur le retour de Mme de Morville », dont le voyage à Paris avait réduit à l'inaction « la meilleure troupe comique que la Beauce ait jamais connue », et dont l'arrivée si attendue est célébrée comme une véritable renaissance des plaisirs.

À ces plaisirs du théâtre de société, tel qu'il était pratiqué au château de Morville – surtout pendant les « saisons » estivales de 1738, 1739 et 1740 mais aussi, dès le début des années 1730, dans le cadre de plusieurs cercles mondains plus ou moins liés à la « société de M. de Morville » – il est clair que le comte de Caylus a apporté une contribution décisive qui, pour la « première période » tout au moins, doit beaucoup à sa collaboration avec Coypel. Se mettant lui-même en scène dans deux prologues qui, à l'instar de celui du *Jardinier de Chaillot*, nous dévoilent les « coulisses de l'exploit », chez des acteurs amateurs qui se défendent, en outre, de passer pour des auteurs, l'« antiquaire » Caylus nous apporte un témoignage très précieux, contemporain de l'*Histoire et recueil des Lazzis*, et non moins propre à compléter et affiner nos connaissances dans le domaine de l'histoire du théâtre et, plus largement, de l'histoire de la société du XVIIIe siècle.

CAYLUS ET LE THÉÂTRE DE SOCIÉTÉ

MORVILLE 1739-1740

MARIE-EMMANUELLE PLAGNOL-DIÉVAL

Paris XII

La diversité des activités et des œuvres du comte de Caylus, « gentil-homme universel » selon Marc Fumaroli[1], « un des minores du XVIIIe siè-cle les plus injustement oubliés » selon René Godenne[2], le destinait à s'illustrer dans la pratique du théâtre privé. Si la théâtromanie s'intensifie dans la seconde moitié du siècle, les années 1730 et 1740 sont également fertiles. Les manuscrits, les catalogues et les ouvrages bibliographiques témoignent d'une vingtaine de pièces. Un premier critère de différenciation serait la publication. En dehors des pièces faussement attribuées à Caylus, mais plus vraisemblablement de Grandval[3] et de Pont-de-Veyle[4], quelques pièces figurent au sein de recueils mi-narratifs, mi-dramatiques auxquels elles sont étroitement liées. Il s'agit du *Porteur d'iau ou les amours de la ravaudeuse*, une pièce poissarde publiée dans *Les Ecosseuses ou Les œufs de Pâques*[5] et des « quatre actes différents, composés exprès à l'im-promptu, sous le titre pompeux de Lyri-franco-italien-Opéra comique » dans *Les Amusements des fées*, dont l'attribution à Caylus est également sujette à caution. On trouve là quatre comédies amoureuses plaisantes qui déclinent un univers culturel susceptible de rallier un lectorat cultivé, qu'il s'agisse de la veine mythologique de la pastorale *Idalie*, de l'opéra comi-

---

[1] « Un gentilhomme universel, Anne-Claude de Thubières, comte de Caylus », postface à *Tirant le blanc* de Joanot Martorell, Quarto Gallimard, 1997, pp. 603-17.

[2] « Un inédit de Caylus, *Les Ages ou la fée du Loreau*, comédie en prose en un acte (1739) », *SVEC,* 106, 1973, pp.175-224. Ici, p. 175.

[3] *La Chauve souris de sentiment*, s.l.n.d., *Léandre-Nanette ou le double quipro-quo*, Clignancourt, 1756.

[4] *Le Somnambule*, Paris, Prault fils, 1749.

[5] Troyes, Vve Oudot, 1782, pp. 77-140.

que *Des Dieux ridiculisés*[6], de la comédie *La Veuve de Pygmalion* suivie d'un ballet pantomime ou d'un merveilleux rationalisé dans *La Salaman-dre ou l'empire du feu*. En revanche restent à l'état de manuscrits les piè-ces écrites par Caylus, seul ou en collaboration, originales ou réécrites d'après Coypel ou Sade, qui relèvent du théâtre de société. L'identification de la société destinataire constitue alors le second critère pour comprendre la genèse des pièces et pour apprécier leur appartenance à tel ou tel type de répertoire de la scène privée dont on connaît le large éventail. Bien que Caylus circule dans de nombreuses sociétés, il réserve ses compositions à deux groupes: la société du château de Morville ainsi que celle de Mlle Quinault et de Maurepas pour laquelle il se fait l'«Historien» de l'*Histoire et recueil des Lazzis* récemment étudiés par Judith Curtis et Da-vid Troth[7]. Toutefois, la sociabilité contemporaine rend perméables ces groupes et fortifie les pratiques d'écriture ou de réécriture en collaboration. Ainsi, Caylus-Luchon (tel est son pseudonyme chez les lazzistes) fréquente par ailleurs Mlle Quinault à la société du Bout-du-banc. De même, il est en relation avec Coypel (par l'intermédiaire du trésorier de France Pierre Crozat) dont il reprend un canevas pour *L'Avantage de l'esprit*... Cette même sociabilité lettrée le met en contact avec Pont-de-Veyle, lié au cercle des Brancas fort actif en matière de théâtre de société, avec qui il compose des pièces ce qui explique ces divergences d'attribution, propres à l'écriture scénique privée, professionnelle ou amateur.

Un corpus particulier se fait jour dans cette production: celui des piè-ces destinées à la société de Morville, identifiables par le lieu du spectacle, par les conditions d'écriture et de représentation, ainsi que par le type de répertoire. Le catalogue de la bibliothèque de M. de Soleinne indique au n°1798 un ensemble manuscrit de 13 cahiers intitulé « Théâtre du château de Morville » comprenant 11 pièces de Caylus[8] et deux pièces de Surgè-

---

[6] Dominique Quéro, que je remercie pour tous ses renseignements, me signale que *Les Dieux ridiculisés* sont à mettre au compte de Laffichard (*Les Dieux ou les noces de Vénus, opéra-comique*, B.N.F., Ms F.fr 9319).

[7] *SVEC*, 338, 1996.

[8] Ces 11 pièces sont *Le Confiant ou le fat*, comédie en prose en trois actes de 1741; *L'Avantage de l'esprit*, comédie en prose en trois actes de 1737 d'après Coypel (dont le manuscrit de la B.N.F. précise qu'elle fut faite en 5 actes en 1734); *La Maison culbutée*, comédie en prose en un acte suivie d'un divertissement de 1738; *Les Ages ou la fée du Loreau* comédie en prose en un acte suivie d'un divertis-sement qui est *Le Ballet de porcelaines ou du prince Pot-à-thé* en 4 scènes sur une musique de Grandval, de 1739, quoique Soleinne ne précise pas de date; *L'Humeur*,

res[9]. Outre Surgères, le théâtre de Morville accueille d'Armenonville, auteur des *Mariages assortis* joué en septembre 1740, et M. de Bombarde[10] avec 6 pièces, toutes attribuées à cet « homme d'esprit », bien que son nom ne soit indiqué que sur trois dont *La Fête du Loreau* de 1738 à laquelle Caylus « avait sans doute travaillé » selon Paul Lacroix. Parmi ces saisons théâtrales particulièrement riches, nous avons retenu les contributions de Caylus pour les années 1739 et 1740. La première année comprend *L'Humeur* représentée le 17 septembre 1739, *Les Ages ou la fée du Loreau* représentée trois jours après, ainsi que *La Comédie*, un impromptu pour lequel le manuscrit ne comporte que l'année. L'année 1740 voit la représentation du *Confident intéressé* suivi d'un divertissement ainsi que d'un *Prologue sur le retour de Mme de Morville* désormais retrouvé[11]. Ce corpus de quatre pièces originales est représentatif des saisons estivales de Morville et permet de voir comment Caylus parfait et renouvelle la formule du théâtre aristocratique amateur.

Morville est un exemple éclairant de théâtre amateur aristocrate par son lieu de représentation (moins éclaté que ceux des lazzis auxquels parti-

---

comédie en prose en cinq actes de 1739, jouée le 17 septembre selon le manuscrit de la B.N.F.; *La Comédie impromptu*, comédie en prose en trois actes de 1739; *Le Confident intéressé* comédie en prose en un acte suivie d'un divertissement de 1740; le *Prologue sur le retour de Mme de Morville* en prose, en un acte suivi de couplets de 1740; la *Fête donnée à Morville le 23 juin 1741 à l'occasion de l'arrivée de Mme de Morville* et de *L'Amant déguisé*, comédie en trois actes et en prose, de 1741, selon Brenner.

[9] Il s'agit de *Comment l'esprit vient aux filles*, une comédie en trois actes de 1738 et de *La Princesse Sirenne*, farce héroïque en un acte en prose suivie de couplets de 1739. Il faut y ajouter *Le Complaisant ou l'école du monde*, une seule et même pièce, créée début 1733 à l'hôtel de Sassenage, peut-être reprise à Morville, selon Dominique Quéro.

[10] Le catalogue Soleinne, (rubrique 1800 « Théâtre de M. de Bombarde ») indique *La Fête de Loreau*, pièce en prose et en un acte de 1738 (représentée le 2 septembre selon Brenner), *Les Amants généreux* un opéra en 5 actes et en prose joué à Morville en 1738 ou 1739 selon Brenner, *Le Faux serment* comédie en deux actes en prose suivie d'un divertissement joué les mêmes années, *Le Bal de l'Opéra* comédie en un acte et en prose de 1739, *Les Trois billets* comédie en 5 actes et en prose vers 1739 selon Brenner et *L'Heureuse folie* comédie en un acte en prose suivie d'un divertissement vers 1739 toujours selon Brenner.

[11] Dominique Quéro signale que le départements des Arts du Spectacle de la Bibliothèque Nationale de France s'est porté acquéreur des deux volumes reliés par le baron Taylor vers 1850, contenant les pièces inédites représentées à Morville en 1737-1741.

cipe Caylus)[12], par sa troupe et ses auteurs essentiellement nobles[13] (à la différence de nombreux théâtres privés qui mêlent acteurs, auteurs professionnels et amateurs). Outre ces dispositions extérieures, le corpus de Morville se caractérise par un système d'allusions renvoyant à l'intimité du groupe destinataire, qui se reconnaît et se désigne constamment en dépit même du jeu de masque qu'opèrent les pièces. Les textes de Caylus, en dépit d'une relative distance critique, n'échappent pas à cette règle. Un premier ensemble de références concerne le lieu. Non seulement, les pièces se déroulent dans des lieux aisément disponibles dans une demeure aristocratique (une salle pour *L'Humeur*, un bosquet dans *Les Ages* et *Le Confident intéressé*), mais la toponymie se réfère directement à la réalité de Morville puisque *La Comédie* se déroule sur la scène du théâtre de Morville[14] et que *Les Ages* se doublent du titre de *La Fée du Loreau* renvoyant à un lieu-dit[15]. On peut même se demander si l'élément féerique de la comédie des *Ages*, outre qu'il facilite la confrontation des couples et la réflexion sur l'amour, n'est pas un hommage indirect aux seigneurs de Morville:

> *Mathurin*: cette salle d'arbres est si agriable que tout le monde s'y rassemble. Croiries-vous bian…? […] Que tout ce que vous voyés, ces arbres, ces fontaines.[…] Eh bian, c'était un champ tout sec; je l'ai vu comme ça moy qui vous parle. La fée, notre bonne dame du Loreau, n'en a-t-elle pas fait un lieu…?
>
> *Célimène*: De délices. (sc. 1)

Les divertissements à la fin des pièces et les nombreuses allusions qui émaillent les textes soulignent que ce répertoire est conçu comme un loisir parmi d'autres pour une société qui construit ainsi son emploi du temps. La cohésion du groupe s'opère à travers ces distractions, du projet à sa réalisation, comme le proclame le père de Lucinde, apôtre des plaisirs faciles dans *L'Humeur*: « Mais quand il s'agit de s'amuser et de se divertir, il n'y

---

[12] Il semble d'après les *Œuvres diverses de M. le Comte de Tressan*, Amsterdam et Paris, Cellot, 1776, p. 446, note 1, que la petite société se rencontrait également dans une maison et un théâtre loués à Pantin.

[13] On note la présence de Mlle Quinault dans le *Prologue pour la comédie de La Répétition* aux côtés de Caylus et de Coypel.

[14] Dominique Quéro a identifié le château de Morville qui ne se situe pas, comme on l'a longtemps cru en Normandie, mais dans le département de l'Eure-et-Loir, sur la commune de Hanches, près d'Epernon. On pourrait donc penser qu'il y eut à Morville un théâtre construit et un théâtre aménagé à l'extérieur.

[15] Ce terme de Loreau, qui apparaît également dans la pièce de M. de Bombarde, a été éclairé par Dominique Quéro: il s'agit d'un hameau de Hanches.

a qu'une seule façon de penser » (II, 4). Les pièces mettent en scène un groupe aristocratique en quête de plaisirs (c'est le cas du *Confident intéressé* et de *L'Humeur* construite autour des divers projets censés dérider l'héroïne), ou une troupe théâtrale occupée à préparer un spectacle (dans *La Comédie*). Ces différentes allusions font état de la variété des divertissements: soupers agrémentés de chansons, bouquets chantés par des personnages parfois déguisés[16], parties de campagne, jeux de lansquenet. Au-delà de l'allusion, les pièces jouent sur ces divertissements musicaux, chorégraphiques et théâtraux dont les préparatifs et la représentation sont annoncés puis joués, selon une pratique d'emboîtement chère au théâtre de société. L'impromptu de *La Comédie* fonctionne à la fois comme un prologue qui désigne la comtesse de Morville comme destinataire, met en scène les préparatifs d'un spectacle avec ses aléas habituels, mais aussi comme une comédie d'intrigue (deux pères se font passer pour des comédiens afin d'arracher à une troupe leurs enfants amoureux en fuite):

> Croyez-moi, joignons à cette prétendue pièce quelques couplets de nos théâtres, mettons-y quelques menuets, vos tambourins et une contredanse afin d'égayer cette espèce de pièce et de célébrer le mariage de Babet et d'Alexis (sc. 4).

Caylus satisfait ici à la pratique générale du théâtre contemporain, public et privé, non content d'une seule pièce, qui conçoit un agencement spectaculaire plus ou moins hétéroclite. Cette pratique est renforcée dans le cadre privé: les pièces de théâtre, assez courtes, s'insèrent dans un spectacle total qui fait valoir les talents des membres de la société, vante les fastes de l'hôte et ne lasse pas les spectateurs. *La Comédie* précise ainsi ses buts: « Fi donc une tragédie. Est-ce que nous cherchons à faire pleurer, nous autres, nous ne voulons que faire rire » (I, 6). Le divertissement musical et chorégraphique s'intègre au texte théâtral ou en fournit la conclusion. Ainsi *Les Ages ou la fée du Loreau* s'achèvent par *Le Ballet des porcelaines ou du prince Pot-à-thé* dont l'argument est rattaché de manière assez lâche à la pièce:

> *La fée*: Soyez tous heureux, j'y consens. Je vais célébrer votre bonheur en donnant la liberté à un prince enchanté par une de mes compagnes.
>
> *Mathurin*: Morgué! c'est bien dit. Dansons tretous tant qu'à des noces.

---

[16] Le conseiller, amoureux de Lucinde entend célébrer celle-ci sous le nom d'Isis, lui-même apparaissant en aveugle pour montrer combien il est ébloui. Ce projet ne recueille pas l'approbation de l'abbé: « Je ne vois point le plaisant de tout cela, ni la nécessité de ces vers et de cette mascarade pour faire un bon dîner » (II, 1).

De même, c'est Damis, l'amoureux habillé en jardinier et demi-masqué du *Confident intéressé* qui amène la fête champêtre par cette réplique adressée à ses rivaux:

> Ma foi, Messieurs, vous prenez le bon parti, mais une autre fois choisissez mieux vos confidents; continuez le divertissement, amusez ce que j'aime (sc.19 et d.).

Ces divertissements renseignent sur les changements de décor (*Le Confident intéressé*), l'alternance de danses et de musiques (*Le Confident intéressé*), les costumes (dans *Le Ballet de porcelaine*, Caylus distingue les premiers sujets des figurants, joués par les valets de la maison), l'alliance d'airs repris ou créés pour l'occasion (dans *La Comédie*). Seul le divertissement des *Porcelaines*, qui ne dure « qu'un gros quart d'heure », est conçu comme un véritable ballet avec argument, scènes, déplacements de personnages et nombre de mesures musicales.

Les rôles et la distribution renvoient également à la pratique du théâtre privé. La liste des personnages pourrait faire croire que Caylus compose pour la société de Morville un répertoire « mimétique », jouable sur des scènes publiques, parce qu'il ne profite pas des libertés de la scène privée, souvent fertile en transgressions. En cultivant la comédie d'intrigue amoureuse avec *Les Ages*, *Le Confident intéressé*, voire *La Comédie*, ou la comédie de caractère avec *L'Humeur*, Caylus privilégie des rôles de pères, de couples amoureux parfois assistés de serviteurs. L'homogénéité sociale des personnages mis en scène va de pair avec le genre choisi et la volonté du groupe de rester dans une relation identitaire, non carnavalesque. En réalité, le théâtre amateur invite à ne pas dissocier les rôles et la distribution. La composition de la troupe exerce une forte influence sur les personnages mis en scène. La stabilité de la société de Morville explique celle des acteurs qui s'assimilent à une troupe, d'autant plus homogène, qu'à la différence de nombreuses troupes privées et des lazzistes eux-mêmes, elle se suffit à elle-même. Cette cohésion justifie un système proche de l'emploi, comme l'indique la répartition des rôles, portée sur les manuscrits. La troupe se compose d'Escour, du marquis et de la marquise de Surgères, de M. et Mme d'Armenonville, de l'abbé de Sade, auxquels s'ajoutent parfois quelques autres, comme dans *La Comédie*. Comme l'indique René Godenne, la troupe se partage les emplois: des rôles de jeune premier pour d'Armenonville, de jeune première pour Mme de Surgères, de valet pour Surgères, de suivante ou de second rôle féminin pour Mme d'Armenonville, de père ou de second rôle masculin ou d'utilité pour Escour, de père

ridicule et de paysan ou d'homme du peuple pour Caylus. Dans ce répertoire qui reflète le groupe et son appartenance sociale, les contre-emplois
sont rares, sauf pour Caylus et Escour. Caylus est le paysan Mathurin dans
Les Ages, le jardinier dans *Le Confident intéressé*, un des malheureux pères avec Escour dans *La Comédie*. Ces rôles qui accentuent le décalage
entre la personne et le personnage sont d'autant plus savoureux pour une
société d'intimes. Outre le langage paysan traditionnel du théâtre, Caylus
se réserve quelques tirades contre les livres:

> Or donc je dis pas qu'on ne lise queuque fois quand on le sait, mais quand on a
> bien travaillé tout le jour, quand on a bu (si ça se trouve), le soir après
> l'ouvrage, si on a rien de mieux à faire, m'est avis de dormir. (*Le Confident in-
> téressé*, sc. 2)

Il se caricature sous les traits d'un original entiché de médailles dans
La Double intrigue et se met en scène avec Surgères ou Coypel dans les
prologues[17]. Le théâtre de société cultive à la fois un jeu naturel qui l'incite
à réserver aux nobles les rôles de nobles, à critiquer le jeu des comédiens
professionnels, en même temps qu'il est séduit par la performance. Le canevas des *Ages* révèle ce double désir. On y trouve un rôle de travesti
puisque c'est Surgères qui incarne la fée du Loreau, deux rôles réalistes et
satiriques avec le couple d'amoureux mondains, deux rôles de composition
sociale avec le couple paysan incarné par M. et Mme d'Armenonville, enfin deux rôles qui jouent sur la différence d'âge avec le couple de vieillards
soudain rajeunis de Célimène et Pirante, incarnés par Mme de Surgères et
Escour.

Ces différents registres d'allusion, à la société de Morville, à la pratique du théâtre amateur aristocrate, aux acteurs eux-mêmes pourraient en-
fermer les comédies de Caylus dans la formule aisée de la pièce de circonstance. Force est de constater que Caylus, tout en reprenant certains éléments essentiels à la réussite du théâtre privé, compose un répertoire original. Ses pièces tranchent en effet sur une grande part de la production privée par l'alliance qu'elles opèrent entre un fonds culturel hérité et des variations, sinon des créations.

Amateur de théâtre, mais aussi acteur et auteur, Caylus s'appuie sur
des recettes éprouvées du théâtre public, qu'il s'agisse des ressorts comiques, dramaturgiques ou des phénomènes d'intertextualité. Comique de

---

[17] *Prologue de L'Ecole du monde et de la fausse niaise* et *Prologue pour la comédie de La Répétition.*

mots, de situations et de caractère sont donc présents. Seul l'impromptu de *La Comédie*, parce qu'il mêle le théâtre dans le théâtre à une intrigue amoureuse, fait une large place aux jeux de scène farcesques et aux lazzis. Les deux traditions sont exploitées pour ridiculiser les pères qui entrent dans la troupe italienne afin de retrouver leurs enfants. Leur réception est une scène de bastonnade, pendant laquelle un Arlequin fait l'éloge de la batte. La scène suivante parfait cette réception parodique en faisant habiller les deux recrues par un gagiste et en accompagnant chaque vêtement de lazzis. Plus généralement, Caylus lie étroitement les effets comiques à la situation et aux caractères. Il privilégie la création de personnages qui, par leur origine sociale, associent un comique de langue à une appréciation balourde de la situation dramatique, comme Mathurin jardinier dans *Le Confident intéressé* qui traite le faux peintre de « barbouilleux » et le faux musicien de « fredonneux » ou Mathurin des *Ages* dont l'épais bon sens s'oppose à la fée. Le seul exemple de comique amphigourique se justifie par la situation du *Confident intéressé*: Carlin-Colin délivre un faux horoscope à Céphise, amante de son maître, pour lui faire reconnaître l'écriture de Damis (sc. 8). Les pièces font une large place à un comique de caractère fondé sur l'inadéquation du personnage à la situation, qu'il s'agisse de personnages monomaniaques dans la tradition moliéresque, ou de personnages faibles dont les affirmations d'autorité sont démenties. Dans le premier cas, citons l'abbé, qui ne vit que dans l'instant et les plaisirs, ou le conseiller aveuglé par son amour pour Lucinde dans *L'Humeur*, incapables tous deux de saisir la complexité de l'héroïne et les revirements qu'elle imprime à l'intrigue amoureuse, comme le montre cet échange à la dernière scène:

> *Le conseiller*: Ah, Ciel, l'espérance renaît dans mon cœur.

> *Licaste*: Croyez-moi, allez lui donner chez elle votre divertissement. Vous y serez bien reçu (V, 10)

Dorimont, le père de Lucinde, ainsi que son amoureux Valère, sont des exemples de ces caractères faibles qui induisent un comique bâti sur l'attente et l'impatience du spectateur. Ainsi, à la fin d'une tirade autoritaire, Dorimont s'en remet à Valère: « Je vous prie parlez-lui. j'aurai peur de la quereller et quand je gronde, cela me met de mauvaise humeur » (*L'Humeur*, II, 4). Indécision à laquelle font écho les multiples reculades de Valère, contraint au long de la pièce de satisfaire tous les caprices de Lucinde, d'essuyer ses querelles dans un mécanisme très bien rendu de la dispute (II, 5) et de la mauvaise foi (« Elle m'a répondu que je faisais trop le maître, qu'heureusement pour elle je ne l'étais pas encore » (V, 6), traversé de brefs instants de lucidité qui demeurent sans effet: « Et si je l'avais cette gaieté qui vous éblouit dans Licaste, vous me reprocheriez bientôt de n'avoir pas ces attentions essentielles, dont la légèreté rend incapable » (III, 11).

Les personnages de valets reprennent pour une grande part l'héritage des scènes publiques. Caylus recourt au couple traditionnel maître-valet et maîtresse-suivante dans deux pièces sur quatre, dans *L'Humeur* et dans *Le Confident intéressé*. Les domestiques servent les amours de leurs maîtres, offrant ainsi un éventail de scènes types dont le spectateur peut apprécier les reprises et les variations. Frontin, valet de *L'Humeur*, et Carlin dans *Le Confident intéressé*, se moquent de leur maître amoureux en offrant un contrepoint populaire aux épanchements lyriques des amoureux.

> *Frontin*: Après tous les serments…ah…ah par ma foi, j'allais répondre sur le même ton, mais je suis plus sage que toi. Cela me paraît si ridicule que je songe qu'à faire ouvrir les yeux de mon maître (I, 3).

Carlin-Colin se plaint d'organiser un divertissement dont il pense que Céphise « n'y entend rien, […] trop occupée de celui qu'elle veut faire peindre » (sc. 4), tandis que Justine déplore la solitude dans laquelle s'est enfermée Céphise (sc. 6). Dans *L'Humeur*, Frontin manifeste son humeur en appelant avec force Lisette (V, 2) qui lui fait observer qu'il n'est « pas assez riche pour avoir de l'humeur », mais qu'elle veut bien lui accorder « un morceau d'audience » (V, 3).

Cette tension entre héritage et innovation se manifeste dans la dramaturgie et les phénomènes d'intertextualité. Ainsi, Caylus ne cherche pas de nouvelles expositions dans ces deux comédies d'intrigue amoureuse. Il opte pour un dialogue entre le maître amoureux et son valet ou entre le valet de l'amant et le père de l'héroïne pour donner l'information événementielle et psychologique nécessaire. Le spectateur, en position de supériorité, soit par une information explicite ou par une connivence culturelle, démêle les sentiments cachés, rit avec les vainqueurs et se moque du rival évincé qui avoue: « Je n'y comprends rien » (*Le Confident intéressé*, sc. 12). De même, la répartition en trois couples dans *Les Ages*, les amants éternels, les jeunes paysans et les mondains, détermine l'enchaînement de l'intrigue et le mode de participation du spectateur. Les amants éternels, satisfaits de leur grand âge comme de leur soudain rajeunissement, profèrent les maximes amoureuses auxquelles le spectateur doit se rallier:

> Nous nous aimons dès l'enfance, nous n'avons jamais aimé que nous; nous avons été séparés, rien n'a pu nous rendre inconstants, et, grâce aux bontés de la

fée, nous devons mourir le même jour. Nous sommes assurés de nous voir le reste de notre vie. Que nous importe tout ce qui peut arriver! (sc. 1)

Les jeunes campagnards, après une scène attendue de dépit amoureux, illustrent la vertu liée à la nature, tandis que le couple mondain fait parade de sa vanité:

> L'amour est un art dont les détails te sont inconnus, Mathurin. On lorgne aux spectacles, on suit, on accompagne à la promenade, on est galant dans le tête-à-tête, on est complaisant au jeu, on se fait valoir dans un souper, en un mot, ce sont autant d'amours renfermées dans le même, dont on donne les spectacles à ce que l'on aime, et qui l'amusent (sc. 3)

Caylus opte dans cette pièce pour une structure de juxtaposition, héritée de la saynète. Les couples défilent face à Mathurin, témoin ému ou éberlué de leur amour, qui préfigure la réaction du spectateur. Les deux premières scènes sont consacrées au couple parfait ainsi qu'aux louanges de la fée. La scène 3 inscrit en contraste le couple mondain, puis le couple paysan à la scène 5 qui confie ingénument à la fée ses sentiments sur les deux autres. L'action ne commence qu'à la scène 6, au milieu de la pièce, avec la première métamorphose, le rajeunissement de Célimène, puis le vieillissement de Céphise et de Lidamis à la scène 7 et les brouilles qui s'ensuivent. Après avoir démontré aux yeux de tous ce que la fée (et le titre de la pièce) avait annoncé, la pièce s'achève par l'arbitrage de cette dernière.

Cette impression de variation sur des schémas connus est renforcée par des phénomènes sinon d'intertextualité, du moins de connivence culturelle qui renforcent la cohésion de la société actrice et spectatrice en même temps qu'elle donne ses lettres de noblesse au théâtre privé en conciliant l'emprunt et le détournement selon un jeu littéraire et social en accord avec l'essence même de cette littérature. Si l'on ne trouve pas de source explicite aux pièces de Caylus, à la différence de certains auteurs qui adaptent des contes de La Fontaine ou des romans contemporains à succès, certains ressorts dramatiques viennent directement d'un fond culturel connu de tous. Ainsi, *Le Confident intéressé* reprend en l'inversant le schéma d'Horace se confiant à son rival dans *Agnès*. Le conseiller, qui propose de lire ses vers à l'abbé, n'est pas sans évoquer Oronte. Le souvenir de la scène des portraits dans *Le Misanthrope* est à l'œuvre dans la suite de portraits dessinés par Agathe, la jeune sœur dans *L'Humeur*, quoique la leçon tirée soit différente. De même, d'autres références renvoient à des topoï du théâtre contemporain, comme l'épisode du portrait, catalyseur de l'action et révélateur du sentiment amoureux, ou la fausse retraite à la campagne des jeunes veuves, dont les chagrins « point ordinaires » les « conduiront au tombeau » (sc. 8).

Dans ce paysage culturel partagé, Caylus peut inscrire son propre projet. Si les pièces reprennent le schéma de la comédie amoureuse, elles développent une étude assez fine et originale du sentiment amoureux. *Le Confident intéressé* ébauche une réflexion sur la séparation, le rôle joué par les souvenirs que sont le portrait, l'écriture, les vers de l'aimé:

> Je garderai ces vers avec soin, je croirai que Damis les a faits pour moi, ils sont le langage d'un cœur accablé de douleur, mais plus tendre que jamais (sc. 9).

L'Humeur, dans ses 5 actes plutôt rares dans le théâtre de société, développe à loisir plusieurs attitudes face à l'amour: le conseiller amoureux ridicule; Valère, transi et aveuglé, incapable de s'opposer à une amante irascible; Licaste son ami qui refuse les stratagèmes dont le prie Valère pour fléchir sa belle coléreuse:

> Ma foi, j'aime mieux notre amitié que toutes les parentés du monde, elle est plus sûre pour vivre ensemble (I, 6).

La création la plus originale est certainement la jeune sœur de Lucinde, Agathe, qui confronte ses souvenirs de couvent à une analyse de l'amour naissant:

> La vérité, c'est … c'est qu'il ressemble à ma bonne amie, il a sa douceur, sa politesse, sa… (III, 6)

tout en perçant les artifices de sa sœur:

> Vous étiez triste pour lui et il me faisait des compliments pour vous (I,6),

ce qui désarçonne les autres personnages:

> *Lucinde à part*: Avec tant de naïvetés, serait-elle dissimulée. je n'y comprends rien (III, 6).

Cette galerie de personnages qui gravitent autour de Lucinde met en valeur l'originalité de ce caractère, qui ne s'inscrit ni dans les méchants du théâtre contemporain public ou privé car elle se rend également malheureuse, ni dans les prudes car elle passe d'un plaisir à un autre, ni dans les savantes puisqu'elle rejette les livres. Si les valets se moquent de ses prétendues migraines (« Et si vous donnez le moindre prétexte à la migraine, adieu la partie de campagne », I, 5), ses proches invoquent un malaise plus profond proche du spleen, qui justifie ces définitions et prouve la nouveauté du caractère:

> Le caprice est un dérangement dans les volontés qui n'a point d'autre raison que lui-même […] L'Humeur est un dégoût de l'esprit, une insipidité dans le cœur

qui nous rend insensible à tout ce qui devrait nous plaire et qui nous anéantit pour la société. (I, 6).

Paradoxalement, Caylus choisit pour cette comédie de société un caractère qui démonte les principes de la sociabilité, met en échec les relations d'amitié, d'amour et de complaisance, les divertissements, source même de ce type de théâtre. La pièce s'oriente donc, au-delà de l'intrigue amoureuse, vers une réflexion sur la place du plaisir dans la vie individuelle et sociale. Caylus y oppose l'éloge abusif du plaisir chez un père à qui la « gaieté tient lieu d'esprit » (I, 7), le matérialisme de l'abbé et l'opposition constante de Lucinde qui défie les lois de la sociabilité (« Vous ne me persuaderez jamais que je doive me contraindre pour des choses de cette espèce » II, 5) et fait une mauvaise querelle à tous: « Et croyez avoir fait un grand effort en disant: ordonnez, je suis prêt à tout? » (II, 5).

Ce survol des quelques pièces composées par Caylus pour le théâtre de Morville, montre comment Caylus s'insère dans la pratique du théâtre de société, comment il concilie les obligations inhérentes à ce genre dont l'étude dramaturgique ne peut se dissocier de la sociologie. De nombreuses pistes de travail restent ouvertes Un catalogue des pièces composées par Caylus pour Morville, une évaluation des collaborations pour les pièces dont l'attribution est incertaine, un recensement du répertoire de Morville (où l'on jouait aussi un répertoire classique) et des différents auteurs ayant composé pour cette société seraient souhaitables. Résurrection sans doute difficile parce qu'elle touche un art par définition éphémère que ces auteurs eux-mêmes traitaient avec la légèreté qui convient à des amateurs, témoins ces deux remarques nuancées de Caylus sur les acteurs:

> Il y a une infinité de choses que les gens du monde ne peuvent jamais faire parfaitement: écrire, peindre et jouer la comédie; il est vrai qu'ils auront, dans ces diverses opérations, quelques instants de feu que n'auront point les gens de la profession [...]

et sur le spectacle:

> En effet quoi de plus agréable que de s'instruire en s'amusant et d'obliger les hommes à réfléchir sur des choses que leur paresse les empêcherait de lire ou de méditer? Le spectacle fait plus, il donne aux gens des réflexions toutes faites.[18]

---

[18] *Mémoires et réflexions du Comte de Caylus*, Paris, 1874, pp.18 et 29.

CONTES ET BADINAGES

LES CONTES DE FÉES DE CAYLUS

ET LA FIGURE DU *PUER SENEX*

JEAN-PAUL SERMAIN

Paris III

Une révolution conservatrice

Les contes de fées et les récits merveilleux occupent dans l'œuvre littéraire de Caylus une place importante, sans doute la première. A côté de ses recueils d'antiquités, de ses travaux de graveurs, de ses recherches érudites, ses autres textes sont plus dispersés et intégrés souvent à des entreprises collectives ou liés à des circonstances. Au contraire, les contes offrent un massif cohérent, dont l'essentiel date de la seule décennie 1740-1750. Son recueil de *Féeries nouvelles* en 1741 est le plus considérable, il comporte dix contes[1]. Il cultive ensuite la veine parallèle initiée par Galland et propose en 1743 des *Contes orientaux* qu'il prétend « tirés de manuscrits de la bibliothèque du roi ». En 1744, trois nouveaux contes paraissent, auxquels deux autres s'ajoutent l'année suivante pour former le volume de *Cinq contes de fées*[2]. Trois ans plus tard un *Pot-Pourri* réunit trois contes. En 1748, Caylus transpose la féerie au théâtre. *Les Amusements des fées* servent de cadre à quatre spectacles de genres différents (de registre comique). Une autre pièce restée manuscrite a été éditée en 1973[3], *Les Ages ou la fée de Loreau*. En 1775 sont publiés à titre posthume deux contes, *Tout vient à point qui peut attendre ou Cadichon*, et *Jeannette ou l'indiscrétion*, dont les titres annoncent un propos moralisant explicitement

---

[1] Repris ensuite dans le *Cabinet des fées* édité par le chevalier de Meyer à la fin du siècle (t. XXXIV, Genève, Paris, 1786). Ils sont cités dans cette édition.

[2] Il revendique alors la paternité du *Loup galeux* dont Mme de Villeneuve se déclarait l'auteur. Quoi qu'il en soit, ce conte diffère par son style et son propos des autres contes de Caylus.

[3] René Godenne, « Un inédit de Caylus: *les Ages ou la fée du Loreau* », SVEC 106, Oxford, 1973, pp. 175-224.

revendiqué dans une importante préface[4]. Caylus y explique avoir composé ces textes à la demande d'une amie pour corriger deux enfants et il définit rétrospectivement ses intentions comme conteur en se situant dans une histoire du genre. Celui-ci s'était renouvelé dans les années 1730 surtout par l'invasion du libertinage qui, depuis Crébillon et son *Tanzai et Néadarné* (1734), détourne le propos de Perrault et des premières conteuses en identifiant les libertés de la féerie à une sexualité débridée et au pouvoir illimité de l'argent (le merveilleux se logeant alors dans les sanctions négatives de la licence que sont l'ennui et l'impuissance). Caylus récuse cette perversion du genre comme il défend les libertés et les plaisirs de l'imagination contre le propos parodique qui, amorcé par Hamilton, Bignon, Gueulette, s'étend dangereusement avec Duclos, Diderot, Rousseau. Il ne dit mot des développements romanesques que font subir au genre Mme de Villeneuve, Mlle de Lubert, Mme Fagnan, avec des intrigues compliquées et des développements psychologiques. Il ne leur est sans doute pas hostile[5] comme le montrent sa curiosité pour les vieux romans[6] et son éloge de Mme de Murat. Mais la voie choisie par Caylus est autre. Il entend faire justice au propos moral sinon pédagogique du genre. Ce retour offensif aux origines gauchit l'intention des premiers conteurs. Pour eux le motif éducatif n'était qu'un des aspects du conte et plutôt la trace de son origine populaire et familiale qui était rappelée pour suggérer une épaisseur historique et créer une sorte de dialogue à l'intérieur du texte entre les mies ou les nourrices et l'écrivain moderne. La voix naïve et soucieuse d'inculquer de bons principes était elle-même prise dans un ensemble composite et contribuait à son ingéniosité: le conte de fées littéraire contient un conte pédagogique, il ne se confond pas avec lui. Caylus reconnaît d'ailleurs que le conte de Mme de Murat qu'il prend en modèle (*Le Palais de la vengeance*)[7] suscite plutôt une réflexion sur les lois de l'amour et du mariage qu'il ne forme des jeu-

---

[4] Ils sont repris par le chevalier de Meyer dans le volume 25 du *Cabinet des fées* (1786) avec les *Contes orientaux*. Ils sont cités dans cette édition.

[5] Il fait l'éloge du roman dans *Rosanie* (*Féeries nouvelles*, p. 207): « Ce fut encore pour l'éducation du charmant Mirliflore que Surcantine inventa les romans; il ne faut pas croire qu'une chose qui entretient à la fois la valeur et la tendresse dans le cœur, puisse avoir été inventée par des hommes ».

[6] Curiosité plutôt d'historien dans son mémoire *Sur l'origine de l'ancienne chevalerie et des anciens romans* de 1748, plus tournée vers les mentalités dans sa traduction, rééditée en 1997, de l'*Histoire du vaillant chevalier Tirant Le Blanc* de 1737, qu'évoque Prévost dans *Le Pour et contre*.

[7] Il est paru en 1698 dans les *Nouveaux contes des fées*.

nes. Dans sa quête d'autorités pour soutenir sa révolution conservatrice, Caylus aurait pu aussi s'appuyer sur Villiers et le premier mouvement de ses *Entretiens sur les contes de fées et sur quelques autres ouvrages du temps. Pour servir de préservatif contre le mauvais goût* (1699) mais il se recommande principalement de Fénelon et de ses « fables » composées pour le Dauphin en même temps que *Les Aventures de Télémaque*. Deux paraissent en 1712 et vingt-huit sont intégrées en 1718 par Ramsay à une édition des *Dialogues des morts* (quelques autres paraîtront encore en 1787 dans un volume de ses *Œuvres*)[8]. Fénelon a ceci de singulier qu'il utilise le conte contre lui-même, contre ce qu'il considère son essence, la construction d'un monde conforme au désir et au fantasme infantile de sa toute puissance, éliminant les obstacles, assurant ascensions et satisfactions alimentaires ou amoureuses. Ecole d'irresponsabilité, le conte de fées aveugle. L'éducation négative de Fénelon veut corriger cette erreur: ses contes sont des anticontes, chargés de susciter une réflexion sur leurs dangers, d'apprendre à l'enfant à s'en détacher et à accepter ce dont le merveilleux voudrait magiquement faire l'économie, le sens du travail, le principe de réalité, les règles sociales. Fénelon est sans doute l'écrivain dont Caylus est le plus proche dans ses idées pédagogiques, sa méfiance du monde, son goût de la pastorale, ses propositions utopiques (leur vision de l'antiquité mériterait un examen à part). Caylus fait du conte de fées le lieu d'une utopie dans la dernière et inachevée *Féerie nouvelle*, il arrête souvent ses personnages dans la pastorale, qui, plus qu'une étape, est l'objet désiré (ce qu'avait imaginé aussi Mme d'Aulnoy avec *Le Pigeon et la Colombe*[9]). Dans sa réforme du conte de fées proposant un retour à ce qu'il comportait initialement de meilleur, Caylus est proche d'un contemporain qu'il a fréquenté, Moncrif, qui accompagne ses *Essais sur la nécessité et sur les moyens de plaire* de cinq contes de fées en développant les principes (1738), apprenant comme Fénelon à se méfier de l'illusion des dons, à tenir compte des règles sociales et des sacrifices qu'elles exigent.

Les « féeries » de Caylus sont « nouvelles » dans le sens où elles entendent réveiller la veine des premiers contes et où elles s'opposent à

---

[8] L'ensemble figure aujourd'hui dans le tome un des *Œuvres* éditées et annotées par Jacques Le Brun pour la Pléiade (Paris 1983, pp. 173-275). Voir notre étude, « Les anticontes de Fénelon » présentée au colloque de Grenoble, *Le conte merveilleux au 18e siècle: une poétique expérimentale*, septembre 2000.

[9] *Contes nouveaux ou les Fées à la mode, Contes* tome II, P. Hourcade éd., STFM, Paris, 1998. Voir l'étude d'Anne Defrance, *Les Contes de fées et les nouvelles de Mme d'Aulnoy*, Genève, 1998, pp. 144-58.

l'esprit de libertinage qui envahit le genre – ce qui a pu être le plus frappant pour les contemporains. Un seul conte évoque une virginité perdue avant l'heure, mais dans une histoire qui rappelle *Les Aventures de Finette* de Mlle Lhéritier ou Mme de Murat, et, dans l'un des *Contes orientaux*, l'*Histoire du marchand de Bagdad*, un épisode de deux nuits passées par le héros avec deux esclaves[10] est calqué sur l'une des histoires des trois calenders des *Mille et une nuits* et combiné au seul exemple de travestissement (cette amorce licencieuse est bien réduite par rapport à l'original et corrigée par une passion exclusive et violente). Caylus n'explique pas seulement le sens pédagogique de ses contes par des propositions morales ou des avertissements sentencieux, il le fonde sur la représentation d'une relation pédagogique qui sert, sur le modèle des *Aventures de Télémaque*, de fil directeur à l'histoire et conduit le plus souvent l'enfant à la punition ou à la réforme. Comme dans les romans étudiés par R. Granderoute et dans les pièces de théâtre par Marie-Emmanuelle Plagnol-Diéval[11], l'usage pédagogique du conte est réfléchi et préfiguré dans son déroulement. Le rôle du Mentor (ou de ses rivaux en immoralité) est joué par les fées, ce sont elles qui définissent l'orientation éducative du conte, envisagent la formation de l'enfant comme un problème, observent sa progression ou ses chutes. Ce sont elles qui concluent le conte par une distribution des prix. Si la fée veille sur le bonheur des héros avec une attention qui paraît merveilleuse face à la désinvolture criminelle des parents, elle n'utilise pas ses pouvoirs magiques pour rendre la vie plus facile, c'est l'inverse: sa supériorité réside seulement dans l'art de ménager les épreuves, les obstacles, de les choisir en fonction des inclinations individuelles à combattre ou pour équilibrer l'influence d'un milieu délétère.

La scène pédagogique

Elle est présente partout (sauf dans les *Contes orientaux*), et le premier des contes publié par Caylus, *Le Prince Courtebotte*[12], a valeur de manifeste. Une bonne fée arrache le héros à des parents imbéciles et veille à sa formation: elle le « faisait venir le plus souvent auprès d'elle ».

---

[10] *Contes orientaux* p. 330: «Je passai le reste de la nuit avec cette belle esclave, et je goûtai par pure obéissance les plaisirs insipides que peut goûter un cœur véritablement épris d'un autre objet ».

[11] Robert Granderoute, *Le Roman pédagogique de Fénelon à Rousseau*, Paris-Genève, 1985; Marie-Emmanuelle Plagnol-Diéval, *Mme de Genlis et le théâtre d'éducation au XVIIIe siècle*, SVEC, 350, Oxford, 1997.

[12] Cité dans l'édition mentionnée du *Cabinet des fées*, t. XXIV.

Cette sage fée était persuadée qu'une éducation simple et naturelle du côté de l'esprit, dure et fatigante du côté du corps, était le don le plus essentiel qu'on peut donner à un prince. (p 129).

Le prince grandit peu, affecté d'une courte taille. Mais nul désir de métamorphose chez lui ou chez la fée. Elle décide de compenser son malheur en développant chez Courtebotte les vertus chevaleresques, en le tournant vers les prouesses et les affections: « Elle résolut de le former par les traverses, les peines de l'esprit et la connaissance des hommes ». Loin de rejeter le « sobriquet » qui le ridiculise et de vouloir lui substituer, comme don Quichotte, un nom de roman, « il s'était promis cent fois de l'illustrer et de le rendre recommandable » (p. 130). Aussi n'hésite-t-il pas après quelque haut fait à le proclamer. Au cours de ces aventures une fée l'encourage:

Courtebotte, soyez toujours vertueux, laborieux et modéré comme vous l'êtes à présent, et vous pouvez espérer de parvenir aux choses les plus difficiles. (p. 150)

A la fin, la fée déclare son éducation achevée:

Je suis contente de votre modération, et surtout de votre bonne foi […] Votre vertu vous a mis au comble de vos vœux […]. Je vous ai fait passer toutes les épreuves qui contribuent à former un roi juste et grand; je vous ai mis en état de trouver des ressources en vous-même. Je vous ai fait connaître l'amitié, et ressentir non seulement les plaisirs qu'elle procure, mais encore les véritables secours qu'elle seule peut faire trouver dans le cours de la vie. Voilà, je crois, la meilleure éducation que l'on puisse donner à un homme qui doit commander aux autres. (pp. 196-97)

Courtebotte est un héros exemplaire qui transforme un handicap en incitation vertueuse. Le plus souvent les fées doivent intervenir pour remédier aux défauts des jeunes gens. Dans *Le Prince Muguet et la Princesse Zaza*, le héros perd à quinze ans l'amour de la campagne pour celui de la ville et du libertinage. La fée du Hêtre décide de corriger les plaisirs par les plaisirs et de punir l'un par l'autre Muguet et Zaza. Elle fait que Muguet voit Zaza difforme et repoussante et qu'il tombe amoureux du portrait de la vraie Zaza.

Cette leçon vous était nécessaire, à vous, s'adressant à Zaza, pour vous guérir de votre orgueil; et vous de votre inconstance et de votre vanité. (p. 253)

Dans *Tourlou et Rirette*, qui a pour héros deux bergers, la fée des prés « s'occupait du soin de former à la vertu les cœurs du monde les mieux nés » puis « elle voulût orner leur esprit » et leur donne envie d'apprendre à lire puis à écrire (p. 259), avec le seul « dessein de les rendre attentifs » (p. 265). Quand ils commencent à désobéir, elle passe aux punitions. Elle leur raconte aussi un conte, « trouvé dans nos anciennes annales », *l'Oiseau jaune*, qui leur apprend à se détourner de la mentalité magique des contes de fées et à ne pas se projeter au-delà de l'espace social qui leur est imparti. L'oiseleur et sa femme demandent des dons magiques (fortune et pouvoir) pour leurs enfants mais ceux-ci sont incapables de les maîtriser et meurent:

> cet homme riche et ce roi auraient peut-être été de fort bons oiseleurs, peut-être même d'honnêtes gens, si l'ambition de leur mère ne leur avait pas fait changer d'état. (p. 273)

Le don magique qui domine le conte traditionnel conduit au désastre dans la mesure où il dispense de l'effort et de l'éducation – que les bonnes fées ménagent au contraire à leurs favoris.

Renoncer au don, c'est aussi renoncer à ce qu'il permet dans les contes, la métamorphose sociale. Caylus a très bien vu que le conte offre une réalisation des rêves d'ascension et qu'il avait en particulier lié cette réussite à l'exercice d'une éloquence naturelle dont il offre lui-même un spécimen, trouvant là une légitimité et peut-être son prix. Dans *Bellinette ou la jeune vieille*, le prince se purifie dans une série d'épreuves de la confiance dans le beau parler. Enlevé par Grondine, il découvre d'abord « non seulement les inconvénients mais encore l'inutilité de la bile, de l'aigreur, de la déraison, de l'injustice et de la prévention ». Autre « exemple terrible » dans *l'Ile des Bouquets:* il apprend à distinguer les bouquets éclatants mais vite corrompus de l'ingratitude, de ceux champêtres et purs de la Reconnaissance. C'est au pays des sourds et muets qu'il renonce aux trompeuses séductions de l'art de bien dire:

> cette éloquence naturelle, cette imagination vive, ce feu dont il se piquait, enfin tous les talents si merveilleux pendant l'erreur de sa jeunesse lui devinrent parfaitement inutiles [...]. Il acquit en peu de temps le jugement, le bon sens et le maintien raisonnable.

Le conte *Les Dons* (sans doute inspiré de Moncrif) montre une héroïne refusant tout ce qui doit assurer le succès (l'éloquence, l'art de plaire et la vivacité) après des stages chez des jeunes femmes qui en ont bénéficié. Elle découvre leur aspect décevant et choisit un don sans valeur socialement, mais une clef du bonheur selon La Fontaine: l'esprit paresseux.

Le second des contes posthumes[13] ouvertement pédagogiques (sous l'influence éventuelle de Mme de Beaumont), reprend le rapport entre métamorphose sociale et éloquence naturelle mais pour montrer leur impossi-

---

[13] Cités dans l'édition mentionnée du *Cabinet des fées*, t. XXV.

ble accord: Caylus, encore une fois, apprend à se méfier des contes. Sa *Jeannette* évoque la transposition romanesque de l'ascension magique donnée par Gaillard de la Bataille (après Challe et Marivaux) dans sa *Jeannette Seconde*. Les parents de l'héroïne, des paysans, ne repèrent pas le défaut qui l'affecte de « toujours parler et de toujours rapporter ce qu'elle avait vu et ce qu'elle avait entendu » (p. 479). Loin de la corriger, ils provoquent sa perte en nourrissant pour elle des rêves d'avancement. Grâce à une fée, Jeannette se retrouve dans un château avec sept ou huit petites princesses. Mais loin d'avoir une éloquence naturelle ou apprise, elle garde son langage grossier et, revenue chez elle, elle se grise de son ascension et l'expose à tout vent. Elle fascine ses parents mais se ridiculise dans le village. Retournée au château, elle tente de s'emparer par la ruse de la baguette de la fée, échoue, est métamorphosée en pie:

> C'est ainsi que les méchants enfants, qui ne se corrigent point, font souvent, en faisant leur propre malheur, celui de leurs parents. (p. 491)

Mais Jeannette est aussi la victime de l'aveuglement des parents, de leur incapacité à l'éduquer, et ce sont eux qui ont d'abord nourri son fantasme de réussite (comme dans le conte *l'Oiseau jaune*). Cette responsabilité parentale est plus développée dans le premier conte, *Cadichon*, et prend le visage de l'infantilisme. Le père roi cultive son jardin et collectionne les almanachs, tandis que la reine obtient sa métamorphose: elle se croit toute belle,

> mais elle ne remarqua pas que ses mêmes traits étaient ceux d'une petite fille de huit à neuf ans; que sa coiffure avait pris la forme d'un toquet […], tout cela joint à sa grande taille dont le charme n'avait rien diminué, produisit un effet fort bizarre. (p. 438)

Son exemple est contagieux:

> toute la cour s'habilla comme la reine, et l'imita en tout. On ne parlait plus, même les hommes, que d'une façon enfantine; on ne jouait qu'à la madame, à rendez-moi ma fille, aux osselets, à la bataille. Les cuisiniers n'étaient employés qu'à faire des darioles, des tartelettes, et des petits choux. On ne s'occupait qu'à habiller et à déshabiller des poupées. (p. 439)

L'effet du pouvoir est de confondre l'enfant et le tyran:

> Elle éprouva tous les caprices d'un enfant qui n'a pas ce qu'il veut et dont on n'ose rompre les volontés. (p. 440)

Pour arracher ses propres enfants à son influence pernicieuse, la fée les transporte dans l'Ile Bambine où chaque geste reçoit récompense ou châtiment, où on lit les contes de fées pédagogiques… Mais les enfants sont trop atteints, il leur faut une plus dure épreuve. Ils sont métamorphosés en polichinelles et en tables gigognes, avec la conscience douloureuse de leur identité: « ils conservaient les idées et les sentiments de ce qu'ils étaient et de ce qu'ils avaient été, et subissaient les lois de leur état » (p. 445). Chez Caylus, le don magique n'a de sens que négatif.

Le *puer senex*

Le propos pédagogique est fort banal. Il tire sa coloration et son charme de la manière dont sont impliqués le conte de fées et son lecteur, du rôle confié à l'enfance et de son évocation. Comme Fénelon l'avait fait pour le roman et esquissé avec ses Fables, Caylus confère au conte sa tension en y inscrivant un conflit entre son usage traditionnel – qui installe dans l'illusion d'une toute puissance du désir, d'une satisfaction facile de toutes les volontés – et un usage critique de cette illusion qui lui oppose le bonheur par l'acceptation de la réalité et la transformation de soi par des efforts intérieurs, par l'exercice et le travail. Il faut, pour Caylus, garder sa place, mais le rang et le titre ne valent rien sans mérite moral et sans service social. Ce détachement à l'égard du conte et son utilisation détournée pour en tirer une leçon contre lui expliquent le ton ironique de Caylus, son soulignement des stéréotypes, son appel à une conscience métadiscursive. Il accuse en particulier le hiatus entre l'univers fantaisiste et archaïque du conte et sa position moderne, mais jamais en faveur de celle-ci, dépourvue d'esprit chevaleresque et d'amour du simple. Par exemple, dans *La princesse Pimprenelle et le prince romarin*, le héros est ainsi présenté: « il était fils d'un roi et d'une reine, qui peut être font le commencement d'un autre conte »; la fée qui le fait voyager décide de « le laisser en un sens maître d'une conduite à laquelle elle veillait toujours invisiblement ».

> Je crois que voici toute l'exposition faite, et que le lecteur sait à peu près quels sont les gens à qui il va avoir à faire. (pp. 278-79)

La force de ces contes est d'articuler sur cette opposition entre les deux usages du genre, l'un aveugle, l'autre réflexif, une opposition d'ordre sémantique qui est centrée sur l'enfance et en offre deux représentations antinomiques. Le dispositif pragmatique du récit s'appuie sur son contenu et trouve en lui son sens concret. L'enfance, le passage à l'âge adulte, n'est pas seulement un moment clef du développement qui détermine l'avenir, comme l'explique *Le Prince Courtebotte*:

> l'on fait presque toujours dans son enfance, ce que l'on doit faire dans un âge plus avancé. Les années fortifient les inclinations bonnes ou mauvaises; mais leur principe est toujours indiqué dans la jeunesse. (p. 129)

Ce sont les qualités mêmes de l'enfance, ses virtualités, qui sont en jeu dans l'éducation et le destin de chacun. *Bleuette et Coquelicot* en expose la face positive. Une fée se retire dans l'Ile heureuse et y élève des enfants. Comme le bonheur consiste principalement dans la liberté, elle rend invisibles mies et précepteurs. A quinze ans, elle lâche ses élèves dans le monde: ils sont prêts. A une consœur venue la visiter, la fée Bonne bonne expose sa philosophie:

> les beautés de la nature, ajouta-t-elle, sont les tableaux dont je suis occupée; ses fruits sont mes trésors; ses secrets, l'objet de mes recherches, et ma dissipation n'est attachée qu'au bonheur des autres; l'enfance est l'état de l'humanité qui peut être rendu le plus heureux; vous ne me trouverez donc environnée que par les plus jolis enfants que la nature ait produits. (p. 445)

Comme dans presque tous les contes, cette enfance est menacée: la visiteuse, « sans autres motifs que celui de nuire » inspire par un « discours pervers » à Bleuette et Coquelicot le dégoût de leur état et le désir du monde. Ils se font passer pour princes, voient leur origine découverte, sont ridiculisés, et reviennent chez Bonne bonne.

Le conte de fées est en accord avec le bonheur de l'enfance; il est aussi lié à son malheur. L'enfance est double et c'est son rapport à l'âge adulte, à son terme, à la vieillesse, qui est déterminant dans ce partage. Le mal procède aussi de l'enfance: l'abandon à la rêverie, les confusions du désir, le refus des réalités sont une tendance spontanée de l'enfant et, si elles ne sont pas corrigées – elles sont souvent même encouragées par les parents ou le milieu –, elles vont ensuite dominer l'âge adulte, le fixer à une sorte d'état initial, le condamner à l'infantilisme. Caylus ne cesse de le peindre et de le dénoncer. Les parents de Lumineuse ne pensent qu'à jouer et détruisent tout ordre social. Le beau royaume de la princesse Minutie est « gouverné par la prévention et la minutie » car elle « n'avait jamais été corrigée du goût qu'elle témoignait pour les bagatelles ». Le roi de *La Princesse Azerolle* est « aussi absolu qu'un enfant gâté » (*Cinq contes*, p. 63). Face à des vieillards enfants, Caylus offre, comme seul remède, des enfants vieillards. Ses contes reprennent en effet le vieux motif stoïcien (incarné emblématiquement par Caton d'Utique) du *puer senex* et lui donnent une place centrale[14]. Dans *Télémaque*, Fénelon, non seulement oppose à la jeunesse fougueuse la sagesse des anciens, mais il demande au héros

---

[14] Je dois ces renseignements à l'obligeance savante de Michel Magnien. Elisabeth Lavezzi m'a aussi aidé de ses perspicaces suggestions. Qu'ils en soient remerciés tous deux.

J.-P. SERMAIN

de se soustraire à ses passions, de se déprendre de son individualité qui enferme dans un monde fini et décevant, celui ses objets matériels et charnels. Si le *puer* peut être *senex*, c'est que l'âge ne se réduit pas aux corps, mais est une qualité: il définit une manière d'être au monde, une maîtrise de soi, une abnégation pour se mettre au service des autres. Chez Caylus l'enfant est invité à se former à partir de sa fin, à partir de ce que doit être un vieillard pour être heureux et imposer le respect. Cette réforme intérieure est soutenue par la métamorphose; chez Caylus elle n'affecte guère les sexes ou les positions sociales, elle porte sur les âges. C'est le thème explicite d'un conte du recueil de 1743 étoffé en 1745, *Bellinette ou la jeune vieille*. La fée Sublime s'occupe de l'héroïne et, pour la corriger de sa coquetterie, elle lui montre ce qu'elle sera dans sa vieillesse puis l'oblige à être la veille Belline un jour sur deux. Les courtisans adaptent leurs discours à cette situation, et critiquent alternativement la jeune et la vieille: Belline/Bellinette entend ainsi son éloge et sa caricature et voit tout le prix qu'il faut accorder à des arguments réversibles. Un prince s'éprend à la fois de Bellinette et de la spirituelle Belline: il lui reste encore à les concilier. Une dernière épreuve attend Bellinette. Elle se sent jeune, mais est vue vieille. Elle joue le rôle de la confidente des amours (elle voudrait qu'on ne lui parle que d'elle) et finit par se défaire des ridicules de la jeunesse: « les petits mots, les petites mines, les manières enfantines, toutes choses qui plaisent et qu'on ne remarque point dans une jeune personne, paraissaient si ridicules avec son grand âge, que l'on aurait peut être éclaté de rire sans le respect que l'on croyait devoir à son rang »[15].

Dans *Nonchalante et Papillon*, tandis que l'héroïne devra apprendre à effectuer les taches domestiques les plus courantes (porter du foin, se déshabiller, faire son lit), le héros se défait de sa vivacité au contact d'une veille qui l'oblige à la lenteur: « il faut à votre âge écouter les vieillards et vous accoutumer à la patience » (*Féeries nouvelles*, p. 346). Les actions les plus anodines prennent une dimension fantastique: « soixante jours se passèrent à rendre son bain complet ». La préparation d'un repas de cinquante-quatre pois s'étend sur une journée entière:

> Attendez, lui répliqua-t-elle, patience, je vais cueillir des pois dans le jardin, nous les écosserons paisiblement, ensuite nous allumerons du feu, et puis quand nous les aurons bien fait cuire, nous les mangerons sans nous presser; et puis je serai mort ajouta le prince: dame je vais pas plus vite, moi, reprit doucement la vieille. (p. 344)

---

[15] *Cinq contes*, pp. 321-22.

Comme l'infantilisme issu de l'enfance se prolonge jusqu'à la mort, l'enfant sage est à l'inverse celui qui par avance ressemble à un vieillard. Dans les *Contes orientaux*, c'est le roi de Perse qui demande des contes pour s'endormir et c'est une enfant de huit ans (double de Scheherazade) qui les lui fournit, soutenue par un vieux sage emprisonné dont elle est comme le porte-voix: en elle parlent cette mémoire, cette culture, cette expérience réduites au silence par un ordre politique injuste dont l'insomnie est la marque. Dans l'histoire de Nourgehan et de Damaké, c'est une jeune fille qui, confrontée à des vieillards, l'emporte sur eux en pénétration et en sagesse (p. 219). Il faut détruire dans l'enfance son potentiel d'infantilisme, son narcissisme, sa frivolité, son égoïsme, son amour-propre, pour cela anticiper sur les faiblesses physiques comme sur la sagesse possible de la vieillesse. L'expérience de l'âge n'est jamais faite trop tôt. Cette anticipation consiste à trouver ce qui est en quelque sorte en-deçà du temps, dans son origine, plus proche de la création et de sa simplicité: sagesse antique accessible aux vieillards qui le sont depuis toujours. Ceux dont les désirs sont restés absolus par la faute des parents ou l'excès du privilège gardent à jamais la figure d'une enfance pervertie, celle de l'enfant roi. Ceux qui ont connu les épreuves précoces au contraire ont su préserver le lien intime de l'enfance au sentiment de la nature, aux plaisirs ingénus, à l'esprit de la paresse. La pièce en un acte *Les Ages ou la fée de Loreau* illustre cette permanence en recourant comme Bellinette au changement d'âge. Elle présente plusieurs couples. Des paysans contents de leur sort (« je n'ai pas voulu cesser d'être paysan »). Deux vieux amants toujours constants qui incarnent la « perfection du véritable amour » devenu « amitié tendre » (« ils se disaient de vieilles galanteries. Ne trouvez-vous pas madame qu'ils ressemblent à deux livres gothiques? »). Deux Parisiens qui s'ennuient à la campagne et souhaitent du monde: « on va chercher le monde, le voir, en être vu, faire approuver son choix, applaudir sa parure ». La fée vieillit la femme et l'homme du monde. Aussitôt ils se détournent l'un de l'autre, cherchent des partenaires plus jeunes et se ridiculisent. Les vieux amants rajeunis renouvellent leurs feux. Dans le couple de paysan, la fée vieillit seulement l'homme qui voit sa jeune femme lui rester fidèle: « je sens que je vous aime autant, en vous aimant différemment: vous êtes à la fois mon amie, ma confidente, ma consolation ». Les vieux rajeunis restent mûrs, à l'inverse, le vieillissement des jeunes Parisiens révèle leur inconsistance.

Une féerie paradoxale

Caylus a-t-il rempli son contrat pédagogique? La figure du *puer senex* ne l'en éloigne-t-il pas et n'obéit-elle pas à une toute autre motivation, beaucoup plus personnelle, et peut-être plus à même de toucher un lecteur d'aujourd'hui? Caylus utilise le conte de fées dans deux sens contradictoires: comme symptôme d'une démission des parents et d'un infantilisme généralisé, et comme moyen d'en prendre conscience tout en proposant une autre manière d'être fondée sur l'épreuve, le travail, l'acceptation des limites. Le plus arbitraire des genres devient ainsi le refuge inattendu du principe de réalité. Ce projet pédagogique est grevé par l'absence de toute perspective politique: il faudrait un miracle dans chaque famille pour remédier à une défaillance collective. La critique systématique des figures d'autorité, la faiblesse des parents, semblent peu capables d'attacher des enfants à une nouvelle leçon. Qui se propose de réformer Caylus? les jeunes, mais pourquoi changeraient-ils à lire le récit d'épreuves auxquelles ils ne sont pas soumis? les adultes, si les déformations de leur éducation et de leurs habitudes pouvaient être aussi simplement corrigées? les éducateurs, peut-être, s'ils savent appliquer les principes d'une éducation antimondaine et antilibertine et s'opposer ainsi à l'ensemble de la société?

Si le propos moral doit toucher davantage les adultes que les enfants malgré la forme pédagogique du conte et de ses histoires, l'impératif qu'il veut transmettre – « soyez travailleur, ne rêvez pas » – est une fiction dont le sens est indirect: il entre dans une stratégie littéraire complexe. C'est l'instrument d'une réflexion sur les valeurs de la société et sur leur dévoiement, mais surtout il participe à la mise en place d'une expérience d'étrangeté qui est le vrai bonheur du conte et son vrai sens moral. Le refus de la féerie, le retournement du conte contre lui-même, la dénonciation du Familienroman, des rêves d'ascension, la critique des pouvoirs illusoires attribués à l'art de bien dire, l'appel à rester à sa place n'ont pas qu'une valeur négative. Ils invitent à revenir au monde naturel ou à l'univers prosaïque des choses, à l'évidence de la campagne, à la simplicité des mots, à les retrouver par le détour complexe d'une double négation, celle de la féerie qui veut leur substituer sa propre métamorphose et celle qui récuse cette métamorphose. Le réel revient au terme d'un mouvement assez complexe pour qu'on le traite de rococo (ce qui n'est pas sans poser problème puisque Caylus est un des artisans d'une réévaluation de l'antique et rejette de nombreux aspects de la culture dominante).

Caylus exploite un imaginaire paradoxal qui ne repose pas sur l'extraordinaire, mais sur une autre perception de l'ordinaire. Le système de la féerie, invoqué pour être raturé, est au service d'une vision inédite du monde qui nous entoure. Non seulement Caylus barre le rêve qui dynamise le genre, mais son personnel féerique est fort décevant, figures de gribouilles sujets à la vieillesse et à la mort, à la même décadence que le monde humain. Guère d'adjuvants magiques, de monstres, de violences exacerbées. Fées très humaines, rarement amoureuses, sans passions sinon parfois agressives, et l'une, Grognon, a même les traits comiques d'une râleuse professionnelle (dans Mignonette). La féerie fonctionne comme un horizon d'attentes pour les personnages et les lecteurs: les uns y voient ce qui leur permet de tout avoir, les autres de tout imaginer. Sur ce fond vont se détacher des expériences qui font souffrir le héros, l'obligent à se réformer, mais le lecteur les connaît déjà, ce sont les siennes, dépaysées (le conte libertin procède de façon analogue en se focalisant sur les accidents heureux ou malheureux de la sexualité). La simplicité revendiquée comme valeur est celle des hiérarchies naturelles (où les enfants doivent imiter les vieillards et non l'inverse), celle des plaisirs et des affections, celle du langage, en accord avec le ton désabusé du conteur, son prosaïsme narquois. Ce qu'il y a de féerique est dans le point de vue, le transfert (comme chez Marivaux) dans un rôle et une situation inédite qui obligent à perdre ses habitudes, ses croyances, ses inclinations: le banal est alors transfiguré, parce qu'il implique des sujets qui lui sont étrangers. La princesse qui ramasse son foin, le prince qui écosse… Etrangeté pour le lecteur aussi: il ne s'attend pas à ce que la féerie l'emmène sur des terres si connues et si plates, et c'est dans cette sorte d'humiliation, de retrait du luxe, de la frivolité, du libertinage, qu'il peut découvrir les valeurs du travail, du courage, le bonheur des choses, de la lenteur, de l'immobilité. Le projet de Caylus trouve son sens de la convergence du conte de fées avec la pastorale et l'utopie.

La mort conjurée

En même temps que l'enfance est présentée comme l'âge meilleur de la vie, par sa proximité avec l'enfance du monde, elle est menacée d'une corruption, d'une fixation de ce qui en elle la ruine. Elle est sauvée par une anticipation d'une sagesse qui la fait échapper au temps en inscrivant en elle la vieillesse. Le motif du *puer senex* était fréquent dans les consolations à la mort d'un être jeune: malgré cette mort prématurée il avait déjà atteint le terme de l'expérience humaine. A la hantise d'une infantilisation de la société qui l'atteindrait dans sa pratique même du conte de fées, Caylus répond par la figure d'une mort suspendue – mort qu'il représente de façon anormalement élevée pour les fées et surtout dans les Contes orientaux. Les deux premiers ignorent le motif du *puer senex* mais le transposent sur un mode fantastique en renversant les rapports habituels de parenté, en faisant des descendants plus vieux que leurs parents. L'*Histoire de Dakianos et des sept Dormants* et la *Naissance de Mahomet* transforment cette inversion des rôles en un épisode merveilleux (faisant de la matière religieuse une fiction ingénieuse). La première *Histoire* présente un homme rassis qui découvre un trésor et tue le « vieillard » qui le possédait (perdu par son avarice). Arrivé au sommet de la fortune et du pouvoir, il se fait adorer comme un dieu. Sept sages résistent et il les enferme dans une caverne (qui évoque celle finale de *Vathek*). Il est renversé et exécuté, les sept Sages dorment pendant trois cent neuf ans. Réveillés à l'aurore, ils ne reconnaissent rien de ce qu'ils ont connu. Dans un nouveau monde, ils demandent à voir leur maison et découvrent leur propre descendance:

> quel étonnement pour tous ceux qui voyaient un jeune homme dont le fils était dans cet excès de décrépitude, le fils de son fils un vieillard accablé d'années, et les enfants de ce vieillard ressemblants pour la force et la vigueur à leur bisaïeul. (p 72)

Les sept Dormants peuvent alors mourir. L'*Histoire de la naissance de Mahomet* qui vient ensuite présente un sage, Oucha, qui recueille les fragments de textes annonçant la naissance de Mahomet. Il meurt et laisse sa jeune fille comme un double de lui-même: « Zesbet n'était alors âgée que de quinze ans, mais son esprit était absolument formé » (p. 78). Découvrant une série de messages qui l'incitent à se marier, elle va voir le roi de la Mecque pour qu'il l'aide à faire son devoir. A la suite d'une annonce publique, elle se marie une première fois, mais le mari doit d'abord voir le saint prophète. Il part et, comme il n'est pas revenu au bout d'un an, elle prend un second mari, qui part à son tour, et ainsi de suite. Elle se retrouve finalement avec quatre maris, qui reviennent en même temps, déconfits, et Mahomet se découvre à tous cinq: « ils virent paraître un vieillard, auguste par la beauté de ses traits, et par la grandeur de sa barbe, dont la blancheur se confondait avec celle de ses vêtements ». Ce vieillard leur apprend qu'il va naître de Zesbet. Celle-ci n'a plus qu'à « se livrer aux quatre maris que la Providence lui avait destinés », laissant ainsi ignorer lequel sera le père de Mahomet (pp. 138-40).

Le libertinage cultive un rêve de jeunesse. Il avait été mis en scène par Marivaux dans sa *Voiture embourbée* (1714), Caylus le reprend dans un des *Contes orientaux*. Dans l'*Histoire de Jahia et de Meimouné*, le faux sage semble lui aussi préparer l'anticipation de la vieillesse par la jeunesse. Il déclare au héros: « tout ce que je désire, c'est que vous occupiez ma place, et que l'on vous voit rétablir les anciens usages de notre sublime religion » (p. 264). Mais il pervertit cet échange de générations: c'est lui qui veut s'approprier la jeunesse en mangeant le cœur des jeunes hommes qu'il séduit. Cette peur de vieillir (dont atteste le Faublas de Louvet) est une preuve d'immaturité que Caylus dépeint sous un jour grotesque, celui du *senex puer*. En accordant à la formation initiale une place déterminante (au contraire de la plasticité qui règne chez Cervantes ou Diderot), Caylus entend immédiatement fixer l'enfant à son terme, la sagesse du vieillard. A s'inscrire sur le registre de l'âge et à prendre la figure du *puer senex*, le retournement du conte contre lui-même s'organise autour de cette réalité centrale qu'est la mort. Le conte traditionnel est soumis à la logique du destin mais avec l'assurance de le surmonter. Caylus écarte l'idée d'une sorte de revanche glorieuse. Il lui substitue, sur un mode mineur, la conjuration de la mort dans une annulation du temps qui unit l'origine à la fin, le *puer* au *senex*, sans déboucher sur une transfiguration politique et mystique comme chez Fénelon. Le caractère paradoxal du conte de fées chez Caylus le vide de ses propres richesses, déçoit le lecteur, mais il le retient par la combinaison d'une nostalgie et d'un enchantement de la jeunesse et d'une sorte de mélancolie funèbre. Caylus fait ainsi une liaison inattendue entre Fénelon et Rousseau. En se retirant du politique (et de la théorie), il est beaucoup plus pauvre qu'eux, mais il introduit dans les années 1740 un sentiment unique de l'enfance sous le double visage d'une chance fragile et d'un destin dont la société et ses instituteurs immoraux sont les instruments aveugles. Contre les morts vivants qui l'entourent et l'étouffent, il n'est d'autre échappée pour Caylus que le monde rêvé du *puer senex*.

L'ÉDUCATION DES HÉROS

DANS LES *FÉERIES NOUVELLES* (1741)

ANNE DEFRANCE

Valenciennes

Depuis la naissance du genre à la fin du XVIIe siècle, les intrigues des contes de fées littéraires déroulent des itinéraires initiatiques. Le genre peut, à ce titre, être considéré comme un avatar du roman de formation. Les contes composant les *Féeries nouvelles* s'apparentent plus exactement au roman pédagogique[1]: les fées de Caylus, qui montrent toutes une vocation éducative, l'exercent conformément à une pédagogie prédéterminée qui s'affiche de manière souvent insistante. Cette donnée étant signalée en général dès le début du récit, le conte prend, de manière implicite, l'allure d'une démonstration par l'exemple. Si la formation du héros relève de la topique, les auteurs de féeries n'accordent que peu (voire pas du tout) de place au discours théorique, leur intérêt se focalisant avant tout sur les aventures amoureuses de leurs protagonistes. Or, la théorie s'expose, chez Caylus, dès le premier conte. Le lecteur ne peut qu'être frappé par la fréquence des réflexions qui ponctuent le récit. Elles témoignent d'une prédilection pour la satire morale et l'analyse psychologique. Les commentaires des narrateurs valident les méthodes éducatives ou en soulignent les failles, apportent un contrepoint aux discours pédagogiques et moralisateurs émanant des fées elles-mêmes ou invitent à apprécier leur efficacité au vu des résultats.

Le second conte, *Rosanie*, fait de la compétence éducative l'enjeu essentiel de l'intrigue. Un concours est organisé pour départager deux fées douées d'un égal mérite, qui postulent la place de reine. La première promet d'élever un prince qui serait un libertin irréductible, la seconde de produire aux yeux du monde une princesse irrésistible. Caylus, qui aime ré-

---

[1] Voir Robert Granderoute, *Le Roman pédagogique de Fénelon à Rousseau*, Berne et Francfort, Peter Lang, 1983.

soudre les paradoxes, part en guerre aux côtés de cette dernière, dont l'ambition paraît à première vue si futile et la tâche si simple. L'auteur s'approprie sa tactique: elle saura, pour emporter le prix, faire de la « séduction » une arme de « rééducation », conformément à l'idéal classique. Il faut plaire pour instruire. Vingt ans après la publication de son recueil de contes, Caylus revient sur les circonstances de sa composition:

> Je me sentois, par mon propre caractère, assez porté à rendre la vertu aimable, & je ne crus pas cette voie inutile [...] Ceux qui ont lu les Féeries que j'ai publiées, ont dû s'apercevoir, au premier coup d'œil, que je n'ai eu, par-tout, d'autre but que d'emmieller la viande salubre à l'enfant, comme dit Montaigne.[2]

De même que la fée, l'auteur doit prévoir et surprendre, pour parer les attaques et déjouer les pièges. Pour que le contrat soit rempli, il faudra à la fois « produire » (non seulement du singulier, du naturel et de l'admirable – le conseil des fées l'exige – mais aussi du possible et de l'efficace) et « détruire » en terrassant proprement l'adversaire (les mauvaises éducations pourvoyeuses de libertinage, les préjugés du lecteur). Caylus se dresse ici contre la perversion du conte de fée traditionnel que représente le conte libertin, et le parodie pour mieux l'attaquer. Mais le conteur ne peut négliger les attentes de son public avide de galanteries, s'il ne veut pas risquer « d'augmenter le nombre de ces infortunés conteurs relégués dans la poussière des magasins de librairie »[3]. A la différence des contes de Fénelon ou de son roman *Les Aventures de Télémaque* dont le succès fut énorme au XVIIIe siècle, les *Féeries nouvelles* n'ont pas pour destinataire un enfant royal qu'il s'agit d'élever au métier de roi. On ignore d'ailleurs à qui elles s'adressent précisément, mais l'impression dominante est que l'auteur se tourne davantage vers des adultes[4].

---

[2] Préface des contes *Cadichon et Jeannette*, datée par l'éditeur des environs de 1760 et publiée dans le tome XXV du *Cabinet des Fées*, Amsterdam et Paris, rue et Hôtel Serpente, 1786, pp. 380-82. Nous renverrons au tome XXIV de cette édition pour les *Féeries nouvelles*.

[3] Caylus, dans la même préface, avoue avoir été freiné un moment par cette crainte.

[4] Cependant, un tour naïf donné en de rares occasions au style et le traitement de certains thèmes peuvent laisser entrevoir l'hypothèse d'un élargissement du cercle à un plus jeune public. Dans *Mignonnette*, par exemple, on exploite la peur du charbonnier, celle des loups, des ogres et d'un géant que le jeune héros rapetisse avec facilité lors d'un combat singulier. L'épilogue, surtout, est assez puéril: « Pinçon [...] se trouva [...] roi d'un beau & grand royaume, & mari de la jolie Mignonnette dont il eut de beaux enfans bien sages qui furent aussi rois & reines; tant il est vrai qu'une

On tentera ici de rendre compte de la scène éducative que délimite l'ensemble des quatorze contes du recueil, en esquissant tout d'abord le portrait des éducateurs puis en examinant leurs stratégies ainsi que les systèmes de valeurs qui les fondent.

Les éducateurs: parents, nourrices, précepteurs et fées

Chez Caylus comme chez ses prédécesseurs, on rencontre rarement de parents qui remplissent avec succès leur fonction ou sont à même de le faire longtemps. D'une part, ainsi qu'il est parfois rappelé, la perfection des couples royaux est denrée rare (rien de nouveau sur ce point depuis les contes de Madame d'Aulnoy). D'autre part, cette excellence − quand elle existe − constitue souvent pour leurs enfants comme pour eux-mêmes un handicap: les parents du prince Muguet sont « les meilleurs gens du monde », au point qu'ils donnent tout ce qu'ils ont et perdent leur royaume. De ce fait, une fée prend en charge leur fils. Ils ne peuvent plus faire machine arrière lorsqu'ils constatent les ravages de sa générosité. L'éducation du prince Floridor, assumée dans un premier temps par sa mère, est donnée comme « parfaite », sans plus de détails. Orphelin très jeune, il présente toutes les qualités d'un bon prince. Il faut sans doute que cela cache quelque secret: en effet, il doit un aussi grand nombre d'avantages à une fée attachée à lui depuis son enfance. Si les narrateurs ne s'attardent pas à saluer les mérites de l'éducation parentale, ils sont plus bavards pour en condamner les défauts. Les jeunes héros, souvent « gâtés », deviennent soit ignorants[5] soit libertins. L'excès de bonté des parents est bien plus préjudiciable aux enfants que le désintérêt ou la persécution des mauvais (chose rare dans notre corpus, à la différence des premiers conteurs). La trop jolie princesse Pimprenelle[6] a grandi enfermée par une mère jalouse. Ses seuls contacts directs avec les humains se limitent aux soins d'une muette. Mais la pauvreté de ses relations sociales n'entache pas l'excellence de son naturel. Aussi la méchanceté maternelle l'a-t-elle involontairement protégée des vices d'une cour gouvernée par les divertissements.

---

fille bien sage & bien jolie fait sa fortune & celle de ses parents » (p. 446). Mais Mme d'Aulnoy la première, dans ses contes destinés à des adultes, savait user d'un style faussement puéril, notamment dans ceux qui dissimulent quelque message tendancieux.

[5] C'est le cas du roi père dans *La belle Hermine et le Prince Colibri*, que personne n'a jamais osé contredire enfant.

[6] *La Princesse Pimprenelle et le Prince Romarin*.

Quelques nourrices apparaissent dans le corpus. Elles sont fondues dans le décor. Dans le premier conte, très satirique, « leurs grandes connoissances & leur profonde érudition » se mesurent à l'aune des « détails, […] diffusions & […] obscurités qu'on leur a connues de tout tems »[7]. Elles ne seront pas pour autant éliminées de la scène éducative dans l'univers utopique imaginé par Caylus au dernier conte:

> Les femmes qui n'avoient point d'esprit, étoient désignées pour être nourrices, & leur sort étoit fort adouci; mais celles qui avoient le plus mérité dans cet état étoient, à 50 ans, chargées de l'éducation des filles jusqu'au tems du mariage.[8]

On peut s'étonner d'un tel critère de sélection. Les fées, par ailleurs, ne marquent pas une telle différence entre les sexes. Il arrive donc rarement que ces dernières aient recours à l'aide des nourrices. Après avoir soustrait de force à ses stupides parents le jeune prince Courtebotte, la fée Guerlinguin le confie pour un temps à une jeune paysanne, « fraîche et vigoureuse »:

> Il fut élevé par elle dans la basse-cour du château; mais à mesure qu'il avançoit en âge, la fée le faisoit venir plus souvent auprès d'elle, afin de cultiver en lui les dons de la nature.[9]

Aux nourrices l'élevage, aux fées l'éducation et la culture. Dans *Bleuette et Coquelicot*, la savante fée Bonnebonne vit dans un autre univers utopique, l'Ile du Bonheur. « Les fruits [de la nature] sont [s]es trésors, ses secrets l'objet de [s]es recherches ».[10] Entourée de mies et de quelques précepteurs, elle forme de jeunes enfants, loin du monde. Surveillants souvent invisibles, ces auxiliaires lui rapportent les mauvaises actions mais ne réprimandent pas. Visibles, ils partagent les jeux des enfants. Là s'arrête leur action. Il faut sans doute comprendre ce maintien dans la fiction du recours à la nourrice – usage aristocratique pour longtemps encore en vigueur dans la société à laquelle appartient l'auteur – non seulement comme une concession à la tradition, mais surtout comme un moyen terme justifié par l'obédience à deux valeurs clés exaltées ensemble dans tous les contes: la nature et la simplicité. A défaut de laisser grandir Courtebotte dans son milieu naturel, puisqu'il est corrompu, la fée l'a transporté en pleine campagne,

---

[7] *Le Prince Courtebotte et la Princesse Zibeline*, pp. 106-07.
[8] *La Belle Hermine et le Prince Colibri*, p. 507.
[9] *Le Prince Courtebotte et la Princesse Zibeline*, p. 112.
[10] *Bleuette et Coquelicot*, p. 396.

persuadée qu'une éducation simple & naturelle du côté de l'esprit, dure & fatigante du côté du corps, étoit le don le plus essentiel qu'elle pût donner à un prince. (p. 112)

Un seul conte fait de la gouvernante un personnage à part entière: dans *L'enchantement impossible*, la princesse Galantine, élevée d'abord quatre ans par une fée, est ensuite enfermée dans une tour en pleine mer et confiée aux soins de Bonnette. Le lecteur est invité à juger de l'action de cette gouvernante à travers plusieurs conversations qui initient la jeune fille à son destin d'épouse. Mais ses conseils et mises en garde sont insuffisants: la fée doit lui inspirer un moyen plus efficace pour détourner l'héroïne d'un mariage monstrueux. Dans les *Féeries nouvelles*, les nourrices et gouvernantes, fussent-elles sottes, ne sont jamais dangereuses, ce qui est loin d'être le cas chez d'autres auteurs, qui les présentent parfois comme des femmes jalouses, cupides et ambitieuses.

Ce sont donc les bonnes fées qui occupent le devant de la scène éducative. Spontanément, les parents royaux des *Féeries nouvelles*, comme leurs prédécesseurs, placent leurs enfants entre leurs mains à l'approche de leur mort[11] ou quand ils sont veufs. Ils les leur confient aussi après un revers de fortune[12]. Il s'agit là d'une « action d'esprit »[13]. Les parents de modeste condition agissent de même, espérant pour leur progéniture un sort meilleur[14]. Les fées se chargent spontanément des orphelins[15]. Elles n'hésitent pas à intervenir pour retirer l'enfant de son milieu d'origine quand les parents s'en désintéressent ou pour protéger le futur prince des influences délétères d'une cour corrompue. Il arrive aussi qu'elles se prêtent à ce rôle compensatoire sans nécessité particulière, poussées seulement par leur passion pour l'éducation. La fée Bonnebonne, lassée des grands emplois de la féerie, s'est retirée du monde et son unique préoccupation est « d'élever et de rendre heureux des enfants »[16]. Il ne s'agit pas seulement de princes. Elle les garde avec elle jusqu'à l'âge de douze ou quinze ans[17] et s'en sé-

---

[11] *La Princesse Minutie et le roi Floridor.*

[12] *Le Prince Muguet et la Princesse Zaza.*

[13] *La Princesse Pimprenelle et le Prince Romarin*, p. 250.

[14] C'est le cas du charbonnier veuf du conte *Mignonnette*, qui souhaite que sa fille devienne reine.

[15] *Nonchalante et Papillon.*

[16] *Bleuette et Coquelicot*, p. 392.

[17] De même, la fée des Fleurs élève depuis des princes et princesses leur prime enfance ou les fait venir près d'elle « à treize ans pour un sexe, à seize pour l'autre » (*Les Dons*, p. 291).

pare

> lorsque [ses] leçons [...] avoient fait une sorte d'impression sur le caractère de
> ses élèves, & qu'elle les trouvoit assez formés pour entrer dans le monde.[18]

Les fées sont toutes prêtes à dispenser leurs bons offices dès qu'elles repèrent chez un enfant des marques de qualité, fussent-elles à première vue
purement superficielles[19], comme si la nature, en le dotant de la beauté,
estampillait l'excellence d'un esprit et d'un cœur, et donc validait l'intérêt
d'une entreprise éducative. Celle-ci constitue la valeur ajoutée aux cadeaux
de la nature. Tel est le sens de la métaphore souvent utilisée par l'auteur:
les fées n'ont de cesse, d'un conte à l'autre, de vouloir « orner l'esprit »[20]
de leurs élèves et « de former à la vertu les cœurs du monde les mieux
nés »[21].

Elles échappent en général à la catégorisation manichéenne traditionnelle. Caylus prend ses distances avec les mauvaises fées des premières
conteuses, en inventant par exemple une Grognon[22] à la fois méchante et
généreuse. Ailleurs, certaines fées savent s'associer, se relayer quand on
leur reproche la dureté de leurs agissements ou leur excès de tendresse, tout
aussi néfaste. En dépit de leurs bonnes intentions, elles peuvent produire
les mêmes effets catastrophiques que les parents, tant « une amitié mal entendue [est] souvent plus dangereuse que la haine »[23]. D'ailleurs leurs dons,
même bien intentionnés, ne sont pas toujours des cadeaux enviables. Zaza,
que la fée Saradine a gratifiée « de tout ce qu'une princesse peut espérer
pour plaire »[24], supplie sa protectrice de lui ôter ses qualités car elle doute
d'être aimée pour elle-même. Aussi la fée du premier conte fait-elle bien de
laisser à Courtebotte sa petite taille, « don » d'une mauvaise fée, afin de
l'inviter à compenser ce handicap par l'épanouissement de ses qualités de
cœur et la démonstration héroïque de sa valeur. L'éducation ne peut ni ne

---

[18] *Bleuette et Coquelicot*, p. 394.

[19] La fée du Hêtre se prend d'affection pour le petit Muguet, « parce qu['il] ne
pleuroit jamois et devenoit chaque jour plus joli » (*Le Prince Muguet et la Princesse
Zaza*, p. 196). La fée des Prés s'intéresse à la fortune de deux enfants vivant dans un
hameau « par le seul attrait que les jolies physionomies ont toujours inspiré » (*Tourlou et Rirette*, p. 230).

[20] *Ibid.*, pp. 232-33 et *La Princesse Pimprenelle et le Prince Romarin*, p. 250.

[21] *Tourlou et Rirette*, p. 232.

[22] *Mignonnette*.

[23] *Nonchalante et Papillon*, p. 305.

[24] *Le Prince Muguet et la Princesse Zaza*, p. 197.

doit remédier totalement aux défaillances de la nature, mais les infléchir dans le meilleur sens. Une réflexion de narrateur témoigne clairement d'une vision déterministe de l'enfance:

> il est vrai que l'on fait presque toujours dans son enfance, ce que l'on doit faire dans un âge plus avancé. Les années fortifient les inclinations bonnes ou mauvaises; mais leur principe est toujours indiqué dans la jeunesse.[25]

C'est pourquoi les bonnes éducations ont quand même leurs limites:

> Quoique l'on ne négligeât rien pour l'éducation de [Nonchalante et Papillon], ils prouvèrent l'un & l'autre que les soins que l'on prend ne peuvent qu'adoucir les défauts de la nature, sans les détruire absolument.[26]

D'ailleurs, quand les fées se chargent de punir les adultes de leurs vices et de les en corriger, elles ne peuvent y parvenir vraiment. L'odieuse reine Mutine est prise en main par une fée qui tâche de la rééduquer en la contraignant au travail. Au terme de sa punition, la reine est renvoyée chez elle avec force conseils. Plus tard, le narrateur dresse le bilan de cette entreprise:

> Elle avoit voulu moitié par la crainte d'une nouvelle punition, moitié par raison contraindre la dureté de son caractère; elle avoit pour cet effet tant ravalé de méchancetés & de noirceurs; elle s'étoit si prodigieusement contrainte, qu'après avoir eu plusieurs grandes maladies, elle avoit à la fin succombé.[27]

Une telle issue révèle que le naturel, s'il peut être canalisé, ne se réforme pas totalement et continue d'œuvrer en profondeur. Un autre exemple remet en cause l'efficacité des méthodes répressives, c'est celui du couple royal qu'une fée transforme en couple de paysans « autant pour les punir de leur ignorance & de leur paresse, que pour tâcher de les en corriger »[28]. On ne rencontre d'ailleurs jamais dans le corpus de châtiment qui ne soit tentative de redressement. La fée confie à ces personnages Nonchalante, espérant naïvement qu'ils parviendront à modifier son naturel. Ils s'y emploient sans succès. La reine, compatissante, avoue à la jeune fille:

> Je sais bien que c'est une jolie chose que de ne rien faire, telle que vous me voyez, je le sais par moi-même; car enfin, quand nous étions roi & reine, nous ne faisions rien, mon mari & moi, mais je dis, rien du tout, & j'espère bien

---

[25] *Le Prince Courtebotte et la Princesse Zibeline*, p. 113.

[26] *Nonchalante et Papillon*, p. 303.

[27] *L'Enchantement impossible*, p. 483.

[28] *Nonchalante et Papillon*, p. 325.

qu'un jour viendra que nous en ferons tout autant.[29]

Remarque qui en dit long sur la probabilité d'échec des punitions et corrections, surtout lorsqu'elles sont appliquées trop tard.

L'éducation du prince

Les mauvaises cours étant le reflet de leurs dirigeants, ce constat général implique la nécessité d'une éducation au métier de roi. Celui-ci doit savoir bien s'entourer, « le choix des hommes étant la partie essentielle d'un bon gouvernement »[30]. Aussi lui faut-il se méfier des flatteurs et des hypocrites dont les cours sont peuplées et que les contes fustigent abondamment, à la suite des moralistes du XVIIe siècle. La tâche est si délicate qu'il est difficile de s'en prémunir sans quelque moyen magique. Une fée, désireuse de rétablir l'ordre dans un royaume corrompu, offre à la princesse Lumineuse un « bosquet de la vérité »[31]. Il présente un allégorique panorama des vertus indispensables à tout un chacun, a fortiori aux princes. Plusieurs divinités entourent la statue de la Vérité qui trône au centre: l'Amour, tout d'abord (il a partout un rôle essentiel), accompagné de la Délicatesse et la Fidélité, puis la Valeur, accompagnée de la Douceur et du Sang-froid. Viennent ensuite la Reconnaissance des bienfaits, escortée de la Mémoire et de la Sensibilité, sans oublier la Religion, ornée de la Bonne foi et de la Persuasion. Ce bosquet magique a le pouvoir de dévoiler les dessous des « fausses valeurs »: la peur ou la férocité dont se drape parfois le Sang-froid, l'ambition personnelle, qui se cache trop souvent sous le masque de la Religion, la coquetterie et l'inconstance que dissimule la prétendue Fidélité. La cour est bel et bien « le royaume des erreurs ». C'est le nom donné à celle d'un roi que « la flatterie [...] avoit persuadé qu'il étoit du sang des dieux. En conséquence de cette idée, il se faisoit adorer par ses sujets »[32]. Le bon roi, au contraire, doit se garder de l'illusion, « cette divinité qui n'a que trop de pouvoir sur le genre humain »[33], et se défier des courtisans, habiles à nourrir l'amour-propre, « ce poison de la vie »[34]. Car ils flattent les défauts des rois, « qui n'aiment point à être contredits »[35]. A

---

[29] *Ibid.*, p. 328.

[30] *La Princesse Lumineuse*, p. 386.

[31] *Ibid.*, pp. 381-83.

[32] *Bleuette et Coquelicot*, p. 402.

[33] *Le Prince Courtebotte et la Princesse Zibeline*, p. 149.

[34] *Bleuette et Coquelicot*, p. 399.

[35] *L'Enchantement impossible*, p. 451.

cet égard, le jeune prince Courtebotte, héros du premier conte, représente un modèle en tous points opposé à la ridicule clique des Fadasse (« fier de ses aïeux, enivré de sa longue figure »[36]) et autres Brandatimor et Arrogantin, pleins de vanité et de morgue. Au terme d'un parcours glorieux, le héros, ignorant tout encore de sa naissance royale, est « adoré et respecté de tout le monde » et reçoit « avec répugnance »[37] les honneurs rendus par ses nouveaux sujets[38]. Les « marques d'amour & de considération du peuple, plus flatteuses certainement pour les grands hommes, que les monumens élevés par la seule flatterie, à l'honneur des princes »[39] sont, certes, la juste récompense des exploits héroïques de Courtebotte, mais il sait rester modeste. La fée l'en félicite et lui rappelle que, devenu roi, il ne devra jamais se départir ses qualités:

> Il ne vous reste plus désormais qu'à pratiquer sur le trône, les vertus que vous avez fait paroître pendant que vous ne connoissiez en vous qu'un homme obscur. Je sais que c'est un point qui n'est pas sans difficulté, mais je l'espère de la bonté de votre cœur.[40]

Le préjugé contre la déchéance morale qui menace la royauté est tenace. Les narrateurs le partagent. Ainsi, le roi Gris-de-Lin:

> étoit d'autant plus aimable qu'il avoit conservé sur le trône toutes les vertus & tous les agréments d'un particulier; aussi l'on ne peut douter qu'une fée n'eût présidé à sa naissance.[41]

De même, le sage Floridor est un roi parfait: « Ses désirs étoient réglés; en un mot, il eût été un particulier aimable »[42]. Lorsque ce prince quitte ses états, il est « regretté de tout son petit peuple, comme s'il eût été le frère, le fils, ou l'ami de chacun de ses sujets »[43]. Cette identification du roi au sujet est sous-tendue par un idéal de simplicité omniprésent.

Tout comme les valeurs qui fondent la vertu du bon roi, les connaissances dont il doit être orné – bien des contes le rappellent – sont « néces-

---

[36] *Le Prince Courtebotte et la Princesse Zibeline*, p. 140.

[37] *Ibid.*, p. 174.

[38] Dans *La Princesse Minutie et le Roi Floridor*, des soldats, reconnaissant pour roi leur sauveur, veulent l'adorer comme un dieu. « Touché de leur obéissance, il reçut leurs respects, non leur adoration » (p. 496).

[39] *Le Prince Courtebotte et la Princesse Zibeline*, p. 166.

[40] *Ibid.*, p. 177.

[41] *Nonchalante et Papillon*, p. 301.

[42] *La Princesse Minutie et le roi Floridor*, p. 487.

[43] *Ibid.*, p. 489.

saires à tous les hommes, mais plus encore à un prince »[44]. A la différence des premières qui sont abondamment illustrées dans le corpus, les secondes ne sont pas véritablement précisées. Sans doute sont-elles tellement connues que les narrateurs peuvent passer rapidement sur la question, d'ailleurs un peu austère pour le genre. Tout au plus sait-on que Courte-botte a appris la géographie[45], que Papillon « savoit un peu de tout »[46]. Le savoir peut être fourni en partie par les livres. La fée Surcantine forme son héros en le faisant lire et en écrivant pour lui des romans. La méthode n'est pas nouvelle, Fénelon l'a expérimentée[47].

Quoi qu'il en soit, l'acquisition livresque doit toujours être complétée par l'expérience: la fée Melinette, faisant de son mieux pour éduquer le prince Romarin,

> ne négligea rien des connoissances dont l'esprit d'un prince devoit être toujours orné; mais elle avoit elle-même trop d'esprit, pour ne pas savoir que tout homme ne peut employer ses talens qu'autant qu'il est instruit de l'usage du monde, elle savoit encore que les meilleurs princes sont ceux qui ont été confondus avec les sujets. Toutes ces considérations engagèrent Melinette à faire voyager Romarin, et à le laisser en un sens maître d'une conduite à laquelle elle veillait toujours invisiblement.[48]

Le voyage est en effet, chez Caylus comme chez d'autres romanciers du siècle qui ont lu Fénelon, un outil pédagogique de premier choix. Descartes célébrait déjà ses mérites et, plus proche de l'auteur, Locke préconisait cette école du voyage, fondée sur une pragmatique du sensible[49]:

> Cette école où tout le monde *se dévoile en action*, est peut-être la plus utile de toutes; les princes sont ceux qui en auraient le plus besoin, & qui en font le

---

[44] *Le Prince Muguet et la Princesse Zaza*, p. 197.

[45] Le Père Lamy en recommande l'étude pour les jeunes enfants dans ses *Entretiens sur les Sciences* (1683). En 1711 paraît la *Géographie universelle* du Père Buffier.

[46] *Nonchalante et Papillon*, p. 317.

[47] Cette fée tente d'insuffler à Papillon les principes du libertinage. L'intention est donc toute autre! Mais les romans et contes sont aussi utilisés par les fées à des fins plus morales. Caylus opère la synthèse des préjugés négatifs et positifs qui circulent sur le roman depuis quelques décennies.

[48] *La Princesse Pimprenelle et le Prince Romarin*, p. 250.

[49] Pour Locke, la raison, le jugement, l'attention ne sont pas des facultés innées. *An Essay concerning human understanding* (1690 – traduction française 1700) définit le primat de l'expérience, qui recourt au sensible, sur le savoir livresque. *Some Thoughts concerning education* (1693 – traduction française 1695) vante la supériorité de la formation morale de l'individu sur l'apprentissage intellectuel.

moins d'usage.[50]

On croirait entendre Baudoin, pour qui le voyage est « peut-être la plus délicate et la plus essentielle partie de l'éducation »[51]. Voyager enrichit en effet la connaissance d'autrui, fait découvrir d'autres mœurs, d'autres systèmes et permet la vérification personnelle de la pertinence des conseils, des critiques émis par les maîtres, ainsi que l'expérimentation des acquis. Les jeunes héros des *Féeries nouvelles* sont amenés naturellement à exploiter leurs connaissances théoriques, ils en perçoivent alors l'utilité: la géographie aide Courtebotte à se repérer quand il est perdu. « La nécessité, jointe aux connoissances qu[e Papillon] avoit acquises lui [font] trouver une partie des manœuvres les plus nécessaires »[52] pour diriger seul un bateau. Parvenu au pays des barbets, royaume policé et parfaitement cultivé, Courtebotte trouve, à l'instar de Télémaque, de quoi alimenter sa réflexion de futur prince. Certains spectacles, à l'inverse, le mettent en garde contre les erreurs à éviter (la recherche forcenée des richesses, par exemple). Découvrant le malheur humain, il s'enrichit d'un nouveau sentiment, la compassion et, en aidant les faibles, s'acquiert des alliés pour l'avenir. Le voyage est donc à tous égards une mise à l'épreuve de l'esprit et du cœur. Le projet de la fée était de compléter « une éducation simple et naturelle […] par les traverses, les peines de l'esprit, & la connoissance des hommes. »[53] Courtebotte affronte de nombreux obstacles et livre des combats, autant d'occasions pour lui de forger sa vaillance, son endurance et d'apprendre l'art militaire. Avant de laisser son élève voler de ses propres ailes, la fée, nouvelle Minerve/Mentor, dresse à la fin le bilan de son initiation:

> Je vous ai fait passer par toutes les épreuves qui contribuent à former un roi juste & grand; je vous ai mis en état de trouver des ressources en vous-même. Je vous ai fait connoître l'amitié, & *ressentir* non-seulement les plaisirs qu'elle procure, mais encore les véritables secours qu'elle seule peut faire trouver dans le cours de la vie. Voilà, je crois, la meilleure éducation que l'on puisse donner à un homme qui doit commander aux autres.[54]

On reconnaît bien dans ce premier conte le modèle fénelonien, sous l'égide duquel Caylus a placé son recueil en le faisant partout affleurer, ainsi que

---

[50] *Le Palais des Idées*, p. 343.

[51] *De l'Education d'un jeune seigneur*, Paris, Estienne, 1728, p. 322.

[52] *Nonchalante et Papillon*, p. 317. Au XVIIIe siècle, les mathématiques expérimentales (appliquées à la navigation, entre autres) connaissent un véritable essor.

[53] *Le Prince Courtebotte et la Princesse Zibeline*, p. 112.

[54] *Ibid.*, pp. 176-77.

la prégnance des théories empiristes et sensualistes développées par Locke.

Existe-t-il un système politique idéal?

La mise en scène de l'éducation des princes pose la question du système politique et du type de société qu'ils sont appelés à diriger. S'il existe de bons princes, existe-t-il de bons gouvernements? Le premier conte du recueil s'ouvre sur le piteux tableau d'une monarchie corrompue. Plusieurs autres dénoncent, conformément à la tradition, des cours où la passion du jeu, le goût du luxe et des plaisirs, la mollesse ont cédé la place au désordre interne et à la menace d'invasions. Le libertinage est plus souvent incriminé par Caylus que par ses prédécesseurs. Il existe bien quelques rares exceptions de cours non corrompues, mais il est rappelé que ce sont des univers de fiction:

> La cour de Paridamie étoit le modèle de la galanterie, de la politesse et de la probité. On n'a jamais vu une cour semblable à la sienne.[55]

L'ancrage des histoires dans un passé lointain, le recours à la topique du genre compliquent la tâche de qui prétendrait déceler dans les contes un idéal politique propre aux auteurs, qui se dispensent d'afficher des opinions trop tranchées sur cette épineuse question. Caylus semble mettre immédiatement en garde son lecteur contre cette tentation. Le roi du premier conte, ignare et stupide, est « le plus grand ânoneur qui fût jamois »[56].

> Depuis le tems que la féerie est un peu tombée, les rois d'à présent gouvernent-ils par eux-mêmes; ils ont tous de l'esprit, de la connoissance des affaires, de la capacité, & sur tout ils s'attachent à connoître le cœur humain.[57]

Pour se prémunir sans doute contre le risque d'être mal perçu, le narrateur a vite rectifié le tir en brouillant les pistes, opposant fiction lointaine et prétendue réalité contemporaine, retournant la satire en éloge, ce qui fournit un paravent confortable à ses attaques. L'accent est mis sur l'autonomie royale. Or, à l'époque de la publication, Louis XV n'a pas encore pris le pouvoir, c'est le cardinal Fleury, son précepteur, qui est à la tête du gouvernement depuis 1726 pour deux années encore. On sait que la France, sous la Régence, s'est dotée d'un système de gouvernement par conseils, qui donne plus de latitude au parlement. Le narrateur du premier conte semble regretter l'heureux temps de l'absolutisme, affirmant que « les

---

[55] *Rosanie*, p. 180.
[56] *Le Prince Courtebotte et la Princesse Zibeline*, p. 108.
[57] *Ibid.*, p. 106.

conseils sont le sort de ceux, ou qui ne peuvent prendre de parti, ou qui n'ont point de connoissance »[58]. Pourtant, dans un autre conte, le jeune roi Floridor ne prend aucune décision sans consulter la Fourmi:

> Elle lui donnoit des conseils aussi remplis de prudence que de sagesse. L'on conçoit aisément que la jolie Fourmi dont nous parlons étoit fée; son histoire [était] arrivée il y a plus de sept mille ans.[59]

La réflexion laisse entendre qu'il est impossible aujourd'hui de trouver de tels conseillers chez les humains[60]. Or, cette fée, capable d'assurer la protection du royaume en l'absence du prince a été son éducatrice après la mort de ses parents. Ce point qui la rapproche de Fleury peut-il échapper aux contemporains de Caylus?

La monarchie absolue, système de référence implicite dans de nombreux contes, y est distinguée de la tyrannie. Il faut, comme Floridor, roi d'un minuscule Etat, gouverner « sagement, sans abuser d'une autorité despotique »[61]. La fée qui l'a éduqué pourrait facilement lui faire cadeau de quelques royaumes mais elle préfère, pour son avancement, des moyens plus glorieux. Il calme une insurrection dans un royaume voisin. La fée ne peut s'empêcher d'y contribuer par quelques prodiges spectaculaires. Le voilà donc adulé de tous. Il lui serait facile de profiter de telles circonstances pour s'imposer. Or, il n'accepte le gouvernement de cet Etat qu'après avoir montré au peuple une lettre de la fée le légitimant. Le message est clair: le pouvoir se mérite et l'autorité doit être fondée sur le droit, qui accrédite la valeur, non sur la force. La tyrannie est ailleurs sanctionnée: une fée ridiculise le tyran Chicottin, géant de son état, et le transforme en nain, le rabaissant au rang de petit laquais[62].

Deux autres systèmes politiques, démocratiques, sont examinés dans le dernier conte inachevé, *La Belle Hermine et le Prince Colibri*. Caylus, bien avant Rousseau, y dépeint une société naturelle heureuse, presque idéale, celle des peuples Pallantins,

> peuples semblables à ceux que l'injustice de ces derniers tems a fait nommer sauvages, quoique la pureté des mœurs, l'innocence & la valeur brillassent à

---

[58] *Ibid.,* p. 111.
[59] *La Princesse Minutie et le Prince Floridor,* p. 488.
[60] Dans le conte *Mignonnette,* un bon roi, pourtant, n'hésite pas à consulter sur les affaires de l'état un charbonnier avisé.
[61] *La Princesse Minutie et le Roi Floridor,* p. 487.
[62] *Mignonnette.*

l'envi parmi eux.[63]

Chez eux, il n'est ni rois, ni prêtres. On pratique « une religion dont la société est le temple, & chaque particulier le sacrificateur » (p. 508). Les
vieillards jugent des différents, mais il n'est, chez ces bons sauvages, ni
chef politique, ni classes sociales. Le travail y est réparti suivant une divi-
sion sexuelle et ses fruits sont partagés:

> Le luxe ne pouvoit s'introduire dans un pays dont on avoit banni la propriété, &
> les tristes idées du tien et du mien. (p. 507)

Les enfants sont élevés en commun. « L'étude ne consistoit que dans la
connoissance & l'examen de la nature » (pp. 507-08). Le choix d'un époux
est laissé libre à chacun et les divorces, quoique rares, sont permis (cet
usage rebute la princesse). Quittant le pays des Pallantins, les héros abor-
dent le Pays de la Rivière Froide. Ils découvrent alors un nouveau système
politique:

> Le gouvernement est républicain. L'avarice y domine; aussi les habitans ont le
> visage pâle, le cœur agité & l'esprit contraint. On y marie les enfans dès le ber-
> ceau, afin que l'amour ne les détourne pas un seul instant des occupations lucra-
> tives. La délicatesse & tous les plaisirs du cœur étoient inconnus chez ces peu-
> ples barbares. (p. 512)

Seul exemple de république que l'on rencontre dans les *Féeries nouvelles*, ce pays, dit-on, a tôt fait d'inspirer le dégoût. A choisir, le précédent
modèle de société libérale présentait plus d'avantages. Tout compte fait,
puisqu'il n'est pas possible de reconstituer une société idéale, de revivre un
nouvel âge d'or, mieux vaut encore, semble-t-il, la monarchie que la république, qui n'offre que déception à l'attente d'une illusoire liberté. C'est
sur ce sentiment que l'auteur abandonnera son lecteur, qui ne saura jamais
où la fée emmène ses protégés. Quittant le pays de la Rivière Froide, elle
leur a annoncé un lieu où ils verraient des objets plus dignes d'eux. Mais
un brouillard s'abat, et le conte inachevé se ferme sur quelques points de
suspension, laissant les héros dans un « embarras extrême », peut-être partagé par l'auteur: est-il de système politique qui soit vraiment idéal?

Une éducation libérale pour un apprentissage du bonheur pour tous

Caylus sait bien que ses lecteurs ne sont pas tous des princes.
D'ailleurs ses fées s'occupent aussi d'autres enfants et les nombreux paral-
lèles instaurés entre les meilleurs rois et les simples particuliers rappellent
assez que les vertus doivent être unanimement partagées:

---

[63] *La Belle Hermine et le Prince Colibri*, p. 505.

> La *simplicité* des cours d'autrefois étoit extrême, & les enfans des rois jouoient tous les jours avec ceux des particuliers, ce qui n'est pas étonnant, puisqu'ils alloient ensemble à la même école, la politique trouvoit alors des raisons pour autoriser cet usage qu'elle ne trouve plus aujourd'hui.[64]

Les traitements sont relativement les mêmes pour les filles et les garçons, les combats mis à part. La fée qui se charge de l'éducation de la princesse Zaza la fait lire des ouvrages d'imagination pour l'amuser,

> mais comme [Zaza] vouloit être parfaite, elle s'instruisoit aussi de tous les contes de fées qu'elle pouvoit apprendre.[65]

La fée des Prés enseigne la lecture et l'écriture à de jeunes élèves de milieu modeste, ainsi que la musique et la poésie. Connaissant l'efficacité de *l'exemplum*, elle leur raconte des histoires qui les persuadent intimement de la nécessité de la vertu[66]. La fée Bonnebonne vit retirée du monde dans l'île du Bonheur, où elle élève des enfants. Douée de grandes connaissances acquises dans les livres, dans le monde, mais surtout dans la nature, elle les éduque de manière très libérale. Il s'agit en premier lieu de les laisser manger des douceurs à volonté, jusqu'au dégoût. Puis ce ne sont que jeux, danses et chansons dans les bois, promenades en bateaux que les enfants conduisent eux-mêmes.

> Enfin, l'on faisoit tout le jour ce que l'on avoit envie de faire, & le bonheur consiste principalement dans la liberté.[67]

Ils ne sont pas pour autant livrés à leurs caprices puisque mies et précepteurs partagent leurs jeux ou les surveillent de leur invisible présence, rapportant à la fée les mauvaises actions. Elle sait alors réprimander avec douceur: « Rien n'avoit l'air de la sévérité dans cette heureuse habitation » (*ibid.*). La tendresse est souvent prônée, mais la générosité n'exclut pas une certaine fermeté quand les enfants grandissent: la fée des Prés met à l'épreuve Tourlou et Rirette suite à l'oubli de leur parole, non pour venger son amour-propre blessé, comme dans les contes de la fin du XVIIe siècle, mais pour habituer ses élèves à la vigilance et aguerrir leur cœur. Si le désespoir éprouvé pendant leur errance et leur séparation les pousse au suicide, elle les en préserve et, sans se montrer, ne les abandonne jamais. Plus tard, elle ne les accable pas de reproches, estimant que l'expérience les a

---

[64] *Mignonnette*, p. 419.

[65] *Le Prince Muguet et la Princesse Zaza*, p. 201.

[66] *Tourlou et Rirette*.

[67] *Bleuette et Coquelicot*, p. 393.

assez punis. Elle les laisse en tirer les leçons[68]. Car il faut, comme chez Fénelon, que la souffrance et l'erreur soient formatrices[69]. Les fées ont recours aux épreuves dans des univers hostiles et rudes pour corriger des caractères rétifs, mais à l'égard des jeunes enfants, elles usent toujours de méthodes douces, car « l'enfance est l'état de l'humanité qui peut être rendu le plus heureux »[70]. Quand, séduits par les mensonges d'une mauvaise fée, Bleuette et Coquelicot décident de quitter l'île du Bonheur, Bonnebonne ne les en empêche pas. Ils font la cruelle expérience d'une cour séduisante qui leur dérange le cœur et l'esprit. Revenus de leurs erreurs, ils regrettent leur bonheur passé et décident de retourner dans l'île. La fée, estimant que « le plus grand fruit de l'étude & de la solitude, est celui de pardonner » (pp. 401-02), leur ouvre les bras:

> Jouissez du bonheur de mon empire, vous êtes à présent plus en état d'en connoître les délices. (p. 413)

Car le voyage est pour tout un chacun l'école du jugement et du libre-arbitre.

L'éducation sentimentale

Il est un maître plus puissant et plus efficace que les fées, c'est l'amour. Presque tous les contes en font la démonstration, dans le sillage des premiers conteurs. L'intrigue de *Nonchalante et Papillon* repousse loin la résolution improbable d'une véritable gageure. Les fées ont beau déployer des trésors d'imagination pour tenter de rééduquer et d'associer deux tempéraments incompatibles, les héros font preuve d'une désespérante irréductibilité… jusqu'à l'éveil de leurs sentiments. Les fées, « piquées que l'amour eût fait en un instant ce que tout leur art et leurs réflexions n'avoient pu produire » (p. 338), décident de les éprouver et de les tourmenter. Loin d'abandonner leur projet éducatif – ce que le narrateur laisse croire un instant – elles utilisent les sentiments des jeunes gens pour performer leur éducation, conscientes que « le cœur séduit toujours

---

[68] *La Princesse Pimprenelle et le Prince Romarin.*

[69] « Je n'ai garde de vous reprocher la faute que vous avez faite. Il suffit que vous la sentiez et qu'elle vous serve à être une autre fois plus modéré dans vos désirs » dit Mentor à Télémaque (*op. cit.*, Gallimard, Folio, 1995, p. 39).

[70] *Bleuette et Coquelicot*, p. 396. Le Père Lamy, dans ses *Entretiens sur les Sciences* (1684) invite les éducateurs à la douceur. Rollin (*De la Manière d'enseigner et d'étudier les Belles Lettres…*, 1726-1728) met en garde contre les dangers des punitions et préconise l'usage de douces remontrances et de la persuasion.

l'esprit » (p. 336). Puisque « l'amour vient à bout de tout »[71], sa supériorité sur tous les autres outils pédagogiques est souvent soulignée:

> Les conseils de la bonne Fourmi, & plus que tout, l'amour & l'envie de plaire, & d'être digne de Floridor, l'avoient corrigée.[72]

Chez les princes, l'amour, heureux ou malheureux, est un parfait stimulant de l'héroïsme. Il éduque au métier de roi, car « plus on a souffert & plus on est sensible au malheur des autres ».[73] Quant au bonheur, il « porte aisément à la compassion »[74], qui entraîne en retour l'amour des sujets. Mentor n'avait cessé de le rappeler à Télémaque. Vie privée et vie publique sont donc liées dans une économie générale du bonheur pour tous. Cet idéal se propagera tout au long du siècle des Lumières.

Certains contes ont tôt fait de reléguer à l'arrière-plan les projets éducatifs princiers énoncés pourtant au début des récits. Ainsi, dans *La Princesse Pimprenelle et le Prince Romarin*, le voyage du héros, initié par une fée désireuse de préparer son protégé au métier de roi, est pourvoyeur d'épreuves utiles uniquement pour «former ce terrible nœud de mariage »[75]. Le conte se ferme d'ailleurs sur la mention d'un bonheur sentimental partagé par couple royal. *Le Palais des Idées* s'intéresse à la rééducation par l'amour d'un prince volage. Celui-ci en oublie ses fonctions politiques. La fée et le narrateur ne s'en soucient guère plus jusqu'à l'épilogue:

> Constant & Rosanie [furent] plus heureux mille fois par leurs sentimens que par la possession de deux grands royaumes, & par tout ce que les hommes regardent comme la fortune. La véritable est, en tous sens, dans notre cœur.[76]

Tel est bien le message à transmettre à des lecteurs qui ne sont pas appelés à gouverner, lecteurs qu'il faut préserver des méfaits de l'ambition.[77]

La conception de l'amour qui alimente ces contes n'a rien d'original: pour être durable, le bonheur doit reposer sur l'harmonie des humeurs et

---

[71] *Mignonnette*, p. 439.

[72] *La Princesse Minutie et le Prince Floridor*, p. 496.

[73] *Le Prince Muguet et la Princesse Zaza*, p. 199.

[74] *Le Prince Courtebotte et la Princesse Zibeline*, p. 172.

[75] *La Princesse Pimprenelle et le Prince Romarin*, p. 257.

[76] *Le Palais des Idées*, p. 358.

[77] Le conte encastré dans *Tourlou et Rirette* fustige des roturiers qui ont cherché à s'élever.

des goûts, se conquérir avec timidité, respect et discrétion[78]. Aussi, les épreuves amoureuses infligées aux couples sont-elles avant tout des *catharsis* réciproques de l'amour-propre et de l'orgueil: chaque individu, contribuant à la formation de l'autre, devient finalement son propre éducateur. Ces deux formes de vanité que sont, chez les filles, la coquetterie et le goût des bagatelles et, chez les garçons, le libertinage, qui « flatt[e la] vanité sans jamais satisfaire [le] cœur »[79], disparaissent d'elles-mêmes dès que le véritable amour entre dans la partie. La morale amoureuse qui gouverne ces contes est celle d'un hédonisme mesuré et éclairé: pour atteindre « cette volupté si bien connue sous le nom de fille du ciel, & que les hommes doivent rechercher avec un si grand soin »[80], il faut se défier des égarements de l'amour, de « l'aveuglement, & même [de] la sottise que cette passion donne à l'homme du monde doué du plus grand esprit » (p. 356). Comme les dons des fées, c'est une arme à double tranchant. La leçon du *Télémaque*, que l'on pourrait croire mise de côté dans ces contes où prévalent les intrigues amoureuses, est donc toujours efficiente. La tâche des fées et des narrateurs n'est pas simple: ils savent fort bien que « les égarements de l'amour ont redouté de tous les tems les conseils de l'amitié éclairée » (p. 351) et qu'à « [faire] son possible pour le détruire, [on travaille] toujours à l'animer »[81]. Telle est, là encore, la leçon de l'expérience.

Pour une éducation du lecteur

Les fées, les premières, savent tirer profit de ses enseignements: Guerlinguin, protectrice attitrée de la famille royale, retire le prince Courtebotte à sa famille, regrettant d'avoir été dans le passé:

> assez bonne & assez complaisante pour laisser élever le roi par ses père & mère, qui l'avoient gâté, & si bien gâté qu'ils n'en avoient fait qu'un sot. (p. 111)

La trop généreuse fée du Hêtre[82] n'a pu éviter à son protégé de tomber dans les filets du luxe, de la mollesse et du libertinage. Elle tente de trouver des méthodes plus performantes, sans user pour autant des procédés drastiques de la fée Saradine: elle met sur le chemin du prince Muguet, collectionneur de conquêtes féminines, la princesse Zaza, qu'elle a charge

---

[78] Voir, dans *Pimprenelle et Romarin*, les différences qui opposent le prince à son rival, le géant Grumedan, dans leurs façons de courtiser leur prétendante.

[79] *Bleuette et Coquelicot*, p. 408.

[80] *Le Palais des Idées*, p. 346.

[81] *Nonchalante et Papillon*, p. 338.

[82] *Le Prince Muguet et la Princesse Zaza*.

d'éduquer aussi. Cette correction infligée à un jeune galant « que ses bonnes fortunes avoient rendu ridicule, que les femmes avoient gâté » (p. 200) peut sembler douteuse tant elle est paradoxale. Le narrateur en est conscient:

> Quelqu'un blâmera peut-être la fée du Hêtre de son indulgence; mais elle aimoit ce jeune prince, & ne vouloit le corriger des plaisirs que par les plaisirs mêmes. Ce remède est encore plus doux qu'il n'est sûr; mais enfin par bonté elle n'en avoit point imaginé d'autre. (pp. 202-03)

En renouant ici le dialogue avec le lecteur, le narrateur stimule son jugement critique et invite à considérer l'hypothèse d'un échec pédagogique comme étant la plus vraisemblable. Mais il s'agit d'une ruse d'auteur: la fée affine sa tactique personnelle en piquant l'amour-propre de son élève, qu'elle a trop longtemps encouragé. L'amour fera bien sûr le reste et la rééducation, à terme, aura été efficace. Aussi faut-il se méfier des apparences et des affirmations définitives: Nonchalante et Papillon, présentés par le narrateur comme relativement incorrigibles, n'étaient donc pas des cas si désespérés. Par de telles inflexions données aux parcours éducatifs, l'auteur laisse entendre que s'il est des valeurs solides (leur permanence dans l'ensemble du corpus ne laisse aucun doute sur ce point), il n'est pas forcément de recette prédéterminée qui vaille. Que s'il est des stratégies dominantes qui s'avèrent globalement productives, une capacité d'adaptation au cas par cas est souvent nécessaire puisque chaque aventure est porteuse d'un enseignement. Par delà la critique des mauvais éducateurs et la dénonciation d'un monde corrompu, un message optimiste et rassurant est délivré. Même les maîtres défaillants sont capables de s'améliorer eux-mêmes en rendant les autres meilleurs. L'éducateur, ici, apprend avec l'élève. Le lecteur, au fil des intrigues, peut donc aisément s'identifier à ces fées pleines de bonnes intentions ou même à ce narrateur lesté de préjugés mais capable de se laisser surprendre par une issue contraire à celle qu'il a prédite. A lui d'en tirer leçon et ne pas jouer les fées Mirdandenne, « très-bonne femme; mais [qui] joignoit au défaut de se laisser prévenir, celui de n'en jamois revenir »[83]. En ce sens, la figure féerique que construit Caylus d'un conte à l'autre humanise encore davantage le modèle fénelonien très prégnant dès le premier conte. Minerve sait bien que l'erreur est formatrice, mais « *errare humanum est* ». Sous un dogmatisme apparent qu'entérine la réaffirmation de valeurs phares, le doute cartésien a, chez Caylus, droit de cité.

---

[83] *La Princesse Minutie et le Roi Floridor*, pp. 485-86.

Du premier conte au dernier se dessine un itinéraire: de la satire à l'utopie, du pessimisme un peu amer à la quête (inaboutie) d'un idéal, conformément aux trois principes fondamentaux de la nature, de la liberté et du plaisir, sur lesquels s'élabore, au XVIIIe siècle, le nouveau type social du « philosophe pratique »[84]. La méfiance à l'égard des systèmes et de la société n'éteint pas, chez Caylus, toute foi en l'homme. Les deux royaumes qui sont décrits dans les débuts de ces deux contes présentent des similitudes: les rois y sont mal élevés et ignorants, ils laissent leur royaume aller à vau-l'eau. Dans le dernier, les sujets ne sont pas dupes de la sottise du roi. Le narrateur se rallie à ces hommes qui se moquent de lui « comme on fera toujours de ceux qui ne voudront jamois rien apprendre »[85]. N'est-ce pas miser sur la connivence des lecteurs et leur signifier qu'on ne les englobe pas dans cette catégorie? C'est parier sur le pouvoir pédagogique du conte. Dans *Tourlou et Rirette* l'encastrement d'un conte, rapporté par la fée, met en abyme la figure d'un auteur pédagogue, figure qui se reflète par diffraction dans le recueil. La fée du dernier conte trouve un moyen efficace pour prodiguer ses leçons à une princesse qui vit dans une cour pervertie: elle prend l'allure d'une petite paysanne. Sous ce masque pédagogique innocent,

> cet aimable enfant *employa le tour simple & naïf* pour conduire la belle Hermine à des *réflexions,* pour lui faire sentir au milieu des objets les plus séduisans, les erreurs de ce royaume, & les préventions dans lesquelles il étoit plongé. Elle faisoit remarquer à la princesse tous les ridicules de sa cour & du gouvernement. (p. 503)

Caylus, qui a choisi le genre « simple et naïf » du conte, prend lui aussi un visible plaisir à « raconte[r] avec cette naïveté que donne la vérité, & cette éloquence qu'inspire le sentiment » (p. 513).

> Feignant de trouver tout *nouveau,* [la fée] avoit un prétexte suffisant pour faire passer sur le compte de son ignorance, les critiques de tout ce qu'on lui faisoit remarquer. Contente des lumières de [l']esprit [de la princesse], elle y semoit les principes de toutes les vertus héroïques. (p. 503)

L'auteur des *Féeries* dites *Nouvelles* emploie des ruses identiques. Dans le genre, la nouveauté ne s'est jamais interdit de puiser à la topique et de tisser sur de nouveaux métiers, de nouvelles trames narratives, les vieux motifs des premières Pénélopes de la féerie. Caylus ne se pique pas plus de

---

[84] Voir Florence Bancaud-Maënen, *Le Roman de Formation au XVIIIe siècle en Europe*, Nathan-Université, 1998.
[85] *La Belle Hermine et le Prince Colibri*, p. 497.

révolutionner la morale, en « emmiellant » ses leçons de sa verve imaginative. Comme les fées, les narrateurs usent de stratégies diverses pour distiller leurs leçons de morale en action. D'un conte à l'autre, ils peuvent se faire oublier puis réapparaître ostensiblement et la diversité des postures énonciatives des seconds renvoie à la variété des méthodes des premières. Dans *Nonchalante et Papillon*, par exemple, le narrateur se charge du récit des aventures du héros. Le lecteur, invité à suivre pas à pas les étapes d'une rééducation dont on lui fournit les laborieux détails, a l'impression d'en éprouver les lenteurs en même temps que le personnage. Ensuite l'héroïne raconte elle-même ses aventures à Papillon. Le récit se fait alors bien plus rapide (Nonchalante serait-elle en voie de guérison, quoi qu'elle en dise et qu'elle même le sache? Le récit possèderait décidément des vertus pédagogiques!). Le lecteur est alors laissé seul juge des erreurs d'appréciation de la jeune fille qui se vante d'avoir résisté à la cure. Le narrateur se garde, par exemple, de commenter l'éloge qu'elle fait de la désobéissance (d'autres contes rectifieront). Le narrateur adopte, en somme, la même pédagogie que les fées qui, après avoir promulgué leurs leçons de morale aux héros, les livrent à eux-mêmes afin que l'école de la vie parachève par l'expérience leur formation et développe leur sens critique. Elles se contentent alors d'œuvrer de manière invisible, tout comme l'auteur qui sait bien que « pour être plus voilée & moins apparente, la morale se fait toujours assez sentir pour produire l'effet que l'auteur s'est proposé »[86].

Le conte des *Dons*, qui se distingue des autres par sa posture énonciative et sa chute étonnante, pousse cette stratégie de cache-cache à l'extrême. Ce conte remet en cause le bien-fondé du traditionnel cadeau féerique. C'est histoire de Silvie, envoyée par une fée visiter d'autres princesses qu'elle a douées dans le passé, afin que la jeune fille puisse choisir pour elle-même un don en connaissance de cause. A son retour, elle rapporte que la beauté a dispensé Iris de cultiver son esprit; il lui fait cruellement défaut une fois que la maladie a ruiné sa physionomie. La vivacité d'Aglaé et l'éloquence de Daphnée, au départ charmantes, ont fini par ennuyer leur entourage et se sont avérées dangereuses dans l'exercice du pouvoir. Si le don de plaire a d'abord attiré à Silvanire une foule d'amants, ils l'ont plus tard méprisée. Le narrateur s'abstient de tout commentaire critique jusqu'à la fin: le cas est exceptionnel chez Caylus, assez porté aux réflexions. Par son récit, l'héroïne fait preuve d'une capacité d'analyse qui

---

[86] Préface de *Cadichon et Jeannette*, p. 384.

témoigne d'une éducation réussie. La fée s'en réjouit et satisfait sa demande sans même la commenter: elle lui donne... un esprit paresseux. Le
narrateur sort enfin de sa réserve et déclare:

> Ce caractère est divin, il conduit ordinairement à la tendresse & à tous les agré-
> mens de la vie dans tous les âges.[87]

Et le conte d'abandonner le lecteur perplexe sur l'évocation d'une Silvie
« qui jouit pleinement du don de la fée & de la *sagesse* du souhait qu'elle a
formé ». Dans le recueil, les mêmes valeurs circulent d'un conte à l'autre,
unanimement partagées par les bonnes fées et les narrateurs. On y réédu-
que les couples royaux paresseux et les princesses nonchalantes[88]. Comment interpréter alors cette exception?[89] La vraie morale du conte ne se
situe-t-elle pas dans le cheminement du personnage? Silvie avoue qu'elle a,
au départ, été séduite par les dons des princesses, mais ses premières impressions n'ont pas résisté à un examen approfondi. Le lecteur est donc
invité, lui aussi, à se garder des jugements hâtifs. Deux options interpréta-
tives – non contradictoires – s'offrent alors. Première hypothèse: ce narrateur facétieux sort du rang et s'amuse d'un propos pouvant passer pour
immoral. Deuxième hypothèse: puisque les pseudo-qualités ont leurs défauts, les pseudo-défauts peuvent éventuellement cacher des qualités, ce
qui relativiserait la pertinence de tout discours moralisateur, toute attitude
figée. A examiner la paresse au regard des autres dons féeriques refusés
par Silvie (ailleurs valorisés), on s'aperçoit qu'ils sont tous fondés sur
l'amour-propre et ses avatars, le désir de séduction et l'ambition (ailleurs
fustigés). Les princesses ont fait mauvais usage de leurs talents. La paresse, à l'opposé, paraît bien inoffensive. D'ailleurs, les fées imposent parfois le travail comme moyen de corriger les tempéraments défectueux, mais
elles n'en font jamais une fin en soi, encore moins pour les princes. Force
d'inertie sans danger pour autrui, la paresse pourrait s'apparenter à
l'ataraxie du sage: elle mène à cette tranquillité, cette retraite offerte à la
fin des contes aux couples royaux plus âgés, qui cèdent leur place aux plus

---

[87] *Les Dons*, p. 300.
[88] Pour citer un exemple hors du corpus, *Cadichon* condamne également la paresse.
[89] Dans *La Princesse Lumineuse*, les qualités physiques de l'héroïne sont « encore surpassées par la vivacité & la justesse d'un esprit également porté à la douceur
& à la paresse » (p. 364). Mais cette tendance restera sans écho par la suite. Au
contraire, Lumineuse prendra activement les rênes de l'état.

jeunes[90]. La sagesse précoce de Silvie lui fait économiser les soucis d'une génération[91]. Si on octroie à l'élève la liberté de réflexion, ne peut-on lui laisser celle de décider pour lui-même, à condition bien sûr qu'il ait fait ses preuves et témoigne d'un sens critique solide? Pourquoi, dans ce cas, ne pas le provoquer? N'est-ce pas d'ailleurs ce que font les fées en infligeant à leurs élus des épreuves révélatrices?

Quoi qu'il en soit, ce conte inhabituel a construit son « lecteur-modèle »: un interprète intelligent qu'on présuppose parfaitement éduqué, capable donc de se défier des apparences, des préjugés et d'adapter la leçon de l'expérience d'autrui à son cas personnel. S'esquisse subrepticement chez Caylus ce que le conte deviendra ostensiblement avec Voltaire: l'école du doute à l'égard des idées reçues (y compris les « dons » des idéologues et pédagogues) et le terrain d'expérimentation de la relativité.

---

[90] *La Princesse Pimprenelle* et *Nonchalante et Papillon*.
[91] Voir la remarquable analyse de Jean-Paul Sermain, dans ce volume.

PORTRAIT DE CAYLUS EN AUTEUR

LES *FÉERIES NOUVELLES*
ET LE MANUSCRIT DE LA BIBLIOTHÈQUE D'AGEN

ANNE-LAURE COGNET

Paris

> Sans doute Mr de Quailus avouë les contes et s'en moque. Il est tres vray qu'il
> ne les a pas fait imprimer et que c'est un tour qu'on lui a joué.[1]

Tels sont les mots de Mme de Graffigny à propos des *Féeries nouvelles*, dans sa lettre à Devaux du 14 septembre 1742, et alors qu'elle est nouvellement introduite auprès du couple infernal Quinault-Caylus.

Les avouer et s'en moquer, les reconnaître et montrer la plus grande indifférence; d'emblée, la distance est instaurée. Distance salvatrice, se féliciteront certains critiques en s'autorisant à écarter de leur champ d'étude ces choses de peu. Distance tout aristocratique, argueront les autres, oubliant que la notion de mépris ne se construit pas sans connotations historiographiques. Au-delà des partis pris violents que l'œuvre de Caylus a si bien su susciter, rappelons que cette distance est l'expression historique du rapport à la propriété littéraire, et la première protection – quoique de façade – vis-à-vis de la censure royale.

Car, il n'est pas toujours de bon ton de se clamer auteur de contes – et encore moins éditeur – quand la prohibition des romans menée par le chancelier d'Aguesseau bat son plein. Les *Féeries nouvelles* n'y échappent pas. Publiées anonymement, sous une fausse adresse et sans privilège, il semble néanmoins qu'elles aient bénéficié d'une permission tacite[2]. Si tout libraire peut demander un privilège sans en consulter l'auteur, cela présuppose nécessairement l'existence d'une circulation manuscrite. De fait, le manuscrit

---

[1] Lettre 459 du vendredi 14 septembre 1742, *Correspondance de Madame de Graffigny*, Oxford, fondation Voltaire, t. III, p. 355.

[2] Cf. Françoise Weil, *L'Interdiction du roman et la Librairie, 1728-1750*, Paris, Aux amateurs de livres, 1986.

intitulé *Contes des Fées* et conservé à la bibliothèque municipale d'Agen[3] est peut-être le témoin du tour joué à Caylus. A qui a-t-il appartenu? Quand a-t-il circulé? Que nous apprend-il de la genèse des *Féeries nouvelles* et, plus généralement, des pratiques artistiques dans les années 1730-1740? Comment Caylus, enfin, se conçoit-il auteur? Autant de questions qui guideront notre propos aujourd'hui.

Un livre, une saga familiale

Le manuscrit, plus encore que le livre imprimé, s'inscrit dans une sociabilité particulière. Copié, lu, envoyé, offert, il est propice à une mise en scène de l'intimité. Le manuscrit des *Contes des fées* suit cette règle du fort privé et nécessite une présentation tant de ses propriétaires, la famille d'Aiguillon, que de leurs rapports avec Caylus.

A peine pénètre-t-on dans le cercle familial que la duchesse d'Aiguillon mère, Anne-Charlotte de Crussol-Florensac, apparaît comme un personnage incontournable du milieu lettré parisien. Elle compte parmi ses amis Montesquieu et Voltaire, est reconnue pour ses traductions de Pope et McPherson, et surtout tient un salon que Caylus a fréquenté. Pour autant, le père, Louis-Armand d'Aiguillon, partage avec Caylus un parcours similaire: mélomane averti[4], écrivain-imprimeur à l'occasion[5], chimiste à ses heures[6], il entre à l'Académie des Sciences en 1744. Enfin, le fils, Emmanuel-Armand, qui a une vingtaine d'années au moment de la publication des *Féeries nouvelles*, vient d'épouser Louise-Félicité de Bréhan-Plélo, nièce de Maurepas, lui-même grand ami de Caylus.

Les devoirs sociaux se mêlent étroitement aux relations plus personnelles, et l'on peut supposer que ce sont les souvenirs cristallisés autour du manuscrit qui ont décidé le duc d'Aiguillon fils et sa femme à l'emporter à Aiguillon. En effet, en 1775, suite à l'accession au trône de Louis XVI et au retour en grâce de Choiseul, le duc, qui a été un peu populaire ministre des Affaires étrangères, est contraint de s'exiler à Aiguillon, petit village

---

[3] Sous la cote ms 17.

[4] Cf. Jean-Christophe Maillard, *Bibliothèque musicale des Ducs d'Aiguillon*, Agen, Archives départementales de Lot et Garone, 1999.

[5] Les presses du château de Véretz, traditionnelle résidence secondaire de la famille, produiront entre autres sept exemplaires d'un recueil coécrit avec la duchesse de Conti et l'abbé Grécourt intitulé *Recueil de pièces choisies, assemblées par les soins du Cosmopolite*, Ancone, Vriel, B…t, 1735, in-4°.

[6] La Bibliothèque Nationale conserve un échange épistolaire manuscrit sur la divisibilité de la matière entre le duc et les comtes de Seigneley et Polignac.

au sud d'Agen. Mais Aiguillon n'est qu'une lointaine terre donnant droit de prairie; le château, mal entretenu et rarement visité, nécessite d'importants travaux avant de pouvoir recréer une vie aristocratique dans son emploi du temps, ses cérémonies et ses loisirs[7]. La lecture occupe une place de choix, à laquelle la trentaine de volumes trouvée en arrivant ne peut répondre[8]. Pourtant, lorsque sept ans plus tard, en 1782, le duc, malade, rentre à Paris pour s'y faire soigner, il laisse à Aiguillon 1500 volumes, pour une grande partie déménagée de sa bibliothèque parisienne, pour l'autre, achetée sur place[9]. A la Révolution Française, le troisième et dernier duc d'Aiguillon voit la confiscation de ses biens. Seuls le mobilier et les peintures sont vendus aux enchères, les livres quant à eux, d'abord dispersés auprès des particuliers et des institutions, sont reversés par la suite à la bibliothèque municipale d'Agen, constituant le point de départ de son fonds ancien, avec en son sein, le manuscrit des Contes des Fées.

Ce manuscrit, composé de trois octavos reliés en parchemin vert, est l'œuvre de deux copistes. Bien que la plupart des titres aient été légèrement changés, et que l'ordre d'apparition ne corresponde en rien à celui de l'imprimé, les contes sont facilement identifiables comme étant ceux des *Féeries nouvelles*[10]. Si l'on compare plus en détail les deux supports, on constate que ce manuscrit présente un état stable du texte, à quelques va-

---

[7] Sur ce sujet, cf. Philippe Lauzun, « La vie au château d'Aiguillon au couchant de la monarchie », in: *Revue de l'Agenais*, 1914, pp. 293-323 et 374-403, Agnès Birot, « Le Château ducal d'Aiguillon », in: *ibid.*, 1984, pp. 111-72, Alain Paraillous, *La Vie quotidienne au château d'Aiguillon du temps de sa splendeur (1775-1785),* Agen, Académie des Sciences, Lettres et Arts d'Agen, 1998, 67 p.

[8] Ces livres, tous acquis dans les années 1730, correspondent aux rares voyages juridiques effectués par les parents sur leurs terres lorsque Louis XV crée le duché d'Aiguillon.

[9] D'une manière générale, nous nous sommes appuyée sur les inventaires après décès du père en 1750 et du fils en 1788 (Caran, Minutier Central, ET/XCVI/378 et ET/CVI/558). Bibliothèques inventoriées par lots pour Paris en 1750 et 1788, et pour Aiguillon en 1788; par titres pour Véretz en 1750 et 1788, et pour Aiguillon en 1750.

[10] Titres des contes et ordre d'apparition. Pour le tome I, *Rosanie: conte*; *La Belle Hermine et Le Prince Colibri*; *Muguet et la Princesse Zaza*; *Le Palais des Fées ou Le Prince Constant: conte*; *Le Prince Courtebotte et La Princesse Zibeline*. Pour le tome II, *Nonchalante et Papillon: conte*; *Histoire de la Princesse Pimprenelle et du Prince Romarin*; *Les Dons*; *La Princesse Lumineuse*; *Tourlou et Rirette: conte.* Pour le tome III, *Envoy à Madame De*****; *L'Enchantement Impossible: conte des fées*; *Le Prince Rosindor ou La Félicité: conte allégorique*; *Ma Mère Loye: conte*; *Mignonette: conte*; *Bleuëtte et Coquelico*; *La Princesse Minutie et Le Roy Floridor: conte.*

riantes et ajouts près, comme le conte de *La Belle Hermine et le Prince Colibri* qui est ici achevé. Seul le troisième volume s'écarte véritablement du recueil imprimé puisqu'il recèle quelques textes inédits dont deux contes intitulés *Le Prince Rosindor ou la Félicité: conte allégorique*, *Ma Mère Loye: conte* et un *Envoy à Madame de ***** qui sert de préface au conte de *L'Enchantement impossible*.

Ce sont ces écarts, indissociablement liés à la sociabilité privée du manuscrit, qui retiennent principalement notre attention: ils nous aident à mieux cerner la genèse du recueil et la datation de sa circulation. Or, nous connaissons maintenant un peu mieux la famille d'Aiguillon. Quand Caylus adresse à « Madame de **** » le conte de *l'Enchantement impossible*, il peut aussi bien l'offrir à la duchesse mère qu'à sa brue, obligeant ainsi, soit la présidente du Salon, soit son ami Maurepas via sa nièce. Avant 1740, qui est la date de mariage du fils, il ne peut être envoyé qu'à la duchesse mère; après cette date, les deux femmes peuvent y prétendre. Dans tous les cas, *L'Enchantement impossible* a été offert avant l'édition imprimée. On peut en déduire que l'ensemble des contes écrits par le même copiste ont circulé à la même période. Qu'en est-il de l'entrée en scène du second copiste?

Jeu de mains, jeu de plumes

Cette seconde main fragilise, par bien des aspects, l'antériorité de la circulation manuscrite sur l'imprimé. Les quatre derniers contes du troisième volume sont concernés par ce changement d'écriture qui se lit facilement, tant dans la graphie que dans les habitudes orthographiques. Il s'accompagne, en outre, d'une pagination différente; les feuillets cèdent la place aux pages, et la numérotation continue se fragmente en cahiers séparés. Ce second copiste respecte la lettre du texte pour les trois contes de *Mignonette*, *Bleuette et Coquelicot* et *la Princesse Minutie et le Roi Floridor*. Le doute porte, en fait, sur le conte inédit de *Ma Mère Loye*, dont les motifs tranchent fondamentalement par rapport au reste du recueil et dont la langue sonne plus tardive à nos oreilles. Faut-il considérer ce conte comme un mauvais hasard de reliure et l'évincer de cette étude sans autre forme de procès? La reliure d'un manuscrit n'a certes jamais fait son homogénéité, mais l'hypothèse d'une intrusion arbitraire se fait presque grossière dans le cas présent.

Ma Mère Loye raconte comment une Mère-Grand alcoolique est chargée de l'éducation de ses six petits-enfants, après le décès de leurs parents. La plus jeune et la moins aimée, Rosette, est chargée de toutes les corvées dont celle d'aller puiser l'eau à la fontaine. Un jour de pluie, cependant, elle glisse et casse la cruche. La fée petits-gâteaux qui se trouve à proximité, émue de son malheur, lui offre une cruche identique et lui promet des gâteaux à volonté si elle vient la voir chaque jour. Quelques temps après, la fée s'absente et confie Rosette aux soins d'une poupée très bonne pâtissière. Or, cette poupée déclanche immédiatement la jalousie de la grande sœur et de ses frères lorsqu'ils voient revenir Rosette. Ils décident alors de se rendre à la fontaine. Mais la grande sœur y rencontre des médisants, et les frères, successivement un maître d'école, un gendarme et un ogre. L'envie d'aller à la fontaine les quitte aussitôt et Rosette est priée d'en prendre à nouveau le chemin. Or, la fée est revenue et le conte s'achève rapidement sur l'évocation de ses deux dernières bontés: elle distrait Rosette, contrainte de garder seule la maison un jour de vendanges, grâce à un théâtre de dindons jouant à Polichinel; puis elle tente de remédier à l'ignorance de la petite fille en lui apprenant l'alphabet, afin qu'elle puisse lire des contes à sa Mère-Grand.

Incontestablement, le style mièvre, la structure répétitive qui sonne comme celle d'un conte oral, l'absence de princes et de princesses et, à l'inverse, la présence d'un maître d'école, d'un gendarme et d'un ogre, sont autant de preuves écartant de ce conte le Caylus tel que nous le lisons à travers les *Féeries nouvelles*. Et pourtant, ce conte pourrait trouver un écho inattendu dans l'une des anecdotes de la société du Bout-du-Banc. En février 1743, la Société recommande le plus grand secret à Mme de Graffigny au sujet d'une nouvelle gageure: écrire un conte de fée illustrant les cases du très-en faveur jeu de l'oie[11]. Le Duc de Nivernais choisit le jardin, Duclos le pont, Moncrif la prison, Marivaux le puits, Crébillon la mort et Caylus le cabaret. Arrêtée sur l'une des cases fatidiques, la personne désignée doit payer d'un conte. Le titre de notre récit, tout comme sa chute expliquant le pourquoi des contes de ma mère l'oye, tracent un lien relative-

---

[11] « On a fait hier un plan de conte. C'est le jeu de l'oye ou les perdant doivent paier d'un conte sur chaque case du jeu. Ils ont choisi: le duc a pris le jardin, Duclos le pont, Cailus le cabaret, Montgrif aura la prison, Marivaux le puits et Crebillon la mort. Ne parles de cette badinerie a ame vivante. C'est le secret de la société. En tout, tu me feras plaisir de ne dire de là que les nouvelles publiques. Tout y est mistere, et ils ont raison: ils craignent les chansons des sots. », lettre 518, 1er février 1743, t. III, p. 117. « J'en etois donc au jeu de l'oye. C'est que chacun s'oblige a faire un conte sur la case qu'il a choisie, et qui y ait raport. Montgrif a passé en revuë comme les autres. Il est tres froit et tres peu parlant; c'est celui qui me plaît le moins. », lettre 523, 11 février 1743, t. III, p. 138.

ment clair entre ces soirées du Bout-du-Banc et le hasard de la reliure. Mieux encore, quelques détails de cette histoire pourrait porter de lointaines traces d'un « matériel caylusien »: le personnage parodique d'une vieille femme buvant du vin dans sa tasse d'argent apparaît dans d'autres contes de Caylus et l'épisode des dindons jouant aux marionnettes n'est pas sans rappeler, quant à lui, *les Etrennes de la Saint-Jean* et leur relation d'un curieux *Ballet des dindons*[12] . Faut-il voir dans la Grand-Mère ivrogne le point de départ de ce conte? Faut-il pousser le rapprochement jusqu'à rappeler que le pâtissier, jusqu'au XVIIe siècle, tenait aussi cabaret à l'arrière de sa boutique et que cette connotation latente a pu être convoquée, sciemment, sous les traits d'une poupée pâtissière? Aussi loin que l'on puisse mener l'interprétation, la case du cabaret n'est pas la seule dont ce conte porte trace: que dire, en effet, du thème de l'eau quand un pas sémantique, seulement, sépare la fontaine de Rosette du puits de Marivaux? Le contexte de grande oralité, le bricolage des thèmes, le décalage entre cynisme et minauderie laissent penser que ce conte a réuni plusieurs plumes, ou plusieurs voix.

Il reste à déterminer qui en a été le transcripteur ou le mouchard; le secret ayant été, de toutes manières, éventé. D'emblée, nous pouvons écarter la famille d'Aiguillon. Celle-ci a beau être en très bon terme avec notre auteur, elle n'en est pas pour autant admise aux dîners qui réunissent surtout des gens de lettres. En revanche, le duc d'Aiguillon fils vient d'engager en 1743, comme secrétaire particulier, Vadé, figure bien connue du théâtre de la foire, et surtout, comparse de Caylus depuis 1739, grâce à sa participation aux *Ecosseuses*. Voilà un solide intermédiaire qui a pu assister à ces séances du jeu de l'oie, transcrire un des essais ou du moins son canevas, peut-être même participer au texte ou proposer sa continuation à des membres du salon des d'Aiguillon. Cela nous permet d'envisager une copie des quatre derniers contes quelque temps après l'édition. Le fait qu'elle ait pu intervenir postérieurement n'est en rien une gêne: la circulation manuscrite, quand elle ne vise pas à pallier les éditions épuisées, reste une expression aristocratique par excellence.

Nous souhaitions dater la période de circulation de ce manuscrit et finalement, entraînée par le conte de *Ma Mère Loye*, nous sommes entrée dans le jeu de la société du Bout-du-Banc où, de gageure en gageure, on

---

[12] Un jeune homme présente à sa bien-aimée un étrange divertissement: des dindons sont invités à se produire sur un petit théâtre dont le plancher de tôle est chauffé par dessous. Plus la chaleur augmente, plus la danse s'anime.

provoque de plaisantes rencontres entre un jeu de société aristocratique et des contes à la mode populaire, et où, de soirées en soirées, on s'essaie auteur.

Portrait de Caylus en auteur

Dans *l'Envoy à Madame de* ****, Caylus introduit le conte de *L'Enchantement impossible* comme ayant été écrit par « une Dame de Normandie », dont le manuscrit lui est tombé dans les mains par hasard[13]. Doit-on entendre par « dame de Normandie » la comtesse de Morville, l'hôte aimable accueillant ses amis, soit à Morville, soit à Pantin pour y jouer la comédie? Où faut-il, plus prudemment, s'en tenir à une dame ayant appartenu à ce cercle théâtral? L'identification du co-auteur n'est pas primordiale, en revanche, soulignons que les *Féeries nouvelles* basculent, pour ce conte assurément, du côté d'une écriture collective. Mais le manuscrit trouve sa force et sa limite dans sa circulation mondaine particulière. Nommer, même à demi-mot une « Dame de Normandie », c'est obliger la famille d'Aiguillon. Un autre manuscrit adressé à une autre famille aurait révélé, qui sait, un autre auteur.

Caylus ne se contente pas de chaperonner cette « Dame de Normandie », il indique aussi la nature de sa participation:

> [...] J'ay trouvé que la conduite & les Idées etoient dans le Goût de cette Espéce de Badinage, mais que le stile etoit un peu trop précieux. En un mot il ne m'a point paru telle qu'il doit être pour rendre ces Sortes de Bagatelles amusantes; Je n'ay donc pour ainsi dire changé que ce dernier article, le reste ne m'appartient point & si vous en êtes amusée un moment, je regretteray, beaucoup plus que je ne le fais encore de n'avoir pas une plus grande part dans le Conte que j'ay l'honneur de vous envoyer aujourdhuy.

Ne rien changer au fonds, mais tout à la forme: il s'agit ni plus ni moins d'une réécriture de la part de Caylus. Cette pratique de la réécriture est courante, voire recherchée par les membres des salons, et à plus forte raison s'ils exercent leur art en province, nous rapporte Mme de Graffigny. En effet, ces malheureux provinciaux ne peuvent être au courant du dernier goût à la mode; Caylus se fait fort, alors, de remanier leurs textes pour qu'ils acquièrent sur le champ la façon parisienne[14]. Ainsi l'appellation

---

[13] Pour une étude du topos du manuscrit trouvé chez Caylus, cf. Kris Peeters, « En marge du manuscrit trouvé: à propos de Caylus » in: *Le topos du manuscrit trouvé. Hommages à Christian Angelet. Actes du colloque international*, Louvain-Gand, 22-24 mai 1997, Louvain-Paris, éditions Peeters, 1999, pp. 159-71.

[14] Cf. Mme de Graffigny, lettre 731 du jeudi 13 août 1744, *éd. cit.*, t. V, p. 402:

« une Dame de Normandie » ne cherche pas tant à taire le nom réel, il est immédiatement identifiable par la destinataire, qu'à souligner une distance entre un parisien et une provinciale, et donc à légitimer l'entreprise de correction.

Dans le cas de *L'Enchantement impossible*, cependant, la réécriture s'est faite indulgente, ou du moins n'a pas complètement effacé le premier texte – on le lit aisément dans les tensions narratives. En effet, ce conte cache mal sa structure chaotique, réunissant deux histoires quasiment indépendantes: celle d'un prince misogyne refusant toute femme, puis, celle d'une princesse enfermée dans une tour. Mais il rivalise aussi de décors rocaille, ce qui est relativement surprenant de la part de Caylus à la fin des années 1730, compte tenu des positions en faveur du classicisme qu'il vient de prendre. La débauche de coquillages est, plus probablement, due à notre plume normande. Enfin, le texte imprimé sacrifie un personnage qui joue un véritable rôle dans le manuscrit, celui de la gouvernante. Mais, sur ce dernier point, il n'est pas possible de départager les corrections de Caylus des libertés de l'éditeur.

Le but du propos n'est pas de quantifier ou de hiérarchiser la part de chacun, mais de mieux cerner le travail de création collective. Or, bien des questions restent en suspens avec le seul examen du manuscrit d'Agen, œuvre de copiste gommant toute trace de ce travail antérieur. Pour saisir dans sa dynamique le processus de correction et d'adaptation, il nous faut nous éloigner des *Féeries nouvelles* pour regarder les deux autres recueils de contes que sont les *Contes orientaux* et les *Cinq contes de fées*. En effet, nous disposons pour ces deux recueils de très belles sources manuscrites.

à la demande de Devaux, Mme de Graffigny montre la comédie de ce dernier à Melle Quinault (alias Nicole) puis à Caylus (alias Blaise). Devaux s'insurge en apprenant qu'elle est à réécrire entièrement. Mme de Graffigny lui répond: « Et n'avez-vous pas toujours crié à l'injustice des qu'il a falu changer la moindre chose? Nicole, craignant de se tromper, la fit voir a Blaise, c'est à dire, obtint la grace de la lire, car ces messieurs ne donnent pas leur tems legerement. Il trouva le font bon et dit, comme Nicole a toujours dit, que vous a Paris feriez les plus jolies choses du monde, mais qu'il etoit de la derniere impossibilité de prendre le gout d'a present en province. Il conclut qu'il faloit, en conservant les scenes, l'écrire de nouveaux. Il etoit de bonne humeur, il ofrit a Nicole de le faire. Je ne voulu pas. Eh mon Dieu, c'eut été bien pis! Il est vray que cela paroit tout simple ici, où on a pas la miserable mauvaises honte de province ».

Les *Contes orientaux* reprennent, comme l'énonçait l'avertissement, les traductions littéraires réalisées par les Jeunes de langue de Constantinople. Ces traductions, commandées par Maurepas afin d'enrichir la bibliothèque royale, arrivent à Paris entre 1730 et 1742. Nous avons identifié sept contes pour lesquels le travail d'adaptation varie de la simple reprise à la réécriture complète[15]. L'étude est d'autant plus intéressante que les traductions de ces Jeunes de langue, d'une part, mettent face à face le texte français et le texte original − qu'il ait été copié d'après un autre manuscrit, transcrit lors d'une veillée, ou acheté aux libraires ottomans − et d'autre part, mêlent version lettrée et version orale de véritables légendes musulmanes. La mise en abyme des compréhensions d'une culture autre, et donc sa réécriture, s'étage ainsi sur plusieurs niveaux: les Jeunes de langue par rapport au texte original, puis Caylus par rapport aux traductions françaises.

En ce qui concerne les *Cinq contes de fées*, la Bibliothèque Historique de la Ville de Paris possède un manuscrit intitulé *Œuvres badines du Comte de Caylus corrigées de sa main*. Ce manuscrit contient trois contes, portant effectivement trace de corrections: le premier, *Fleurette & Abricot*, n'apparaît dans la version imprimée qu'à l'état de cadre; il est ici achevé. Le second, *la Princesse Azerolle*, est de Mme de Graffigny. Le dernier, qui s'intitule *le Prince Ananas et la Princesse Moustelle*, n'a jamais figuré dans un quelconque recueil de Caylus. Pour autant, ce conte n'est pas inédit, il a d'abord été publié une première fois avant de figurer dans la *Bibliothèque des génies et des fées* de l'Abbé de la Porte en 1765. La description de ces quelques sources manuscrites, si elles n'offrent que des perspectives aujourd'hui, sont une proposition d'étude, car dans tous les cas de figure, il apparaît que l'on ne peut tracer un portrait de Caylus auteur sans comprendre et lier d'un même tenant, son rapport au manuscrit et celui à l'imprimé.

Le succès de la circulation manuscrite a très certainement déclenché l'impression des *Féeries nouvelles*, bien que l'on puisse supposer que, si Caylus ne les revendique pas ouvertement, c'est aussi parce qu'il est nou-

---

[15] Mise en correspondance des titres des *Contes orientaux* avec les cotes des manuscrits orientaux de la BN: *Histoire de Dakianos et des Sept Dormants* (Sup Turc 905), *Histoire de Naour, roi de Kachemir* (Sup Turc 916), *Histoire de Damaké, de Nourgehan et des quatre Talismans* (Sup Turc 912 et 951), *Histoire de Jaya* (Sup Turc 913), *Histoire de la Corbeille* (Sup Turc 710 et 934), *Histoire du Taureau noir* (Sup Turc 886).

vellement entré en imprimerie – deux ans seulement séparent ce premier recueil de contes du *Somnambule* et des *Ecosseuses*. En revanche, la construction du recueil n'a pu lui échapper: les *Féeries nouvelles* se lisent comme un ensemble cohérent écrit par une même plume qui prouve que Caylus a eu le dernier mot sur ses co-auteurs. C'est ainsi que ce recueil a pu jusqu'à présent bénéficier d'une identification unique, quand bien même on se doutait, au vu de la structure des contes à gageure, qu'il fallait être plusieurs pour jouer et rivaliser. Désormais, le doute s'est engouffré et pourrait porter sur d'autres contes que celui de *L'Enchantement impossible*. Mais en quoi serait-on moins auteur en étant tour à tour, initiateur, correcteur, éditeur et mécène? Cette question s'adresse autant à notre concept d'auteur tel qu'institué par la vision romantique, qu'elle cherche à montrer l'apport de Caylus sur ce point. L'animation d'un atelier d'écriture, la création à plusieurs mains, le plaisir de la performance orale, sont des manières d'être écrivain à part entière, et ces manières ne sont pas si éloignées du Caylus archéologue, organisant son réseau de correspondants, recevant ses pièces, les triant, et finalement les ajoutant à ses études.

Monfieur *ou* Madame **OUDOT.**

VERS.

Voi dans les traits que tu contemples
Un Imprimeur loyal & fans ambition ,
A tes pareils, Oudot , tu ferviras d'exemples,
Un Imprimeur doit faire impreffion.

LES
ÉTRENNES
DE
LA SAINT-JEAN.
QUATRIÉME ÉDITION,

Revûe , corrigée & augmentée par les Auteurs
de plufieurs Morceaux d'efprit qui n'ont
point encore paru.

Cùm flueret lutulentus, erat quod tollere
velles. *Hor. Satyr. Lib.* 1.

PREMIERE PARTIE.

A TROYES,
Chez la Veuve **OUDOT.**

M DCC LVII.

Les Etrennes de la Saint-Jean, 1757[4], verso du faux-titre et page de titre

CONTREFAÇON CONTREFAITE ET PARODIE

LES ETRENNES DE LA SAINT-JEAN ET LES RECUEILS BADINS DU BOUT DU BANC

KRIS PEETERS

FRS Flandre, Anvers

En ouvrant *Les Etrennes de la Saint-Jean* (1738[1]), sans doute le premier recueil en prose que publia cette société « badine et bachique » composée autour de Caylus, Maurepas et Jeanne-Françoise Quinault, on s'étonne de constater que le volume mime les tomes de la Bibliothèque bleue de Troyes. Il va de soi pourtant que les *Etrennes* n'y appartiennent guère; Lise Andriès affirme qu'il s'agit, dans le cas des *Ecosseuses* (1739) comme dans celui des *Etrennes*, « de tirages de luxe qui n'ont rien à voir avec l'aspect habituel des livres de la Bibliothèque bleue »[2]. Par ailleurs, peu de lecteurs contemporains ont dû s'y tromper, car, outre l'aspect strictement matériel du livre, de la qualité d'impression, de la reliure, voire de son prix[3], le volume souligne lui-même, au moyen de la gravure reproduite ci-contre, la contrefaçon en contrefaisant, non seulement les livres de la Bibliothèque bleue, mais – par métonymie – leur éditeur, transformé en

---

[1] En parlant des *Ecosseuses* (1739), qui à partir de 1757 furent publiées comme seconde partie des *Etrennes de la Saint-Jean*, Mme de Graffigny affirme que les membres du Bout du Banc « en firent un l'année passée dans ce gout-la » (lettre du 5 avril 1739). Il est donc vraisemblable, en l'absence de toute trace d'un éventuel autre ouvrage du même « goût », qu'il s'agit des *Etrennes* qui ont donc sans doute paru vers la Saint-Jean, en mai ou en juin, 1738. Cf. *Correspondance de Mme de Graffigny*, Oxford, fondation Voltaire, Tome I, 1985, pp. 416 et 420 n10. Voir notre Bibliographie critique du comte de Caylus en fin de volume.

[2] Lise Andriès, *La bibliothèque bleue au 18e siècle, une tradition éditoriale*, *Studies on Voltaire and the eighteenth Century*, 270, 1989, p. 100.

[3] Dans la même lettre du 5 avril 1739, Mme de Graffigny affirme, au sujet des *Etrennes*, qu'« il coute six francs a present. » (*op. cit.*, p. 416), prix exorbitant pour un volume qui appartiendrait à la Bibliothèque bleue.

monstre grotesque et androgyne[4]. Pourquoi alors, vu que le recueil s'adresse à un lectorat mondain, ce stratagème curieux et voyant, cette espèce de contrefaçon de la contrefaçon – qui n'en est pas une au sens propre du terme, puisqu'elle ne relève pas du leurre, qu'elle souligne l'emprunt au lieu de le cacher? Quelle a pu être l'utilité pragmatique de cette contrefaçon contrefaite, en quoi a-t-elle pu appeler à un public mondain? Voilà la question que je propose comme entrée à une réflexion qui portera sur l'ensemble des recueils badins[5].

Ebats et débats

La réponse la plus évidente, et la plus facile, à cette question coïnciderait avec l'interprétation traditionnelle de ces recueils comme relevant du jeu pur et simple, comme des « caprices de société » (Le Beau) ou des « bagatelles » (Uzanne) destinées au seul amusement du cercle[6]. Or, cela n'explique guère toute la nature de cette question. Pour une chose, une telle idée, pour évidente qu'elle soit, ne permet guère de rendre compte d'une évidence, celle de la publication même de ces volumes, puisque le théâtre de société, lui aussi destiné à l'amusement des amis, est demeuré presque entièrement à l'état de manuscrit[7]. Ce qui suggère, dans le cas des recueils publiés – et ce contrairement à ce qui semble être le cas pour les contes de

---

[4] Cette transformation satirise la pratique éditoriale même de la Bibliothèque bleue, dont les volumes portent comme nom d'éditeur soit Jean Oudot, soit la veuve Oudot, voire, à partir des années trente, les deux noms. Cf. Andriès, *op. cit.*, pp. 10-14 et 163 ss.

[5] Voici les recueils badins qu'on peut raisonnablement attribuer à la société du Bout du Banc: *Histoire de Guillaume* (1737 ou 1740?), *Les Etrennes de la Saint-Jean* (1738), *Les Ecosseuses ou les Œufs de Pâques* (1739), *Recueil de ces Messieurs* (1745), *Les Bals de bois* (1745), *Les Manteaux* (1746), *Les Fêtes roulantes* (1747), *Le Pot-Pourri* (1748) et *Mémoires de l'Académie des colporteurs* (1748).

[6] Formulée dans L'*Eloge* que Le Beau prononça à l'Académie des Inscriptions après le décès ort de Caylus (*Mémoires de littérature tirez des registres de l'Académie Royale des Inscriptions et Belles-Lettres*, Paris, Imprimerie Royale, t. XXXIV, 1766, pp. 221-34) cette idée qui semble destinée à blanchir l'éminent académicien de ces activités indignes est reprise dans la *Préface de l'éditeur* au premier tome des *Œuvres badines*. Récupérée en 1879 par Uzanne lorsqu'il donne une place à Caylus dans sa série de « petits conteurs », cette interprétation biaisée domine toute la critique sur les recueils badins depuis.

[7] Les seules exceptions, sur un total d'une quarantaine de pièces, sont *Le bordel ou Le Jean-foutre puni* publié en 1736, *Le Somnambule* représenté à la Comédie-Française et publié en 1739 et *Le porteur d'iau ou les amours de la ravaudeuse* inclus dans *Les Ecosseuses*. Voir notre Bibliographie critique du comte de Caylus en fin de volume.

fées où Caylus se montre indifférent à la publication[8] − la présence d'un motif, d'un enjeu spécifique apparemment lié, puisqu'il faut exclure le conte, à la prose romanesque (histoires, nouvelles, mémoires, etc.). Ce motif, puisqu'il s'agit de publication et de divulgation, se distingue par définition de l'usage strictement privé d'une paralittérature réduite à la pure distraction, et s'ajoute, pour être plus précis, *a posteriori* à l'amusement au sein du cercle. Nous savons en effet, grâce encore à Mme de Graffigny, que Caylus était le principal responsable, avec l'aide de Mlle Quinault et à l'exclusion des autres membres du cercle, de l'agencement des recueils[9]. Ceux-ci se publiaient par ailleurs aux frais de la société, c'est-à-dire de Caylus. Il importe ainsi de distinguer deux éléments dans ce contexte: d'une part, le divertissement mondain au sein d'une assemblée limitée de participants privilégiés mais aussi, d'autre part, un enjeu spécifique qui concerne la divulgation des recueils auprès du public des salons due aux efforts de Caylus[10]. Bref, si le divertissement pur et simple demeure un élément important, il n'explique pas tout et ne fournit certainement pas de réponse satisfaisante à la question de savoir à quoi rime ledit stratagème de publication.

De même, il faudra écarter l'hypothèse, analogue, d'une simple parodie aristocratique de la Bibliothèque bleue, de la dénonciation amusante et condescendante d'une laideur jugée typique de la littérature populaire ou de colportage métonymiquement appliquée à l'éditeur. Si cet élément parodique est lui aussi indubitablement présent, s'il traduit certes les codes culturels d'une élite qui s'amuse à poser en peuple, une telle explication de-

---

[8] Voir, ci-dessus, la belle contribution d'Anne-Laure Cognet.

[9] Cf. Aurelio Principato, « Introduction: Crébillon et le *Recueil de ces Messieurs* » , in: *Dialogues des Morts*, *Œuvres complètes de Crébillon*, Jean Sgard dir., t. II, Paris, Garnier, Classiques Garnier Multimédia, 2000. Pour ce qui est du *Recueil de ces Messieurs*, la « critique de l'ouvrage » qui est de Duclos ne correspond pas, en effet, au contenu du recueil. Il s'agit donc, comme l'avance Principato, de « bien autre chose qu'une improvisation de fin de repas ».

[10] Toujours au sujet du *Recueil de ces Messieurs*, Mme de Graffigny relate une discussion qui confirme cette interprétation: « A diner on parla de nos contingents. Nicole [Mlle Quinault] cria que rien n'avançoit. Le Petit [Crébillon] répondit: « Messieurs, je n'ai pas été glorieux: j'ai été refusé du troizieme aujourd'huy, il faut que je reccomence. − Et moi du second, dit le Doux [Cahusac]. Et moi du cinquieme, dit Blaise [Caylus] » (Lettre du 31 août 1744, *ibid.*, t. V, pp. 438-39). Les cinq refus dont parle Caylus sont précisément les cinq contributions proposées par Crébillon et Cahusac, propositions qu'il a déclinées sans doute parce qu'elles ne se conformaient pas au projet initial de façonner de nouvelles *Etrennes*.

meure elle aussi insuffisante, précisément parce que les volumes portent témoignage d'un *pastiche* du populaire bien plus que de sa parodie. Caylus se faisait d'ailleurs aider d'écrivains comme Vadé ou Fagan qui s'étaient fait une réputation dans les genres populaires. Par ailleurs, les textes recourent eux-mêmes au style poissard et ce avec un réalisme que les études récentes ne manquent pas de souligner[11].

Bref, lorsqu'on cherche à expliquer les motifs de ce recours à une titrologie qui est populaire sans l'être et qui, de plus, souligne cette ambiguïté, il faut passer outre à ces explications faciles qui comportent certes des éléments de vérité, mais n'en paraissent pas moins incomplètes. Pour pouvoir penser la mise en place, dans le cadre d'un hors-texte essentiellement aristocratique et mondain, d'un sujet du discours qui est présenté comme populaire mais non sans exposer son élaboration même par un sujet aristocratique, il importe de prendre la mesure de l'ambivalence profonde qui caractérise un tel stratagème et donc la publication même du volume. Ni populaire ni aristocratique, ou si l'on préfère les deux à la fois, celui-ci traduit, bon gré mal gré, un positionnement dans le champ discursif de la prose qui concerne autant la prose narrative que consomme habituellement le lectorat mondain que la littérature de colportage. Un double questionnement du recueil à l'examen s'avère ainsi indispensable afin d'évaluer dans un seul et même mouvement les deux côtés du problème. D'une part, l'installation de la littérature populaire dans un circuit essentiellement aristocratique avec la part de parodie que cela comporte, avec la contamination inévitable aussi de cette littérature populaire par les codes de l'élite socioculturelle. Mais également, d'autre part et de façon inverse, ce qu'une telle opération représente au regard de cette culture d'élite, ce que le recours à une telle titrologie délibérément ambiguë peut apporter en termes d'utilité dans le contexte d'une publication agencée par Caylus et destinée au lectorat mondain. Ce second pendant de la problématique a été oublié dans un débat qui se résume trop souvent à une question de goût – broutilles pour

---

[11] Voir Vincent Milliot, *Les Cris de Paris ou le peuple travesti. Les représentations des petits métiers parisiens (XVIe - XVIIIe siècles)*, Paris, publications de la Sorbonne, 1995; Julie Boch, « D'un genre à l'autre: les mutations du style poissard au XVIIIe siècle », *De l'écrit à l'écran*, Jacques Migozzi éd., Paris, PULIM, 1999, pp. 73-98; Kris Peeters, « *La chronique badine de la rue* ». *Le discours carnavalesque et les questions du genre et du réalisme dans les recueils badins de Caylus et la société du Bout du Banc*, thèse de doctorat sous la direction de Jan Herman, KU Leuven, 2002.

les uns, réalisme populaire pour les autres[12]. Pourtant, c'est ce pendant oublié seul qui permet, à travers les rapports qu'il contracte avec l'amusement mondain d'un côté, avec la parodie comme prise de position dans le champ littéraire de l'autre, de toucher aux raisons profondes de cette publication et donc, en dernière instance, au pourquoi de la contrefaçon contrefaite en question.

Le peuple comme sujet du discours

Mais revenons aux *Etrennes*, le premier recueil du Bout du Banc auquel on donne ici le statut de recueil exemple permettant de réfléchir aux enjeux du corpus dans son ensemble. Effectivement, à deux exceptions près – *Le Recueil de ces Messieurs* dont le projet initial était pourtant de façonner de nouvelles *Etrennes de la Saint-Jean*, mais qui a fini par être, au bout d'un long et difficile processus d'élaboration[13], le recueil qui y ressemble le moins, et *Le Pot-pourri* qui appartient plutôt au conte de fées – l'ensemble des recueils badins publiés par cette société mettent en scène un sujet populaire, et c'est un sujet qui n'*est* pas seulement peuple – généralement cocher, marchand ou colporteur, pour des raisons que l'on verra plus loin – mais qui *parle* peuple et qui, à travers le langage qu'il pratique, véhicule un *regard* populaire, un regard d'en bas sur la réalité qui l'entoure. Ce sujet populaire, de plus, rêve comme Guillaume de se faire littérateur et réclame ainsi une place à l'intérieur d'un champ discursif qui ne lui accorde généralement que le statut d'*objet*. Chez Marivaux, le cocher, même s'il a fait scandale, même s'il est portraituré à travers un langage qui pèche contre l'unité de style (tout en restant à vrai dire assez marivaudien), demeure un être observé, un objet raconté par Marianne. Chez Caylus, au contraire, c'est le cocher même, c'est le peuple qui observe et raconte, qui se fait sujet de son propre discours auquel il confère *lui-même* le statut de littérature. Voilà où Caylus et compagnie innovent et frappent. Cette littérature populaire au sens étroit du terme puise ainsi son matériel comique dans un écart qui lui est constitutif et qui se définit par le contraste entre prose (prétendument) littéraire et expression populaire, entre les attentes d'un public habitué à lire des romans, des mémoires, des histoires

---

[12] Ce débat oppose notamment May, Coulet ou Nagy – qui parlent d'ouvrages « franchement populistes » relevant « du troisième ou du quatrième rayon » (May), de textes où « tout est procédé » (Coulet) ou encore de « gaudrioles médiévales » (Nagy) – aux louanges, souvent démesurées, des Goncourt, de Fleuret et Perceau, de Green, de Moore, d'Henriot, de Godenne.

[13] Cf. Principato, *art. cit.*

K. PEETERS

dont le sujet parlant ou écrivant est presque sans exception d'origine aristocratique sinon au moins bourgeoise – même au cas où il s'agit, comme chez Marianne, d'une enfant trouvée – et la mise en place d'un sujet populaire au sens plein du terme. Il ne faut donc pas douter que ce contraste a fait tout le sel, aux yeux du public d'antan, des aventures de Guillaume, de l'Histoire de la commère Jean-Logne ou du Vaisseau de la Ville...

Mais la question principale reste celle-ci: *à quoi bon* cette mise en scène d'un sujet populaire au regard d'un public essentiellement aristocratique? Et surtout, pourquoi Caylus a-t-il voulu publier les recueils en question? Quelle est l'utilité pragmatique qu'y voyait le comte?

Il faut constater, tout d'abord, que les recueils badins misent effectivement sur une déstabilisation des attentes du public. Pour revenir aux *Etrennes*, un troisième élément vient en effet compléter l'ambiguïté inhérente au stratagème décrit plus haut. La gravure et la page de titre des *Etrennes* sont précédées d'une phrase énigmatique imprimée au faux-titre – ce qui lui confère valeur programmatique – qui déstabilise la notion de contrefaçon même:

> L'imprimeur étant contrefait, il a jugé à propos de se faire graver, afin que son Livre ne soit pas de lui, quand il n'y sera pas. [14]

Tout en contrefaisant les volumes de la Bibliothèque bleue, les *Etrennes* se présentent ainsi comme l'authentique contrefaçon. C'est là une opération assez déroutante: comment une contrefaçon, et a fortiori une contrefaçon contrefaite peut-elle prétendre à l'authenticité? De plus, cette phrase demeure hautement ambivalente en vertu de la double négation destinée à brouiller le statut qu'il faut donner au sujet du discours. Est-il auteur ou imprimeur, contrefait ou contrefacteur, voire même, puisqu'il faut supposer un sujet contrefaisant un autre, aristocratique ou populaire? C'est dans cette béance créée au moyen de multiples inversions, dans cet interstice entre différents sujets du discours – un sujet (aristocratique) attendu et un sujet (populaire) inattendu et contrefait qui, en outre, se propose, dans les vers qui accompagnent son portrait, comme « exemple*s* » d'émulation – que la valence pragmatique des *Etrennes* et des recueils badins en général, une valence qui se veut donc déstabilisatrice, est ancrée.

---

[14] *Les Etrennes de la Saint-Jean*, Troyes, veuve Oudot, 1757, faux-titre.

Sujet, inversion et parodie

A regarder de plus près les péritextes des recueils en question, l'endroit par excellence – le « hors-d'œuvre » comme disait Genette – où le discours met en œuvre son association à une voix dont il origine, on constate en effet un incroyable éparpillement des sujets. *Les Etrennes* renferment non moins de cinq péritextes différents: un « Avis de l'imprimeur », une « Préface, pour servir d'avant-propos », un avertissement sans titre, un autre avis intitulé « L'Editeur au Public » et enfin, en fin de volume, un « Catalogue des Livres Poissards & autres du même ton » fort parodique, mettant l'accent sur l'activité d'un autre sujet encore, un sujet au fait du jeu, contrefacteur et donc aristocratique[15]. Dans les autres recueils, il en est de même: *Les Ecosseuses* (1739) et *Les Manteaux* (1746) comptent quatre péritextes; *Histoire de Guillaume* (1737 ou 1740?) contient, outre la « Préface de M. Guillaume au public », une postface fortement ironique par « Le libraire à qui a lu »; le *Recueil de ces Messieurs* (1745) débute sur un avis clôturé par un éloquent « La préface est à la fin »[16], celle-ci prenant l'aspect d'une « Critique de l'ouvrage ». L'autoréférence (de sujet en sujet) et l'inversion constituent en effet les éléments clefs de cette mise en place de plusieurs péritextes. Dans *Les Manteaux* par exemple, la seconde partie commence par une « Lettre de M. Z », initiale trahissant assez une volonté d'inversion d'autant plus que l'épître dédicatoire de la première partie est soussignée « A *** ». Cette lettre, qui prétend fournir une « critique judicieuse »[17] de l'ouvrage même par un savant, débute sur un éloge paradoxal de la nouvelle:

> Vous ne courez pas grand risque, mon ami, d'imprimer les *Manteaux*; le titre seul est assez séduisant pour tout littérateur qui aime la recherche des mœurs & des usages antiques. Mais quelle a été ma surprise de trouver un recueil de nouvelles historiques, genre d'ouvrage proscrit, avec raison, de nos savans, qui ne peut plaire même à des esprits superficiels que par des tableaux animés des passions, par la connoissance qu'il donne des hommes, par la grace du style, par la fécondité de l'imagination, & qui est d'autant plus pernicieux, que la vérité disparoît sous les ornemens qui lui servent d'enveloppe. (pp. 2-3)

Loin de défendre le tableau animé des passions, la grâce du style, la richesse de l'imagination, l'association du plaire et de l'instruire, ce savant

---

[15] Ces péritextes qui figurent dans l'édition de 1757 ne sont pas tous repris dans les *Œuvres badines*.

[16] *Recueil de ces Messieurs*, Amsterdam, chez les frères Westein, 1745, « L'imprimeur au lecteur ».

[17] *Les Manteaux*, *Œuvres badines*, 1787, t. VII, p. 2.

qui incarne évidemment l'érudit ancien style[18], chante l'éloge de toute une série de:

> précieuses dissertations sur les différentes espèces de *robes*, de *vestes*, d'*habits* & d'*agrafes*, sur les *chaussures*, les *chapeaux*, les *bonnets*, & toutes les autres espèces de *couvre-chefs*, de même que sur les *masques* & les *pantoufles*; sur les *portes*, les *clefs*, les *serrures* & les *sonnettes*, le *poil* & la *barbe* dont on ne peut trop relever les avantages. (pp. 3-4)

Cette initiale emblème de l'inversion se retrouve ailleurs, dans *Les Bals de bois* (1745), sous forme de « Lettre de M. le comte Z ***, à M. la marquis, &c.* » où les locuteurs sont, comme le prouve leur style ainsi qu'une allusion à la poste ordinaire[19], des hommes du peuple qui s'amusent à poser en aristocrates, inversion s'il en est de l'imitation du peuple au sein de la société du Bout du Banc.

Les textes montrent sans cesse que cette inversion ambiguë, cet interstice créé au niveau du sujet – car qui imite qui, enfin? – sert avant tout une parodie, non pas du peuple, mais du champ discursif que celui-ci imite, à savoir la prose littéraire et, plus largement, de la mondanité en général. Le peuple ne fait pas l'objet de la parodie, il en est le *sujet*. C'est à travers lui et à travers son langage que les membres du Bout du Banc promènent, à la suite de Caylus, un autre regard sur la culture d'élite, un regard d'en bas, certes contrefait, qui en interroge, moyennant une autoréférence fortement ironique, souvent confortée par l'inversion, les clichés et les partis pris. Voilà l'utilité pragmatique première de la contrefaçon contrefaite: elle permet d'instituer, à travers la mise en place d'un regard d'en bas et les contrastes que celui-ci provoque entre les attentes du public et leur transformation par le peuple, la propre culture en l'objet d'une analyse critique et parodique inattendue et déstabilisatrice.

Ainsi, *Les Fêtes roulantes* (1747) reflètent un regard populaire sur le cortège, assez mal réussi à en croire le *Journal* de Barbier, de chars de gloire que la ville de Paris organisa à l'occasion du second mariage du dauphin avec Marie-Josèphe de Saxe. Du coup, la magnificence ratée des fêtes officielles se voit interprétée en termes de « pesanteur immense » des chars chargés de « cervelas » et d'« andouilles des carmes » dont il ne faut guère expliquer la connotation sexuelle. Le peuple des rues de Paris, en d'autres termes, consomme le plus littéralement possible, et aux deux sens

---

[18] Cf. l'avertissement du premier tome du *Recueil d'antiquités*.

[19] « Monsieur, cher ami et marquis, c'est pour vous dire que je ne vous regrette point ce port; », *Les Bals de Bois*, Pierre Testud éd., Paris, Zulma, 1993, p. 85.

du terme, les noces de la royauté[20]. S'il y a là bien sûr une bonne part de gaudriole, la critique du « mauvais goût », du faste déplacé et des décorations mal exécutées, le respect de la simplicité, le sens de la proportion face à la grandeur antique n'en constituent pas moins le soubassement d'un récit dont la visée est avant tout satirique.

Le plus souvent, c'est toutefois au roman, à son style et à ses clichés, que la parodie s'en prend. On connaît bien l'exemple d'*Histoire de Guillaume* et de la façon dont l'ouvrage fait à plusieurs reprises allusion à la seconde partie de *La Vie de Marianne*. Si Guillaume écrit « je n'ai pas bien la plume en main, à cause du fouet d'autrefois, qui me l'a corrompue »[21], ce fouet, tout en contractant un rapport métonymique à l'écriture, joue en effet un rôle corrupteur car Guillaume, qui imite les romanciers mémorialistes, les imite mal, dévoilant de la sorte, à travers la transformation inhérente à cette imitation échouée, les clichés de ses exemples, dont le rôle principal est dévolu à Marivaux. Caylus met en effet en scène un cocher qui ne s'exprime plus par des « Palsambleu! » et des « Fi! », mais dont le parler populaire paraît plus authentique. Or précisément, celui-ci est échafaudé sur un des traits stylistiques les plus typiques du modèle parodié, à savoir la répétition et la multiplication des conjonctions censées représenter chez Marivaux le naturel de la conversation. Rien que dans la première phrase de la préface de Guillaume, il faut compter pas moins de cinq « que ». Quant à la répétition, elle devient ici une des caractéristiques principales du parler populaire[22]. De la sorte, Caylus et ses compagnons font du cocher de Marivaux le narrateur de sa propre « histoire ». Sur le mode de la métonymie, et par inversion, *Histoire de Guillaume* transforme le cocher invraisemblable de l'auteur à la mode en écrivain raté mais tout à fait « vraisemblable » dans son parler populaire. Et, qui plus est, ce cocher est un écrivain raté précisément parce que son style est un mauvais pastiche – pastiche inversé et parodique donc – de Marivaux. Le sous-titre donné à l'histoire, *Essai sur les Mémoires de M. Guillaume*, met ainsi en valeur, plus qu'une tentative d'exploitation du document authentique comme le

---

[20] Pour une analyse plus détaillée de ce recueil, voir notre étude « La fête populaire dans *Les Fêtes roulantes* de Caylus », disponible sur www.ufsia.ac.be/~kpeeters.

[21] *Histoire de Guillaume, cocher*, Pierre Testud éd., Paris, Zulma, 1993, p. 23.

[22] Les répétitions et redondances du type « Premièrement, d'abord et d'un » (*ibid.*, p. 24) ou « enfin finale » (*ibid.*) font tout le sel du parler populaire de Guillaume. Pierre Testud fait remarquer à juste titre que « Caylus use abondamment de ces tournures pour imprimer à son style un caractère populaire » (1993, p. 180n12).

prétend Pierre Testud[23], une tentative de création littéraire doublement mo-
delée sur les mémoires de Marianne – transposition métonymique par
Caylus puisque le cocher se voit transformé de personnage qui manie le
fouet en auteur tenant la plume, mais aussi à l'intérieur de l'histoire même
vu que Guillaume cherche à imiter le style du mémorialiste à la mode –
doublée d'une exploitation parodique de ce même modèle.

Les exemples de parodies des romanciers à la mode – Marivaux et
Prévost se taillant la part du lion – basées sur un même regard d'en bas et
appuyées sur un même pastiche inversé sont légion dans les recueils badins. Il suffira d'invoquer ici ce passage des *Mémoires de l'Académie des
Colporteurs* où l'on voit entrer en scène un jeune homme versant un « tor-
rent de larmes, qui s'arrêta enfin pour faire place à ces mots entre-coupés:
« vous voyez un honnête homme accablé de la plus vive douleur, outré de
la perfidie d'une femme »[24]. Ayant demandé à un colporteur de lui faire une
affiche « qui expliquât allégoriquement & *bien pathétiquement* (s)on histoire, c'est-à-dire (s)on infortune »[25], notre Des Grieux parodique n'est pas
peu étonné de voir sa demande satisfaite par un placard intitulé: « cent
louis à gagner; chienne perdue ». On peut d'ailleurs continuer sur les parodies de Prévost: dans le même volume, « La Malle-Bosse », un des textes
les plus savoureux du corpus, de la main de Piron, s'en prend avant tout à
Voltaire certes, appelé ici, comme ailleurs chez « la machine à saillies »,
Similor. Mais Prévost n'échappe pas à l'attention parodique du Dijonnais
caustique. Ainsi, Similor se laisse entraîner « par curiosité philosophique »[26] chez une fille publique qui porte bien sûr le nom de Manon. Or,
cette fille parle un langage qui est tout à fait étranger au pathétique prévos-
tien. En effet, si Similor résume fort philosophiquement et en pastichant le
langage de Des Grieux, le message moral de *Manon Lescaut* – « Sur ma
foi, s'écria-t-il, en homme qui ne s'avisoit guère de philosopher que relativement à l'intérêt de ses passions, il faut l'avouer, malgré qu'en aient les
libertins; les bienséances, la pudeur & la modestie ne sont point des chimères; elles sont un bien très-réel & les plus vif assaisonnement que la délicatesse du cœur humain pouvoit mettre à la volupté »[27] –, Manon lui répond:

---

[23] *Ibid.*, p. 180 n16.

[24] *Œuvres badines*, t. X, p. 378.

[25] *Ibid.*, p. 379. Je souligne.

[26] *Nouvelles françaises du XVIIIe siècle. Tome I. De Voltaire à Voisenon*, Jacqueline Hellegouarc'h éd., Paris, Livre de Poche, 1994, p. 476.

[27] *Ibid.*, pp. 476-77.

« voilà bien rentré de piques noires! Et dis-nous, mon roi, d'où viens-tu donc pour débiter de si graves sornettes? Tu sors de la Comédie-Françoise je gage »[28]. Il ne faut pas rappeler que c'est à la Comédie-Françoise précisément, qu'a lieu, au début de la seconde partie, la première rencontre de Manon et Des Grieux.

On pourrait bien sûr multiplier les exemples de parodies de ce genre. L'important, c'est de constater que, de façon générale, c'est à travers le langage, et plus spécifiquement la confrontation entre un langage littéraire abstrait, dont est souligné le pathétique, et le langage populaire concret, que se réalise la parodie du discours romanesque dans les recueils badins. Appuyée sur un regard d'en bas contrefait et transformateur, la parodie en question utilise celui-ci pour confronter le public des recueils badins, grâce à un interstice créé au niveau du sujet et opposant un sujet inattendu à un carton d'attentes, aux clichés et partis pris de leur propre sphère culturelle. Toutefois, le peuple n'est pas que sujet dans les recueils badins, il est aussi objet. Si le peuple des recueils badins pastiche les grands et permet ainsi la mise en place d'un mécanisme parodique qui tire fortement sur l'inversion, il est en définitive lui-même l'objet de leur pastiche.

Le peuple comme objet

Qu'il s'agisse de Monsieur ou Madame Oudot, de Guillaume, des poissardes racontant leurs aventures ou des colporteurs se réunissant en académie, le peuple des recueils badins est en effet un peuple représenté et il est représenté d'une certaine manière. Le regard d'en bas dont il a été question jusqu'ici est, en d'autres termes, encodé d'une certaine façon afin de permettre un décodage effectif par les destinataires des recueils. C'est ainsi au niveau de l'objet du discours que se situe la seconde valence pragmatique des recueils badins, le second pendant de la problématique étudiée. Et cette seconde valence vient en fait compliquer les choses. S'il est clair que les recueils badins réalisent une parodie générale des discours mondains au sens large du terme – le roman surtout, mais aussi les noces royales, les mémoires académiques etc. – ils véhiculent en même temps, vu qu'ils s'adressent à un public qui est lui-même mondain, les codes culturels de l'élite socioculturelle même qui est étroitement associée à l'objet de la parodie. Les recueils badins s'assurent, en d'autres termes, une sorte de terrain commun axiologique responsable à la fois de la réussite du pastiche populaire et de celle de la parodie des discours mondains. Les valeurs en

---

[28] *Ibid.*, p. 477.

question, connues du public, sont en effet véhiculées à travers la mise en place du peuple et sous-tendent ainsi la parodie du romanesque auquel sont associées d'autres valeurs négatives, rendues connaissables précisément parce qu'elles se voient grossies à travers la transformation parodique et le pastiche inversé.

Les codes culturels élitaires généralement véhiculés à travers la représentation d'un peuple apprivoisé – d'un côté l'innocente simplicité d'un peuple défait, au prix d'une exclusion de la « populace », de son côté brutal et grossier, un peuple utile car travailleur menacé de la débauche à laquelle l'invite un excédent de jours de fêtes, de l'autre la laideur, l'entassement insalubre des corps et une attention croissante, à mesure que le siècle progresse, pour le manque d'hygiène – ont été suffisamment étudiés pour que je n'y revienne pas ici[29]. Mais la question principale dans ce contexte – à quoi bon cette représentation du peuple? – n'a été traitée que de façon générale, sans attention pour la spécificité des recueils badins. S'il est clair que le succès du poissard vers le milieu du siècle cadre dans des tendances sociales et esthétiques qui interprètent le bas populaire comme un état primitif de la nature dans toute sa simplicité et son immédiateté[30], comment cette évolution se traduit-elle dans les recueils badins de Caylus? Quelle est, autrement dit, l'articulation précise qui permet de comprendre cette association, à première vue paradoxale, de codes élitaires à la fois véhiculés et parodiés?

La clef du problème, l'élément qui permet de comprendre cet enjeu spécifique lié à la publication, réside précisément dans ce rôle central de Caylus dans la divulgation des recueils auprès du public des salons. Chef d'orchestre de la publication, Caylus n'a pas manqué, en effet, d'*utiliser* lesdites tendances et les codes culturels en question dans un but qui lui était propre et qui relève, telle est mon hypothèse, d'une prise de position esthétique contre le romanesque à la mode. Caylus a en quelque sorte utilisé le poissard et les codes culturels qu'il véhicule – notamment le fait que les ouvrages poissards se présentaient comme des « tableaux puisés dans la nature »[31] – pour discréditer le genre romanesque, genre qui ne saurait re-

---

[29] Voir en particulier Vincent Milliot, *op. cit.*

[30] Cf. *ibid.*, pp. 294-99.

[31] *Œuvres badines*, t. X, « avertissement de l'éditeur », pp. I-II. Le poissard accorde en effet une place importante à l'authenticité, comprise comme imitation fidèle de la nature simple; on retrouve la même formule dans l'avertissement de *La Pipe cassée* de Vadé, qui s'est « beaucoup amusé en composant ce petit ouvrage, puisé

lever, quoi qu'il en dise lui-même, d'une imitation de la nature, car genre sans ancêtres, contrairement, du moins aux yeux de Caylus, au conte[32].

Cette utilisation du poissard s'appuie d'abord sur une condition *sine qua non*, à savoir la reconnaissance de la part du public du modèle mis en place. Voilà pourquoi le peuple dans les recueils badins relève sans exception de catégories socioprofessionnelles qui se caractérisent par le contact avec l'élite socioculturelle. Qu'il s'agisse du cocher, du colporteur ou des marchands de toutes espèces, le public mondain les connaît et reconnaît leur utilité, caractéristique sur laquelle les recueils badins mettent par ailleurs fortement l'accent. Cette utilité est d'ailleurs double, car le peuple en question, puisqu'il se caractérise par le contact avec l'élite, n'est pas seulement connu, il connaît lui-même les codes culturels de cette élite, codes qu'il tentera de mettre en place dans son imitation des littérateurs à la mode. De ce fait, la reconnaissance en question sert un but double. Si elle est destinée à rendre possible la réussite pragmatique du pastiche populaire, elle sert en même temps le pastiche inversé des discours mondains par ce peuple. Ainsi, cette reconnaissance déteint en fait sur un ensemble d'éléments parodiés qui relèvent de la propre sphère culturelle et qui sont grossis, rendus connaissables à travers ce pastiche inversé. Voilà, en définitive, l'utilité pragmatique seconde de la mise en place de la contrefaçon contrefaite: elle permet d'agrandir un ensemble d'éléments associés à la mode ou au mauvais goût, éléments que Caylus veut faire connaître et dénoncer auprès du public même qui les nourrit.

C'est en effet en termes de « mode » − et l'on connaît l'aversion de Caylus pour cette dernière parce qu'elle donne lieu à la recette − que les recueils badins définissent les discours parodiés. Dans *Les Etrennes*, les Oudot présentent leur volume en affirmant qu'il contient tout sauf « des observations du Pour & du Contre, quelques glaneurs & autres *morceaux à la mode* »[33]. Sachant de plus que Caylus reproche au roman à la mode, outre qu'il ne relève pas bien sûr de la sacro-sainte imitation des anciens mais, en ses propres termes, d'une chaîne de communication interrompue,

dans la nature ».

[32] « ces narrations fines, agréables, piquantes, que nous appelons contes, étoient fort connues des anciens » (*Mémoire sur les fabliaux*, in: *Mémoires de littérature tirez des registres de l'Académie Royale des Inscriptions et Belles-Lettres,* t. XXXIV, 1770, pp. 75-117. Ici, p. 77).

[33] Je souligne. L'allusion au *Pour et contre* de Prévost, une des cibles privilégiées de la parodie, est claire. Le périodique de Prévost s'évertuait précisément à passer en revue les nouvelles publications à la mode.

sa galanterie[34], ses « idées romanesques »[35] et son manque de simplicité[36], il devient clair que la parodie véhicule l'axiologie même qui sous-tend en fait l'esthétique classique de Caylus. Les cibles de la parodie, en d'autres termes, sont visées précisément en raison de leur galanterie, de leur romanesque, de leur manque de simplicité. Ainsi, la préface des *Etrennes* s'inscrit, moyennant l'adage « c'est fort bien fait d'être toujours galant »[37], sous le signe d'une espèce de galanterie du quartier populaire basée sur l'imitation des grands mais aussi sur une inversion de la grandeur morale. De même, *Les Bals de bois* se disent, dans leur sous-titre, « aventures curieuses *et galantes* », la galanterie se limitant toutefois à des allusions sexuelles à peine voilées. Ne lit-on pas, dans le *Mémoire sur les Fabliaux* (1746), que « la galanterie, dont les bornes ne sont pas plus prescrites [a été] portée jusqu'à la licence qui est l'abus de la galanterie »[38]? Pour ce qui est du romanesque qui pour Caylus relève en principe de « l'abus des légendes »[39] et du manque de simplicité, le corpus abonde en exemples. Limitons-nous à un seul, tiré des *Etrennes*, *Les Epreuves d'amour dans les quatre éléments*, qui affirme s'intéresser à une « histoire »:

> Je passerai, s'il vous plaît, en silence toutes les gentillesses d'une enfance si charmante, qui rempliraient un volume; afin d'aller en avant dans une histoire si intéressante.[40]

Tout au long de cette histoire cependant, les allusions au roman sont nombreuses et relèvent toutes d'une critique du romanesque et des incroyables péripéties du hasard. Ainsi, « La fortune, qui semblait conduire *leur roman* par la main »[41] permet de mettre sur scène un ensemble d'aventures les unes encore plus incrédibles que les autres, accompagnées bien sûr de maints commentaires ironiques. De telle sorte, *Les Epreuves d'amour* réactualisent un procédé que l'on trouve déjà dans les antiromans du XVIIe siècle – *Le Berger extravagant* ou *Le roman comique* par exemple –, celui de la confrontation rabaissante entre le merveilleux romanesque et la réali-

---

[34] Cf. *Mémoires sur les Fabliaux, éd. cit.*, p. 76.

[35] *Sur l'origine de l'ancienne chevalerie et des anciens romans* (1748), *Histoire de l'Académie*, Paris, Panckoucke, 1770, p. 413.

[36] Cf. Hausmann, *art. cit.*, p. 197.

[37] « L'éditeur au public », *Œuvres badines*, t. X, pp. 397-98.

[38] *Ed. cit.*, p. 89.

[39] *Sur l'origine de l'ancienne chevalerie et des anciens romans, éd. cit.*, p. 413.

[40] « Les épreuves d'amour » [extrait des *Etrennes de la Saint-Jean*], Pierre Testud éd., Paris Zulma, 1993 (*Histoire de Guillaume, cocher*), p. 152.

[41] *Ibid.* Je souligne.

té matérielle simple et concrète qu'il lui est impossible de négocier.

En filigrane, les recueils badins véhiculent ainsi une axiologie esthétique de la simplicité naturelle en grande mesure analogue à celle des mémoires académiques du comte. C'est pourquoi la publication de ces « broutilles » peut se considérer, combien insolite que cela puisse paraître à première vue, comme une étape certes antérieure aux mémoires académiques mais participant en grande mesure d'un même mouvement, celui qui prendra à partir de 1748 – l'année même où cessent les publications du Bout du Banc – l'allure d'un retour à l'ancien promu au sein des deux académies. En utilisant en quelque sorte les armes mêmes de ses adversaires en « goût », ou en tout cas en visant un même public, Caylus cherche, par l'inversion et par la transposition métonymique essentiellement, à saper de l'intérieur un ensemble de codes culturels jugés typiques d'un certain roman, genre bâtard auquel Caylus ne reproche au fond que son succès et les conséquences de ce succès: le peu de variation des procédés, la répétition d'un même langage, la réécriture des mêmes clichés, l'éternelle invocation du hasard, etc. Le paradoxe, c'est bien sûr que Caylus réactualise aussi, à travers la parodie, les clichés mêmes qu'il entend parodier…

C'est en définitive, pour revenir à notre question initiale, en vertu de cette seconde valence pragmatique des recueils que les Oudot osent prétendre à l'authenticité. Si la contrefaçon contrefaite est plus « authentique », c'est qu'elle parodie le manque d'authenticité du roman à la Marivaux ou à la Prévost. C'est aussi qu'elle reproche, en filigrane, au roman de n'être qu'une mauvaise contrefaçon, parce qu'il ne relève que d'une communication interrompue avec les anciens et qu'il est donc la copie d'une copie, mais aussi parce que les romanciers, dans leurs préfaces surtout, se contrefont les uns les autres et poursuivent ainsi la mode responsable des clichés qui font l'objet de la parodie. Pour ce qui est de ces clichés parodiés, je me limiterai, pour terminer, à deux exemples. Le premier concerne le topique phare de la préface romanesque de l'époque, le manuscrit trouvé censé authentifier le récit. Dans les recueils badins, celui-ci subit le même traitement que lui inflige vers la même époque le chevalier de Mouhy. Plus de manuscrit trouvé mais des manuscrits perdus ou volés qui, sur le mode de la parodie, par inversion et par métonymie, prétendent expliquer l'origine de tous ces manuscrits trouvés. Plus de petites lacunes insignifiantes ou d'imprécisions stylistiques rehaussant la valeur d'authenticité de ce manuscrit trouvé, mais un manuscrit égratigné par un perroquet désireux d'apprendre la langue des montagnards[42], ou un autre, illisible pour avoir été écrit par un contributeur ayant examiné de trop près le Char de Bacchus qu'il devait décrire[43]. Si la transformation du manuscrit trouvé est avant tout divertissante, elle permet aussi, à travers l'amusement que procure la parodie, d'instruire le public du « mauvais goût » d'un tel procédé auquel, de fait, personne ne croyait plus. Le second exemple, plus ponctuel, concerne un autre procédé typique du roman des années trente, ou plutôt un problème d'ordre stylistique que les romanciers d'époque arrivaient mal à résoudre. Dans *Histoire de Guillaume*, le narrateur éponyme se propose de rapporter une conversation:

> J'avais écrit cela, comme le reste, à ma manière; mais comme chacun parlait à son tour, cela faisait un embrouillamini de dit-il, répondit-il, répliqua-t-il, ajouta-t-il, continua-t-il, de façon que je n'y connaissais rien moi-même; cela m'embarrassait beaucoup; mais mon écrivain du Charnier m'a donné une ouverture pour éviter l'embrouille; c'est de coucher sur le papier ces discours-là par demandes et réponses, tout comme quand on vous parle à la Comédie; et c'est ce que je vas faire.[44]

C'est là effectivement un problème du roman contemporain lié au privilège qu'il donne de plus en plus à l'oral et à une narration prétendument directe. Dans *Les Egarements*, pour ne citer que cet exemple-là, de la main d'un des romanciers à succès que Caylus estimait peu, on compte jusqu'à une dizaine de « dit-il » et « répliqua-t-elle » par page. Si Challe se voyait déjà confronté à ce problème-là, il semble donc qu'il culmine dans les années trente, surtout avec le succès du genre mémorial et de la première personne qui impliquent de fait qu'un seul narrateur rapporte les discours des autres. Or, c'est là précisément le genre auquel *Histoire de Guillaume* prétend appartenir, et donc aussi le genre, Marivaux en tête de peloton, qui y est parodié. Comme dans bien d'autres recueils par ailleurs. Ce problème compositionnel, dû en fait aux tentatives du roman de s'approcher d'une vraisemblance à laquelle il n'avait aux yeux de Caylus – qui suit en cela le Boileau de l'*Art poétique* – que faire, est ici résolu grâce aux conseils d'un écrivain public populaire. C'est dire que le roman ferait mieux de respecter la hiérarchie classique et de s'en tenir, précisément, au divertissement pur

---

[42] « Podamir et Christine. Nouvelle russienne », *Mémoires de l'Académie des Colporteurs* (1748), *Œuvres badines*, t. X, p. 219.
[43] « Le Char de Bacchus », *Les Fêtes roulantes* (1747), Pierre Testud éd., Paris, Zulma, 1993, p. 134 ss.
[44] *Ed. cit.*, pp. 41-42. L'« écrivain du Charnier » en question est un écrivain public.

et simple. On connaît par ailleurs le bel avenir promis, grâce à Diderot surtout qui a dû se féliciter de récolter en quelque sorte pour le roman ce que Caylus avait semé contre lui, à cette théâtralisation de la parole, avant tout dans *Jacques le Fataliste et son maître*, ouvrage qui tire par ailleurs fortement sur l'inversion lui aussi. Ainsi, Diderot l'ennemi illustre mieux qu'aucun autre le vers des *Satires* d'Horace repris sur la page de titre des *Etrennes*, au sujet duquel on ne peut pas ne pas se souvenir du jugement sévère de Rocheblave – « Quant aux perles qu'on pourrait découvrir dans ce fumier, les cherche qui en aura le temps et le goût »[45]:

Cum flueret lutulentus, erat quod tollere velles. *Hor. Satyr. Lib. I*

Il y avait, dans ce fleuve bourbeux, bien des choses qu'on eût voulu recueillir.[46]

Et ici aussi, pour conclure, l'inversion est de mise, car « tollere » signifie aussi bien « enlever » que « recueillir ». Si Caylus illustre ainsi, dans ses recueils badins, que la littérature populaire mérite une attention étroitement associée à l'authenticité simple et naturelle, il révèle en même temps, à travers la parodie qui s'appuie sur le point de vue populaire même, les clichés et les problèmes d'un genre à succès qu'il condamnait et qui aurait mieux fait d'enlever ces procédés qui pour Caylus font preuve de mauvais goût et de la recette qu'il détestait tant. Si les recueils badins portent avant tout témoignage d'un jeu avec les convenances littéraires, s'ils sont certes le résultat d'un divertissement mondain au même titre que le théâtre de la société de Morville, leur publication par Caylus relève ainsi d'un enjeu esthétique qui s'inscrit parfaitement dans le parcours du comte, un parcours marqué de bout en bout par la double préoccupation d'un retour à l'ancien et de son édification dans tous les domaines de la création artistique.

---

[45] Samuel Rocheblave, *Essai sur le comte de Caylus*, Hachette, 1889, p. XI.
[46] Traduction dans la collection Budé, Les Belles Lettres, 1941.

CONCLUSIONS

CONCLUSIONS:

UN EXCENTRIQUE, OU LES REVERS DE LA FORTUNE

NICHOLAS CRONK ET KRIS PEETERS

Voltaire Foundation / FRS Flandre, Anvers

A l'état actuel des recherches sur Caylus, prétendre à des conclusions, mêmes provisoires, paraît hasardeux. Telle était la teneur du débat qui a clôturé notre rencontre d'Oxford. Toutefois, on peut – et on se le doit en tant qu'éditeurs – tenter quelques idées et essayer de délimiter quelques axes de réflexion. En tout cas, malgré la complexité de cette figure dont le présent volume porte témoignage, une chose est claire: nous sommes en présence d'un original, dans tous les sens du terme. Renonçant, à l'âge de 22 ans, à la carrière militaire et à la cour pour se vouer aux arts, s'habillant à la Rétif[1], acariâtre et brusque comme on le sait, cette figure excentrique reste étrangement fidèle à elle-même, et ce en dépit de l'apparente hétérogénéité de ses multiples activités. Dans tous les domaines traités dans ce volume, de la théorie et de la pratique artistiques, à travers les conférences « méta-académiques » jusqu'à la production littéraire et paralittéraire, une conclusion générale s'impose: celle de l'originalité de cet homme.

C'est du reste cette originalité même qui fait que les présentes conclusions relèvent d'un exercice d'équilibre difficile: Caylus est un classique certes, mais pas comme bien d'autres; René Démoris le démontre bien et les différentes contributions à ce volume en portent toutes témoignage, chacune de sa manière et dans son domaine. Caylus est un antiquaire, mais combien différent d'un Montfaucon (E. Décultot) qui ne possède ni l'éducation artistique ni l'attention pour la technique de Caylus (J. Boch). Là où Montfaucon s'appuie exclusivement sur les sources antiques, Caylus

---

[1] « Des bas de laine, de bons gros souliers, un habit de drap brun avec des boutons de cuivre, un grand chapeau sur la tête, voilà son accoutrement ordinaire, qui n'étoit pas assurément ruineux. Un carrosse de remise faisoit le plus fort article de sa dépense » (*Correspondance littéraire*, septembre 1765).

cherche, quant à lui, cet équilibre difficile entre tradition classique et recherche empirique (L. Norci). Quant aux textes, ils servent un but davantage orienté vers la pratique pour soutenir le retour à la peinture d'histoire
(I. Guillot). De même, Caylus s'adonne à la critique d'art, mais sans être
un critique d'art au sens propre (D. Masseau), ou encore il se fait salonnier
mais sans l'être (R. Démoris). C'est sans doute dans *De l'avantage des
vertus de société* que le contraste se montre le mieux: conférence à forte
teneur méta-académique, elle n'en fait pas moins appel au théâtre de la
foire mis au service des besoins de la culture avec majuscule (E. Lavezzi).
Cette conférence peut ainsi se considérer comme une sorte de reflet en
abyme de notre volume dans sa totalité. Elle constitue aussi, de fait,
l'articulation entre les domaines artistique ou esthétique et le pendant littéraire des activités du comte.

Dans le domaine littéraire, en effet, on constate les mêmes tensions. Si
le château de Morville était un espace de rayonnement et de rendez-vous
des grandes personnalités de l'époque (D. Quéro), Caylus s'y produit sur le
théâtre dans les rôles populaires, « si yvre qu'il ne put plus dire un mot de
ce qu'il devoit dire »[2] (M.-E. Plagnol-Diéval). Il prend position, de biais,
dans le débat entre Lullystes et Ramistes, mais non sans formuler un écart
important par rapport à la théorie classique de l'imitation en musique (J.
Herman). Caylus écrit des contes de fées mais utilise le genre contre lui-
même (J.-P. Sermain), il s'inscrit dans une tradition moralisante mais la
subjugue à une pédagogie moderne analogue à celle de Fénelon (A. Defrance). Il développe une théorie sur le conte et sur la féerie des anciens,
mais se montre indifférent à la publication de ses *Féeries nouvelles* (A.-L.
Cognet). Ou au contraire, il publie des recueils remplis de récits qui ne
parviennent pas à se faire romans, dans une vaine tentative de prendre position contre le roman …

Il y a là, et il faut bien l'avouer, de nombreux éléments qui nous
échappent. Comme l'a dit Didier Masseau lors de la discussion finale de
notre colloque, on ne peut se soustraire au sentiment que Caylus, dans les
nombreux domaines de son activité comme aussi par ailleurs par la combinaison de toutes ses activités, « passe toujours un peu à côté ». Ce qui revient aussi à poser la question épineuse de l'écart et de la norme (mais
quelle norme?) et à remettre en question l'*a posteriori* de notre regard sur
le XVIIIe siècle et l'effet homogénéisant et normalisant qui lui est inévita-

---

[2] *Correspondance* de Mme de Graffigny, *éd. cit.*, t. IV, p. 516.

blement lié. Fait de cette tension entre héritage et innovation dont parle Jean-Paul Sermain, cet original formule donc bien des défis à nos catégories de pensée habituelles. Plutôt que dans la réflexion même de l'amateur, dans la pratique du dessinateur-graveur ou encore dans sa production littéraire somme toute décevante, c'est dans ces défis formulés à chaque fois, dans cette tension entre tradition et écart par rapport à la tradition mais aussi par rapport à notre construction de cette tradition, que réside l'intérêt premier du comte. Le présent volume le démontre bien: à chaque question alléguée ou clarifiée, en surgissent plusieurs autres qui portent plus – et voilà l'intérêt premier de ce volume – sur la période dans son ensemble que sur la personne.

Cette originalité n'a pourtant pas empêché, on le sait, un relatif oubli qui, précisément, pourrait tenir en partie à cette originalité même. Quand cet oubli s'explique par la disgrâce de la coterie Caylus après 1750, quand il est lié à l'emprise croissante des philosophes sur la critique d'art naissante ou à la systématicité d'un Winckelmann en un volume in-octavo prenant logiquement le dessus sur l'approche fragmentaire d'un Caylus en sept volumes in-quarto, ces éléments n'expliquent que partiellement le manque d'attention critique pour le comte. Il faut aussi l'imputer, nous semble-t-il, à cette omniprésence des paradoxes dans son œuvre, paradoxes qu'on s'explique mal, et à l'originalité complexe qui en résulte. Par ailleurs, n'est-ce pas en partie cette originalité même qui a incité les encyclopédistes à le prendre en mire? Occupant une position intermédiaire entre l'amateur érudit et le critique d'art, Caylus renonce au privilège exclusif donné à l'histoire et subjugue la théorie à la pratique artistique qu'il connaît bien. En cela il est étonnamment moderne, même si l'influence qu'il exerce en conseiller est en elle-même classique et imbibée de cette priorité de l'histoire sur la modernité qui provoquera les réactions de Diderot. On peut se poser la question de savoir si le parti encyclopédiste aurait été si véhément sans ce changement de statut, moderne en soi, que Caylus donne à l'amateur. N'est-ce pas ce statut, précisément, qui formera l'enjeu principal de bien des débats à suivre? La correspondance de Diderot et Falconet, par exemple, le suggère bien. Si Caylus est assez vite tombé dans l'oubli, même au XVIIIe siècle, il y a là au moins un élément essentiel qui lui a survécu et qui constitue un apport important à l'histoire de l'art, plus important peut-être que le *Recueil* ou les mémoires académiques.

Car, après tout, il semble que Caylus a surtout joué le rôle, dans l'histoire de l'art, d'un inspirateur vite dépassé par ceux à qui il avait ouvert le chemin. Si, d'une part, ces derniers ne lui en ont pas toujours su gré dans leurs écrits, cet oubli est aussi l'effet, nous semble-t-il, d'un certain dédain, aristocratique peut-être, face à la publication de la part d'un amateur qui s'adressait avant tout à un public d'académiciens en passe de perdre son droit de cité sur les arts. Autre tension donc entre la façon dont Caylus cherche à occuper l'avant-plan par l'organisation, dans les deux académies mais aussi en étroite correspondance avec les pouvoirs en place, d'un puissant retour à l'antique et cette humilité, sans doute feinte, faite peut-être d'un même dédain, qui inspire son refus face au *Temple du goût*. Mais toujours est-il qu'elle transparaît aussi dans cette lettre au ton paternel adressée à Lagrenée à Rome en 1751… Si l'on est tenté de croire que Caylus n'était acariâtre et brusque qu'envers l'autre parti, force est de constater que nous sommes en présence d'un janus. Si donc, pour interpréter cet oubli, il y a manifestement concours de circonstances, faut-il croire que les critiques eux aussi en ont été victimes? Oui sans doute, mais même si l'histoire a joué son rôle, même si Caylus, pour ainsi dire, a eu le tort d'avoir raison trop tôt, il faut, croyons-nous, nous rendre compte qu'il est aussi tombé entre les plis de nos façons d'adresser le XVIIIe siècle. En ce sens aussi, Caylus a été un « ex-centrique ».

Deuxième constat possible: cette pensée originale, bien qu'elle porte sur un ensemble de domaines qui paraissent hétérogènes, l'est aussi en vertu de sa relative homogénéité. Qu'il s'agisse de peinture, de sculpture, d'antiquités ou de contes et nouvelles, Caylus accorde une place de premier plan à l'imitation de la nature bien sûr, mais aussi à la pratique, à la simplicité et à la force d'expression. Ce « nouveau classicisme expressif » dont parle Julie Boch[3] – cette formule dont l'oxymore est révélateur touche au cœur de l'esthétique caylusienne – part en guerre contre les éléments du mauvais goût, de la « manière » et de la recette dans tous les domaines de la création artistique. La peinture bien sûr, comme en portent témoignage les traités d'iconologie et cette singulière *Vie de Watteau* où se combinent admiration et désaveu, mais aussi l'Académie même que Caylus et compagnie cherchent à réformer en rétablissant les conférences et les droits de l'antiquité. Sans oublier, par l'intermédiaire de Le Normant, l'architecture, voire le conte que Caylus subjugue à un même idéal de simplicité classique. A la limite, même les badinages du Bout du Banc s'inscrivent dans cette recherche de la simplicité en adhérant à une conception de la vie des simples comme état primitif de la nature. Si l'on veut, on pourra voir ici une troisième tension traversant cette vie d'amateur, celle qui oppose la

[3] *Littératures*, 36, 1997, pp. 49-69.

complexité de l'homme à la simplicité qu'il a recherchée dans les arts et dont il s'est flatté, non sans complaisance, dans son comportement.

Figure pittoresque sans doute, Caylus a néanmoins joué – comme le démontrent les diverses contributions qui forment ce livre – son modeste rôle dans l'histoire. Plusieurs pistes ont été ouvertes dans ce volume et peuvent former autant de perspectives de recherche pour les études caylusiennes qui demeurent, malgré les efforts récents entrepris dans différents domaines, un terrain encore largement en friche. Pour notre part, nous en voyons quatre au moins.

Une première piste possible, creusée en partie par Marc Fumaroli, concerne la mise à nu des réseaux intellectuels dont Caylus se fit le pivot. Si ses rapports avec Paciaudi et avec l'abbé Conti sont aujourd'hui bien documentés, l'index des noms repris à la fin de ce volume montre on ne peut mieux l'ampleur de ces cercles. L'enquête nous semble importante, car les réseaux en question forment un élément clef pour comprendre aussi bien le succès de Caylus que son oubli par la suite. Bien qu'il ait renoncé, à l'âge de 22 ans, aux privilèges de sa caste et à la vie mondaine de la cour, il est indéniable que Caylus a utilisé ces mêmes privilèges dans sa carrière d'académicien comme dans les salons, et qu'il a fait montre d'une condescendance corollaire par rapport à ceux qui se voulaient davantage philosophes de l'art que connaisseurs des pratiques. Si la défaillance progressive des réseaux aristocratiques et de leur influence socio-politique peut servir à expliquer, au moins en partie, l'amnésie assez générale dont le comte a été frappé, cette évolution cadre dans un ensemble de facteurs sociologiques assez connus – la montée de la bourgeoisie, l'essor des cafés remplaçant dans une certaine mesure la sociabilité aristocratique des salons, l'ouverture des mêmes salons aux artistes et aux philosophes roturiers, … L'essentiel à cet égard serait à notre sentiment de mieux centrer cette évolution sur le statut changeant de l'amateur et sur la naissance du critique d'art. Trois exemples pourront illustrer ce propos et montrer comment cette évolution, dont nous connaissons trop peu les tenants et aboutissants, est allée de pair avec une lutte de pouvoir qui a été opérée de l'intérieur. Le cas des lundis au salon de Mme Geoffrin est assez connu, mais on n'en a peut-être pas mesuré toute l'importance. C'est Caylus qui a réussi à en faire ouvrir les portes aux artistes, événement important pour l'évolution des arts et de l'esthétique de la seconde moitié du siècle, car les lundis de Mme Geoffrin ont ainsi repris, souligne Marc Fumaroli, le rôle de « com-

plément mondain de la convivialité académique du Louvre »[4]. Or, ce nouveau rôle qui devait profiter au « Grand Croquant » et consolider ses rapports avec les artistes, bénéficia surtout au parti philosophique – Diderot,
Marmontel, Galiani – auquel le salon fut ouvert en 1749. Deuxième exemple, tout à fait analogue mais moins connu, celui du Bout du Banc. Suite à
l'influence de Maurepas, qui avait sous sa tutelle notamment l'intendance
de police et fréquentait cette société autant pour prendre le pouls de
l'opinion que par goût, le Bout du Banc a lui aussi été ouvert aux philosophes à partir de 1749. La présence de Maurepas et de son secrétaire Sallé
aurait en effet joué un rôle central dans une étape intermédiaire importante,
celle de la dissolution du Caveau, dont les membres – Crébillon fils, Collé,
Duclos, Gresset, Maurepas, Moncrif – allaient rejoindre le Bout du Banc.
N'aimant pas Crébillon, ami de Diderot et d'Helvétius qu'il avait connu au
Caveau, se brouillant avec Duclos qui était favorable aux philosophes,
Caylus se retira de plus en plus de cette société qui avait été un pivot essentiel pour son action, et la laissa, après 1749 – époque vers laquelle cessent les activités paralittéraires du cercle – aux philosophes. Vu qu'il s'agit
de la période même où Caylus se replie sur l'académie pour y prononcer
son mémoire *De l'amateur* et sa *Vie de Watteau*, il nous semble qu'il
s'agit là d'un concours de circonstances qui a été un facteur décisif dans
cette évolution bien plus que le simple symptome de son extension. Troisième exemple: la même année 1749, Maurepas, qui avait certes eu la main
dans cette évolution, qui avait même, à l'époque du *Sopha*, apporté son
soutien, par l'intermédiaire de Feydeau de Marville, à Crébillon fils exilé
sur ordre de d'Aguesseau, qui était, encore, intervenu en faveur de Fran-
çois-Vincent Toussaint en 1748, mais qui n'en appartenait pas moins, vu
une amitié profonde et de longue date, au parti de Caylus, tomba en disgrâce suite aux « intrigues de Mme de Pompadour »[5]. Il s'agit là, il ne faut

[4] Marc Fumaroli, « Le Louvre au XVIIIe siècle. La 'Grande Chaumière' de la
monarchie », in: *Le Palais du Louvre de François Ier à Louis XIV*, Dijon, Faton,
1995, pp. 132-53. Ici, p. 151.
[5] Robert Shackleton, *Montesquieu: une biographie critique*, Grenoble, Presses
universitaires, 1977, p. 141. Cette disgrâce fut provoquée en 1749 par une épigramme anonyme contre la Pompadour, qu'on lui attribua Cf. *Mémoires et journal
inédit du Marquis d'Argenson* à la date du 3 mai 1749. L'épigramme faisant allusion
à un incident survenu lors d'un souper que Mme de Pompadour avait offert à une
société de trois personnes seulement – les invités étaient le roi, Mme d'Estrades et
Maurepas –, on en conclut que Maurepas devait être coupable. Caylus demanda à
suivre en exil volontaire Maurepas envoyé à Bourges (cf. Marc Fumaroli, « Le comte
de Caylus et l'Académie des Inscriptions », in: *Institut de France. Académie des Ins-*

pas en douter, de trois facteurs intimement liés et tout à fait contemporains de la décision de Caylus de s'adresser à l'académie, de tenter sa réforme en étroite collaboration avec les pouvoirs en place et d'y présenter sa vision du rôle de l'amateur dans le débat contemporain sur les arts. Il est clair, par ailleurs, que la reprise par les philosophes des salons et donc de ce complément mondain aux activités académiques dont parle Marc Fumaroli a précisément joué un rôle essentiel dans la perte d'influence de cette même académie. Ces éléments, comme bien d'autres ayant trait par exemple aux rapports de Caylus avec Galiani, demeurent trop peu connus, bien qu'ils puissent jeter une autre lumière sur cette période cruciale pour l'évolution des arts et de la critique d'art au XVIIIe siècle.

Seconde piste possible, connexe: nous ne disposons guère d'informations précises sur l'influence exacte de Caylus sur ses contemporains et sur la génération suivante. Quelle a exactement été, en d'autres termes, son influence sur ceux qui l'ont par la suite oublié. Si nous connaissons bien son ascendant sur Winckelmann par exemple, le cas de Goethe (qui n'a sans doute connu Caylus que par l'intermédiaire de Wolf) ou de Lessing est moins documenté mais important vu l'influence de l'esthétique allemande sur celle française de cette génération. Il faudrait surtout, nous semble-t-il, confronter les textes de Caylus aux traductions allemandes fournies par Winterschmidt et Meusel dans les années soixante, et essayer de cerner, textes à l'appui, son influence sur les esthéticiens allemands, leur formulation ou reformulation de ses idées. Question de retracer le parcours sinueux qui a pu faire d'un passionné des maîtres italiens et partisan d'une peinture d'histoire au service de la monarchie, un serviteur du néoclassicisme. Même pour Diderot, ce travail sur les textes reste en partie à faire. C'est là une tâche difficile, notamment parce qu'elle devra s'appuyer sur une bonne connaissance de textes pour partie restés à l'état de manuscrit, mais encore plus parce qu'elle présuppose une connaissance approfondie de la tradition (Félibien, de Piles, Antoine Coypel, du Bos, Batteux) et une comparaison préalable de celle-ci et des mémoires de Caylus. C'est donc là un travail sur les textes qui devra s'opérer simultanément dans les deux sens pour essayer de cerner, précisément, le rôle de Caylus dans l'histoire de l'art et de faire le point sur la façon dont tradition et modernité, antériorité et postériorité s'articulent et se rencontrent dans ce « nouveau classicisme expressif ».

criptions et belles-lettres. Comptes rendus des séances de l'année 1995, Paris, Klincksieck, 1995, pp. 225-50. Ici., p. 241), demande qui lui fut refusée.

Ensuite, et c'est l'évidence même, il reste un important travail d'édition à faire. Plusieurs mémoires inédits – et Elisabeth Lavezzi a bien montré leur intérêt possible en nous offrant *De l'avantage des vertus de société* – parfois importants comme celui sur les fabliaux, sur la féerie des anciens et des modernes, sur le rétablissement des conférences, sur les causes de la petite manière de l'école française, ... sombrent dans les collections de manuscrits; plusieurs *Vies* d'artistes manquent à la collection publiée par Fontaine; les contes de fées, accompagnés parfois d'importantes préfaces, ne se consultent guère qu'en éditions du XVIIIe; les histoires et nouvelles qui forment l'essentiel des *Œuvres badines* – à l'exception près d'*Histoire de Guillaume*, des *Fêtes roulantes* et des *Bals de Bois* édités par Pierre Testud et de quelques nouvelles récemment recueillies par Jacqueline Hellegouarc'h et par Henri Coulet – demeurent trop peu connues et demandent d'être annotées. Le travail à faire est énorme et difficile vu l'éparpillement des documents, les différentes versions manuscrites qui ont circulé, ou encore le vocabulaire populaire difficile à reconstituer. Mais c'est un travail important dans la mesure où il nous apprendra à mieux connaître ce personnage, dans toutes ses facettes. Ainsi, le travail d'édition pourra contribuer, enfin, à la confrontation et à la comparaison des différents domaines d'activité du comte. Les rapports possibles entre ses vues en matière d'antiquité et de peinture moderne, entre ses conceptions de la peinture antique et la recherche de babioles révélant l'une ou l'autre technique, entre les mémoires académiques et l'écriture paralittéraire – suggérée par cet étrange *De l'avantage des vertus de société* – demeurent largement inexplorés.

D'autres pistes de recherche sont bien sûr possibles, et elles sont nombreuses. Pour notre part, nous avons simplement voulu suggérer quelques réflexions en rapport avec les constats, certes très généraux, que la relecture de notre volume a permis d'énoncer. La richesse des pistes en question comme par ailleurs la généralité des constats formulés montrent que le comte de Caylus constitue bel et bien un objet de recherche stimulant, mais trop peu connu. A bien des égards, Caylus apparaît comme une figure étrange. Il combine sans le moindre problème les activités les plus éparses et semble bien souvent une anomalie dans nos schémas, qui opposent peut-être trop volontiers l'ancien au nouveau, le classique au moderne. On reprend volontiers le propos de Didier Masseau lors du débat qui a clôturé notre colloque à Oxford: « Caylus passe toujours un peu à côté ». Voilà la conclusion centrale de notre volume, et une bien meilleure épitaphe en ce qui nous concerne que celle de Diderot. Ex-centrique à l'infortune exemplaire, Caylus reste, comme l'a écrit René Godenne, l'un de ces curieux qui font tout l'attrait d'un XVIIIe siècle dont il ne cesse de nous montrer la stimulante complexité.

BIBLIOGRAPHIE CRITIQUE

DU COMTE DE CAYLUS

BIBLIOGRAPHIE CRITIQUE DU COMTE DE CAYLUS

KRIS PEETERS

FRS Flandre, Anvers

Cette bibliographie constitue une première tentative de rassembler l'ensemble des ouvrages attribués au comte de Caylus, tant dans le domaine des arts et antiquités que dans celui des lettres. En raison de l'éparpillement des documents concernés, il a cependant été impossible de vérifier certaines sources et informations. L'exhaustivité de ce travail, qui demanderait les efforts combinés d'une équipe de recherche aujourd'hui inexistante, reste donc toute relative. Néanmoins, ce travail se veut autrement exhaustif, en ce sens que nous avons cru utile de répertorier tout titre attribué à Caylus par une des sources consultées, même si l'attribution était douteuse. Cette démarche nous est apparue indispensable, compte tenu de l'état actuel des études caylusiennes. Nous ne disposons pas, en l'absence d'étude de style ou de lexique quantitatif des œuvres de Caylus, de critères sûrs permettant d'établir la paternité de nombre d'ouvrages, problème d'autant plus aigu à la lumière des collaborations fréquentes. Afin de ne pas exclure de titres suivant notre seule intuition ou, pire encore, suivant celle des autres, nous avons donc repris toutes les informations auxquelles nous avions accès, tout en les commentant et en mentionnant à chaque fois la source consultée, les attributions mentionnées dans les catalogues et des observations critiques.

Afin de garantir une vue d'ensemble sur l'immense production d'amateur et d'homme de lettres du comte de Caylus, nous avons classé ses ouvrages en six sections séparées:

Au sein de chaque section, le lecteur trouvera, par ordre chronologique, d'abord les recueils tels que les *Œuvres badines* ou le *Théâtre du château de Morville*, puis les titres séparés, répertoriés selon la date (supposée) de l'édition première, les ouvrages pour lesquels aucune date n'a été trouvée étant repris en début de section. Sous cette première occurrence, on trouvera, précédées du symbole ⇒, toutes les (ré)éditions du même ouvrage reprises par ordre chronologique.

A la fin de la bibliographie figure une liste alphabétique de tous les titres recensés et des nombreuses variantes rencontrées (p. 350), avec une indication de la section et de la date où on les trouvera.

Liste des abréviations utilisées

Bibliothèques et catalogues:

A	Bibliothèque de l'Arsenal, Paris
AAI	Archives de l'Académie des Inscriptions et Belles-Lettres, Paris
Ash	Ashmolean Museum, Oxford
B	Barbier, Antoine A., *Dictionnaire des ouvrages anonymes*, Hildesheim, Olms, 1963, 4 vol.
BHP	Bibliothèque historique de la Ville de Paris
Bod	Bodleian Library, Oxford
BL	British Library, Londres
BM	British Museum, Londres
BML	Biblioteca mediceo-laurenziana, Florence
BNF	Bibliothèque Nationale de France, Paris
BR	Bibliothèque Royale Albert Ier, Bruxelles
Br	Brenner, Clarence, *A bibliographical list of plays in the French language 1700-1789*, Ann Arbor MI, 1947
Cio	Cioranescu, Alexandre, *Bibliographie de la littérature française du dix-huitième siècle*, Paris, CNRS, 1969
Co	Conlon, Pierre, *Le siècle des Lumières: bibliographie chronologique*, Genève, Droz, 1983 -
EBA	Ecole des Beaux-Arts, Paris [ENS des Beaux-Arts]
G	Gay, Jules, *Bibliographie des ouvrages relatifs à l'amour, aux femmes, au mariage, et des livres facétieux, pantagruéliques, scatologiques, satiriques, etc., par M. le C. d' I****, troisième édition, refondue et augmentée, Paris, Lemonnier et Gilliet, 1894-1900
Gr	Grente, *Dictionnaire des lettres françaises. Le XVIIIe siècle. Edition revue et mise à jour sous la direction de François Moureau*, Paris, Fayard et Librairie Générale Française (Pochothèque), 1995

J	Jones, S. Paul, *A list of French Prose Fiction from 1700 to 1750*, New York, Wilson, 1939
KUL	Katholieke Universiteit Leuven, Louvain
LC	Library of Congress, Washington
Lu	Collection Frits Lugt, Institut néerlandais, Paris
M	Martin, Henry, *Catalogue des manuscrits de la bibliothèque de l'Arsenal*, Paris, 1885-1892, 6 vol.
Mi	Michaud, *Biographie universelle ancienne et moderne. Nouvelle édition, revue, corrigée et considérablement augmentée d'articles omis ou nouveaux*, Paris, Delagrave/Desplaces, 1843-65, 45 vol.
MMF	Martin, Angus, Mylne, Vivienne G. et Frautschi, Richard, *Bibliographie du genre romanesque français, 1751-1800*, Londres, 1977
MsP	*Catalogue général des manuscrits des bibliothèques publiques de France*, Paris, Plon, 1909
Q	Quérard, Joseph-Marie, *La France littéraire, ou dictionnaire bibliographique des savants, historiens et gens de lettres de la France*, Paris, Didot, 1827-30
QB	Quérard, Joseph-Marie et Brunet, Gustave, *Les supercheries littéraires dévoilées*, Hildesheim, Olms, 1965, 3 vol. (réimpression de l'édition de Paris, Daffis, 1869-70)
S	Bibliothèque de la Sorbonne, Paris
SBA	Stadsbibliotheek [bibliothèque municipale], Anvers
Sol	Lacroix, Paul (P.L. Jacob, bibliophile, éd.), *Bibliothèque dramatique de monsieur de Soleinne. Herausgegeben von P.L. Jacob*, Graz, Akademische Druck-u. Verlagsanstalt, 1969 (fac-similé de l'édition de Paris, Alliance des arts, 1843-45)
TAY	Taylorian Institute, Oxford
UFSIA	Universiteit Antwerpen campus UFSIA, Anvers
UCL	Université catholique de Louvain, Louvain-la-neuve
UIA	Universiteit Antwerpen campus UIA, Anvers
ULB	Université Libre de Bruxelles
ULg	Université de Liège
VUB	Vrije Universiteit Brussel, Bruxelles

Principaux recueils:

[ML-4°]	*Mémoires de littérature tirez des registres de l'Académie Royale des Inscriptions et Belles-Lettres*, A Paris, de l'imprimerie royale, 1736-1808, in-4.
[ML-8°]	*Mémoires de littérature tirez des regîtres de l'Académie Royale des Inscriptions et Belles-Lettres, (Depuis le Renouvellement de cette Académie jusqu'en M.DCCX)*, 1719-1771, in-8.

[CF]   *Contes et facéties*, Paris, Dentu, 1885.

[F]   *Facéties du comte de Caylus*, Octave Uzanne éd., Paris, Quantin, 1879.

[HGC]   *Histoire de Guillaume, cocher*, Pierre Testud éd., Paris, Zulma, 1993.

[HML]   *Histoire de l'Académie Royale des Inscriptions et Belles Lettres, Depuis son Etablissement jusqu'à présent, Avec les Mémoires de littérature tirez des regîtres de cette Académie, (depuis son renouvellement jusqu'en M. DCCX). Tome premier (second, troisième, etc.),* A Amsterdam, Aux dépens de la Compagnie, 1719, 14 vol. in-8.

[OB]   *Œuvres badines complettes du comte de Caylus,* (Amsterdam) Paris, chez Vissé, 1787, 12 vol. in-8.

[OBG]   *Œuvres badines et galantes du comte de Caylus*, F. Fleuret et L. Perceau éds, Paris, bibliothèque des curieux, 1920.

I. Romans, nouvelles, contes, facéties

Les romans, nouvelles, contes et facéties, dont la plupart sont le résultat des efforts collectifs de Caylus et des membres de la Société du Bout du Banc, se portent, d'après les sources que nous avons pu consulter, à un total de vingt-cinq ouvrages dont deux traductions/adaptations, les nombreux recueils et rééditions non compris. On peut ajouter à ce nombre dix titres, dont l'attribution à Caylus n'est pas sûre. Le jugement de l'abbé Sabatier, qui affirme, au sujet de Caylus, que « ce ne sont pas ses Romans, ses Historiettes & ses Contes de Fée qui ont contribué à étendre sa réputation littéraire », nous paraît sévère, surtout lorsqu'il relègue dans l'oubli « tous ces petits ouvrages ». Certains titres, surtout ceux qui sont associés au genre poissard, sont certes oubliés aujourd'hui, mais ont connu un grand nombre d'éditions tout au long du XVIIIe siècle. Les exemples les plus frappants sont *Les Ecosseuses* et *Les Etrennes de la Saint-Jean* (11 éditions chacun)[1]. Il est étonnant toutefois de constater que *Histoire de Guillaume,*

---

[1] Sur le succès de ces deux ouvrages, voir en particulier la *Correspondance* de Mme de Graffigny, E. Showalter, et alii éds, Oxford, fondation Voltaire, 1985-1996, lettre 113, 5 avril 1739, t. I, p. 416; lettre 118, 17 avril 1739, t. I, p. 441; lettre 120, 21 avril 1739, t. I, p. 449; lettre 127, 3 mai 1739, t. I, p. 478; lettre 194, 8 octobre 1739, t. II, p. 188; lettre 378, 9 avril 1741, t. III, p. 160; lettre 605, 20 octobre 1743, t. IV, p. 421; lettre 615, 11 novembre 1743, t. IV, p. 460; et lettre 745, 16 septembre 1744, t. V, p. 466.

l'ouvrage que l'on connaît sans doute le mieux grâce aux éditions modernes, n'avait pas beaucoup de succès éditorial au XVIIIe. L'affirmation de Sabatier est exacte également en ce qui concerne les contes de fées, dont le succès éditorial fut plutôt limité: *Féeries nouvelles* a connu quatre éditions, *Cinq contes de fées* quatre, dont deux ne concernent que *Le Loup galleux et la jeune vieille*.

I.1. Recueils

? — [ms] *Œuvres badines* – BHP: C.P. 4292 – manuscrit sans doute autographe – Cf. Judith Curtis et David Troth, 1996, pp. 11 et 36

? — *Œuvres badines*, Paris, G. Crès, coll. "Bibliothèque classica", série 3, 107/8, sd. – LC: PQ1961 C4A6 – LC est la seule source qui mentionne cet ouvrage que nous n'avons pu ni consulter ni dater

1730? — [ms] *Recueil de plusieurs pièces* – Volume de la bibliothèque de Pierre Louÿs, où celui-ci avait inscrit "Œuvres érotiques de Caylus. Manuscrit de 1730" – Cf. Bonnard, 1962, pp. 49-52. Voir *La Fée Paillardine ou la Princesse ratée* – ? – Voir *L'Odalisque* – 1717

1787 — **[OB]** *Œuvres badines complettes du comte de Caylus, Avec figures*, A Amsterdam et se trouve à Paris, chez Vissé, libraire, rue de la Harpe, près de la rue Serpente, 1787, 12 vol. in-8 – BNF: Y².8113-24 – Bod: Douce CC 313-324 – TAY: VET.FR.II.B.1579-1590 – BM: 89. a. 1-12 et 12237. p. 1. – LC: PQ1961.C4 1787 – Cf. Uzanne: dirigée par Garnier – BNF: publiées par Garnier

Cette édition contient:

  ➢ *Histoire du vaillant chevalier Tiran le Blanc* (t. I et II) – 1737
  ➢ *Le Caloandre fidèle* (t. III et IV) – 1740
  ➢ *Soirées du Bois de Boulogne* (t. V) – 1742
  ➢ *Recueil de ces messieurs* (t. V et VI) – 1745
  ➢ *Histoires nouvelles et mémoires ramassés* (t. VI) – 1745
  ➢ *Les Manteaux* (t. VI et VII) – 1746
  ➢ *Le Pot-Pourri, ouvrage nouveau de ces dames et de ces messieurs* (t. VII) – 1748
  ➢ *Nouveaux Contes orientaux* (t. VII et VIII) – 1743
  ➢ *Féeries nouvelles* (t. VIII et IX) – 1741
  ➢ *Cinq contes de fées* (t. IX) – 1745
  ➢ *Cadichon ou tout vient à point qui peut attendre* (t. IX) – 1775
  ➢ *Jeanette ou l'indiscrétion* (t. IX) – 1775
  ➢ *Histoire de Guillaume, cocher* (t. X) – 1737?
  ➢ *Les Fêtes roulantes* (t. X) – 1747
  ➢ *Aventures des Bals de Bois* (t. X) – 1745
  ➢ *Les Etrennes de la Saint-Jean* (t. X) – 1738

> *Mémoires de l'Académie des colporteurs* (t. X) – 1748
> *Les Ecosseuses ou les Œufs de Pâques* (t. X) – 1739

Les tomes XI et XII contiennent plusieurs ouvrages qui n'appartiennent pas à Caylus, à savoir:

> *Essai historique sur les lanternes* de Dreux du Radier (t. XI)
> *Histoire des rats* de Sigrais (t. XI)
> *Recueil de ces Dames* de Chevrier (t. XI)
> *Les Chats* de Moncrif (t. XI)
> *Mémoires de l'Académie de Troyes* de Grosley (t. XII)
> *Mémoires de l'Académie de ces dames et de ces messieurs* d'Antoine-Martin Vadé[2] (t. XII)

1879 — [F] *Facéties du comte de Caylus avec une notice bio-bibliographique par O. Uzanne*, Paris, A. Quantin, 1879 – BNF: 8° Y². 53120 – TAY: 156.F.3 – LC: PQ1961.C4A7 – BM: 12517. k. 9.

Ce volume contient:

> *Essai sur les mémoires de M. Guillaume*[3] – 1737?
> *Aventures des Bals de Bois* – 1745
> *Les Fêtes roulantes et les regrets des petites rues* – 1747
> *Les Etrennes de la Saint-Jean* – 1738

⇒ *Facéties du comte de Caylus avec une notice bio-bibliographique par O. Uzanne*, Bassac, Plein chant, coll. Petite librairie du XIXe siècle, 1993 – A: 8-K-15448 – BNF: 16-Y2-63308; Reproduction fac-similé de l'édition, très rare, de 1879

1885 — [CF] *Contes et facéties*, Paris, Dentu, Bibliothèque choisie des chefs-d'œuvre français et étrangers, XXIV, 1885 – VUB: CB 840 G Cayl – BNF: 8° Z. 1895 – LC – Cf. Cio

Ce recueil contient les titres suivants:

> *Histoire de M. Guillaume, cocher* – 1737?
> *Les Bals de Bois* – 1745
> *Les Fêtes roulantes et les regrets des petites rues* – 1747
> *Les Etrennes de la Saint-Jean* – 1738

---

[2] René Godenne prétend que l'ouvrage est anonyme (« Agréable diversité des *Œuvres badines* du comte de Caylus », in: *XVIIIe siècle*, 1969, p. 254n1). Antoine-Martin Vadé est le pseudonyme de Joseph-Marie Dantu. Il importe de ne pas le confondre avec Jean Joseph Vadé, le chef de file du poissard vers le milieu du XVIIIe siècle et membre de la Société du Bout du Banc.

[3] Il s'agit bien d'*Histoire de Guillaume*. Uzanne a pris pour titre le faux-titre qui, dans les *Œuvres badines*, t. X, p. [11], figure après la préface au-dessus du titre du premier récit.

➤ *Mémoires et réflexions* − 1874

1920 — **[OBG]** *Œuvres badines et galantes du comte de Caylus. Choisies et précédées d'une notice et d'une bibliographie par Radeville et Deschamps* [F. Fleuret et L. Perceau], Paris, bibliothèque des curieux, 1920 − BR: F.S. XXVI 677 A − TAY: G/F.1112.A.2 − SBA: C 36969: [45] − LC: PQ1961. C4A6 1921 − 1920 est la date mentionnée sur la page de titre. La couverture mentionne 1921.

Ce recueil contient:

➤ *Le Défi amoureux de Lygdame et de Chloris* [=*Le Voluptueux hors de combat*] − 1732?
➤ *Histoire de Guillaume, cocher* − 1737?
➤ *Les Ecosseuses, ou les Œufs de Paques* − 1739
➤ *Histoire de Mlle Cronel, dite Frétillon* [première partie] − 1739
➤ *Les Etrennes de la Saint-Jean* − 1738
➤ *Quelques aventures des Bals de Bois* − 1745
➤ *Les Manteaux* − 1746
➤ *Nocrion, conte allobroge* − 1747
➤ *Le portefeuille du comte de Caylus* − 1880

⇒ *Œuvres badines et galantes. Choisies et précédées d'une notice et d'une bibliographie par Radeville et Deschamps* [*F. Fleuret et L. Perceau*], Paris, 1930, in-8 − Cf. Cio 16244 − Cf. Testud, 1993 − sans doute une simple erreur de datation

1993 — **[HGC]** *Histoire de Guillaume, cocher*, Pierre Testud éd., Paris, Zulma, 1993 − A: 8-K-13798 − BNF: 16-Y2-61304

L'édition de Pierre Testud contient:

➤ *Histoire de Guillaume, cocher* − 1737?
➤ *Les Bals de Bois* − 1745
➤ *Les Fêtes roulantes* − 1747
➤ *Les épreuves d'amour* [extrait des *Etrennes de la Saint-Jean*] − 1738
➤ *Relation galante et funeste d'une demoiselle qui a glissé pour être épousée* [extrait des *Etrennes de la Saint-Jean*] − 1738

I.2. Titres séparés

? — [ms] *La Fée Paillardine ou la Princesse ratée. Conte.*, in: *Recueil de plusieurs pièces*, fol. 76-108 − Le *Recueil de plusiers pièces* est un volume de la bibliothèque de Pierre Louÿs, où celui-ci a inscrit "Œuvres érotiques de Caylus. Manuscrit de 1730" − Cf. Bonnard, 1962, pp. 49-52. − l'attribution de ce conte fort libre à Caylus est rien moins que sûre; elle est sans doute la conséquence d'une réputation d'auteur libertin, due essentiellement au *Bordel* (1732) qui est d'attribution incertaine, et à *Nocrion* (1747) qui est vraisemblablement de Bernis

⇒ *La fée Paillardine ou La Princesse ratée. Conte inédit*, Londres, sn., 1931 – propriété privée – LC: PQ1961.C4A72 1931 – édition in-4, [109] p. sur papier Arches, richement illustrée de neuf dessins pornographiques coloriés à hauteur de page, attribuée à Caylus sur la page de titre.

⇒ *La fée Paillardine ou la princesse ratée, par le comte de Caylus*, publié avec des illustrations de Michel Siméon, Paris, Cercle du livre précieux, coll. L'Ecrin secret du bibliophile, 21, 1962 – propriété privée – BNF: Enfer 1618– Edition non reliée, sous coffret, tirée à 1500 exemplaires numérotés. Cette édition n'est mentionnée dans aucun des catalogues consultés.

⇒ *Mylord Arsouille ou Les Bamboches d'un gentleman suivi de Comte de Caylus, La Fée Paillardine*, slnd., sn. (coll. "Aphrodite classique" 57,) 1978 – in-12 broché à dos carré, couverture ilustrée en couleurs – cf. catalogue électronique AddAll Used and out of print book search, www.addall. com/Used/, consulté le 26 avril 2001.

⇒ *La fée Paillardine*, in : *Recueils érotiques*, René Delérin éd., Cannes, Imprimerie Livres & Images, 1998 – BNF: Tolbiac 1999- 15778

1717 — [ms] *L'Odalisque*, in: *Recueil de plusieurs pièces* – Le *Recueil de plusiers pièces* est un volume de la bibliothèque de Pierre Louÿs, où celui-ci a inscrit "Œuvres érotiques de Caylus. Manuscrit de 1730" – Cf. Bonnard, 1962, pp. 49-51. Bonnard avance la date de 1717. – l'attribution à Caylus est rien moins que sûre

1717 — *Pièces échapées au feu, ou Recueil de diverses pièces en prose et en vers*, Plaisance, 1717 [d'Albert-Henrik Sallengre (éd.)?] – BNF: Z. 20697(1) (réimpression de 1721) – Cf. G.: Recueil de pièces de Malézieu, Dubois de Saint-Gelais etc. – Cf. J: réimpression sl. de 1721 intitulée *Recueil de pieces sérieuses comiques et burlesques*. Ce recueil est attribué à Caylus par BNF et Cio – Cf. Gr

1718 — *Les Deux Anglais, nouvelle*, in: *Mercure de France*, mai 1718, pp. 49-82 – Cf. J. – Cf. Godenne, 1969, p. 254 n2 – Voir *Histoires nouvelles et mémoires ramassés*, 1745

⇒ *Les Deux Anglais*, in: *Histoires nouvelles et mémoires ramassés*, 1745

⇒ [OB] 1787 [*Histoires nouvelles et mémoires ramassés*]

1719 — *Dom Juan et Isabelle, nouvelle portugaise*, in: *Mercure de France*, avril 1719, pp. 32-60 – Cf. J. – Cf. Godenne, 1969, p. 254 n2: l'attribue à Jacques Vergier. Voir ci-dessous – Cf. Bardon, 1931, p. 373 – Voir *Histoires nouvelles et mémoires ramassés*, 1745

⇒ *Nouvelle portugaise à M. le C. de P. 1693. Par M. Vergier*, in: *Mercure de France*, janvier 1725, pp. 46-65 et février 1725, pp. 214-34 – Cf. J: version légèrement différente

⇒ *Don Juan et Isabelle*, 1731 – BNF – BM – LC – Cf. J – LC: ensemble avec *Œuvres diverses de M. Vergier*, Amsterdam, Lucas, 1731

⇒ *Don Juan et Isabelle*, 1742 – LC – Cf. J: version légèrement différente – LC: ensemble avec *Œuvres diverses de M. Vergier*, Amsterdam, Lucas, 1742

⇒ *Don Juan et Isabelle*, in: *Histoires nouvelles et mémoires ramassés*, 1745

⇒ [*OB*] 1787 [*Histoires nouvelles et mémoires ramassés*]

1719 — *Mémoires de M. de ****, in: *Mercure de France*, juillet 1719, pp. 38-55 et septembre 1719, pp. 15-70 – Cf. J.– Cf. Godenne, 1969, p. 254 n2 – Voir *Histoires nouvelles et mémoires ramassés*, 1745

⇒ *Mémoires du chevalier d'Arbentières*, in: *Histoires nouvelles et mémoires ramassés*, 1745

⇒ [*OB*] 1787 [*Histoires nouvelles et mémoires ramassés*]

1720 — *Histoire de Mademoiselle *** connue sous le nom de Lucilie*, in: *Mercure de France*, décembre 1720, pp. 107-46 – Cf. J. – Cf. Godenne, 1969, p. 254 n2 – Voir *Histoires nouvelles et mémoires ramassés*, 1745

⇒ *Mémoires de Mlle de ***.*, in: *Histoires nouvelles et mémoires ramassés*, 1745

⇒ [*OB*] 1787 [*Histoires nouvelles et mémoires ramassés*]

1732? — *Le Voluptueux hors de combat, ou le défi amoureux de Ligdame et de Chloris, nouvelles poésies galantes en français et en latin*, A Cytheropolis, chez Pierre l'Arretin, Imprimerie de l'Académie des Dames, à la Vénus de Grèce, sd., in-8, 63 p. – BNF: Enfer 556 et 557, Enfer 555 – Cf. Cio – Cf. Godenne, 1969, p. 255 n1: le seul poème licencieux de Caylus – Cf. [*OBG*]: vers 1732 – L'exemplaire Enfer 555 contient une traduction ms. en français en prose, que le catalogue BNF attribue à Caylus. Le poème latin est sans doute du chevalier Venieri. Cf. [*OBG*], p. 28

⇒ *Le Voluptueux hors de combat, ou le défi amoureux de Lidgame et de Chloris, nouvelles poésies galantes en français et en latin*, Amsterdam, sd., in-16 – BNF: Enfer 558

⇒ [*OBG*] 1920 [*Le défi amoureux*]

1734 — *Le Nouveliste aërien, ou le Sylphe amoureux*, Amsterdam, 1734 – A – BNF – Ouvrage anonyme d'après les catalogues BNF et A, attribué à Caylus par G. – Cf. J.

1737? — *Histoire de Guilleaume* [sic], slnd. – BNF: Y².42147-48 (2 tomes en 1 vol. in-12): ne mentionne pas de date – Bod: Douce C 47 – TAY: VET.FR.II.A.820 (2 t. in 1) – BM: 1094. B. 25. (1). [1750?], in-16; il pourrait donc s'agir d'une autre édition que celle de la BNF en 2 tomes en 1 vol. in-12. Nous penchons néan-moins vers l'hypothèse de l'identité des exemplaires en raison de la typographie identique du titre d'une part, des indications de LC d'autre part – LC: [Paris 1750?], 2 v. in 1. 15 cm. Cette indication de format, qui se situe entre in-8 (± 18 cm.) et in-16 (± 13 cm.) permet d'expliquer la confusion au niveau du format de l'édition – Cf. Co., J., Coulet, 1967, p. 377 et Showalter, 1972, p. 166: 1737 – Gr, Godenne, 1969, p. 264n et 1973, p. 175 et Testud, 1993: 1740 – La date de 1737 nous paraît plus probable à la lumière de l'Avertissement du t. X des *Œuvres badines* de 1787, où l'éditeur prétend que "*L'Histoire de Guillaume* est la plus ancienne de ces productions", soit antérieure aux *Etrennes de la Saint-Jean* qui datent de 1738 – Fleuret/Perceau le font dater de 1735, ce qui semble peu probable – Cf. Godenne: *Histoire de Guillaume, cocher* – Cf Co et BNF: attribué aussi à Maurepas. – Contant d'Ouville, dans ses *Mémoires d'une grande biblio-thèque*, t. II, p. 129, prétend que le texte serait d'un ami de Caylus, plus jeune que lui, sans doute Maurepas. Cf. Fleuret/Perceau – Le catalogue de la biblio-thèque du marquis de Paulmy l'attribue à Nicolas Fromaget, ensemble "avec un auteur encore vivant" (Caylus ou Maurepas) cf. Hellegouarc'h, 1994, p. 325. Il est probable, d'après Hellegouarc'h (*ibid.*, p. 326) que Fromaget fréquenta la so-ciété du Bout du Banc en raison du recours au nom de Tonton (le surnom de Mlle Quinault) dans *Le Cousin de Mahomet* (1742).

Histoire de Guillaume contient:

     « Préface de M. Guillaume au public. »
     « Histoire & aventures de mamselle Godiche la coëffeuse. »
     « Histoire de M. Bordereau, commis à la douane, avec madame Minutin. »
     « Histoire des bonnes fortunes de M. le chevalier Brillantin. »
     « Histoire de madame Alain & de M. l'abbé Evrard. »
     « Le libraire à qui a lu. »

⇒ *Essai sur les mémoires de Monsieur Guillaume*, in: *Œuvres complètes de M. de Chevrier*, t. III, Londres, J. Nourse, 1774 – BNF: Z 20750-52 – Cf. Coulet, 1967, p. 377n1 – C'est en fait le sous-titre qui, dans les *Œuvres badines*, t. X, p. [11], figure après la préface au-dessus du titre du premier récit.

⇒ *Histoire de Guillaume, cocher*, Paris, [1785?], in-12, 2 vol. – Cf. Cio 16272

⇒ [*OB*] 1787

⇒ *Mémoires et réflexions du Comte de Caylus, imprimés pour la première fois sur le manuscrit autographe, suivis de l'Histoire de M. Guillaume, cocher, réimprimée sur l'édition originale sans date*, Paris, Rouquette, 1874 – BNF: Lb³⁸. 1614 – BM: 10663. a. 26. – LC: 848 - C3850 A3 – Cf. Gr – Cf. Uzanne – Cf. Godenne, 1969, p. 251 n3: donne erronément 1879 – Voir le même titre dans notre section V

⇒ [*F*] 1879

⇒ [*CF*] 1885

⇒ *Histoire de Guillaume, cocher par Caylus*, Paris, Flammarion (coll. Les Conteurs du XVIIIe siècle), sd. [1899] –BNF: 8° Y². 49078 – LC: 848 0385h 1896 et 4CT 546 – Cf. Godenne, 1969, p. 251 n3 – LC donne le titre *Histoire de M. Guillaume, cocher* et la date [1896]

⇒ [*OBG*] 1920

⇒ *Histoire de Monsieur Guillaume, cocher*, Paris, La Tradition, 1936 – Edition in-8 tirée à 500 exemplaires numérotés, avec 16 illustrations pornographiques en couleurs par Schem. – Cf. catalogues électroniques www.abebooks.com, consulté le 31 octobre 2000 et www.bibliofind.com, consulté le 9 avril 2001.

⇒ *Histoire de Guillaume, cocher*, Paris, Laville, 1970 – BNF: 8-Y2-90000 – BR: 36.898 R 3 – LC: PQ1961.C4A73 1970

⇒ [*HGC*] 1993

1737 — *Histoire du vaillant chevalier Tiran le Blanc*, Londres (Paris), Aux dépens de la compagnie, 1737 [traduction d'un ouvrage de Juan Martorell, *Tirant lo Blanch*, de 1490] – Bibliothèque municipale de Bordeaux: D. 31298 – Harvard Library: sous Martorell, Joannot – Cf. J – Cf. Co – Cf. Cio: avec un avertissement de Fréret – Cf. Uzanne: "Ce roman, prétendue traduction du catalan de J. Martorell, avec un avertissement de Fréret, est presque entièrement de l'imagination du comte de Caylus" – Cf. Mi: "Tout est presque de l'imagination de Caylus dans cette prétendue traduction" – Cf. avertissement de 1737, cité par J: "Le traducteur, qui sans doute n'a pas cru que le public se souciât de voir la version littérale d'un ancien roman espagnol avec tous les défauts qui l'auroient empêché de s'amuser à une lecture (dans laquelle on ne peut gueres chercher autre chose que l'amusement) a pris à cet égard toutes les libertés qu'il a crues nécessaires, non-seulement en abrégeant certains récits & certaines harangues qui n'étoient propres qu'à refroidir l'esprit du lecteur, mais encore en faisant des suppressions ou des changemens considérables. [...]"

⇒ *Histoire du vaillant chevalier Tiran le Blanc, traduite de l'espagnol*, Londres, sd. [1740] – voir le titre ci-dessous

⇒ *Histoire du vaillant chevalier Tiran le Blanc, traduite de l'espagnol*, [Amsterdam], [chez Westein & Smith], sd. [1740] – Bod: Douce T 144, 145 – TAY: 270.B.25(MARTIN) et FRY.1.A.24, 25 – BR: II, 25547 et V.B. 6889 1– BM: 1075. c. 9. – ULB: HLPB LPB 1237-38 – BM donne pour titre *Histoire du valiant* [sic] *chevalier Tiran le Blanc. Traduite de l'Espagnol* [1740] – Cf. Cio: *Tirant le Blanc, traduit de l'espagnol*, Paris, 1740 – Cf. Uzanne – Cf. Mi: d'après l'original catalan de J. Martorell, avec un avertissement par Fréret – d'après Barberà, 1997, p. 597, il existe deux tirages, une à Amsterdam, chez Westein & Smith, une autre à Londres. Cf. Bod et TAY: "The setting is apparently the same as that of Westein and Smith in Amsterdam".

⇒ *Histoire du vaillant chevalier Tiran Le Blanc*, Londres, Aux dépens de la Compagnie, sd. [1775] –BNF: Y². 42435-37 et 42438-40 –Cf. J – Cf. MMF – Cf. Uzanne

⇒ *Histoire du vaillant chevalier Tiran Le Blanc*, in: *Bibliothèque universelle des romans*, octobre 1783, vol. 2 – Cf. J – cette édition n'est pas mentionnée par Barberà, 1997.

⇒ [*OB*] 1787

⇒ *Tirant le Blanc, traduit et adapté en français par le comte de Caylus*, Jean-Marie Barberà éd., Paris, Gallimard, 1997 – BNF: 16-D4 MON-9455 – Avec un commentaire de M. Vargas Llosa, et une notice de M. Fumaroli.

1738 — *Les Etrennes de la Saint-Jean*, Troyes, Oudot, sd. – A: Rf.8376 – BNF: Rés. Y² 2840 – Une lettre de Mme de Graffigny, lettre 113, 5 avril 1739, *éd. cit.*, t. I, p. 416, permet de dater les *Etrennes de la Saint-Jean* de 1738, contrairement à ce qu'ont prétendu tous les bibliographes qui hésitent entre 1739 et 1742. Parlant des *Ecosseuses ou les Œufs de Pasques* (1739), Mme de Graffigny affirme que cet ouvrage a été fait "par Mrs de Maurepas et Caylus. Ce sont des histoires contées par des poissardes [...] Ils en firent un *l'année passée* dans ce gout-la. Je voulois aussi l'avoir, mais il coute six francs a present. Celui-ci coute 12 sol." (je souligne). La première édition des *Etrennes* a dû paraître vers la Saint-Jean, le 24 juin, donc sans doute en mai ou juin 1738. Cf. *ibid.*, p. 420 n10. Le prix mentionné par Mme de Graffigny en 1739, à savoir six francs pour *Les Etrennes* versus 12 sols pour *Les Ecosseuses*, un volume tout à fait comparable, est sans doute l'effet d'une demande très grande, dont portent du reste témoignage les nombreuses rééditions. – Cf. Mi: 1739, en société avec Moncrif et autres – Cf. B: 1739, Maurepas, Montesquieu, Caylus et autres – B mentionne, parmi d'autres, une édition de 1750. C'est une erreur. – Cf. J: anonyme mais mentionné également sous La Chaussée et sous Maurepas. Il donne la date 1742, qui est celle de la seconde édition – Cf. Co: 1739, chez la veuve Oudot, in-12, 91 p. Avec des pièces de différents auteurs – Cf. G: 1739, facéties racontées en style populaire, composées par le comte de Caylus, le comte de Maurepas, Vadé, la comtesse de Verrue, Montesquieu, Moncrif, Crébillon fils, Sallé, La Chaussée, Duclos, d'Arménonville et l'abbé de Voisenon – Cf. Cio: 1739, Troyes, in-12. Par le comte de Maurepas, Montesquieu, C[aylus], Moncrif, Crébillon fils, Sallé, La Chaussée, Duclos, d'Armenonville et Voisenon. [1710?]. Cette date est évidemment impossible. – Cf. Gr: 1751 – Cf. Fleuret/Perceau: vers 1741. "En collaboration avec Moncrif, Crébillon fils, La Chaussée, Voisenon, Sallé, et le président de Montesquieu" – Cf. Dinaux: collaboration de Maurepas et de Montesquieu. – l'attribution à Montesquieu (cf. B, G, Cio, Fleuret/Perceau, Dinaux) semble être une erreur due à la confusion entre l'*Histoire véritable d'un gentilhomme qui donna à souper à deux dames qu'il vouloit épouser* des *Etrennes de la Saint-Jean* et un roman de Montesquieu intitulé *Histoire véritable* (entre 1731 et 1738). Cf. Beaumarchais et Couty dir., 1994, t. II, p. 907 – Cf. Dinaux: Ouvrage de la société de ces dames et de ces messieurs, Paris 1739-76, parodie des académies sérieuses de l'invention de Caylus. Collaboration de Tressan, Duclos, Vadé, Sallé, la comtesse de Verrue. Dinaux mentionne comme date de publication 1739 –

Pour d'autres ouvrages de cette société, que nous tenons pour un *alias* de la société du Bout du Banc, voir: *Les Ecosseuses ou les Œufs de Pasques*, 1739 (1751 pour Dinaux), *Recueil de ces messieurs*, 1745, *Le pot-pourri*, 1748. Appartiennent également à cette société: *Acajou et Zirphile*, 1744 [de Duclos], *Recueil de ces dames*, 1745 [de Chevrier] – Cf. *Mémoires historiques et galans de l'Académie de ces dames et de ces messieurs, ouvrage rédigé par Antoine-Martin Vadé, secrétaire de l'Académie*, 1776 [facétie d'Antoine Marie Dantu] – L'éditeur est celui de la "Bibliothèque bleue". Caylus et ses collaborateurs ont contrefait la page de titre de la Bibliothèque bleue pour mettre en valeur l'imitation de la langue populaire dans leur ouvrage. Il s'agit en réalité d'une édition de luxe destinée aux salons mondains, Cf. Lise Andriès, 1989, p. 100. – Voir *Les Ecosseuses ou les Œufs de Pâques*, 1739

Les Etrennes de la Saint-Jean contient:

« Avis de l'imprimeur » [ne figure pas dans les *Œuvres badines*]

« Préface, pour servir d'avant-propos » [ne figure pas dans les *OB*]

« [avertissement sans titre] »

« L'Editeur au Public. »

« [sans titre: "Monsieur P…, toujours magnifique, […]"] »

« [sans titre: "Pour entretenir les bons usages établis dans le beau monde […]"] »

« [sans titre: "Un jeune praticien sentait depuis long-tems […]"] »

« Lettre persanne d'un monsieur de Paris, à un gentilhomme turc de ses amis. »

« Réponse pour le Gentilhomme Turc, à la Lettre Persanne de Paris »

« [sans titre: "Un des douloureux de la belle Marie […]"] »

« Le Bouquet de roses. »

« Dialogue en forme de questions sur le mariage. »

« [sans titre: "Monsieur C…… si connu par les Galanteries qu'il a pour toute sa rue […]"] »

« Les Mémoires du président Guillerin. »

« Pour saint Pierre & saint Paul. »

« La Rupture ingénieuse. »

« [sans titre: "L'abbé Z… qui étoit ce qu'on appelle un drôle de corps […]"] »

« Pensées différentes sur divers sujets. »

« Le Ballet des dindons. »

« L'Emblème allégorique. »

« [sans titre: "L'agréable D…… courtisoit de son mieux l'incomparable Javotte […]"] »

« Le prince Bel-Esprit & la reine Toute-Belle. Conte. »

« Pour sainte Elisabeth. »

« Les Epreuves d'Amour dans les quatre Elémens. Histoire nouvelle. »

« Suite des Epreuves d'Amour dans les quatre Elémens. »

« D'une pierre deux coups. »

« Qui perd gagne, histoire. Fragment. »

« Galanterie nouvelle d'un marchand boucher à sa maîtresse. »

« Le Poisson d'avril. »

« [sans titre: "On propose par imitation, à l'émulation des Amateurs de Vers […]"] »

« Comme les choses arrivent, histoire. »

« Histoire véritable d'un gentishomme qui donna à souper à deux dames qu'il vouloit épouser. »

« Chanson. »

« Bataille de Chiens, dont un Mariage est devenu rompu. »

« La queue de mouton, chanson, Avec la manière qui convient »

« Cruauté inouïe exercée par M. Chambéry envers Javotte de Pantin. »

« Ode amoureuse & lyrique d'un Gentishomme à sa Maîtresse, traduit du Grec »

« Pour mademoiselle de Romeray, aimable demoiselle. »

« La parole fait le jeu, histoire. »

« Déclaration musulmane. »

« Eloge. »

« Le Mariage en détrempe, nouvelle véritable & historique. »

« [sans titre: "Nous ne sçaurions mieux conclure notre Recueil, qu'en finissant, par quelques mots de Préface sur les Critiques […]"] »

« [ajouté avec une page de titre complète:] Relation galante & funeste de l'histoire d'une demoiselle qui a glissé, pour être épousée, l'hiver du mois de décembre 1742. [comprend "A M. de … Epître de dédicace" et "Relation galante & funeste de l'histoire d'une demoiselle qui a glissé, pour être épousée, l'hiver du mois de décembre 1742"] »

« Lettre de M. Jacquinet, marchand bonnetier, A Mr. J * * *. »

« Catalogue des Livres Poissards & autres du même ton » [ne figure pas dans les *OB*] »

⇒ *Les Etrennes de la Saint-Jean. Seconde édition*, au livre bleu, à Troyes, chez la veuve Oudot, 1742 –BR: VH 12.763 – TAY: VET.FR.II.A.988 – Cf. Cio: Troyes, 1742 – Cf. Uzanne – Cf. Fleuret /Perceau – TAY: répertorié sous Maurepas

⇒ *Les Etrennes de la Saint-Jean*, à Troyes, chez la veuve Oudot, 1745 – Cf. Fleuret/Perceau – il s'agit sans doute de l'édition de 1742

⇒ *Les Etrennes de la Saint-Jean,* à Troyes, chez la veuve Oudot, 1750 – Cf. Fleuret/Perceau – il s'agit sans doute de l'édition de 1751

⇒ *Les Etrennes de la Saint-Jean. 3e édition revue, corrigée & augmentée par les auteurs de plusieurs morceaux d'esprit qui n'ont point encore paru*, Troyes, Veuve Oudot, 1751 – LC: PQ1961.C4A65 1751 – Cf. MMF – Cf. Cio – Cf. Gr – Cf. Fleuret/Perceau – nous n'avons pas pu vérifier dans cette édition "revue, corrigée & augmentée" si elle contient des pièces nouvelles. A la lumière de la description de la quatrième édition, reprise ci-dessous, il est toutefois probable qu'elle ne comporte pas d'ajouts

⇒ *Les Etrennes de la Saint-Jean. 4e édition revue, corrigée & augmentée par les auteurs de plusieurs morceaux d'esprit qui n'ont point encore paru. Première partie*, Troyes, Veuve Oudot, 1757 –BR: V.H. 12.763 A 1 – LC: PQ1961.C4E8 1757 – Cf. MMF – Cf. Fleuret/Perceau – La seconde partie est: *Les Ecosseuses ou les Œufs de Pasques; suivis de l'Histoire du porteur d'eau, ou les Amours de la ravaudeuse, comédie. Seconde parte des Etrennes de la Saint-Jean, 2e édition revue & augmentée*, Troyes, Veuve Oudot, et se trouvent à Paris, chez Duchesne, sd. [1757]. Voir plus loin. – malgré le sous-titre, cette édition des *Etrennes de la Saint-Jean* et des *Ecosseuses* ne contient pas de pièces nouvelles pour ce qui est du premier ouvrage, exception faite d'une longue "Préface pour servir d'Avant-Propos à la présente quatrième édition". Les *Ecosseuses*, par contre, qui forment la seconde partie de ce recueil, contiennent trois ajouts – Voir, ci-dessous, *Les Ecosseuses ou les Œufs de Pâques* – 1739 (seconde édition, 1757)

⇒ *Les Etrennes de la Saint-Jean*, Troyes, 1758 – Cf. Fleuret/Perceau – il s'agit sans doute de l'édition de 1757.

⇒ [*Les Etrennes de la Saint-Jean. 4e édition revue, corrigée & augmentée par les auteurs de plusieurs morceaux d'esprit qui n'ont point encore paru. Première partie*], Troyes, Veuve Oudot, 1782 – BNF: Rés. Y². 3071 – Cf. Fleuret/Perceau – BNF: uniquement la seconde partie: *Les Ecosseuses ou les Œufs de Pâques, suivis de l'Histoire du porteur d'eau, ou les Amours de la ravaudeuse, seconde parte des Etrennes de la Saint-Jean, 2e édition*, Troyes, Veuve Oudot, 1782.

⇒ [*OB*] 1787

⇒ [*F*] 1879

⇒ [*CF*] 1885

⇒ *Les Epreuves d'amour. Facéties diverses*, Paris: Flammarion, Les petits chefs-d'œuvre, sd. [1901] – BNF: 8° Y² 19854 et Microfiche m. 8653 (13) – Cf. Fleuret/Perceau: sd. – BNF: 1900 d'après le dépôt légal – C'est une édition partielle d'un morceau des *Etrennes de la Saint-Jean* intitulé *Les Epreuves d'amour dans les quatre éléments*.

⇒ [*OBG*] 1920 [extraits]

⇒ [*HGC*] 1993 [extraits]

1739 — *Les Ecosseuses ou les Œufs de Pâques*, Troyes, la veuve Oudot, 1739 – A – BR: Faber 329 – BM: 1073. c. 33. (2) – Madame de Graffigny, lettre, *éd. cit.*, t. I, p. 416, parle des *Ecosseuses*: "Machi m'aporta un livre fait par Mrs de Maurepas et Caylus. Ce sont des histoires contées par des poissardes. Leur lengage y est imité parfaitement. Il a pour titre *Les Ecosseuses de pois*. [...] Il sort de dessous la presse. Cela est assés plaisant. On en fait cas par les auteurs et come un monument de la langue du peuple. Machi dit que depuis deux jours il s'en est vendu plus de deux cent rien que chez Gradot". Mme de Graffigny reparle souvent des *Ecosseuses*. Voir les lettres suivantes: 118 (17 avril 1739, p. 441) 120 (21 avril 1739, p. 449), 127 (3 mai 1739, p. 478), 194 (8 octobre 1739, t. II, p.

188), 378 (9 avril 1741, t. III, p. 160), 605 (20 octobre 1743, t. IV, p. 421) et 615 (11 novembre 1743, t. IV, p. 460). – Cf. Co: in-12 de 172 p., avec Jean Joseph Vadé et Jeanne Baptiste, comtesse de Verrue – Cf. Gr – Cf. Cio: par C[aylus], Vadé et la comtesse de Verrue – Cf. B: avec la comtesse de Verrüe – Cf. BM: J. J. Vadé, the Count de Caylus etc. – Cf. Dinaux: collaboration de Vadé et de la comtesse de Verrue – Cf. Dinaux: ouvrage de la société de ces dames et de ces messieurs, Paris 1739-76, parodie des académies sérieuses de l'invention de Caylus. Collaboration de Tressan, Duclos, Vadé, Sallé, la comtesse de Verrue. – Pour une liste des ouvrages appartenant à cette société, voir la notice des *Etrennes de la Saint-Jean*, 1738.

Les Ecosseuses contient:

« Avertissement de Madame Oudot. » [ne figure pas dans les *OB*]

« Avis au lecteur. »

« Le Oui et le Non mal placés. »

« Le Coup de tonnerre. »

« Histoire de la commère Jean-Logne, au sujet de ce qui regarde un Revenant »

« Histoire de la fille dénaturée, par la commère Jambon. »

« Le Départ lucratif. »

« Dialogue de dame Guillemette & de son fils le Gros Guillaume. »

« Histoire véritable d'un beau bal dansé après soupé dans un fauxbourg de Paris. »

[ajouté avec une page de titre complète:] « Le Porteur d'iau, ou les Amours de la ravaudeuse, comédie en un acte & en prose. »

« [Sans titre: "Cet ouvrage étant sous la Presse, j'ai recueilli cette lettre […]"] » [ne figure pas dans les *OB*]

« Autre Avis au Public. » [ne figure pas dans les *OB*]

« Lettre de Mademoiselle, * * *. » [ne figure pas dans les *OB*]

« Conversation non interrompue, de ma Commere Champagne à la Commere Tripet. » [ne figure pas dans les *OB*]

« Errata. » [ne figure pas dans les *OB*]

⇒ *Les Ecosseuses ou les Œufs de Pâques*, Troyes, veuve Oudot, 1742 – Cf. G

⇒ *Les Ecosseuses; ou, les Œufs de Pasques, suivis de Relation galante et funeste de l'histoire d'une demoiselle qui a glissé pour être épousée, l'hyver du mois de décembre 1742*, Troyes, Veuve Oudot, 1744 – LC: 848 C31 8el – BM: 12330. aaa. 47. – LC: by A. C. P. de Caylus, J. J. Vadé and the countess de Verrüe. Cf. Bibliothèque nationale. Catalogue générale [sic]. Added t[itle] p[age] with imprint date 1739 – Sur *Relation galante et funeste…*, voir *Les Etrennes de la Saint-Jean*, 1738.

⇒ *Les Ecosseuses ou les Œufs de Pâques*, Troyes et Paris, Oudot, 1745 – BNF: Zz 3973, Y². 13790, Rés. Y². 2843 et Rés. p-Z-2720 (4) – BM: 012330. ee. 21. (2) – Cf. Uzanne – BNF: par Caylus, Vadé et la comtesse de Verrue

⇒ *Les Ecosseuses ou les Œufs de Pâques*, Troyes, veuve Oudot, 1749 – Cf. Q – Cf. Uzanne

⇒ *Les Ecosseuses ou les Œufs de Pâques*, Troyes, veuve Oudot, 1751 – Cf. MMF – Cf. G

⇒ *Les Ecosseuses ou les Œufs de Pasques; suivis de l'Histoire du Porteur d'Eau, ou les Amours de la Ravaudeuse, Comédie. Seconde partie des Etrennes de la Saint-Jean. Seconde édition, revûe & augmentée*, A Troyes, chez la Veuve Oudot, et se trouvent à Paris, chez Duchesne, Lbraire, rue Saint Jacques, au Temple du Goût, sd. – en un tome ensemble avec *Les Etrennes de la Saint-Jean*, Troyes, chez la veuve Oudot, 1757 – voir ci-dessus – propriété privée – LC: PQ1961.C4E8 1757 – LC: with his *Les étrennes de la Saint-Jean*, 1757 – Cf. MMF: *Les Ecosseuses* [sans sous-titre] – Cf. B: par Vadé, le comte de Caylus, et la comtesse de Verrue – Sur *L'Histoire du porteur d'eau*, voir notre section II, 1757 – cette seconde édition "revue & augmentée" contient trois ajouts en fin de volume: "Lettre de Mademoiselle, ***" (pp. 153-58), "Conversation, non interrompue, de ma Commere Champagne à la Commere Tripet" (pp. 159-66) et des "Errata" fort parodiques (p. [167])

⇒ *Les Ecosseuses ou les Œufs de Pâques*, Troyes, veuve Oudot, 1758 – Cf. MMF: *Les Ecosseuses* [sans sous-titre] – Cf. G

⇒ *Les Ecosseuses*, 1780 – Cf. MMF

⇒ *Les Ecosseuses ou les Œufs de Pâques, suivis de l'Histoire du porteur d'eau, ou les Amours de la ravaudeuse, seconde parte des Etrennes de la Saint-Jean*, 2e édition, Troyes, Veuve Oudot, 1782 – BNF: Rés. Y². 3071 – Sur *L'Histoire du porteur d'eau*, voir notre section II, 1757

⇒ [*OB*] 1787

⇒ [*OBG*] 1920

1739 — *Histoire de la vie et des mœurs de mademoiselle Cronel dite Fretillon, écrite par elle même. Actrice de la comédie de Rouen*, La Haye, Aux dépens de la Compagnie, 1739 – Cf. J.: l'attribue à Gaillard de la Bataille – Cf. Dinaux: pamphlet de Gaillard de la Bataille pour se venger de Mlle Clairon, qui l'avait quitté [Cronel étant l'anagramme de "Cléron"] – Attribué à la fois à Caylus et Gaillard de la Bataille par BNF. Mi l'attribue à Caylus tandis que Henriot opte pour Gaillard. Cf. J – Cf. Uzanne: "Attribué au comte de Caylus et aussi à Gaillard de la Bataille. Nous penchons plutôt pour celui-ci. Cet ouvrage a été réimprimé souvent et même dans le format Cazin (*Bibliothèque amusante*, 2 vol., 1782). Voir ci-dessous. Uzanne date le texte de 1743 – Cf. Fleuret/Perceau: 1740. Selon eux, la première partie des quatre serait de Caylus, les trois autres de Gaillard de la Bataille.

⇒ *Histoire de Mademoiselle Cronel, dite Frétillon*, 1739-40 –Cf. G

⇒ *Histoire de Mademoiselle Cronel, dite Frétillon, actrice de la Comédie de Rouen, écrite par elle même*, La Haye, Aux dépens de la Compagnie, 1740-42 – BNF: Ln²⁷. 4359 – Cf. Cio: attribué aussi à Gaillard de la Bataille

⇒ *Histoire de Mademoiselle Cronel, dite Frétillon, actrice de la Comédie de Rouen, écrite par elle même*, La Haye, Aux dépens de la Compagnie, 1740 – BNF: Ln^{27}. 4359. A et Rés. Z. 3237 (3) [seconde partie uniquement]

⇒ *Histoire de mademoiselle Cronel, dite Frétillon, actrice de la comédie de Rouen*, La Haye, Aux dépens de la compagnie, 1741-1743, 4 vol. – TAY: MYLNE.394, 395: répertorié sous Gaillard de la Bataille

⇒ *Histoire de mademoiselle Cronel, dite Frétillon. Ecrite par elle-même*, La Haye, Aux dépens de la compagnie, 1743 – A. – Cf. J. – Cf. G – Cf. Uzanne – Cf. Fleuret/Perceau

⇒ *Histoire de Mademoiselle Cronel, dite Frétillon*, 1750 – Cf. G

⇒ *Mémoires pour servir à l'histoire de Mlle Cronel, dite Frétillon, actrice de la Comédie française* – Cf. G: cinquième partie devenue extrêmement rare

⇒ *Histoire de Mademoiselle Cronel, dite Frétillon*, 1752 – Cf. G

⇒ *Histoire de mademoiselle Cronel, dite Frétillon*, 1758 – LC: répertorié sous Gaillard de la Bataille – Cf. G

⇒ *Histoire de Mademoiselle Cronel, dite Frétillon, actrice de la Comédie de Rouen*, La Haye, Aux dépens de la Compagnie, 1761, 4 vol. – TAY: MYLNE.393 (v. 1-4 in 1): répertorié sous Gaillard de la Bataille

⇒ *Histoire de Mademoiselle Cronel, dite Frétillon, actrice de la Comédie de Rouen, écrite par elle même*, La Haye, Aux dépens de la Compagnie, 1762 – BNF: Ln^{27}. 4359. B – Cf. Fleuret/Perceau

⇒ *Histoire de Mademoiselle Cronel, dite Frétillon*, 1772 – Cf. G

⇒ *Histoire de Mademoiselle Cronel, dite Frétillon*, 1780 – Cf. G

⇒ *Histoire de Mademoiselle Cronel, dite Frétillon*, in: *Bibliothèque amusante*, Londres, Cazin, 1782 – Cf. G – Cf. Uzanne

⇒ *Histoire de Mademoiselle Cronel dite Frétillon*, Jean Hervez éd., Paris, Bibliothèque des Curieux, 1911 – LC: PN2638.C6G3 1911

⇒ [*OBG*] 1920 [première partie]

1740 — *Le Caloandre fidèle, traduit de l'italien*, Amsterdam (Paris), 1740, 3 vol. [traduction d'un ouvrage de Giovanni Ambrogio Marini, *Caloandro sconosciuto*, 1641] – BNF: Y². 10587-89 – BM: 12471. bbb. 14. – Cf. Cio et Uzanne: *Le caloandre fidèle, truduit de l'italien d'Ambrosio Marini* – Ne figure pas dans J.

⇒ *Le caloandre fidèle, traduit de l'italien d'Ambrosio Marini*, 1760 – Cf. Uzanne

⇒ [*OB*] 1787

⇒ *Le Caloandre fidèle*, In: *Romans héroïques de Jean-Ambroise Marin, traduits de l'italien par M. le comte de Caylus & par M. de Séré*, Lyon, Bruyset frères, 1788, t. I-III – BNF: Y². 10590-92 – LC – Cf. MMF

1741 — *Féeries nouvelles*, La Haye (Paris), 1741 – A: 8 BL. 19136[1-2] – BNF: Y² 8817-18 et 34096-97 – LC: PQ1961.C4A67 –Cf. J – Cf. Co: 12 , 2 v. – Cf. Cio – Cf. Gr

Féeries nouvelles contient:

« La Princesse Courtebotte & la Princesse Zibeline »
« Rosanie »
« Le Prince Muguet & la Princesse Zaza »
« Tourlou & Rirette »
« La princesse Pimprenelle & le Prince Romarin »
« Les Dons »
« Nonchalante & Papillon »
« Le Palais des Idées »
« Lumineuse »
« Bleuette & Coquelicot »
« Mignonette »
« L'Enchantement impossible »
« Minutie & Floridor »
« Hermine & Colibri, fragment »

⇒ [ms] *Contes des fées* – Bibliothèque municipale d'Agen: ms 17 – ms de 3 vols in-8 ayant appartenu à la famille d'Aiguillon et contenant *Rosanie: conte*; *La Belle Hermine et Le Prince Colibri*; *Muguet et la Princesse Zaza*; *Le Palais des Fées ou Le Prince Constant: conte*; *Le Prince Courtebotte et La Princesse Zibeline* (vol.I); *Nonchalante et Papillon: conte*; *Histoire de la Princesse Pimprenelle et du Prince Romarin*; *Les Dons*; *La Princesse Lumineuse*; *Tourlou et Rirette: conte* (vol. II): *Envoy à Madame De*****; *L'Enchantement impossible: conte des fées*; *Le Prince Rosindor ou La Félicité: conte allégorique*; *Ma Mère Loye: conte*; *Mignonette: conte*; *Bleuëtte et Coquelico*; *La Princesse Minutie et Le Roy Floridor: conte* (vol. III) – *La Belle Hermine et le Prince Colibri* est ici achevé – *Le Prince Rosindor ou la Félicité*, *Ma Mère Loye: conte* et l' *Envoy à Madame de ***** ne figurent pas dans l'édition imprimée des *Féeries nouvelles* – Cf. Anne-Laure Cognet, "Portrait de Caylus en auteur. Les *Féeries nouvelles* et le manuscrit de la bibliothèque d'Agen", in: le présent volume, pp. 233 ss.

⇒ *Rosanie*, in: *Bibliothèque universelle des romans*, avril 1777, Paris, Au bureau, 1777, t. 2 – Cf. J – Cf. Godenne, 1969, p. 261 n2 – C'est une édition partielle de la seconde histoire des *Féeries nouvelles*

⇒ *Féeries nouvelles*, in: *Le cabinet des fées ou collection choisie des contes des* [sic] *fées et autres contes merveilleux*, Amsterdam et Paris, rue & hôtel Serpente, t. XXIV, 1786 – BM: 89. d. 11. – LC: Y 7654.14 v. 24 – Cf. MMF – Cf. J – Cf. Godenne, 1969, p. 261 n2 donne le t. 25 au lieu de 24; dans le tome 25 (qui date de 1786) figurent les *Nouveaux contes orientaux*. – Voir *Contes orientaux* – 1743

⇒ [OB] 1787

⇒ *Féeries nouvelles par Caylus*, Avignon, Chaillot, 1863 – BNF: Y². 21458 – BM: 12806. aaa. 21. – Cf. Godenne, 1969, p. 251n3 – Cf. Gr – Cf. Uzanne

⇒ *Féeries nouvelles*, in: *Nouveau Cabinet des fées*, t. X, Genève, Slatkine, 1978 – BNF: 8-Y2-96873 (10) – Fac-similé du *Cabinet des fées ou collection choisie des contes des fées et autres contes merveilleux*

1741 — *Les Confessions du comte de* ***, Amsterdam (Paris), 1741 [de Duclos] – Attribué à Caylus par Weller, Emil, *Die falschen une fingirten Druckorte*, Leipzig, 1867 (rééd. Hildesheim, 1960-61) – Cf. TAY CC.G.82

1742 — *Soirées du Bois de Boulogne ou Nouvelles françoises et angloises*, La Haye (Paris), J. Neaulme, 1742 – A.: 8 BL. 22593$^{1-2}$ – BM – Cf. J – Cf. Co: in-12 2v. – Cf. Cio: *Soirées du Bois-de-Boulogne ou nouvelles françoises et angloises, rédigées par le comte de* *** – Cf. Godenne, 1969, p. 255n2: sl. – Cf. Uzanne

⇒ *Soirées du Bois de Boulogne*, slnd. – BR: II, 20051

⇒ *Soirées du Bois de Boulogne*, in: *Nouvelle bibliothèque de campagne*, 1754 – BM: 012551. de. 65. – Cf. MMF – Cf. J

⇒ *Soirées du Bois de Boulogne*, 1760 – Cf. MMF

⇒ *Soirées du Bois de Boulogne*, 1763 – BM: 1080. c. 25. – Cf. MMF – Cf. J

⇒ *Soirées du Bois de Boulogne*, 1776 – A – BM: 012551. de. 78. – Cf. MMF – Cf. J

⇒ *Soirées du Bois de Boulogne ou Nouvelles françoises et angloises*, In: *Bibliothèque amusante, ou collection des romans les plus curieux & les plus intéressans en tout genre*, Londres, Cazin, 1782 – BM – Cf. MMF: sans nom d'auteur – Cf. B – Cf. Uzanne: "Les *Soirées du bois de Boulogne* eurent un moment de vogue et ont été rééditées plusieurs fois en quelques années, principalement dans la *Bibliothèque amusante*, format Cazin, en 1782, 2 vol. Ce sont des histoires qui semblent un peu fades aujourd'hui"

⇒ [*OB*] 1787

1743 — *Contes orientaux, tirés des manuscrits de la Bibliothèque du Roi de France*, La Haye (Paris), 1743, 2 vol. – A: 8 BL. 18802 – BNF: Y².9185-86 – TAY: F.53-54 (FINCH) – LC – Cf. J – Cf. Cio – Cf. Godenne, 1969, p. 259n: Première édition: 1743 (La Haye, 2 vol.). Une nouvelle édition parut en 1780 sous le titre de *Nouveaux contes orientaux* (Amsterdam, veuve Merkus, 2 vol.). C'est sous ce dernier que figure le recueil dans les *Œuvres badines* – Cf. Uzanne

Contes orientaux contient:

« Histoire de Moradbak »
« Histoire de Dakianos & des sept Dormans »
« Histoire de la naissance de Mahomet »
« Histoire d'Abdal Motallab »
« Histoire d'Yarab »

« Histoire de Temimdari »
« Histoire d'Aboutaleb »
« Histoire de Naour, roi de Cachemire »
« Histoire de Naerdan & de Guzulbec »
« Histoire du derviche Abounadar »
« Histoire du Griffon »
« Liste de quelques Mané, ou présens muets donnés par les hommes »
« Présens des femmes »
« Histoire de Nourgehan & de Damaké, ou des quatre Talismans »
« Histoire de Jahia & de Meimouné »
« Histoire d'un Derviche »
« Histoire du Marchand de Bagdad »
« Histoire de la Corbeille »
« Histoire de Gulsoum & du roi des Génies »
« Histoire du Porte-Faix »
« Histoire du voleur de Seistan »

⇒ *Histoire de la Corbeille*, in: *Lectures amusantes ou choix varié de romans, contes moraux et anecdotes historiques par une société littéraire de jolies femmes*, Amsterdam, Paris, Cabinet littéraire, 1778, seconde partie, pp. 98-148 – Cf. Godenne, 1969, p. 261n1 – C'est une édition partielle d'un des contes. Voir ci-dessous *La corbeille*, 1798

⇒ *Contes orientaux*, 1779 – Cf. MMF

⇒ *Nouveaux Contes orientaux*, Amsterdam, Veuve Merkus, 1780 – BR: V.B. 6931 9 – BNF: Y^2 21462-63 – BM: 12517. aa. 25. – LC – Cf. MMF – Cf. Mi – Cf. Uzanne – Cf. Godenne, 1969, p. 259n

⇒ *Nouveaux Contes orientaux*, In: *Le cabinet des fées ou collection choisie des contes des* [sic] *fées et autres contes merveilleux*, Amsterdam et Paris, rue & hôtel Serpente, t. XXV, pp. 9-406, 1786 – BM: 89. d. 12. – LC – Cf. MMF – Cf. J: 1785 v. 5 – BM donne *Le Cabinet des fées*, tom. 25, 1785

⇒ *[OB]* 1787 *[Nouveaux Contes orientaux]*

⇒ *La corbeille*, in: *Nouvelle bibliothèque des romans*, Paris, 1798, t. VI, pp. 118-58 – LC: sans nom d'auteur – Cf. J – C'est une édition partielle d'un des contes. Voir ci-dessus *Histoire de la corbeille*, 1778

⇒ *Nouveaux Contes orientaux*, in: *Nouveau Cabinet des fées*, t. XI, Genève, Slatkine, 1978 – BNF: 8-Y2-96873 (11) – Fac-similé du *Cabinet des fées ou collection choisie des contes des fées et autres contes merveilleux*

⇒ *Nouveaux Contes orientaux*, publication électronique du texte des *[OB]* de 1787, dans la base de données Frantext de l'Institut national de la Langue française, www.gallica.bnf.fr

1744 — *Acajou et Zirphile* [de Duclos], sd., A Minutie, 1744, in-12 de 161 p. – BNF
– A – BM – LC (Harvard College Lbrary) – cf. J – cf. G – conte composé dans la
société du Bout du Banc et attribué à Duclos – Etabli sur base des dessins de
Boucher faits pour *Faunillane ou l'Infante jaune* du comte de Tessin (Paris,
Prault, "A Badinopolis", 1741), ce conte de la société du Bout du Banc produit,
en inversant l'ordre des dessins, gravés par Cochin fils et Chedel, une nouvelle
histoire. Dans les *Anecdotes littéraires*, Voisenon précise que Caylus et lui-
même avaient remis chacun leur conte à Duclos (deux même pour Voisenon)
mais que celui-ci en avait à peine tiré "trois ou quatre plaisanteries". On peut
donc légitimement l'attribuer à Duclos, puisque la collaboration de Caylus et de
Voisenon se réduit à peu de chose. Cf. Hellegouarc'h, 1994, pp. 362-71 – Nous
ne reprenons pas ici les nombreuses rééditions de cet ouvrage, qui figure aussi
dans la *Bibliothèque universelle des romans* (mars 1778) et dans *Le Cabinet des
fées*, t. XXXV (1785) – voir aussi *Réponse du public à l'auteur de l'Acajou* [de
Fréron] – 1744

1744 — *Le loup galleux et la jeune vieille*, conte, Leide, 1744 – A: 8 BL. 19180 –
Cf. J: *Le loup galleux et la jeune vieille. Contes. Par madame de V**** – Cf. Cio:
Le loup galleux et la jeune vieille. Contes par madame de V***, Leyde, 1744 –
Attribué aussi à Mme de Villeneuve. Cf. Co, Cio, J et catalogue LC. Cf. Mi: On
lui [Caylus] attribue en outre *Le loup galeux* [sic] et *la jeune vieille* (qui, selon
quelques-uns, est de madame de Villeneuve) – Cf. B, cité par J: "cet ouvrage a
été attribué à Mme G.S. de Villeneuve, à cause de l'initiale sous laquelle il a paru" – Cf. Uzanne: *Le Loup galeux* [sic] *et la jeune vieille, par Mme de V.* – La
jeune vieille figure dans plusieurs autres éditions sous le titre de *Bellinette*

⇒ *Cinq contes de fées*, sl. 1745 – *Le Loup galleux* et *Bellinette ou la jeune
vieille* y figurent comme le quatrième et le dernier conte – voir ci-dessous

⇒ *Le loup galleux et bellinette*, in: *Le cabinet des fées ou collection choisie des
contes des* [sic] *fées et autres contes merveilleux*, Amsterdam et Paris, rue &
hôtel Serpente, t. XXXI, 1786, pp. [343]-424 –LC: Y7654.14 v. 31 – Cf.
MMF

⇒ *[OB]* 1787 *[Cinq contes de fées]*

⇒ *Contes de M.L[e].C[omte].D[e].C[aylus].*, in: *Nouveau Cabinet des fées*, t.
XIV, Genève, Slatkine, 1978 – BNF: 8-Y2-96873 (14) – Fac-similé du *Cabinet des fées ou collection choisie des contes des fées et autres contes merveilleux*

1744 — [ms] *Réponse du public à l'auteur de l'Acajou*, 1744 [de Fréron] – BM:
12512. bb. 18. – Ouvrage de Fréron, écrit comme réponse à *Acajou et Zirphile* de
Duclos (1744). Cf. Dinaux – BM: [in ms., by the count de Caylus?] – Cf. Meis-
ter, 1956, p. 145: "contrairement à la vérité, une note manuscrite attribue la *Réponse du public à l'auteur de l'Acajou* au comte de Caylus"

1745 — *Cinq contes de fées dont trois n'ont point encore paru, et deux sont à la troisième édition*, sl., 1745 – BNF: Y^2. 9115 et 23098 – Cf. Cio – Cf. Co: *Cinq contes des fées* – Cf. Godenne, 1969, p. 261 n1 – Cf. Mi: *Cinq contes des fées* – Cf. J – Les deux contes qui ont déjà paru sont *Le Loup galleux* et *La jeune vieille*, quatrième et cinquième conte du recueil. *La jeune vieille* figure dans plusieurs autres éditions sous le titre de *Bellinette*. Nous n'avons pas réussi à retrouver la seconde édition – Voir *Le loup galleux et la jeune vieille*, 1744

Cinq contes de fées contient:

> « Le Prince des cœurs & la Princesse Grenadine »
> « La princesse Azerolle »
> « Fleurette & Abricot »
> « Le loup galleux »
> « Bellinette ou la jeune Vielle »

⇒ [*OB*] 1787

1745 — *Histoires nouvelles et mémoires ramassés*, Londres (Paris), 1745 – A: 8 BL. 22144 – BNF: Y^2. 42531 et Zz. 3971 – LC: Y762.C 3147 – Cf. Co – Cf. Cio – Les histoires qui composent ce recueil furent d'abord publiées séparément dans le *Mercure de France* entre 1717 et 1725. Cf. J – Cf. Avis de l'imprimeur au lecteur: "Je les ai prises dans les *Mercures* de M. l'abbé Buchet, à la réserve de la lettre sur la musique" – Nous n'avons retrouvé nulle part la *Lettre sur la musique*, sans doute publiée pour la première fois dans *Histoires nouvelles et mémoires ramassés*. – Voir *Les Deux Anglais*, 1718 – Voir *Dom Juan et Isabelle*, 1719 – Voir *Mémoires de M. de ****, 1719 – Voir *Histoire de Mademoiselle ****, 1720

Histoires nouvelles et mémoires ramassés contient:

> « Mémoires de Lucilie »
> « Dom Juan & Isabelle, histoire portugaise »
> « Mémoires de M. d'Arbentières »
> « Les deux Anglois, Nouvelle »
> « Lettre sur la Musique »

⇒ [*OB*] 1787

1745 — *Quelques avantures des bals de bois*, sl. [Paris], Guillaume Dindon, 1745 – A: 8 BL. 21857 (1) – BNF: Y^2.21464 et 60999 et Y^2z. 153 et 243 – Bod: Douce CC 2 – TAY: ARCH.12o.F.1747(1/2) – BM: 12510. c. 39. – LC – Cf. BNF, Bod, TAY, Co, Cio, Mi, B et J: avec Voisenon, Claude Henri de Fusée de – BM: repris sous Tubières [c'est-à-dire Caylus] et Fusée de Voisenon – Cf. Uzanne: "ont été réimprimées dans le tome V des *Œuvres complètes de Voisenon*, bien que celui-ci y ait pris peu de part" – Uzanne, Bod et BM donnent le titre *Quelques avantures curieuses et galantes des bals de bois* – Godenne, 1969, p. 264n donne le titre *Les aventures des Bals de Bois* – Cf. Testud, 1993, pp. 14-15: "se réfèrent explicitement à un événement mémorable de l'année 1745: le premier mariage du dauphin, alors âgé de seize ans, fils de Louis XV, avec Marie-Thérèse d'Espagne. [...] ces "bals de bois" étaient les bals populaires, installés dans des baraques en bois bâties sur quelques places et carefours de Paris"

Quelques avantures des bals de bois contient:

« Lettre de M. le comte Z * * *, à M. la marquis, &c. »
« Première Aventure, arrivée au bal de la porte Saint-Antoine. »
« Deuxième Aventure, arrivée au bal de la barrière de Sève. »
« Troisième Aventure, arrivée au bal du Carroussel. »
« Quatrième Aventure, arrivée au bal de l'Estrapade. »
« Cinquième Aventure, arrivée dans un des bals. »
« Sixième Aventure. »
« Septième Aventure, d'un prince & d'une princesse, arrivée à un des bals de la place Vendôme. »
« Huitième Aventure du bal de la place Vendôme. Lettre d'un cousin, à son cousin qui étoit en province. »
« Neuvième Aventure de la place Vendôme. Les filles pourvues. »

⇒ *Quelques aventures des bals de bois*, in: *Œuvres complettes de Voisenon*, 1781 – Cf. MMF – Cf. Fleuret/Perceau

⇒ *Aventures des bals de bois* [*OB*] 1787

⇒ *Aventures des bals de bois* [*F*] 1879

⇒ *Les Bals de Bois* [*CF*] 1885

⇒ *Quelques aventures des Bals de Bois* [*OBG*] 1920

⇒ *Les Bals de Bois* [*HGC*] 1993

⇒ *Quelques aventures des Bals de bois*, in: *Nouvelles françaises du XVIIIe siècle. Tome I: de Voltaire à Voisenon*, Jacqueline Hellegouarc'h éd., Paris, Librairie générale française (Le Livre de Poche), 1994, pp. 435-66.

1745 — *Recueil de ces Messieurs*, Amsterdam, chez les frères Westein, 1745 – A: 8 BL. 21971 – BNF: Zz.3972 – TAY: VET.FR.II.A.185 – BM: 837. c. 9. – LC: PQ1268.R44 – ULB: HLPB LPB 1300 – Cf. Co: avec, entre autres, Crébillon, Duclos, Maurepas – Cf. Cio: par C[aylus], Crébillon Fils, Duclos, Maurepas – Cf. Dinaux: avec la participation de Duclos et autres – Cf. J – BNF: par le Cte A.-C.-P. de Caylus, Crébillon, Duclos, J.-F.-P. de Maurepas, et autres – TAY: By the comte de Caylus, J.-F.-P. de Maurepas, C. Duclos, Crébillon fils and others – imprimé à Paris d'après Weller, Emil, *Die falschen une fingirten Druckorte*, Leipzig, 1867 (rééd. Hildesheim, 1960-61), t. II, p. 117 – Cf. Godenne, 1969, p. 256 n1: "Dans ce recueil, parut, pour la première fois, une œuvre de Mme de Graffigny: *Nouvelle Espagnole. Le mauvais exemple produit autant de vertus que de vices*" – Cf. l'éditeur des [*OB*]: "On prétend que cette Nouvelle a été fournie à la *société de ces Messieurs* par Madame de Graffigny" – Cf. Q, cité par J: "Mme de Grafigny débuta en littérature par une nouvelle espagnole, intitulée *Le mau-*

vais exemple produit autant de vertus que de vices, et qui fut imprimé [sic] dans le *Recueil de ces Messieurs*. Amsterdam, 1745". – Sur la participation de Crébillon fils, voir Principato, 2000 – Cf. Dinaux: ouvrage de la société de ces dames et de ces messieurs, Paris 1739-76, parodie des académies sérieuses de l'invention de Caylus. Collaboration de Tressan, Duclos, Vadé, Sallé, la comtesse de Verrue. – Pour une liste des ouvrages appartenant à cette société, voir la notice des *Etrennes de la Saint-Jean*, 1738. – Principato, 2000, a étudié la genèse du *Recueil de ces Messieurs* et arrive, grâce à la *Correspondance* de Mme de Graffigny, à attribuer la plupart des "contingents".

Contenu du recueil et attributions d'après Principato, *ibid.*:

« L'imprimeur au lecteur »	?
« Histoire de Liradi, nouvelle espagnole »	Caylus
« A deux de jeu, histoire »	Cahusac
« Dialogue. Horace, Caton le Censeur »	Crébillon fils
« Le Pour & le Contre. Portrait de C. C*** »	Coypel
« Sur la maniere dont les Chrétiens traitent l'amour. Réflexions Turques »	?
« Il ne faut jamais compter sur rien. Aventure très-véritable arrivée dans la province de Picardie »	Voisenon
« Nouvelle Espagnole. Le mauvais exemple produit autant de vertus que de vices »	Mme de Graffigny
« La Vérité au fond d'un puits. Histoire Egyptienne »	Moncrif
« Lettres pillées » [qui comprennent:]	Caylus
« Lettre à Me *** »	
« Fragmens de Zéphire & Nompareille. Conte »	
« Sur des Feuilles de Spectateurs »	Caylus
« Dialogue [Ovide, Tibulle] »	Crébillon fils
« Histoire morale. La sincérité est la plus sotte des vertus, & la fausseté la plus nécessaire des vices »	Mme Preysing
« Eloge de la paresse & du paresseux »	?
« Le chien enragé »	Piron
« Problème Physico-mathématique »	Clairault
« Critique de l'ouvrage »	Duclos

Il paraît de plus possible de hasarder des conjectures pour les trois textes sur lesquels Principato hésite:
– L'*Eloge de la paresse & du paresseux*, en premier lieu, a été revendiqué par le cardinal de Bernis dans ses *Mémoires*: "j'écrivis comme [Gresset], en me jouant, l'*Epître sur la paresse*, dont il courut des copies, et qui même fut imprimée sans ma participation. On la crut de Gresset. J'entendis dire à des gens de goût, qui ne savaient pas que j'en fusse l'auteur, que cette épître était d'un meilleur ton et ressemblait aux bons ouvrages du *Temple*." (Bernis, *Mémoires*, Philippe Bonnet, éd., Paris, Mercure de France, 1980, p. 50). Le "Temple" auquel réfère Bernis n'indique pas seulement la célèbre société de la maréchale de Luxembourg (dont firent partie Mme la maréchale de Mirepoix, la comtesse d'Egmont, le prince d'Hénin, Voltaire encore enfant, Jean-

Baptiste Rousseau et Pont de Veyle. Cf. Dinaux, 1867), mais aussi la société du Bout du Banc. Cf. *Correspondance* de Mme de Graffigny, *éd. cit.*, t. IV, p. 501 et t. V, p. 48.

– *L'Imprimeur au lecteur* peut sans doute être attribué à Caylus (éventuellement avec l'aide de Mlle Quinault) étant donné qu'il prit en charge, à l'insu des contributeurs, la publication du volume. Cf. Principato, 2000.

– Reste *Sur la maniere dont les Chrétiens traitent l'amour. Réflexions Turques* qu'on pourrait provisoirement attribuer, sur foi des catalogues susmentionnés – Co, Cio, BNF et TAY – à Maurepas.

⇒ *[OB]* 1787 – ne contient pas « Problème Physico-mathématique »

⇒ *Le chien enragé. Conte*, in: *Œuvres complettes d'Alexis Piron*, Rigoley de Juvigny éd., A Troyes, chez Gobelet, an VIII, t. IX, pp. 286-95 – propriété privée

⇒ *Histoire de Liradi, nouvelle espagnole*, in:: *Nouvelles du XVIIIe siècle*, Henri Coulet éd., Paris, Gallimard, Bibliothèque de la Pléiade, 2002, pp. 353-66.

1746 — *Les Manteaux*, La Haye (Paris), 1746 – A: 8 BL. 22223 – BNF: Y². 12357-58, 21459-60 et Rés. Y². 2844-45 – BM: 7742. aaa. 22. – LC – Cf. Co – Cf. Cio et Fleuret/Perceau: *Les Manteaux, recueil* – Cf. J – Cf. Godenne, 1969, p. 256 n2

Les Manteaux contient:

Première partie:

« Epître dédicatoire à M. Manteau »
« Table des matières en forme de préface »
« La mari Manteau »
« Le Manteau et la cheminée »
« Tirer par le Manteau »
« Sous le Manteau, Portrait »
« Le Manteau de femme, ou le Mantelet »
« Le Manteau fourré »
« Le Manteau court & le Manteau long »
« Le Porte-Manteau »
« Le Manteau de la nuit, chanson »
« Le Manteau de lit, conte »
« Le Manteau troussé »
« Le Manteau mal taillé »

Seconde partie:

« Avis de l'imprimeur »
« Lettre de M.Z. »
« Le manteau ou Pallium, par rapport aux monuments antiques »
« Les Manteaux des Saints »
« Manteau d'Elie »
« Manteau de S. Florent »

« Manteau ou Pallium, par rapport au clergé »
« Manteaux des Ducs & Pairs, & des Présidents à mortier »
« Les Blancs-Manteaux, ordre de S. Benoît »
« La rue Froid-Manteau »
« Extrait des dcitionnaires »
« Réflexions historiques sur les Manteaux »
« Supplément »
« Notice sur le court Mantel »

⇒ *Les Manteaux*, 1756 – Cf. MMF – Cf. G – Cf. Fleuret/Perceau

⇒ *Les Manteaux*, Londres et Paris, 1775 – Cf. MMF – Cf. G – Cf. Uzanne: Londres et Paris, Costard, 1775, in-12 – Cf. Fleuret/Perceau

⇒ *Les Manteaux*, 1777 – Cf. MMF – Cf. Uzanne

⇒ [*OB*] 1787

⇒ *Les Manteaux*, Paris, Ponthieu et Paris, Imprimerie A. Boucher, 1822, 2 vols in-12 – Bibliothèque du château d'Oron (Oron-le-Châtel, Suisse) : NB 240 – cette édition n'est pas répertoriée dans les catalogues consultés

⇒ *Le Manteau mal taillé*, in: *Fabliaux ou contes, fables et romans du XIIe et du XIIIe siècle, traduits ou extraits par Legrand d'Aussy*, A.-A. Renouard, 1829, t. I, pp. 126-55 – Cf. Hausmann, 1979, p. 199 n53 – C'est une édition partielle de l'adaptation d'un fabliau (*Le court Mantel*) par Caylus

⇒ [*OBG*] 1920

1747 — *Les confidences réciproques, ou anecdotes de la société de Madame la Comtesse de B****, Berg-op-Zoom, [1747] – A: 8 BL. 21933-34, 21935[1-2], 21936 (t. III) – BNF: Y².23642-44 – Cf. Co – Cf. J – Cf. G: attribué à Caylus, à Crébillon fils et à Fanny de Beauharnais – Cf. B – BNF: sd., 3 tomes en 2 vol. in-12 – le tome 3, qui porte le sous-titre de *Les Faits et gestes du vicomte de Nantel* parut vraisemblablement en 1748. Cf. Vernière, 1975, pp. 547-49.

⇒ *Les confidences réciproques, ou anecdotes de la société de Madame la Comtesse de B****, Londres [Paris?], 1774, 3 v.– TAY: MICR.1694(15) – BM: 12315. cc. 38 – Cf. MMF – Cf. Cio: Les confidences réciproques, ou anecdotes de la société de la comtesse de B***, 12°, 3 vol. – BM: attributed to the the Comte de Caylus – TAY: variously attributed to the comte de Caylus and to Claude-Prosper Jolyot de Crébillon

⇒ *Les confidences réciproques, ou anecdotes de la société de Madame la Comtesse de B****, Londres (Paris), 1774 – A: 8° B 21935 – BM: 12315 CC 38 – LC: PQ1961.C4A65 1774 – Cf. Uzanne – Cf. Vernière, 1975, p. 549n – LC: 3 v. in 1. in-16

⇒ *Les confidences réciproques, ou anecdotes de la société de Madame la Comtesse de B****, Londres (Paris), 1779 – LC: PQ1961.C4A65 1779 – LC: 2 v. in-16 – Cf. MMF

⇒ *Ma Vie de garçon*, 1818 – Edition signalée par le catalogue de vente n° 549, sept.-oct. 2000, de la librairie Picard, 82, rue Bonaparte, 75006 Paris

⇒ *Ma Vie de garçon. Les Faits et gestes du vicomte de Nantel*, Jean Richepin éd., Bruxelles, Kistemaeckers, 1882 – BM: 12316. i. 5. – LC: PQ1961.C4A75 1882 – Cf. Vernière, 1975, p. 549n – C'est la troisième partie des *Confidences réciproques*

⇒ *Faits et gestes du Vicomte de Nantel*, Paris, 1927 – BNF: RES P-Y2-1217 – BN: attribué aussi à Crébillon fils [?]

⇒ *Ma Vie de garçon: faits et gestes du Vicomte de Nantel*, Paris, Le livre du bibliophile, [1955] – TAY: REP.F.10860

⇒ *Faits et gestes du vicomte de Nantel. Ma vie de garçon*, Paris, Le livre du bibliophile, 1960 – In-16 de 206 p., illustrations de Bécat – Edition signalée par le catalogue de vente n° 549, sept.-oct. 2000, de la librairie Picard, 82, rue Bonaparte, 75006 Paris

⇒ *Ma Vie de garçon ou les Faits et gestes du vicomte de Nantel*, B. de Villeneuve éd., Paris, Cercle du livre précieux, 1967 – LC: PQ1961.C4A75 1967 – Cf. Vernière, 1975, p. 549n – troisième partie des *Confidences réciproques*

⇒ *La Belle libertine, suivi de "Les exercices de dévotion" de l'abbé de Voisenon et de "Ma Vie de garçon" du comte Caylus*, Paris, Le Cercle des bibliophiles européens, coll. "les maîtres galants", 1969 – Edition signalée par le catalogue électronique www.bibliofind.com, consulté le 26 avril 2001 – BNF: Tolbiac, rez de jardin, magasin 8-Y2- 90000 (265,11)

1747 — *Les Fêtes roulantes et les regrets des petites rues*, sl., 1747 – A: 8 BL. 21857(2) – BNF: 8 LB^{38}.560 et Y^2.34918 – TAY: ARCH.12o.F.1747(1/1) – LC (deux exemplaires dont un ensemble avec *Quelques avantures des bals de bois*, 1745) – Cf. Co: attribué aussi à Voisenon – Cf. Cio – Cf. Uzanne: "Ces facéties ont été imprimées à la fin des *Œuvres complètes de Voisenon*". Uzanne donne Paris, 1747 – Cf. Godenne, 1969, p. 264n – BNF: attribué aussi à M. de Voisenon. – Cf. J – Cf. Testud, 1993, p. 15: "*Les Fêtes roulantes*, parues en 1747, forment une sorte de diptyque avec *les Bals de Bois*, puisqu'il s'agit des fêtes données cette année-là à l'occasion du deuxième mariage du Dauphin." – Cf. Barbier, *Journal*, février 1747.

Les Fêtes roulantes contient:

« [avertissement sans titre] »
« Le Char de la Gloire. »
« Le Char de l'Hymen. »
« Le Vaisseau de la ville. »
« Le Char de Cérès. »
« Le Char de Bacchus. »
« Histoire de la princesse Lacune. »
« Sixième char qui n'a pas paru; Par un auteur qui ne paroîtra jamais. »
« Les regrets des petites rues. »

« Chanson nouvelle. »
« Chanson nouvelle. »

⇒ *Les Fêtes roulantes*, in: *Œuvres complettes* de Voisenon, 1781 – Cf. MMF

⇒ [*OB*] 1787

⇒ [*F*] 1879

⇒ [*CF*] 1885

⇒ [*HGC*] 1993

1747 — *Nocrion, conte allobroge*, sl., 1747 – A: 8 BL. 21419 (2) – BNF: Y^2.9243 et
Y^2z.158, Rés. Z. 3212 (8) – TAY: VET.FR. II.A.1530(2) et VD.3.B.1753 – BM:
1074. d. 36.– LC – BNF: avec notes ms. de Jamet le jeune. Voir ci-dessous
l'édition de 1881 – LC: copie sur microfilm d'un exemplaire de la BNF – Cf. Co:
réimprimé sous le titre de *L'origine des bijoux indiscrets, ou Nocrion*, Paris,
1750. Cf. J – Cf. G: Paris, 1747 – Cf. B, cité par J: "*Nocrion*, dont l'anagramme
[con noir] est obscène, est un petit conte fort libre, écrit en français ancien et imité d'un ancien fabliau. Diderot y a puisé sans doute l'idée de ses *Bijoux indiscrets*" – Cf. Uzanne: Paris, 1747 – Cf. B et Fleuret/Perceau: 1748 – Cf. TAY:
[Paris, s.n., ca. 1748] – BNF, TAY et BM: attribué aussi à l'abbé de Bernis, ou à
T.S. Gueulette. Une note ms de Jamet le jeune l'attribue à l'abbé de Bernis,
d'après Duclos à ce qu'il en dit. Jamet ajoute que le chevalier de Mouhy était
considéré comme le véritable auteur de *Nocrion* par le père Hébrail (Cf. Fleu-
ret/Perceau). Cette note ms est reproduite dans [*OBG*] – *Nocrion* est tiré d'un fabliau du XIIIe siècle intitulé *Garin, ou le chevalier qui faisait parler les C... et
les C.ls*, que Caylus a pu consulter à la bibliothèque du Roi. Voir l'édition de
1881. Diderot se serait inspiré de cet ouvrage pour ses *Bijoux indiscrets* (1748).
D'après Fleuret/Perceau, *Nocrion* serait également à la base du *Sopha* de Crébillon fils.

⇒ *Nocrion, conte allobroge*, Pékin, 1570 [1750] – Cf. G – Cf. Fleuret/Perceau

⇒ *L'origine des bijoux indiscrets, ou Nocrion*, Paris, 1750 – Cf. B

⇒ *Nocrion, conte allobroge*, Londres, 1777 – Cf. B – Cf. Fleuret/Perceau

⇒ *L'Origine des Bijoux indiscrets*, in: *Les sonnettes, ou mémoires de M. le marquis D'****, auxquels on a joint l'Histoire d'une Comédienne, qui a quitté
le Spectacle; & l'Origine des Bijoux indiscrets, Conte*, in: *Bibliothèque amusante*, Londres, Cazin, 1781 [de Guiard de Servigné] – BNF: Y^2.68983 – BM:
1081.b.23. – SBA: C 38078:[32] – Cf. catalogue électronique www.abebooks.
com, consulté le 23 juillet 1998: "first Cazin edition of a famous erotic novel
wich earned the author [c'est-à-dire Guiard de Servigné] a term in the Bas-
tille. The true first, Utrecht, 1749, is extremely rare. The second and third
stories; *L'Histoire d'une comédienne* and *Nocrion*, are attributed to Comte de
Caylus by Quérard" – Cf. Q, G, B – BM: *L'origine des bijoux indiscrets, ou
Nocrion, conte allobroge*, 1781 [*Les sonnettes, ou Mémoires de M. le marquis d'***] – BNF: Guiard de Servigné (Jean-Baptiste). Cf. Gr. – Voir *His-*

toire d'une Comédienne, qui a quitté le Spectacle, 1781

⇒ *Nocrion, conte allobroge*, Constantinople, 1789 – Cf. B – Cf. Fleuret/Perceau

⇒ *Nocrion, conte allobroge, d'après l'édition originale de 1747, avec une préface et des notes de Jamet, suivi du fabliau de Garin*, Bruxelles, Gay et Doucé, 1881 – BNF: Enfer.25 – Bod: PHI e.115 – BM: 1077. i. 51. – LC: PQ1961.C4N6 – BM: *Nocrion, conte allobroge* [sans sous-titre] – Bod: *Nocrion, conte allobroge, suivi du fabliau de Garin 'le chavalier qui faisoit parler les c... et les c.ls'* avec un glossaire par A. de la Fizelière – Cf. B – Cf. Fleuret/Perceau

⇒ *L'Origine des Bijoux indiscrets*, in: *Les sonnettes, ou mémoires de M. le marquis D'****, auxquels on a joint l'Histoire d'une Comédienne, qui a quitté le Spectacle; & l'Origine des Bijoux indiscrets, Conte*, Bruxelles, Gay & Douce, 1882 [de Guiard de Servigné] – BNF: Enfer. 50 – BM: 12548. ppp. 22. – Cf. B – Voir *Histoire d'une Comédienne, qui a quitté le Spectacle*, 1781

⇒ *Nocrion, conte allobroge*, in: *Les sonnettes; ou mémoires de M. le marquis d'**** (suivi de l'histoire d'une comédienne qui a quitté le spectacle par A.-C.-Ph. de Thubière [sic] etc de Caylus, et de Nocrion, conte allobroge)*, Paris, Bibliothèque des curieux, 1913 [de Guiard de Servigné] – SBA: C 38078:[32] – Voir *Histoire d'une Comédienne, qui a quitté le Spectacle*, 1781

⇒ [*OBG*] 1920

1748 — *Memoires de l'Académie des colporteurs*, sl. (Paris), de l'imprimerie ordinaire de l'Académie, 1748 – BNF: Z 17212 et Y².52508 (incomplet) – TAY: VET.FR.II.A.45 – BM: 12314. aa. 35 – LC: PQ1961.C4M4 1748 – Cf. J – Cf. Co – Cf. Cio – Cf. Gr – Cf. Uzanne: "Duclos, Crébillon fils ont aidé Caylus dans cette burlesque dissertation" – Cf. Godenne, 1969, p. 264n

Memoires de l'Académie des colporteurs contient:

« Avant-propos. »
« Idée générale de la société des colporteurs, nécessaire à l'intelligence de cet ouvrage. »
« Voyages d'un cul-de-jatte, colporteur. »
« Histoire du sorcier Galichet. »
« Hors-de-propos servant de préface au conte suivant. »
« La Toilette, ou les Arrêts du destin. »
« Podamir & Christine. Nouvelle russienne. »
« Suite de l'histoire de Podamir. »
« Histoire du sieur Boniface. »
« Histoire de Catherine Cuisson, qui colportoit. »

« La reine de Congo, tragédie. Donnée, autant qu'il a été possible, par extrait; avec l'histoire de l'auteur par rapport à la pièce. » [sont inclues deux scènes de "la reine de Congo":]

« Scène de politique. Le prince Syricosta; Salkis, confident. »

« Scène. La reine de Congo, seule. »

« Manuscrit perdu. » [c.-à-d. celui de « La reine de Congo ». Cette pièce comprend:]

    « Avertissement. »

    « Vie de l'auteur. »

    « Lettre de Jean Loncuart à M.D.L.B. »

    « La Malle-bosse, nouvelle Nuit de Straparole. »

    « Mémoire de Simon Collat, dit Placard, maître afficheur, donneur d'avis, & juré-crieur des choses perdues. »

⇒ *La Malle-Bosse, nouvelle nuit de Straparole*, in: *Œuvres complettes d'Alexis Piron*, Rigoley de Juvigny éd., 1776, t. VII. – cf. Hellegouarc'h, 1994, p. 470. Voir ci-dessous.

⇒ [*OB*] 1787

⇒ *La Malle-Bosse, nouvelle nuit de Straparolle*, in: *Œuvres complettes d'Alexis Piron*, Rigoley de Juvigny éd., A Troyes, chez Gobelet, an VIII, t. IX, pp. 295-326 – propriété privée

⇒ *La Malle-Bosse, nouvelle nuit de Straparole*, in: *Nouvelles françaises du XVIIIe siècle. Tome I: de Voltaire à Voisenon*, Jacqueline Hellegouarc'h éd., Paris, Librairie générale française (Le Livre de Poche), 1994, pp. 474-510 – Hellegouarc'h attribue, de façon convaincante, cette nouvelle parue dans *Mémoires de l'Académie des colporteurs* à Alexis Piron, membre du Caveau, puis du Bout du Banc. Cf. Hellegouarc'h, 1994, pp. 470-73.

⇒ *Histoire de Catherine Cuisson, qui colportait*, in: *Nouvelles du XVIIIe siècle*, Henri Coulet éd., Paris, Gallimard, Bibliothèque de la Pléiade, 2002, pp. 366-73.

1748 — *Le Pot-Pourri, ouvrage nouveau de ces dames et de ces messieurs*, Amsterdam (Paris), aux dépens de la Compagnie, 1748 – A: 8 BL 22462 – BNF: Y².7926-30 – TAY: VET.FR.II.A.1018 – BM: 1094. d. 18. – LC: 1961C4P6 RareBook – Cf. Co: *Le Pot-Pourri, ouvrage nouveau*. Attribué aussi à Lefèvre – Cf. Cio – Cf. J et TAY: *Le Pot-Pouri* [sic]. *ouvrage nouveau de ces dames et de ces messieurs*. Cf. BM et LC – Cf. Mi: attribué par quelques bibliographes à Antoine Lefèvre, de Troyes – Cf. Q.: *Le Pot-Pourri*, sd., 1727 sous Lefebvre, Philippe. Cf. J et Gr. – Cf. B.: attribué aussi à Lefèvre, André – Cf. Uzanne: "Cet ouvrage est attribué à Caylus par l'abbé Duclos, tandis que d'autres bibliographes prétendent que Lefèvre de Troye en est l'auteur. C'est un recueil fait en collaboration; on y rencontre Voisenon, Caylus et Cie." – Cf. Godenne, 1969, p. 254 n2: contient une nouvelle intitulée *La princesse Minon-Minette et le prince Souci* qui figure également dans les œuvres de Voisenon sous le titre de *La Navette d'amour*. – Cf. Dinaux: ouvrage de la société de ces dames et de ces messieurs, Paris 1739-

76, parodie des académies sérieuses de l'invention de Caylus. Collaboration de Tressan, Duclos, Vadé, Sallé, la comtesse de Verrue. Pour une liste des ouvrages appartenant à cette société, voir la notice des *Etrennes de la Saint-Jean*, 1738.

Le Pot-pourri contient:

  « Avertissement »
  « Aphranor & Bellamire, conte »
  « Mélazie, nouvelle »
  « La princesse Minon-Minette & le prince Souci, conte »
  « Histoire de Bedihulgemal, fille du Roi des Esprits, & de Seifulmulouk, fils du roi d'Egypte » [contient deux métarécits:]
    « Histoire de Nza-Rayyar, gouverneur de Babylone, & d'un prince du Korassan »
    « Histoire de Chadul, princesse de la Chine »
  « Lettre sur une aventure véritable »
  « Lettre véritable »

⇒ *Aphranor et Bellanire*, in: *Bibliothèque des génies et des fées*, Paris, Duchesne, 1764 – Cf. MMF – Cf. J – édition partielle du premier conte du recueil – voir ci-dessous *La navette d'amour*

⇒ *La princesse Minon-Minette et le prince Souci*, in: *Bibliothèque des génies et des fées*, Paris, Duchesne, 1765 – Cf. MMF – Cf. J – édition partielle du troisième conte du recueil

⇒ *La navette d'amour*, in: *Romans et contes attribués à Monsieur l'abbé de Voisenon*, Amsterdam, 1781 – Cf. J – C'est *Aphranor et Bellanire* publié sous un autre titre

⇒ *Aphranor et Bellanire*, in: *Le cabinet des fées ou collection choisie des contes des* [sic] *fées et autres contes merveilleux*, Amsterdam et Paris, rue & hôtel Serpente, t. XXXIV, 1786 – Cf. MMF

⇒ *La princesse Minet-Minette* [sic] *et le prince Souci*, in: *Le cabinet des fées ou collection choisie des contes des* [sic] *fées et autres contes merveilleux*, Amsterdam et Paris, rue & hôtel Serpente, t. XXXIV, 1786 – Cf. MMF

⇒ [*OB*] 1787

⇒ *Contes de M.L[e].C[omte].d[e].C[aylus].*, in: *Nouveau Cabinet des fées*, t. XIV, Genève, Slatkine, 1978 – BNF: 8-Y2-96873 (14) – Fac-similé du *Cabinet des fées ou collection choisie des contes des fées et autres contes merveilleux*

⇒ *Mélazie. Nouvelle*, in: *Nouvelles du XVIIIe siècle*, Henri Coulet éd., Paris, Gallimard, Bibliothèque de la Pléiade, 2002, pp. 374-90.

1749 — *Lettres de la Grenouillere, entre M. Jérôme Dubois, pêcheux [sic] du Gros-Caillou et Mlle Nanette Dubut, blanchisseuse de linge fin*, La Grenouillère, sd. [1749] [de Jean Joseph Vadé] – BNF: Zz.3985 et Rés. Y². 2661 – Cf. J: 1749 – Cf. Cio: par Vadé, C[aylus] et d'autres – Cf. B: par J.-J. Vadé, A.-C.-P. de Caylus, etc. – BNF: page de titre dont la date est déchirée. Cf. J – Cet ouvrage de J.-J. Vadé a connu de très nombreuses éditions, que nous ne reproduisons pas ici. Certains exemplaires portent le titre de *Lettres de M. Dubois et Mlle Dubut.*

1752 — *Cornichon et Toupète*, Paris, 1752, in-12, 2 vol. – Cf. Cio: attribution incertaine

1756 — [ms] *La cazzo-potta-machie: histoire physique et morale, par Mr le comte de Caylus*, Viconcouilliopolis, s.n., 1756, 38 p. – BNF: Microfiche Rouen: B.M. * Leber. MS. 2509 et HSp 86/208 – Cf. G – l'attribution à Caylus est fort douteuse

1775 — *Tout vient à point qui peut attendre, ou Cadichon, suivi de Jeannette ou l'indiscrétion, contes par feu le comte de Caylus*, La Haye et Paris, Veuve Duchesne, 1775, in-12 – BNF: Y³.17990 et Y².21465 – TAY: MYLNE.219 et 296.A.20(1) – Cf. Cio 16270 – Cf. MMF – Cf. Mi – Cf. Uzanne – BNF: *Tout vient à point à* [sic] *qui peut attendre,...* – appartient à la *Bibliothèque de campagne*, t. IX

⇒ *Tout vient à point qui peut attendre: ou Cadichon, suivi de Jeannette; ou, l'Indiscrétion*, in: *Le cabinet des fées ou collection choisie des contes des* [sic] *fées et autres contes merveilleux*, Amsterdam et Paris, rue & hôtel Serpente, t. XXV, 1786 – BM: 89. d. 12. – LC – Cf. MMF – BM: *Tout vient à point qui peut attendre, ou Cadichon et Jeannette*

⇒ [*OB*] 1787

⇒ *Cadichon*, in: Lescure, M.F.A. de, *Le Monde enchanté*, 1883 – BM: 21411. g. 6.

⇒ *Tout vient à point qui peut attendre: ou Cadichon, suivi de Jeannette*, in: *Nouveau Cabinet des fées*, t. XI, Genève, Slatkine, 1978 – BNF: 8-Y2-96873 (11) – Fac-similé du *Cabinet des fées ou collection choisie des contes des fées et autres contes merveilleux*

1775 — *Jeannette ou l'indiscrétion*, in: *Cadichon ou tout vient à point qui peut attendre et Jeannette ou l'indiscrétion, contes par feu le comte de Caylus*, Paris, Veuve Duchesne, 1775 – Voir le titre précédent

1781 — *Histoire d'une comédienne qui a quitté le spectacle*, in: *Les sonnettes, ou mémoires de M. le marquis D'****, auxquels on a joint l'Histoire d'une Comédienne, qui a quitté le Spectacle; & l'Origine des Bijoux indiscrets, Conte*, in: *Bibliothèque amusante*, Londres, Cazin, 1781 [de Guiard de Servigné] – Cf. Cio: *Histoire d'une comédienne qui a quitté le spectacle*, Londres (P[aris]), 1781 –

Cf. Uzanne: "Attribuée à Caylus, mais non insérée dans ses *Œuvres*. L'*Histoire d'une comédienne* et *Nocrion* se trouvent imprimés dans la *Bibliothèque amusante*, à la suite des *Sonnettes* (de Guiart de Servigné)" – Voir *Nocrion, conte allobroge* – 1747

⇒ *Histoire d'une comédienne qui a quitté le spectacle*, in: *Les sonnettes, ou mémoires de M. le marquis D'****, auxquels on a joint l'Histoire d'une Comédienne, qui a quitté le Spectacle; & l'Origine des Bijoux indiscrets, Conte*, Bruxelles, 1882

⇒ *Histoire d'une comédienne qui a quitté le spectacle*, in: *Les sonnettes; ou mémoires de M. le marquis d'**** (suivi de l'histoire d'une comédienne qui a quitté le spectacle par A.-C.-Ph. de Thubière [sic] etc de Caylus, et de Nocrion, conte allobroge)*, Paris, Bibliothèque des curieux, 1913

1837 — *Nouveaux contes de Caylus et l'abbé Blanchet, in: Mille et une nuits, contes arabes. Traduits par A. Gallard [sic] et suivis des Nouveaux contes de Caylus et l'abbé Blanchet*, Paris, 1837 – BNF: Y². 9116-19 – Cf. Uzanne: in-8, publié par livraisons, avec une introduction par J. Janin

⇒ *Nouveaux contes de Caylus et l'abbé Blanchet, in: Mille et une nuits, contes arabes. Traduits par A. Gallard [sic] et suivis des Nouveaux contes de Caylus et l'abbé Blanchet*, Paris, 1838 – BNF: Y².9120-23

⇒ *Nouveaux contes de Caylus et l'abbé Blanchet, in: Les Mille et une nuits. Contes arabes traduits par A. Galland suivis de Nouveaux contes de Caylus et l'abbé Blanchet*, Paris, Pourrat, 1839 – volume en vente chez Antiquariat F. Deutinge, Vienne, d'après le site internet du "Zentrales Verzeichnis antiquarischer Bücher" (www.zvab.com), consulté le 15 janvier 2002

⇒ *Nouveaux contes, in: Les Mille et un jours, contes persans, turcs, et chinois*, Paris, Pourrat frères, 1844 – BNF: Rés. Y².1035 – BM: 838. k. 27: *Les Mille et un jours,... traduits par ... Caylus, etc.* – LC: GR290.M55 1844: *Les Mille et un jours, contes persans, turcs, et chinois, traduits par Petit de la Croix, Cardonne, Caylus, etc.*

⇒ *Nouveaux contes, in: Les Mille et un jours, contes persans, turcs, et chinois*; Paris, 1848 – BNF: Y².3967

⇒ *Nouveaux contes de Caylus et l'abbé Blanchet, in: Mille et une nuits, contes arabes. Traduits par A. Gallard [sic] et suivis des Nouveaux contes de Caylus et l'abbé Blanchet*, Paris, 1857 – BNF: Y².275-78

⇒ *Nouveaux contes arabes et orientaux par Caylus et l'abbé Blanchet*, Paris, Renault, 1867 – BNF: Y². 21461 –Cf. Godenne, 1969:251 n3

⇒ *Nouveaux contes, in: Les Mille et un jours, contes persans, turcs, et chinois*, Paris, 1873 – BNF: Y².53417

1880 — *Le portefeuille de Monsieur le comte de Caylus*, pub. *d'après les manuscrits inédits de la Bibliothèque de l'Université et de la Bibliothèque Nationale, avec introduction et notices*, Paris, Le Moniteur du bibliophile, 1880 – TAY: G/F.1112.A.1 – BM: 12237. h. 20. – LC: PQ1961.C4 1880

⇒ [*OBG*]

1895 — *Bonnes fortunes*, Paris, Nillson, 1895 – SBA: C 213034:(1), 18

II. Théâtre de société

Le théâtre de société, largement inconnu aujourd'hui, constitue, après les romans, nouvelles, contes et facéties, la seconde grande partie de la production littéraire de Caylus. Presque toutes les pièces, dont la plupart ont servi aux représentations à Pantin et au château de Morville, sont restées à l'état de manuscrit, et sont difficiles à dater et à attribuer. En reprenant fidèlement les informations fournies par les catalogues, et en incluant donc certains titres qui ne sont vraisemblablement pas de Caylus, nous avons compté un total de trente-huit pièces, quatre prologues et un canevas[4].

II.1. Recueils

? — [ms] *Comédies inédites du comte de Caylus et autres auteurs* – S: ms. 1140 – recueil aux armes de La Rochefoucauld-Surgères qui comprend 12 pièces manuscrites – Cf. Quéro, 2001, p. 141

Liste alphabétique des ouvrages contenus dans ce recueil[5]. Cf. Quéro, 2001, p. 141 et supra, p. 165:

➢   *Les Ages ou la Fée du Loreau* – 1739
➢   *L'avantage de l'esprit* – 1737

---

[4] René Godenne, qui s'est limité aux fonds de la Bibliothèque nationale et de l'Arsenal, en compte vingt-deux seulement (« Un inédit de Caylus. *Les Ages ou la fée du* Loreau », *Studies on Voltaire and the eighteenth Century*, 106, 1973, pp. 175-224. Ici, pp. 176-77).

[5] Le recueil contient en outre deux pièces de d'Armenonville: *La Défense des romans* et *Les Mariages assortis*, joués à Morville entre 1738 et 1740. Cf. D. Quéro, « Note bibliographique sur le comte de Caylus et le théâtre du château de Morville », *RHLF*, 2001, p. 141 et supra, p. 165.

> *La Comédie bourgeoise* – 1731
> *La Comédie impromptu* – 1739
> *Le confiant ou le fat* – 1741
> *Le Confident intéressé* – 1740
> *L'Humeur* – 1739
> *Le jaloux* – ?
> *La Maison culbutée* – 1738
> *Silvie ou la fausse niaise* – 1733

? — [ms] *Recueil de pièces galantes et libres* – A: ms 6713 – Cf. Herrmann, 1972, pp. 495 et 588 – Cf. M

Ce recueil contient de Caylus:

> *Le B...el, ou le Jean-F.... puni, comédie en trois actes, par M. F.tenc...* – 1732
> *L'Appareilleuse* – 1739

? — [ms] *Théâtre de M. de Bombarde*, 2 vol. in-4, écriture d'époque, maroquin rouge, sd. – Bibliothèque de la Société des Auteurs et Compositeurs dramatiques – Cf. Quéro, 2001, pp. 142-43 et supra, p. 165 – Cf. Sol 1800 – Sol: donne une liste des six pièces contenues dans ce recueil. Reproduite également par Dinaux et Quéro. Cf. Sol.: "Ces [...] pièces sont évidemment de M. de Bombarde, quoique trois seulement portent son nom écrit d'une autre main que le manuscrit. *La Feste du Loreau* est une des trois, et pourtant le recueil [...] la donne au comte de Caylus, qui y avait sans doute travaillé" – Quéro penche pour l'attribution à Caylus et ses collaborateurs au château de Morville – Voir le recueil *Théâtre du château de Morville*

Le recueil contient six pièces. Cf. Sol, Dinaux, Quéro, 2001, p. 143 et supra, p. 165

> *La Fête du Loreau* – 1739
> *Les amants généreux* – ?
> *Le Faux Serment* – 1739
> *Le Bal de l'Opéra* – ?
> *Les Trois billets* – ?
> *L'heureuse Folie* – ?

1731-1732 — [ms] *Histoire et Receüil* [sic] *des Lazzis*, 1 vol. in-4, sd. – BHP: C.P. 4256 – Recueil dans lequel est narrée l'histoire, entre la fin de 1731 et le mois de juin 1732, des représentations d'un théâtre de société composée de Mlle Quinault, Mlle Balincourt, Mlle Quinault-Dufresne, Livry, Piron, Maurepas, Sallé et Caylus. Le recueil contient également les lazzis mis en scène, *La politesse ou le corsaire de Passy* et huit lazzis intitulés simplement *Premier* [*Second*, ...] *Lazzi* – corrections sans doute autographes de Caylus – Cf. Judith Curtis et David Troth, 1996

⇒ *Histoire et recueil des Lazzis*, Judith Curtis et David Troth éds, *Studies on Voltaire and the eighteenth Century*, 338, Oxford, Voltaire Foundation, 1996 – A: 8-Z-4586 (338) – BNF: 8-D4-MON-1581 – BR: 22.586 R – BL: AC.8949.b.(338) – KUL: LFLE – UFSIA: ROM 84 E-VOLT – LC: PQ2105.A2S8 vol. 338 et PQ1961.C4

1737-1741 — [ms] *Théâtre du château de Morville*, treize cahiers in-4, écriture d'époque, dans un portefeuille de vélin vert, sd. – BNF: Arts et spectacles MY 354 – Cf. Quéro, 2000[a], p. 243; 2001, p. 138 et supra p. 165 – Cf. Sol 1798: "Ce sont là quelques-unes des nombreuses pièces que le comte de Caylus avait composées pour les théâtres de société, et qui n'ont jamais été recueillies ni imprimées. Ce recueil manuscrit porte des corrections autographes de sa main, surtout dans la dernière comédie [*L'amant déguisé*]. – Sol donne une liste des pièces contenues dans ce portefeuille, liste que nous donnons ci-dessous par ordre alphabétique. – Cf. Dinaux: reproduit en partie la liste de Sol – Cf. Dinaux: société dramatique du château de Morville, 1737-41 de Caylus, avec Tressan, d'Armenonville, Ximenès, Bombarde, La Rochefoucauld-Surgères, Coypel et le musicien Granval – Cf. Godenne, 1973:177: ajoute les noms d'Escour, et de l'abbé de Sade, oncle du marquis.

Liste alphabétique des ouvrages contenus dans ce recueil[6]. Cf. Sol:

➢ *Les Ages, ou la Fée du Loreau. Comédie en prose en un acte, par M* le Cte de Caylus* – 1739
➢ *L'Amant déguisé, Comédie en 3 actes et en prose, par le même* – ?
➢ *L'avantage de l'esprit. Comédie en prose en 3 actes, par (Coypel et) M* le comte de Caylus* – 1737
➢ *La Comédie impromptu, Comédie en 3 actes, en prose, par le même* – 1739
➢ *Le Confiant ou le Fat. Comédie en prose, en 3 actes, par M* le Cte de Caylus* – 1741
➢ *Le Confident intéressé, Comédie en un acte, en prose, avec un div*[f]*. Par le même* – 1740
➢ *Feste donnée à Morville le 23 juin 1741, à l'occasion de l'arivée de M*[de]*. de Morville. Par le même* – sd. [1741]
➢ *L'humeur. Comédie en prose, en 5 actes, par le même* – 1739
➢ *La Maison culbutée, Comédie en un acte et en prose, avec un div*[f]*. Par M* le Comte de Caylus* – 1738
➢ *Le Prince Pot-à-thé - ballet pantomime en 3 actes, par M* De Caylus, musique de M* Granval* – 1739
➢ *Prologue sur le retour de M*[de]*. de Morville, en un acte, prose et couplets, par le même* – 1740

---

[6] Le recueil contient en outre deux pièces de La Rochefoucauld-Surgères: *Comment l'esprit vient aux filles, Comédie en 3 actes, en vers* – 1738 et *La Princesse Sirenne, farce héroïque en un acte, prose et couplets* – 1739. Cf. Sol, Dinaux et D. Quéro, « *La Mort de Mardi-Gras*: 'résurrection littéraire' d'un inédit de Duclos », in: *RHLF*, 2000, pp. 237-53. Ici, p. 243.

1748 — *Les Amusemens des Fées*, Neuchâtel, sn., 1748, 2 part. en 1 vol. in-12 [?] –
A: Rf. 82720 – Cf. Co – Cf. Sol 1887 – Cf. Br: *Les amusements des fées* – Cf.
Godenne, 1973, p. 177: renvoi à Br qui attribue ce recueil à Caylus, "ce qui n'est
rien de moins sûr". Godenne reprend les titres dans Br.

Le recueil contient quatre pièces en un acte. Cf. Sol:

> ➢ *Idalie, pastorale héroïque en un acte en vers libres* (Br. 4730)
> ➢ *La Salamandre ou l'empire du feu, comédie en un acte en prose* (Br. 4736)
> ➢ *La veuve de Pigmalion, comédie en un acte en prose* (Br. 4737)
> ➢ *Les Dieux ridiculisés, ou les Noces de Vénus, opéra-comique en un acte en vaudevilles* (Br. 4727)

D'après Marie-Emmanuèle Plagnol-Diéval (cf. supra, p. 180 n6), qui s'appuie
sur l'autorité de Dominique Quéro, *Les Dieux ridiculisés* sont à mettre au compte
de Laffichard. Cf. *Les Dieux ou les noces de Vénus, opéra-comique* (BNF: Ms
F.fr 9319)

II.2. Titres séparés

? — [ms] *L'Amant déguisé, comédie en 3 actes et en prose* – Cf. Sol 1798 – Cf. Br.
4719 – Voir le recueil *Théâtre du château de Morville* – 1737-1741

⇒ *L'amant déguisé; ou, Le jardinier supposé, comédie en un acte, mêlée
d'ariettes. La musique est de M. Philidor*, Paris, La Veuve Duchesne, 1769,
IV-48 p. – LC: PQ1221.T4 v. 7 (Rare) – LC: Tragédies, comédies & opéra
comique, 1747-84, v. 7 – Malgré la divergence en nombre d'actes, il s'agit
sans doute de la même pièce

⇒ *L'amant déguisé; ou, Le jardinier supposé, comédie en un acte, mêlée
d'ariettes. La musique est de M. Philidore* [sic], Paris, La Veuve Duchesne,
1772, 35 p. – LC: PQ1983.F3F27 1771 (Rare Bk) – LC: With Favart, Charles Simon, *La Fée Urgele*, 1771

? — [ms] *L'amante aimable* – BNF: ms Fr.24344 – Cf. Henry, 1884 cité par Godenne, 1973, p. 176

? — [ms] *Les amants généreux* – Bibliothèque de la Société des Auteurs et Compositeurs dramatiques – Cf. Quéro, 2001, pp. 142-43 – Cf. Sol 1800 – Voir le recueil
Théâtre de M. de Bombarde – ?

? — [ms] *Le Bal de l'Opéra* – Bibliothèque de la Société des Auteurs et Compositeurs dramatiques – Cf. Quéro, 2001, pp. 142-43 – Cf. Sol 1800 – Voir le recueil
Théâtre de M. de Bombarde – ?

? — [ms][canevas de pièce] *Les Bergers* – BNF: ms Fr.24344 – Cf. Henry, 1884 cité
par Godenne, 1973, p. 176

? — [ms] *Les divertissements* – Comédie en trois actes – Cf. Henry, 1884 cité par Godenne, 1973, p. 176

? — [ms][prologues de] *L'Ecole du monde et de la fausse niaise* – BNF: ms Fr.24346 – Cf. Henry, 1884 cité par Godenne, 1973, p. 176 – Cf. Quéro, 2000[a], p. 243 – *L'Ecole du monde* est attribué à La Rochefoucauld-Surgères par Voltaire dans *Le Temple du Goût* (1733), E. Carcassonne éd., 1953, pp. 98-99, par Tressan, *Œuvres diverses*, Amsterdam et Paris, Cellot, 1776, pp. 453-54 et par Gr – Cf. Quéro, 2000[a], p. 243 et 2001, p. 138 – *Silvie ou la fausse niaise* est attribué à La Rochefoucauld-Surgères par Br. – voir *Silvie ou la fausse niaise* – 1733

? — [ms] *L'esprit de propriété* – BNF: ms Fr.24346 fol. 286-305 – Comédie en un acte – Cf. Henry, 1884 cité par Godenne, 1973, p. 176 – Cf. Herrmann, 1972, pp. 519-20

? — [ms] *La Femme honnête homme* – BNF: ms Fr.24346 – Cf. Br. 4729 – Comédie en cinq actes – Cf. Henry, 1884 cité par Godenne, 1973, p. 176

? — [ms] *L'heureuse Folie* – Bibliothèque de la Société des Auteurs et Compositeurs dramatiques – Cf. Quéro, 2001, pp. 142-43 – Cf. Sol 1800 – Voir le recueil *Théâtre de M. de Bombarde* – ?

? — [ms] *L'Isle de la coquetterie* – BNF: ms Fr.24349 – Cf. Henry, 1884 cité par Godenne, 1973, p. 176

? — [ms] *Le Jaloux* – S: ms. 1140 – Cf. Quéro, 2001, p. 141 – voir le recueil *Comédies inédites du comte de Caylus et autres auteurs* – ?

? — [prologue de] *Le Jardinier de Chaillot* – BNF: ms Fr.24348 – Cf. Henry, 1884 cité par Godenne, 1973, p. 176

? — [ms] *Le mariage par contre-lettre* – BNF: ms Fr. 24350 fol. 43-60 – Cf. Henry, 1884 cité par Godenne, 1973, p. 176 – Cf. Herrmann, 1972, pp. 511-12, 514n, 589

? — [ms] *L'officieux intéressé* – BNF: ms Fr.24350 fol. 237-63 – Cf. Henry, 1884 cité par Godenne, 1973, p. 176 – Cf. Herrmann, 1972, pp. 511, 514n, 589

? — [ms][prologue de] *La répétition* – BNF: ms Fr.24351 – Cf. Henry, 1884 cité par Godenne, 1973, p. 176

? — [ms] *La soubrette maîtresse* – BNF: ms Fr.24351 et ms Fr. 9297, fol. 3-52 – Comédie en trois actes – Cf. Henry, 1884 cité par Godenne, 1973, p. 176 – Cf. Herrmann, 1972, pp. 519, 521n, 589

316–   K. PEETERS

? — [ms] *Le tempérament* – Cf. Mi – Cf. Uzanne

? — [ms] *Les Trois billets* – Bibliothèque de la Société des Auteurs et Compositeurs dramatiques – Cf. Quéro, 2001, pp. 142-43 – Cf. Sol 1800 – Voir le recueil *Théâtre de M. de Bombarde* – ?

? — [ms] *Le valet à deux maîtres* – BNF: ms Fr.24351 fol. 331 (ms incomplet) – Comédie en trois actes – Cf. Henry, 1884 cité par Godenne, 1973, p. 176: *La* [sic] *valet...* – Cf. Herrmann, 1972, pp. 506, 514n

1730? — *La Chauve-Souris de sentiment, comédie en 1 acte*, slnd., in-8, 38 p., frontispice gravé – BNF: Yf. 7090 et Microfiche m. 23394 – LC – LC et BNF: répertorié sous Grandval, Charles François Racot – BNF: « Attribué au Cte A.-C.-P. de Caylus, à C.-P. Crébillon fils, ou à C.-F. Ragot de Grandval – L'attribution à Crébillon fils est inepte – Cf. Br: sous C.F.R. de Grandval – Cf. Cio et Godenne, 1973, p. 175: *La Chauve-Souris du* [sic] *sentiment* – Cf. Uzanne: "La première édition de cette comédie, attribuée à Caylus, a été donnée in-8, s.l.n.d. (Paris, vers 1763 [?]), avec une jolie figure de Boucher. Le bibliophile Jacob l'attribue à Crébillon fils. Nous ne pensons pas qu'elle soit de Caylus" – Cf. BNF: 1730, ce qui semble plus probable

⇒ *La Chauve-Souris de sentiment, comédie en 1 acte et en prose, par l'auteur du "Bordel"*, Berg-op-Zoom (Bruxelles, J. Gay), 1866, in-12, 44 p. – BNF: Rés. Yf. 4704 – Cf. Uzanne

1731 — [ms] *La comédie bourgeoise* – BNF: ms Fr. 24345 – S: ms. 1140 – Cf. Quéro, 2001, p. 141 – Comédie en un acte, rédigée en 1731 – Cf. Godenne, 1973, p. 177 – voir le recueil *Comédies inédites du comte de Caylus et autres auteurs* – ?

1732 — [ms] *Le bordel, ou le Jean F *** puni*, comédie – A: ms. 6713 – Cf. Co: sl. 1732 – Cf. B: I, 448 – Cf. Br: sous C.F.R. de Grandval – Cf. Herrmann, 1972, p. 588

⇒ [ms] *Le B...el, ou le Jean-F.... puni, comédie en trois actes, par M. F.tenc...*, *A Ancone, chez la ve Grossem...e, aux Désirs*, in: *Recueil de pièces galantes et libres* – ? – A: ms 6713 ff. 113-72 – Cf. Herrmann, 1972, p. 494 – Cf. M – Le même recueil contient également *L'Appareilleuse* que M. attribue à Caylus

⇒ *Le bordel, ou, Le Jean-foutre puni, comédie en prose, en trois actes*, [A Ancone], chez la Veuve Grossemotte, [1736] – TAY: U.N.S.158.G.18(3) – Bod: Douce P 251: *Le bordel, ou, Le Jean-foutre puni, comédie*, Anconne [sic]; 1736

⇒ *Le Bord..., ou le Jean-foutre débauché* [sic], *comédie en 3 actes et en prose, par M... de F...*, A Anconne [sic], chez la veuve Grosse-Motte, 1736, in-8 – Cf. Sol 3841 – Cf. Cio: attribution incertaine – Cf. Br: sous C.F.R. de Grandval – sans doute la même édition que la précédente, malgré la coquille dans le titre – Cf. Sol: suivant une note ms. de l'abbé de Saint-Léger, cette pièce aurait été faite en société, par Lancelot, de l'Académie des Inscriptions, la comtesse de Verrue et Melon, auteur de l'*Essai sur le commerce*

⇒ [ms] *Le Bord..., ou le Jean-Foutre puni, comédie en 3 actes et en prose*, A Ancone, chez la veuve Grosse-Motte aux désirs, 1736, in: [ms] *Théâtre impudique*, 2 vol. in-8 – Cf. Sol 3885

⇒ *Le B.... ou le J...F.... puni. Comédie en prose et en 3 actes*, Paris, 1736, in-18 – Cf. Uzanne: "comédie attribuée à Caylus, et à tort, croyons-nous"

⇒ *Le bord..., ou le Jean-Foutre puni, comédie en 3 actes et en prose*, in: *L'abatteur de noisettes, ou Recueil de pièces nouvelles des plus gailliardes* [sic], La Haye, Bernard, 1741 – Cf. Sol 3883

⇒ *Le bord..., ou le Jean-Foutre puni*, comédie, in: *Recueil des Comédies gailliardes* [sic]. Imprimé pour le monde, 1761, in-8 – Cf. Sol 3887

⇒ *Le bord..., ou le Jean-F.tre puni*, in: *Théâtre gaillard*, Londres, sn., 1788, 2 vol. in-8 – BNF: Enfer 1067

⇒ *Le bord..., ou le Jean-F.tre puni*, in: *Théâtre gaillard*, Londres, Alfeston et Comp., 1803 – Cf. Sol 3890

⇒ *Le bordel; ou le jeanfoutre Puni; comédie en trois actes, et en prose, par Le Comte de Caylus*, In: *Le théâtre gaillard*, [Paris?], [1865?], t. I, pp. 1-75 – LC: Drama PQ1237.F2T4 t.1 p. 1-75

⇒ *Le bordel, ou le Jean F *** puni, comédie*, in: B. de Villeneuve éd., *Théâtre érotique français au XVIIIe siècle*, Paris, Terrain vague, 1993

1733 — [ms] *Silvie ou la fausse niaise* – BNF: ms Fr.24351 fol. 160-200 et ms Fr 9303 – A: ms. 1140: "comédie représentée à l'Hôtel de Sassenage le carême 1733" Cf. Quéro, 2001, p. 141 – Br. 11160 l'attribue à La Rochefoucauld-Surgères, ce qui semble probable à la lumière de *L'Ecole du monde et la fausse niaise* – Cf. Quéro, 2000[a], p. 243 et 2001, p. 138 – Cf. Henry, 1884 cité par Godenne, 1973, p. 176 – Cf. Herrmann, 1972, pp. 512-13, 514n, 589 – voir le recueil *Comédies inédites du comte de Caylus et autres auteurs* – ?

1737 — [ms] *Les Avantages de l'esprit* – A: Fr. 9290 et ms. 1140 (sous le titre de *L'avantage de l'esprit*) – BNF: mss; ff. 9290, 24344 sous le titre de *L'Avantage de l'esprit* – Cf. Br. 4721: *L'Avantage de l'esprit*. "Tirée du canevas de C.A. Coypel" – Cf. Quéro, 2001, pp. 140-41 – Cf. Godenne, 1973, p. 177: comédie en un acte, représentée en 1737, et tirée d'un canevas en un acte donné aux Italiens par Coypel en 1728 – Figure dans *Théâtre du château de Morville* sous le titre de *L'Avantage de l'esprit* – Voir les recueils *Théâtre du château de Morville* – 1737-1741 et *Comédies inédites du comte de Caylus et autres auteurs* – ?

1738 — [ms] *La maison culbutée, comédie en 1 acte et en prose* – BNF: ms Fr. 24350 fol. 1-35 – A: ms. 1140 – Cf. Sol 1798 – Cf. Br. 4732 – représentée le 13 sept. 1738 au château de Morville – Cf. Herrmann, 1972, pp. 505-08, 514n, 588 – Cf. Quéro, 2001, pp. 140-41 – d'après Henry, 1880, p. 17n3, Caylus joua à Morville le rôle de l'Intendant Guillot. Cf. Quéro, 2001, p. 141 – Voir les re-cueils *Théâtre du château de Morville* – 1737-1741 et *Comédies inédites du comte de Caylus et autres auteurs* – ?

1739 — [ms] *Les Ages, ou la Fée du Loreau* – BNF: ms Fr.24343 fol. 1-13 – A: ms. 2748 et ms. 1140 – Cf. Herrmann, 1972, pp. 515-16, 521n – Cf. Br 4718 – Cf. Henry, 1884 cité par Godenne, 1973, pp. 176 et 179 – Cf. Quéro, 2001, pp. 139-41 – d'après Henry, 1880, p. 17n3, Caylus joua à Morville le rôle de Mathurin. Cf. Quéro, 2001, p. 141 – le "Loreau" du sous-titre renvoie à un hameau de la commune de Hanches dans l'Eure-et-Loire, où était situé le château de Morville où se rassemblait la société. Cf. Quéro, 2001, p. 144 – voir les recueils *Comédies inédites du comte de Caylus et autres auteurs* – ? et *Théâtre du château de Mor-ville* – 1737-1741– Voir *Le Ballet des porcelaines et du prince Pot-à-Thé* – 1739

⇒ [ms] *Les âges, ou la Fée du Loreau, comédie en prose, en un acte, 1739*, in: *Recueil de pièces de théâtre* – A: ms 2748 ff. 1-16 – Cf. B

⇒ [ms] *Les âges, ou la Fée du Loreau, comédie en prose, en un acte, 1739, re-présentée à Morville pour la première fois le 20 7bre de la même année*, in: *Recueil de pièces de théâtre* – A: ms 2748 ff. 22-44 – Cf. B – C'est en fait la seconde partie de la même pièce. Entre les deux parties est intercalé *Le Bal-let des porcelaines ou le prince Pot-à-Thé*. Voir ce titre ci-après. Cf. Go-denne, 1973:179. – cette seconde partie contient la distribution des rôles. – L'édition de René Godenne est basée sur ces feuilles. Voir ci-dessous

⇒ *Les Ages ou la fée du Loreau, comédie en prose en un acte*, René Godenne éd., in: *Studies on Voltaire and the eighteenth Century*, 106, 1973, pp. 180-224 – Godenne, p. 179 donne une description détaillée des différentes ver-sions autographes des *Ages*

1739 — [ms] *L'Appareilleuse* – A: ms 6713 ff. 173-92 – Cf. Herrmann, 1972, pp. 495 et 588 – Cf. M – Voir le recueil *Recueil de pièces galantes et libres* – ?

1739 — [ms] *Le Ballet des porcelaines ou le prince Pot-à-Thé*, in: *Recueil de pièces de théâtre* – A: ms.2748 ff. 17-21 (dans une copie ms des *Ages ou la Fée du Lo-reau*) – Cf. B – Cf. Br. 4722 et 4734: "Même pièce que *le Prince Pot-à-Thé*" – Cf. Godenne, 1973:179: divertissement dansé sur une musique de Grandval – Dans cet exemplaire, le ballet comprend les ff. 17 à 21, entrecoupant ainsi deux parties des *Ages*, ff. 1-16 et ff. 22-44. – Figure dans *Théâtre du château de Mor-ville* sous le titre de *Le Prince Pot-à-thé - ballet pantomime en 3 actes* – Cf. Qué-ro, 2001, p. 140 – Voir *Les Ages ou la Fée du Loreau* – 1739 – Voir le recueil *Théâtre du château de Morville* – 1737-1741

⇒ *Le Ballet des porcelaines ou du prince Pot-à-Thé*, René Godenne éd., in: *Studies on Voltaire and the eighteenth Century*, 106, 1973, pp. 219-224 − Voir *Les Ages ou la Fée du Loreau* − 1739

1739 — [ms] *La Comédie impromptu* − BNF ms. Fr. 24345 − A: ms. 1140 − Cf. Herrmann, 1972, pp. 508-09, 514n, 588 − Cf. Quéro, 2001, pp. 140-41 − Cf. Br. 4724 − Cf. Henry, 1884 cité par Godenne, 1973, p. 176 − Cf. Uzanne − Cf. Godenne, 1973, p. 176: rédigée en 1739, représentée en 1740 − d'après Cf. Herrmann, 1972, p. 508, elle fut créée en 1739 − d'après Henry, 1880, p. 17n3, Caylus joua à Morville le rôle du marchand mercier. Cf. Quéro, 2001, p. 141 − voir les recueils *Comédies inédites du comte de Caylus et autres auteurs* − ? et *Théâtre du château de Morville* − 1737-1741

1739 — [ms] *Le Faux serment* − Bibliothèque de la Société des Auteurs et Compositeurs dramatiques − Cf. Quéro, 2001, pp. 142-43 − Cf. Sol 1800 − Voir le recueil *Théâtre de M. de Bombarde*

1739 — [ms] *La Feste du Loreau* − Cf. Quéro, 2001, pp. 142-44 qui donne 1738 − Cf. Sol 1800 − Cf. Dinaux: *La feste du Loreau*, en un acte en prose, qu'il attribue à Pierre-Paul Bombarda dit Bombarde. Bombarde était membre de la "société dramatique du château de Morville". Cf. Sol.: "Ces […] pièces sont évidemment de M. de Bombarde, quoique trois seulement portent son nom écrit d'une autre main que le manuscrit. *La Feste du Loreau* est une des trois, et pourtant le recueil […] la donne au comte de Caylus, qui y avait sans doute travaillé" − le "Loreau" du sous-titre renvoie à un hameau de la commune de Hanches dans l'Eure-et-Loire, où était situé le château de Morville où se rassemblait la société. Cf. Quéro, 2001, p. 144 − Voir les recueils *Théâtre du château de Morville* − 1737-1741 et *Théâtre de M. de Bombarde* − ?

⇒ [ms] *La Fête du Loreau* − A: Fr.4278 − Cf. Godenne, 1973, p. 177: comédie en un acte, représentée en 1738 − Godenne l'attribue bel et bien à Caylus

1739 — [ms] *L'humeur* − BNF: ms Fr.24348 et a.fr 4278 − A: ms. 1140 − Cf. Br. 4728 − Cf. Henry, 1884 cité par Godenne, 1973, p. 176 − Godenne ne mentionne pas de date − Cf. Quéro, 2001, pp. 140-41 − voir les recueils *Comédies inédites du comte de Caylus et autres auteurs* − ? et *Théâtre du château de Morville* − 1737-1741

1739 — *Le Somnambule*, comédie par le Cte C.-A.-P. de Caylus, Salle et A. de Pont de Veyle, *représentée pour la première fois par les Comédiens françois, le 19 janvier 1739*, Paris, Prault fils, 1739, in-8, 53 p. − BNF: Yf. 5184 − BNF: *Nouveau Théâtre François, ou Recueil des plus nouvelles pièces*, t. III − Cf. Cio: par C[aylus], Sallé et le marquis de Pont-de-Veyle − Cf. Gr: l'attribue à Pont de Veyle − Cf. Godenne, 1973, p. 175: attribué aussi à Sablé [sic pour Sallé] − La *Correspondance inédite de Collé*, Paris, 1864, pp. 379-88 l'attribue à Sallé [écrit Salley] Cf. Judith Curtis et David Troth, 1996, p. 9 − Moore cite en plus la *Ma-*

gnière de discours approfondi superficiellement sur l'origine ... de la parade du même Collé où l'on retrouve cette même attribution. Cf Moore, 1935, p. 82 – Curtis et Troth, *ibid.*, sont d'avis que Pont-de-Veyle n'aurait fait que quelques retouches – Cf. Uzanne – l'attribution à Pont de Veyle est une erreur d'après les éditeurs de la *Correspondance de Mme de Graffigny*, Oxford, fondation Voltaire, t. III, 1992, p. 49 n4. Mme de Graffigny l'a même attribuée à Fontenelle, lettre 334, 14 décembre 1740, *ibid.*, p. 48. Elle qualifie la comédie de "passable" (lettre 96, 24 février 1739, t. I, 1985, p. 342) et en fournit un commentaire (lettre 117, 15 avril 1739, t. I, pp. 435-36): "Il est hors de la vraysemblance et des usages de la vie qu'un homme se couche en arrivant chez sa maîtresse. C'est une farce extravagante où il y a des choses plaisantes. Je ne crois pas qu'il soit de Mr de Pontevel [sic pour Pont de Veyle], mais quand il en seroit cent fois, elle est impertinente". Voir également la lettre 111, 1 avril 1739, t. I, p. 411, et la lettre 124, 30 avril 1739, t. I, p. 465 – BNF: *Nouveau Théâtre François, ou Recueil des plus nouvelles pièces*, t. III – D'après Bertaut, 1928, p. 218, Françoise Quinault interpréta le rôle principal

⇒ *Le Somnambule, comédie*, Paris, Prault, 1739, in-12, 43 p. – LC: By Caylus, Salle [sic] and A. de Pont-de-Veyle

⇒ *Le Somnambule, comédie*, Paris, Bureau de la "Petite Bibliothèque des Théâtres", vol. 8, 1784, in-12 – BNF: Yf. 4962 – TAY: U.N.S.105.F.8(3): répertorié sous Pont-de-Veyle – Cf. p. v de cette édition: "On ne sait précisément quel est le véritable auteur de cette pièce. La plupart des écrivains qui se sont occupés de l'histoire du théâtre françois, l'attribuent au comte de Pont-de-Veyle. D'autres prétendent que le comte de Caylus y eut part, avec un certain Sallé"

1740 — [ms] *Le confident intéressé, comédie en un acte en prose* – BNF: a.fr 4278 et Fr.24345 – A: ms. 1140 – Cf. Quéro, 2001, pp. 140-41 – Cf. Sol 1798 – Cf. Br. 4726 – d'après Henry, 1880, p. 17n3, Caylus joua à Morville le rôle de Mathurin. Cf. Quéro, 2001, p. 141 – Voir les recueils *Théâtre du château de Morville* – 1737-1741 et *Comédies inédites du comte de Caylus et autres auteurs* – ?

1740 — [ms] *La double intrigue*, in: *Recueil de 95 pièces de théâtre manuscrites*, 13 vol. in-folio, veau fauve – Cf. Sol 3078 – Cf. Sol: comédie de M. de Sades retouchée par M. de Caylus, 1740. Il s'agit de l'abbé de Sade, oncle du fameux marquis et membre de la société de Morville. Cf. Godenne, 1973, p. 177– Cf. Henry, 1884 cité par Godenne, 1973, p. 176 – Voir le recueil *Théâtre du château de Morville*

⇒ *La Double intrigue*, in: *Le Comte de Caylus inédit*, Charles Henry éd., in: *La revue libérale*, VIII, 1884, pp. 127-42 – Cf. Herrmann, 1972, p. 487: 14 scènes

1740 — [ms] *Prologue sur le retour de M^{de}. de Morville, en un acte, prose et couplets* – Cf. Sol 1798 – Cf. Br. 4735 – Cf. Quéro, 2001, p. 144 – Voir le recueil *Théâtre du château de Morville* – 1737-1741

1741 — [ms] *Le confiant ou le fat* – BNF: ms a.fr. 4278: sans nom d'auteur – BNF: ms Fr.24345 fol. 174-270: porte le titre de *Le confident ou le fat* – A: ms. 1140 – Cf. Herrmann, 1972, pp. 510-11, 514n, 589 – Cf. Quéro, 2001, pp. 140-41 – La *Correspondance inédite de Collé*, Paris, 1864, pp. 379-88 mentionne un titre *Le Fat puni* que Collé attribue à Sallé [écrit Salley] Cf. Curtis et Troth, 1996, p. 9. – Moore cite en plus la *Magnière de discours approfondi superficiellement sur l'origine ... de la parade* du même Collé où l'on retrouve cette même attribution. Cf Moore, 1935, p. 82 – Cf. Godenne, 1973, p. 176: comédie en un acte, représentée en 1740 – Cf. Br. 4725 – Voir les recueils *Théâtre du château de Morville* – 1737-1741 et *Comédies inédites du comte de Caylus et autres auteurs* – ?

1741 — [ms] *Feste donnée à Morville le 23 juin 1741, à l'occasion de l'arivée de M^{de}. de Morville* – Cf. Sol 1798 – Voir le recueil *Théâtre du château de Morville* – 1737-1741

1741 — [ms] *La haine inutile* – BNF: ms 9297 fol. 269-312 et ms. 24348 – Herrmann, 1972, pp. 517-18, 521n, 588 – Cf. Henry, 1884 cité par Godenne, 1973, p. 176 – Cf. Godenne, 1973, p. 176: comédie en trois actes, représentée en 1741 – Herrmann la date de 1744

1742 — [ms] *Le dépôt* – Cf. Henry, 1884 cité par Godenne, 1973, p. 176: comédie en trois actes d'après le *Trinumum* de Plaute, rédigée en 1742

1756 — *Léandre Nanette, ou le Double quiproquo, parade en I acte, en vers et en vaudevilles, achevée en 1755, A Charlotte de Montmartre, par M. G**, comédien du roi*, Clignancourt, 1756, in-8, 39 p. – BNF: Yf. 9510 et 11136 – Cf. Br. 4731 – Cf. Cio – Cf. Godenne, 1973: 175-76: attribué aussi à Grandval – Cf. Mi: Léandre et Nanette – Cf. Uzanne: Léandre et Nanette – BNF et Br.: attribué aussi à Charles-François Ragot de Granval

1757 — *L'Histoire du porteur d'iau, ou les Amours de la ravaudeuse*, in: *Les Ecosseuses ou les Œufs de Pasques; suivis de l'Histoire du porteur d'iau, ou les Amours de la ravaudeuse, comédie. Seconde partie des Etrennes de la Saint-Jean, 2e édition revue & augmentée*, Troyes, Veuve Oudot, et se trouvent à Paris, chez Duchesne, sd. – LC: PQ1961.C4E8 1757 – Cf. Sol 1799 – Cf. Uzanne – Cf. Br. 4733: *Le Porteur d'iau ou la ravaudeuse*, in: *Les écosseuses*, Troyes, Veuve Oudot, 1782 – Cette comédie en un acte et en prose figure dans *Les Ecosseuses* depuis cette édition de 1757. Elle figure dans [OB], sous le titre de *Le porteur d'iau, ou les amours de la ravaudeuse*. – Pour les éditions ultérieures à 1757, voir *Les Ecosseuses ou les Œufs de Pasques* – section I, 1739

III. Critique littéraire

Les ouvrages de Caylus en matière de critique littéraire concernent le Moyen Age. Ensemble avec la Curne de Sainte-Palaye, le comte de Tressan et Thomas-Simon Gueulette, Caylus fut l'un des premiers à étudier les manuscrits médiévaux de la bibliothèque du roi, et peut être considéré comme l'un des fondateurs des études médiévales en France. Il s'agit, à l'exception du premier titre, de mémoires présentés à l'Académie des Inscriptions et Belles-Lettres.

? — *Lettre sur un manuscrit du XIIIe siècle*, in: *Mercure de France*, 67, 1816, pp. 115-21 – KUL: BIBC Z81/* – Cf. Cio – Cf. Hausmann

1746 — *Mémoire sur les fabliaux* – [*ML-4°*] t. XX, p. 352-76 – [*ML-8°*] t. XXXIV, pp. 75-117 – LC (extrait des *Mémoires de littérature*, juillet 1746) – Cf. Cio – Cf. Saxus, 1775–1803

1746 — *Premier Mémoire sur Guillaume de Machaut, poëte & musicien dans le XIVe siècle: contenant des recherches sur sa vie, avec une notice de ses principaux ouvrages* – [*ML-4°*] t. XX, pp. 399-414 – [*ML-8°*] t. XXXIV, pp. 147-73 – BM: Hirsch 3597 – BM: [extrait des Mémoires de littérature], [Paris, 1753] – Cf. Cio – Cf. Saxus, 1775–1803, qui donne la date 1747. Nous suivons les indications de [*ML-8°*]

1746 — *Second Mémoire sur les ouvrages de Guillaume de Machaut; contenant l'histoire de la prise d'Alexandrie, & des principaux événements de la vie de pierre de Lusignan, roi de Chypre & de Jérusalem; tirée d'un poëme de cet écrivain* – [*ML-4°*] t. XX, pp. 415-39 – [*ML-8°*] t. XXXIV, pp. 174-216 – Cf. Cio – Cf. Saxus, 1775–1803, qui donne la date 1747. – Cf. Herrmann, 1972, p. 582 qui reprend cette même date – Nous suivons les indications de [*ML-8°*]

1748 — *Notice de deux ouvrages satyriques Manuscrits, qui portent le nom de Bible, avec le récit abrégé de la célèbre révolution, arrivée en 1204, dans l'empire Grec, à laquelle l'auteur d'un de ces ouvrages fait allusion* – [*ML-4°*] t. XXI, pp. 191-202 – [*HML*] t. X, pp. 334-53 – Cf. Saxus, 1775–1803 – conférence lue à l'Académie des Inscriptions le 16 janvier 1751 – Cf. Herrmann, 1972, p. 583, qui donne le titre *Examen d'un sentiment de Pasquier sur deux ouvrage satyriques qui portent le nom de Bible*

1748 — *Sur la féerie des anciens, comparée à celle des modernes* – [*ML-4°*] t. XXIII, pp.144-48 – [*HML*] t. XI, pp. 250-57 – Cf. Saxus, 1775–1803 – Cf. Hausmann, 1979: *Histoire de l'Académie*, 23, 1755, pp. 144-49 – Cf. Herrmann, 1972, p. 582

⇒ *Sur la féerie des anciens, comparée à celle des modernes*, in: Leber, C., *Collection des meilleures dissertations, notices et traités particuliers relatifs à l'Histoire de France*, 1838, t. XVIII, pp. 79-85 – LC: donne Paris, 1830

⇒ *Sur la féerie des anciens comparée à celle des modernes*, Paris, Dentu, 1838 – BR: Cl. 8724 18

1748 — *Sur l'origine de l'ancienne chevalerie et des anciens romans* – [*ML-4°*] t. XXIII, pp. 236-43 – [*ML-8°*] t. XXIII, pp. 136-43 – [*HML*] t. XI, pp. 410-23 – Mémoire lu à l'Académie des Inscriptions le 27 novembre 1750 – Cf. Herrmann, 1972, pp. 345 et 583 – Cf. Saxus, 1775–1803 – Cf. Hausmann, 1979: *Histoire de l'Académie*, 23, 1755, pp. 236-43

⇒ *De l'ancienne Chevalerie et des anciens Romans*, in: *Magasin encyclopédique*, Paris, Sajou, 1813, t. I, pp. 311-62 – BNF: Hz. 1564 (extrait du *Magasin encyclopédique*. N° de février 1813) – Bod: Douce C 532 – Cf. Cio: Mag. encycl., février 1813 – Cf. Gr: février 1813 – Cf. Hausmann, 1979

IV. Arts et antiquité

La majorité des mémoires que Caylus présenta à l'Académie des Inscriptions, comme ceux de l'Académie de Peinture, ont trait aux beaux-arts et à l'antiquité étrusque, grecque, latine et égyptienne. C'est grâce à ses nombreuses études sur la peinture et la sculpture modernes, et à ses activités d'archéologue passionné – en porte témoignage à jamais son monumental *Recueil d'antiquités* en 7 vol. in-4 – que Caylus sut acquérir au XVIIIe siècle une réputation européenne d'amateur et connaisseur des arts et de l'antiquité. Ses dissertations sur Pline furent au centre d'une discussion esthétique dont on trouve des traces dans la correspondance de Diderot et Falconet, et jusque chez Goethe et Herder.

Cependant, Caylus ne fut pas que théoricien des arts et de l'antiquité. Dessinateur lui-même et graveur (nous reprenons ici quatorze titres), Caylus souligna dans plusieurs mémoires l'importance de la pratique dans la carrière de l'amateur, et revendiqua ainsi le monopole de la vraie connaissance en matière d'arts face aux encyclopédistes. Il fut, en concordance avec cette importance accordée à la pratique, le protecteur et mécène d'une génération de peintres et sculpteurs, tels Coypel, Trémollières et Bouchardon, et composa seize *Vies* d'artistes des XVIIe et XVIIIe siècles. Outre ces seize *Vies*, nous avons compté cinquante-six études sur l'antiquité ou la technique (histoire, peinture, sculpture et architecture), et

vingt-quatre ouvrages qui relèvent de la critique générale de l'art ou traitent de peinture et de sculpture modernes (de Léonard de Vinci aux salons
du milieu du siècle). Sept mémoires de l'Académie des Inscriptions sont
consacrés à l'ancienne Egypte. Enfin, un projet d'histoire de l'Académie
des Inscriptions et une préface rédigée à cet effet portent le nombre total
des titres recensés au nombre impressionnant de cent dix-sept.

IV.1. Recueils

Sur les recueils de *Mémoires de l'Académie des Inscriptions*, voir la liste
des abréviations utilisées, p. 279.

? — *Recueil de tout ce que j'ai gravé à l'eau-forte et sur bois*, 4 vol. in-folio – BNF:
Cabinet des Estampes – Cf. Clément de Ris, 1877, p. 261 ss. – Ce recueil appartenait à Caylus même, et contient, d'après Clément de Ris, la collection la plus
complète de son œuvre gravée – nous n'avons retrouvé ce recueil dans aucun catalogue – Voir *Dissertation sur le prééminence des Chats* [de Moncrif] – 1727 –
Voir *Etudes prises dans le bas peuple ou les Cris de Paris* – 1737-42 – Voir *Recueil d'estampes d'après les plus beaux tableaux* – 1729-42 – Voir *Recueil de
pierres gravées du Cabinet du Roi* – ? – Voir *Recueil de testes de caractere et de
charges* – 1730

Contenu du recueil d'après Clément de Ris:
➢ des dessins de Guerchin, de la Fage, Bril, Carrache, Rembrandt, Bolo-
  gnèse, Rubens, Van Dyck, Bandinelli, Michel-Ange, Titien
➢ les gravures du cabinet de Crozat
➢ un recueil de gravures d'après des dessins de Watteau intitulé *Suite de figures invcentées par Watteau et gravées par son ami C....*
➢ plusieurs eaux-fortes utilisées comme illustration pour les *Chats* de Moncrif
➢ des têtes grotesques de Léonard de Vinci et de Van Dyck
➢ les médailles du cabinet du roi
➢ des pierres antiques gravées
➢ les cris et métiers de Paris et autres dessins de Bouchardon

IV.2. Titres séparés

? — [ms] *De la peinture sur marbre*, in: *Papiers divers du comte de Caylus* – EBA:
ms 522 ff. 51-54 – Cf. MsP

? — [ms] *De quelques espèces de marbre employées par les anciens*, in: *Papiers divers du comte de Caylus* – EBA: ms 522 ff. 55-68 – Cf. MsP

? — [ms] *Des causes de la petite manière de l'Ecole française*, in: *Papiers divers du comte de Caylus* – EBA: ms 522 ff. 43-50 – Cf. MsP

? — *Desseins* [sic] *originaux de Monumens construits par les Romains et les Gaulois, levés par les ingénieurs des Ponts et Chaussées pour servir aux Antiquitez de France expliquées par M. le comte de Caylus et ensuite donnés au cabinet du Roy par ce savant seigneur*, sd. [postérieur à 1760] – BNF: Estampes – Cf. Jacques Guillerme, 1983, p. 48. Le recueil contient la figure d'une pierre dont la trouvaille est datée du 17 août 1760

? — [ms] *Epître de M. le comte de Caylus à l'Académie* [Royale de Peinture et de Sculpture] *en lui faisant don du portrait de M. Lebrun, peint par Dufrenoy*, 5 p. – EBA: ms 208 – Cf. MsP

? — [ms] *Observations qur quelques parties du costume selon Homère*, in: *Papiers divers du comte de Caylus* – EBA: ms 523 ff. 35-116 – Cf. MsP

? — [ms] *Ostéologie*, in: *Papiers divers du comte de Caylus* – EBA: ms 522 ff. 75-76 – Cf. MsP

? — [ms] *Les passions en peinture*, in: *Papiers divers du comte de Caylus* – EBA: ms 522 ff. 93-94 – Cf. MsP

? — [ms] [Notes rassemblées en vue d'une histoire de l'Académie de Peinture] – EBA: ms 13 – Ce projet d'une histoire de l'Académie de Peinture, qui ne fut jamais mise à terme, contient notamment une notice sur Largillière, rééditée en 1910 – Voir *Préface de l'histoire de l'Académie* – ?

⇒ *Notice sur Largillière*, in: *Vies d'artistes du XVIIIe siècle. Discours sur la peinture et la sculpture. Salons de 1751 et de 1753. Lettre à Lagrenée*, André Fontaine éd., Paris, Renouard, 1910, p. 112-17 – BM: 7856. CC. 41. – TAY: G/F.1112.A.3 – ULB: HBSH 848.5 C 318 – LC: N 6852.C38 – SBA: MAG-H 38092: [1]

? — *Planches gravées par M. de Caylus*, in: *Portefeuille de Bachaumont* – A: ms 4041 ff. 419-22 – Cf. B

? — [ms] *Préface de l'histoire de l'Académie* [royale de Peinture de Sculpture]*, par M. le comte de Caylus* – EBA: ms 15 – Cf. MsP

? — *Recueil de pierres gravées du Cabinet du Roi*, slnd. – BNF: J. 16034 – gravures de Caylus sur dessins d'Edme Bouchardon. L'exemplaire de la BNF fut donné par Caylus à Pierre-Jean Mariette – Cf. André Fontaine, 1910, p. 81

⇒ *Recueil de trois cent têtes et sujets de composition gravés par Mr le comte de Caylus d'après les pierres gravées antiques du Cabinet du roi*, Paris, Basan, sd. – BNF: Dép. des Méd. Σ. 28 et Σ. 28 *bis* – LC: [174-?] – Cf. Uzanne: *Recueil des 300 têtes*. Selon Uzanne, c'est une réimpression du *Recueil de pierres gravées du Cabinet du Roi*

⇒ *Recueil de trois cent têtes et sujets de composition gravés par Mr le comte de Caylus d'après les pierres gravées antiques du Cabinet du roi*, Paris, Basan, [1770] – Cf. Caglioti et Gasparotto, 1997, p.32n61. – LC: NK5510.P2C3: [Paris, Basan, 1775?]

? — [ms] *Sur le cuivre*, in: *Papiers divers du comte de Caylus* – EBA: ms 522 ff. 89-92 – Cf. MsP

? — [ms] *Vie de Philippe de Boyster, sculpteur, par le comte de Caylus*, 18 p. – EBA: ms 72 – Cf. MsP

? — [ms] *Vie de Gérard Edlinck, graveur du roi, et conseiller de l'Académie Royale de Peinture et de Sculpture, par le comte de Caylus* – EBA: ms 80 – Cf. MsP – 3 exemplaires de 18, 12 et 28 p., dont le dernier porte des corrections autographes

? — [ms] *Vie de Thomas Germain, orfèvre du Roi* – BNF: Cabinet des Estampes – exemplaire manuscrit, avec annotations en marge de Pierre-Jean Mariette

⇒ *Vie de Thomas Germain, orfèvre du Roi*, in: *Vies d'artistes du XVIIIe siècle. Discours sur la peinture et la sculpture. Salons de 1751 et de 1753. Lettre à Lagrenée*, André Fontaine éd., Paris, Renouard, 1910, pp. 103-11 – BM: 7856. CC. 41. – TAY: G/F.1112.A.3 – ULB: HBSH 848.5 C 318 – LC: N 6852.C38 – SBA: MAG-H 38092: [1]

? — [ms] *Vie d'Eustache Le Sueur*, 26 p. – EBA: ms 101 – Cf. MsP

? — [ms] *Vie de Jacques Sarazin, sculpteur*, 22 p. – EBA: ms 119 – Cf. MsP

? — [ms] *Vie de Jean-François de Troy, peintre d'histoire*, 16 p. – EBA: ms 11 – Cf. André Fontaine, 1910, p. 23n1. Voir ci-dessous

⇒ *Vie de Jean-François de Troy, peintre d'histoire*, in: *Vies d'artistes du XVIIIe siècle. Discours sur la peinture et la sculpture. Salons de 1751 et de 1753. Lettre à Lagrenée*, André Fontaine éd., Paris, Renouard, 1910, pp. 23-41. – BM: 7856. CC. 41. – TAY: G/F.1112.A.3 – ULB: HBSH 848.5 C 318 – LC: N 6852.C38 – SBA: MAG-H 38092: [1]

1727 — [gravures] *Dissertation sur le prééminence des Chats, dans la société, sur les autres Animaux d'Egipte* [sic] *sur les distinctions et privileges dont ils ont joui personnellement, sur le traitement honorable qu'on leur faisoit pendant leur vie & des monuments et autels qu'on leur dressoit après leur mort avec plusieurs pieces curieuses qui y ont rapport*, Paris, Quillau, 1727 [de Moncrif] – BNF: Y².12433 – Les figures gravées à l'eau-forte sont de Caylus d'après Charles-Antoine Coypel – la collection de la BNF comprend d'autres éditions en 1741 et 1767

1728 — [gravures] *Histoire du théâtre italien*, 1728 [de Luigi Riccoboni] – Les dix-sept planches ont été gravées par Caylus d'après des dessins de Charles-Antoine Coypel – Cf. Fumaroli, 1996, p. 46n21

1729-42 — *Recueil d'estampes d'après les plus beaux tableaux et d'après les plus beaux desseins qui sont en France dans le Cabinet du Roy, dans celuy de Monseigneur le Duc d'Orléans, & dans d'autres Cabinets*, A Paris, de l'Imprimerie royale, 2 parties en 3 tomes, 1729 [- 1742] – BNF: Estampes Aa 57-Aa 59, fol., E007217-… – 182 estampes gravées sur bois, par Caylus et Pierre-Jean Mariette – Uzanne, 1879, p. xvi n3 donne à ce recueil le titre de *Cabinet de Crozat*

1730 — *Recueil de testes de caractere et de charges, dessinées par Leonard de Vinci Florentin & gravées par M. le c[omte] de C[aylus]*, Paris, J. Mariette, rue st. Jacques aux Colonnes d'Hercules[7], 1730, 5 vol. – BNF: V. 10422 – Bod: 3 DELTA 1048 – BM: 562*. b. 18. (1). – BR: LP 9.385 A (RP) – Lu: 1973-OB.4 – préface de Pierre-Jean Mariette – Bod: répertorié sous Vinci, Leonardo da – Cf. Cohen, *Gravures du XVIIIe siècle*, Col. 212 – Cf. Uzanne: *Receuil de textes* [sic] *de caractère et de charge, dessinés par Léonard de Vinci, Florentin, et gravées par M. le C. de C.*, 5 vol. in-4, 1730 – l'exemplaire de la collection Lu est accompagné d'une note manuscrite: "Le Cte de Caylus ne pouvait dire quatre mots sans y mêler un *sacrebleu*: il *sacredisait* toujours disait Mlle de Croqui. On lui fit cette épitaphe: Ci-gît un antiquaire opiniâtre et brusque|sacrebleu! qu'il est bien sous cette cruche étrusque"

1732 — [ms] *Sur les dessins* – Nous n'avons pas pu trouver le manuscrit de cette conférence lue le 7 juin 1732 à l'Académie de Peinture. C'est la conférence inaugurale de Caylus – Cf. Dacier, 1927, p. 25 et Fontaine, 1989, p. 215n.

⇒ *Conférence sur les dessins*, in: *Cabinet de l'Amateur et de l'Antiquaire*, t. IV, p. 400 – Cf. Fontaine, 1910, p. 217 – Cf. Herrmann, 1972, p. 582

⇒ *Sur les desseins*, in: *Revue Universelle des Arts*, Paris, France et Bruxelles, Labroue, 1855-1866, t. 10

---

[7] C'est l'enseigne de la maison natale de Pierre-Jean Mariette, située aux numéros 37-39 de la rue Saint-Jacques. Cf. Clément de Ris, 1877, p. 316.

⇒ *Sur les dessins*, in: *Conférences de l'Académie royale de Peinture* [...], 1883 [de B. Jouin] – BM: 7806. df. 14.

1737-45 — *Etudes prises dans le bas peuple ou les Cris de Paris*, Paris, chez Fessard, 1737-45 – BNF – 60 gravures de Caylus d'après des dessins d'Edme Bouchardon – A la vente aux enchères organisée par le marquis de Lignerac, le légataire universel de Caylus, le volume fut adjugé à un inconnu au prix de 1.235 livres. Cf. Fontaine, 1910, pp. XLI-XLII d'après les *Mémoires* de Wille.

⇒ *Les Cris de Paris. Dix cahiers de six estampes gravées à l'eau-forte d'après le dessins de Mr Bouchardon, sculpteur du Roy*, chez Crépy, rue Saint-Jacques, 1768 – BNF: Estampes Oa 135 c. fol. t. I – Cf. Vincent Milliot, 1995, p. 68n. et 91-92 – les gravures, qui sont de Crépy, ont été copiées sur celles de Caylus, à quelques exceptions près, faites d'après des dessins de Juillet

1739 — [gravures] *Le Préservatif*, 1739 [de Mouhy] – Cf. Lettre de Mme de Graffigny à Devaux, in: *Correspondance de Mme de Graffigny*, English Showalter et alii éds, Oxford, fondation Voltaire, t. I, 1985, lettre 103 [vers le 10 mars jusqu'au 2 avril 1739]: "[l'abbé Desfontaines] fait faire le *Préservatif* par le chevalier de Mouÿ et les estempes par Mr de Quélus" (p. 376). Les éditeurs commentent: "Mme de Graffigny, qui le connaîtra bien à partir de 1742, semble être la première à identifier l'artiste responsable des estampes du *Préservatif*" (note 5, p. 381).

1743 — [gravure] *La Maîtresse d'Ecole* – gravure d'après un tableau de Jean-Baptiste-Marie Pierre (1714-1789) exposé au salon de 1741 sous le n° 126 et conservé au musée d'Art et d'Histoire d'Auxerre (inv. 835.1.5) – Cf. BNF: cabinet des Estampes: *Inventaire du Fonds français*, tome IX, p.37, n°41 – Cf. *Mercure de France*, juillet 1743, p. 1618[8]

1743 — [gravure] *Le Ménage* – gravure d'après un tableau de Jean-Baptiste-Marie Pierre (1714-1789) exposé au salon de 1741 sous le n° 127 et conservé à l'Ermitage à Saint-Petersbourg (inv. 7240) – Cf. BNF: cabinet des Estampes: *Inventaire du Fonds français*, tome IX, pp. 36-37, n°40 – Cf. *Mercure de France*, juillet 1743, p. 1618[8]

1744 — *Mémoire sur les Pierres gravées* – [*ML-4°*] t. XIX, pp. 239-49 – [*ML-8°*] t. XXXI, pp. 1-23 – LC: extrait des *Mémoires de littérature* – Conférence lue le 11 avril 1744 – Cf. Herrmann, 1972, p. 582 – Cf. Saxus, 1775–1803 – Cf. Rocheblave, 1899 – Cf. Fontaine, 1910, p. 215 – Cf. Hausmann, 1979

---

[8] Avec nos remerciements à M. Nicolas Lesur.

1745 — *Eclaircissements sur quelques passages de Pline, qui concernent les arts dépendans du dessein* – [*ML-4°*] t. XIX, pp. 250-86 – [*ML-8°*] t. XXXI, pp. 24-97 – Cf. Cio: XIX (1744-46), pp. 250-86; XXV (1752-54), pp. 149-214 – Cf. Fontaine, 1910, p. 215

1745 — *Numismata aurea imperatorum romanorum e cimelio regis christianissimi*, slnd. [Paris, 1745] – BNF: Rés. J. 1407 et J. 215 – Bod: Douce Prints c.49 – BM: 680. h. 16, 604. i. 2. et 138. e. 13. – BR: VI 54.672 A/R – LC – BNF et LC: slnd. – Bod: [Par. 1745?] – BM et LC: exemplaires sans page de titre – Cf. Co – Cf. Cio: s.l.n.d.

1745 — *Sur le rétablissement des conférences* – S: ms. 1155 – Cf. Champion, 1921, p. 21. – Nous n'avons retrouvé aucune trace de ce mémoire ; il s'agit plus que probablement du mémoire *Sur la nécessité des conférences* lue à l'Académie en 1755 seulement – Cf. Herrmann, 1972, p. 582. – Voir *Sur la nécessité des conférences* – 1755

1746 — [ms] *De l'usage des poèmes par rapport à la peinture*, in: *Papiers divers du comte de Caylus* – EBA: ms 523 ff. 15-34 – AAI: ms C-22 – Cf. MsP – Cf. Herrmann, 1972, pp. 527-28, 541n – Il s'agit de la première partie des *Tableaux tirés de l'Iliade* – Voir *Tableaux tirés de l'Iliade* – 1757

1747 — *De l'amour des beaux Arts, & de l'extrême considération que les Grecs avoient pour ceux, qui les cultivoient avec succès* – [*ML-4°*] t. XXI, pp. 174-90 – [*ML-8°*] t. XXXVI, pp. 284-310 – Cf. Cio: *De l'amour des Beaux-Arts* – Cf. Saxus, 1775–1803 – Cf. Fontaine, 1910, p. 215

1747 — *Réflexions sur la peinture, par M. le comte de Caylus, le 3 juin 1747*, 12 p. – EBA ms 181 – S: ms 1009 – BNF: cabinet des Estampes – Cf. MsP – Cf. Herrmann, 1972, p. 583 – Cf. Fontaine, 1910, p. 130n1. Voir ci-dessous

⇒ *Réflexions sur la peinture*, in: "Le comte de Caylus inédit", Charles Henry éd., *Revue libérale*, 1884, pp. 209-41 et VIII, 1884, pp. 127-42 – Cf. Fontaine, 1910, p. 217 – Fontaine donne érronément 1886

⇒ *Réflexions sur la peinture*, in: *Vies d'artistes du XVIIIe siècle. Discours sur la peinture et la sculpture. Salons de 1751 et de 1753. Lettre à Lagrenée*, André Fontaine éd., Paris, Renouard, 1910, pp. 130-37 – BM: 7856. CC. 41. – TAY: G/F.1112.A.3 – ULB: HBSH 848.5 C 318 – LC: N 6852.C38 – SBA: MAG-H 38092: [1]

1747 — [ms] *Sur la manière et les moyens de l'éviter* – BNF Yb³ 18 in 4° – S ms 1009 – EBA: ms 522-523 tome I. – Cf. Lavezzi, 1996, p. 313n1 Voir ci-dessous – MsP donne la cote ms 522 ff. 77-86 – Le manuscrit de l'Ecole des Beaux-Arts porte le titre *Sur ce qu'on appelle "la manière" en peinture, et les moyens de l'éviter* et fait partie des *Papiers divers du comte de Caylus* , est différent de ceux de la BNF et de la Sorbonne – conférence lue à l'Académie de Peinture le 2 septembre 1747. Cf. Saint Girons, 1990, p. 214 et Lavezzi, 1996, p. 313n1. – Cf. Herrmann, 1972, p. 583

⇒ *Sur la manière et les moyens de l'éviter*, in: *Vies d'artistes du XVIIIe siècle. Discours sur la peinture et la sculpture. Salons de 1751 et de 1753. Lettre à Lagrenée*, André Fontaine éd., Paris, Renouard, 1910, pp. 175-82 – BM: 7856. CC. 41. – TAY: G/F.1112.A.3 – ULB: HBSH 848.5 C 318 – LC: N 6852.C38 – SBA: MAG-H 38092: [1]

⇒ *Sur la manière et les moyens de l'éviter*, Elizabeth Lavezzi éd., in: *La Main*, Orléans, Institut d'arts visuels d'Orléans, 1996, pp. 313-22.

1747 — [ms] *Sur l'harmonie et sur la couleur, par M. le comte de Caylus, 4 novembre 1747*– EBA ms 182 – S – BNF: cabinet des Esrtampes – Cf. MsP – Cf. Herrmann, 1972, p. 583 – Cf. André Fontaine, 1910, p. 138n1. Voir ci-dessous

⇒ *Sur l'harmonie et sur la couleur*, in: *Vies d'artistes du XVIIIe siècle. Discours sur la peinture et la sculpture. Salons de 1751 et de 1753. Lettre à Lagrenée*, André Fontaine éd., Paris, Renouard, 1910, pp. 138-48 – BM: 7856. CC. 41. – TAY: G/F.1112.A.3 – ULB: HBSH 848.5 C 318 – LC: N 6852.C38 – SBA: MAG-H 38092: [1]

⇒ *Sur l'harmonie et sur la couleur*, in: Rocheblave, Samuel, *Essai sur le comte de Caylus*, Paris, Hachette, 1889, pp. 175 ss.

1748 — [ms] *De l'amateur* – BNF: Cabinet des Estampes – EBA: ms 13 – S: ms 1155 [partiel] – Conférence lue le 7 septembre 1748 à l'Académie de Peinture – Cf. Herrmann, 1972, p. 583

⇒ *De l'amateur*, in: *Vies d'artistes du XVIIIe siècle. Discours sur la peinture et la sculpture. Salons de 1751 et de 1753. Lettre à Lagrenée*, André Fontaine éd., Paris, Renouard, 1910, pp. 119-29 – BM: 7856. CC. 41. – TAY: G/F.1112.A.3 – ULB: HBSH 848.5 C 318 – LC: N 6852.C38 – SBA: MAG-H 38092: [1]

1748 — [ms] *Vie de François Lemoine* – Nous n'avons pas pu retrouver ce mémoire qui a été lu à l'Académie de Peinture le 6 juillet 1748. Cf. André Fontaine, 1910, p. 42n1. Voir ci-dessous

⇒ *Vies des premiers peintres du roi, depuis Lebrun jusqu'à présent*, Paris, Durand, 1752 – BNF: Ln[10]. 80 – Cf. Cio: par Desportes, C[aylus], Coypel et Wattelet – Cf. Uzanne: "Les Vies de Coypel, de Mignard et de Lemoyne ont été écrites par Caylus"

⇒ *Mémoires inédits sur la vie et les ouvrages des Membres de l'Académie Royale de Peinture et de Sculpture*, Paris, Dumoulin, 1854 [de L. E. Dussieux] – BM: 10662. h. 24 – Cf. Cio – Cf. Uzanne, 1879:xxii – Ce recueil contient de Caylus les *Vies* de Michel Anguier, de Bouchardon, de Lemoyne, de Mignard, de Thomas Regnaudin, de Trémollières, de Van Clève et de Watteau

⇒ *Vie de François Lemoine*, in: *Vies d'artistes du XVIIIe siècle. Discours sur la peinture et la sculpture. Salons de 1751 et de 1753. Lettre à Lagrenée*, André Fontaine éd., Paris, Renouard, 1910, pp. 42-66 – BM: 7856. CC. 41. – TAY: G/F.1112.A.3 – ULB: HBSH 848.5 C 318 – LC: N 6852.C38 – SBA: MAG-H 38092: [1]

1748 — [ms] *Vie de Pierre-Charles Trémollière, par M. le comte de Caylus*, 16 p. – EBA: ms 122 – Cf. MsP – cette biographie fut lue à l'Académie de Peinture le 6 juillet 1748. Cf. André Fontaine, 1910, p. 42n1. Voir ci-dessous

⇒ *Mémoires inédits sur la vie et les ouvrages des Membres de l'Académie Royale de Peinture et de Sculpture*, Paris, Dumoulin, 1854 [de L. E. Dussieux] – BM: 10662. h. 24 – Cf. Cio – Cf. Uzanne, 1879, p. xxii – Ce recueil contient de Caylus les *Vies* de Michel Anguier, de Bouchardon, de Lemoyne, de Mignard, de Thomas Regnaudin, de Trémollières, de Van Clève et de Watteau

⇒ *Vie de Pierre Trémollière*, in: *Vies d'artistes du XVIIIe siècle. Discours sur la peinture et la sculpture. Salons de 1751 et de 1753. Lettre à Lagrenée*, André Fontaine éd., Paris, Renouard, 1910, pp. 67-75 – BM: 7856. CC. 41. – TAY: G/F.1112.A.3 – ULB: HBSH 848.5 C 318 – LC: N 6852.C38 – SBA: MAG-H 38092: [1]

1748 — [ms] *Vie d'Antoine Watteau* – S: ms. 1152 – C'est une copie de la main du secrétaire de Caylus, relue et corrigée par le comte. Charles Henry (voir ci-dessous) la prend erronément pour un autographe. Cependant, on trouve, dans le même paquet, un brouillon autographe qui a servi de minute au secrétaire responsable du premier manuscrit. Cf. Champion, 1921, p. 21. – Le mémoire sur Watteau a été prononcé à l'Académie de Peinture le 23 février 1748.

⇒ *Mémoires inédits sur la vie et les ouvrages des Membres de l'Académie Royale de Peinture et de Sculpture*, Paris, Dumoulin, 1854 [de L. E. Dussieux] – BM: 10662. h. 24 – Cf. Cio – Cf. Uzanne, 1879, p. xxii – Ce recueil contient de Caylus les *Vies* de Michel Anguier, de Bouchardon, de Lemoyne, de Mignard, de Thomas Regnaudin, de Trémollières, de Van Clève et de Watteau

⇒ *Watteau*, in: *Portraits intimes du XVIIIe siècle*, Deuxième série, Paris, 1858 [d'Edmond et Jules de Goncourt] – Cf. Fontaine, 1910, p. 217 – Cet ouvrage a connu de nombreuses éditions que nous ne reprenons pas ici.

⇒ *Vie de Watteau*, in: "Le comte de Caylus inédit", Charles Henry éd., *Revue libérale*, 1884, pp. 209-41 et VIII, 1884, pp. 127-42.– Cf. Fontaine, 1910, p. 217 – Fontaine donne érronément 1886

⇒ *La Vie de Antoine Watteau, par le comte de Caylus, publié pour la premiere fois d'apres l'autographe par M. Charles Henry*, Paris, Dentu, 1887 – BNF: Microfiche 4-Z-2872 (2)

⇒ *Vie d'Antoine Watteau*, in: *Vies d'artistes du XVIIIe siècle. Discours sur la peinture et la sculpture. Salons de 1751 et de 1753. Lettre à Lagrenée*, André Fontaine éd., Paris, Renouard, 1910, pp. 1-22 – BM: 7856. CC. 41. – TAY: G/F.1112.A.3 – ULB: HBSH 848.5 C 318 – LC: N 6852.C38 – SBA: MAG-H 38092: [1]

⇒ *Vie d'Antoine Watteau*, André Mabille de Poncheville éd., Bruxelles, Van Oest, 1921 – BR: R 3145 6 – SBA: C 37221:[14] – KUL: BIBC 4 A 19818/* et 3A6953

⇒ *La Vie d'Antoine Watteau, peintre de figures et de paysages, sujets galants et modernes*, in: Pierre Champion, *Notes critiques sur les Vies anciennes d'Antoine Watteau*, Paris, Champion, 1921, pp. 75-114 – SBA: H 46264

⇒ *Vies anciennes de Watteau*, Pierre Rosenberg éd., Paris, Hermann, 1984

1749 — *De l'architecture ancienne* – [*ML-4°*] t. XXIII, pp. 286-319 – [*ML-8°*] t. XXXVIII, pp. 477-533 – Cf. Cio – Cf. Fontaine 1910, p. 216 – Cf. Saxus, 1775–1803 – conférence lue le 7 janvier 1749 – Cf. Herrmann, 1972, p. 583: *Mémoire sur l'architecture des anciens*

1749 — *Des Vases, dont les Anciens faisoient usage dans les Festins* – [*ML-4°*] t. XXIII, pp. 342-68 – [*ML-8°*] t. XXXIX, pp. 39-85 – Cf. Cio – Cf. Fontaine 1910, p. 216 – Cf. Saxus, 1775–1803

1749 — *De la perspective des Anciens* – [*ML-4°*] t. XXIII, pp. 320-41 – [*ML-8°*] t. XXXIX, pp. 1-39 – Cf. Cio – Cf. Saxus, 1775–1803 – Cf. Fontaine 1910, p. 216 – mémoire lu le 12 août 1749 – Cf. Herrmann, 1972, p. 583: *Mémoire sur la perspective des anciens*

1749 — [ms] *Vies de Michel Anguier, recteur de l'Académie royale de Peinture et de Sculpture, et de Thomas Regnaudin, adjoint à recteur, sculpteurs, par le comte de Caylus*, 89 p. – EBA: ms 61 – Cf. MsP – ce manuscrit porte en marge la date 3 mai 1749

⇒ *Mémoires inédits sur la vie et les ouvrages des Membres de l'Académie Royale de Peinture et de Sculpture*, Paris, Dumoulin, 1854 [de L. E. Dussieux] – BM: 10662. h. 24 – Cf. Cio – Cf. Uzanne, 1879, p. xxii – Ce recueil contient de Caylus les *Vies* de Michel Anguier, de Bouchardon, de Lemoyne, de Mignard, de Thomas Regnaudin, de Trémollières, de Van Clève et de Watteau

1749-1751 — *Coniecture sur ce qu'on appeloit Galère subtile du temps de Charles IX* – [*ML-4°*] t. XXIII, pp. 290-91 – [*HML*] t. XI, pp. 503-05 – Cf. Saxus, 1775–

1803

1750 — *Beaux-Arts*, in : *Mercure de France*, octobre 1750, pp. 158-69 – Genève, Slatkine reprints, 1970, t. LIX

1750 — [ms] *De la Composition*, in: *Papiers divers du comte de Caylus* – EBA: ms 522 ff. 21-42 – BNF: Cabinet des Estampes – Cf. MsP – EBA: ms 191 contient une *Réponse au discours de M. le comte de Caylus sur la composition, prononcée à l'Académie Royale de Peinture, le 5ᵉ du mois de décembre 1750* – Cf. Fontaine, 1910, p. 160n1. – mémoire lu à l'Académie de Peinture le 5 septembre 1750 – Cf. Herrmann, 1972, p. 528

⇒ *Conférence sur la composition*, in: *L'œuvre d'art*, E. Müntz éd., nov. 1897 – Cf. Fontaine, 1910, p. 217

⇒ *De la Composition*, in: *Vies d'artistes du XVIIIe siècle. Discours sur la peinture et la sculpture. Salons de 1751 et de 1753. Lettre à Lagrenée*, André Fontaine éd., Paris, Renouard, 1910, pp. 160-74 – BM: 7856. CC. 41. – TAY: G/F.1112.A.3 – ULB: HBSH 848.5 C 318 – LC: N 6852.C38 – SBA: MAG-H 38092: [1]

1750 — [ms] *Discours sur la vie de M. Girardon, écrite par Monsieur le comte de Caylus, et lue à l'Académie* [royale de Peinture et de Sculpture] *le 2 mai 1750*, 4 p. – EBA: ms 87 – Cf. MsP

1750 — *Des Embaumemens des Egyptiens* – [*ML-4°*] t. XXIII, pp. 119-39 – [*HML*] t. XI, pp. 206-42 – Cf. Saxus, 1775–1803 – Cf. Fontaine 1910, p. 216 – mémoire lu le 24 avril 1750 – Cf. Herrmann, 1972, p. 583: *Mémoire sur les embaumemens des Egyptiens*

1750 — *Exposition* [des ouvrages de l'Académie royale de Peinture], in: *Mercure de France*, 1750 – BNF: Estampes Yb. 281. c (44) – Cf. Co: sur le salon de 1750 – Cf. Fontaine, 1989, p. 250. – Voir également le même titre, 1751 et 1753

1750 — [ms] *Vie de Gérard Van Obstal, sculpteur, par M. le comte de Caylus*, 5 p. – EBA: ms 111 – Cf. MsP

1750 — [ms] *Vie de Corneille Van Clève, sculpteur, par le même*, 26 p. – EBA: ms 111 – Cf. MsP

⇒ *Memoires sur Van Cleve donnés par Le Gros*, manuscrit autographe non daté, accompagné de notes sans doute destinées à Caylus – Lu: 2001-A.632 et 632a[9]

---

[9] Avec nos remerciements à M. Stijn Alsteens.

⇒ *Mémoires inédits sur la vie et les ouvrages des Membres de l'Académie Royale de Peinture et de Sculpture*, Paris, Dumoulin, 1854 [de L. E. Dussieux] – BM: 10662. h. 24 – Cf. Cio – Cf. Uzanne, 1879, p. xxii – Ce recueil contient de Caylus les *Vies* de Michel Anguier, de Bouchardon, de Lemoyne, de Mignard, de Thomas Regnaudin, de Trémollières, de Van Clève et de Watteau

1751 — *Du théâtre de C. Scribonius Curion* – [*ML-4°*] t. XXIII, pp. 369-93 – [*ML-8°*] t. XXXIX, pp. 86-128 – Cf. Cio – Cf. Fontaine, 1910, p. 216 – mémoire lu le 20 août 1751 – Cf. Herrmann, 1972, p. 583: *Mémoire sur le théâtre de Curion*

1751 — *Explication de trois antiques de cabinet* – Conférence lue le 16 février 1751 – Cf. Herrmann, 1972, p. 583 – Nous n'avons pas pu retrouver le ms de cette conférence, que Herrmann est seul à mentionner

1751 — *Exposition des ouvrages de l'Académie royale de Peinture, faite dans une des sales* [sic] *du Louvre le 25 août 1751*, in: *Mei ͺ ıre de France*, octobre 1751 – BNF: V. 24491 et Estampes Yb. 281. c (50) (extrait du *Mercure* d'octobre 1751) – Cf. Co – Cf. Fontaine, 1989, pp. 275-76 – Voir également le même titre, 1750 et 1753

⇒ *Salons de 1751 et 1753*, in: *Vies d'artistes du dix-huitième siècle. Discours sur la peinture et la sculpture. Salons de 1751 et 1753. Lettre à Lagrenée*, André Fontaine éd., Paris, Leurens, 1910, pp. 196-204 – BM: 7856. cc. 41. – TAY: G/F.1112.A.3 – ULB: HBSH 848.5 C 318 – LC: N 6852.C38 – SBA: MAG-H 38092: [1] – Cf. G

1751 — *Sur les Armes de Cuivre découvertes à Gensac* – [*ML-4°*] t. XXV, pp. 109-23 – [*HML*] t. XII, pp. 183-207 – Cf. Saxus, 1775–1803 – Cf. Fontaine, 1910, p. 216

1751 — [ms] *Vie de François Perrier* – BNF: Estampes Ya. 14 j – Conférence lue à l'Académie de Peinture le 8 mai 1751 – Cf. Laran, 1913, p. 187 – EBA: ms 13 contient un brouillon autographe de Caylus, et EBA: ms 114 contient: *Réponse à Monsieur le comte de Caylus sur la vie de feu M. Perrier, peintre, prononcé à l'Académie Royale de Peinture, le 8 mai 1751*. Cf. Laran, 1913, pp. 188-89. Voir ci-dessous.

⇒ *Une Vie inédite de Fr. Perrier, par le comte de Caylus et Mariette*, Jean Laran éd., in: *Archives de l'Art français*, VII, 1913, pp. 186-200 – KUL: BIBC Y. 5141 – Cf. Cio 16295

1752 — *Explication des antiques du cabinet de M. de Caylus* – Cf. Herrmann, 1972, p. 583 – Nous n'avons pas pu retrouver le ms de cette conférence, que Herrmann est seul à mentionner

1752 — *Mémoire sur la découverte d'un temple souterrain* – Conférence lue le 1 février 1752 – Cf. Herrmann, 1972, p. 583 – Nous n'avons pas pu retrouver le ms de cette conférence, que Herrmann est seul à mentionner

1752 — *Vies des premiers peintres du roi, depuis Lebrun jusqu'à présent*, Paris, Durand, 1752 – BNF: Ln10. 80 – Cf. Cio: par Desportes, C[aylus], Coypel et Wattelet – Cf. Fontaine, 1910, p. 216 – Cf. Uzanne, 1879, p. xxii: "Les Vies de Coypel, de Mignard et de Lemoyne ont été écrites par Caylus"

⇒ *Mémoires inédits sur la vie et les ouvrages des Membres de l'Académie Royale de Peinture et de Sculpture*, Paris, Dumoulin, 1854 [de L. E. Dussieux] – BM: 10662. h. 24 – Cf. Cio – Cf. Uzanne, 1879, p. xxii – Ce recueil contient de Caylus les *Vies* de Michel Anguier, de Bouchardon, de Lemoyne, de Mignard, de Thomas Regnaudin, de Trémollières, de Van Clève et de Watteau

1752-53 — *Réflexions sur quelques chapitres du XXXVe livre de Pline. Première partie. [Seconde partie][Réflexions sur quelques chapitres du Pline. Troisième partie. Du caractère & de la manière des Peintres Grecs]* – [*ML-4°*] t. XXV, pp. 149-214 – [*ML-8°*] t. XLII, pp. 246-358 – Cf. Saxus, 1775–1803 Cf. Fontaine, 1910, p. 216 – les deux premières parties ont été lues à l'Académie des Inscriptions respectivement le 21 novembre 1752, le 7 décembre 1752; nous n'avons pas pu retrouver la date précise de la conférence consacrée à la troisième partie – Cf. Herrmann, 1972, p. 583, qui mentionne le titre *Ecalircissements sur quelques chapitres...* pour les deux premières parties et *Mémoire sur les peintres grecs* pour la troisième partie – Fontaine et Herrmann font dater de 1753 la troisième partie

1752-67 — *Recueil d'antiquités égyptiennes, étrusques, grecques [et] romaines [et gauloises]*, Paris, Tilliard, 1752–1767 – A: 4 H. 74151-7 – BNF: J. 4172-78 et Rés. J. 1307-13 – Bod: Douce C 642-648 et EE 53-59 Art. – Ash: A.iii.207k – BM: 673. g. 3., 143. c. 1. et G. 2628-34 – LC: D78.C3 1752; D78.C5 1761 (incomplet) – SBA: K 8370 – Cf. Co: 4 en 7 v. – Cf. Cio – BNF: Paris, Dessaint [sic] et Saillant, 1752-1767 – Ash: vols 3-7 s'intitulent *Recueil d'antiquités égyptiennes, étrusques, grecques, romaines et gauloises*; vol. 7: sous-titré *Supplément*; vol. 2: chez Duschesne; vol. 4-7: chez N.M. Tilliard –: LC: Desaint et Saillant – Cf. Fontaine, 1910, p. 215: Desaint et Saillant – Voir ci-dessous – D'après Clément de Ris, 1877, p. 277, certaines gravures sont de Bouchardon – Le septième volume, qui est posthume, est un supplément de 90 planches extrait des manuscrits de Caylus par Bombarde – Herrmann mentionne un rapport de l'examen du premier volume du *Recueil* dans l'Académie des Inscriptions, le 11 août 1752 – le second volume fut présenté à l'Académie le 8 juin 1753 – Cf. Herrmann, 1972, p. 583

⇒ *Recueil d'antiquités égyptiennes, étrusques, grecques et romaines. Nouvelle édition*, Paris, chez Desaint et Saillant, 1761 – LC – Cf. Uzanne: "Le premier volume a été réimprimé, en 1761, chez Dessaint et Saillant" – uniquement le premier tome

⇒ [gravure] *Plan de la montagne de Gergovia et des environs, extrait des plans de Mr le Comte de Caylus*, in: *Collection d'Anville*, slnd [1765] – BNF: Estampes Ge DD 2987 (1352), BNF, C.Pl., Sc 89/394 – Extrait du *Recueil d'antiquités*, 1752-67, tome V – Jean-Baptiste Bourguignon d'Anville est l'auteur d'un ouvrage en latin consacré à la géographie de l'Asie mineure: *Asiae quae vulgo Minor dicitur, et Syriae tabula geographica*, Paris, 1764, dans lequel il inclut une carte gravée par le comte de Caylus. Cf. catalogue de Christ Church, Oxford: Arch. Inf. D.1.17(32)

1753 — *De la Sculpture & des Sculpteurs anciens, selon Pline* – [*ML-4°*] t. XXV, pp. 302-34 – [*ML-8°*] t. XLII, pp. 512-67 – Cf. Cio – Cf. Saxus, 1775–1803 – Cf. Fontaine, 1910, p. 216 – conférence lue le 1 juin 1753 – Cf. Herrmann, 1972, p. 583: *Mémoire sur la sculpture et les anciens sculpteurs*

1753 — *Dissertation sur le tombeau de Mausole* – [*ML-4°*] t. XXVI, pp. 321-34 – [*ML-8°*] t. XLIV, pp. 301-25 – Cf. Cio – Cf. Saxus, 1775–1803 – Cf. Fontaine, 1910, p. 216 – Cf. Herrmann, 1972, p. 584: *Mémoire sur le tombeau de Mausole*

1753 — *Exposition des ouvrages de l'Académie royale de Peinture, faite dans une des sales* [sic] *du Louvre le 25 août 1753*, in: *Mercure de France*, 1753 – BNF: Estampes Yb. 281. d (54) – Cf. Fontaine, 1989, pp. 275-76 – Voir également le même titre, 1750 et 1751

⇒ *Salons de 1751 et 1753*, in: *Vies d'artistes du dix-huitième siècle. Discours sur la peinture et la sculpture. Salons de 1751 et 1753. Lettre à Lagrenée*, André Fontaine éd., Paris, Leurens, 1910, pp. 205-09 – BM: 7856. cc. 41. – TAY: G/F.1112.A.3 – ULB: HBSH 848.5 C 318 – LC: N 6852.C38 – SBA: MAG-H 38092: [1] – Cf Cio – Cf. G

1753 — *Réflexions sur les Chapitres du XXXIV. Livre de Pline, dans lesquels il fait mention des Ouvrages de Bronze* – [*ML-4°*] t. XXV, pp. 335-67 – [*ML-8°*] t. XLIII, pp. 1-25 – Cf. Cio: donne erronément pp. 335-64 – Cf. Saxus, 1775–1803 – Cf. Fontaine, 1910, p. 216 – Herrmann, 1972 ne mentionne pas ce mémoire qu'il confond peut-être avec celui consacré au XXXVe livre de Pline. Voir ci-dessus

1753 — *Réflexions sur les Chapitres du XXXIV. Livre de Pline, dans lesquels il fait mention des Ouvrages de Bronze. Seconde partie* – [*ML-8°*] t. XLIII, pp. 26-57 – Contrairement à la première partie, celle-ci ne figure pas en tant que telle dans [*ML-4°*] – Cf. Fontaine, 1910, p. 216 – Herrmann, 1972 ne mentionne pas ce mémoire qu'il confond peut-être avec celui consacré au XXXVe livre de Pline. Voir ci-dessus

1754 — *Mémoire sur le papyrus* – Mémoire lu à l'Académie des Inscriptions le 14 mai 1754 – Cf. Herrmann, 1972, p. 584 – Nous n'avons pas pu retrouver le ms de cette conférence

⇒ *Dissertation sur le papyrus, par M. le comte de Caylus*, Paris, 1758 – BNF: S. 2408: sl., 1758 – LC: Typ715 58.265 – Cf. Saxus, 1775–1803,: "quae sigillatim quoque edita est Parisiis, 1758" – Cf. Godenne, 1969, p. 252 n4: *Dissertation sur le papyrus par M. le comte de Caylus*, sl., 1758 – Cf. Uzanne – Cf. Fontaine, 1910, p. 215

1755 — [ms] *Sur la nécessité des conférences* – S: ms. 1155 – mémoire lu à l'Académie le 7 juin 1755 – Cf. Herrmann, 1972, p. 582.

1755 — [ms] *De la légèreté de l'outil* – Nous n'avons pas retrouvé le manuscrit de cette étude, lue à l'Académie de Peinture le 4 octobre 1755 – Cf. Saint Girons, 1990, p. 205 – Cf. Fontaine, 1910, p. 149n1. Voir ci-dessous

⇒ *Sur la légèreté de l'outil*, in: *Mercure de France*, septembre 1756 – Cf. André Fontaine, 1910, pp. 149n1 et 216.

⇒ *De la légèreté de l'outil*, in: *Vies d'artistes du XVIIIe siècle. Discours sur la peinture et la sculpture. Salons de 1751 et de 1753. Lettre à Lagrenée*, André Fontaine éd., Paris, Renouard, 1910, pp. 149-59 – BM: 7856. CC. 41. – TAY: G/F.1112.A.3 – ULB: HBSH 848.5 C 318 – LC: N 6852.C38 – SBA: MAG-H 38092: [1]

⇒ *De la légèreté d'outil*, René Démoris éd., in: *La Main*, Orléans, Institut d'arts visuels d'Orléans, 1996, pp. 262-69.

1755 — *Mémoire sur la peinture à l'encaustique et sur la peinture à la cire, par M. le comte de Caylus .... Et M. Majault*, à Genève; et se vend à Paris, chez Pissot, 1755 – BNF: V. 24898 et Rés. Z. Fontanieu. 341 (6) – BM: 1103. b. 20. (4). – LC: ND2480.C2 – Lu: 2001-OB.4 – Cf. Cio – Cf. Godenne, 1969, p. 252 n4 – Cf. Saxus, 1775–1803 – Cf. Fontaine, 1910, p. 215 – Cf. Uzanne: "En collaboration avec Majaut. Le comte de Caylus avait lu ce mémoire, en novembre 1754, à l'Académie des inscriptions et belles-lettres. Grimm, dans sa *Correspondance littéraire* à la date du 15 novembre de cette même année, parle longuement du procédé encore secret du comte de Caylus." Uzanne donne le titre *Mémoire sur la peinture à l'encaustique*. – BM: en collaboration avec Michel Joseph Majault – l'exemplaire de la collection Lu porte une note manuscrite "corrigé sur le manuscrit original qui est dans la bibliothèque de l'abbaye de St Germain des prés" et plusieurs corrections vraisemblablement autographes[10]

---

[10] Avec nos remerciements à M. Stijn Alsteens.

⇒ [*ML-4°*] t. XXVII, pp. 179-211 – [*ML-8°*] t. XLVIII, pp. 1-55 – Cf. Saxus, 1775–1803 – Cf. Fontaine, 1910, p. 216: Fontaine donne erronément t. XXVIII

⇒ *Mémoire sur la peinture à l'encaustique et sur la peinture à la cire, par M. le comte de Caylus .... Et M. Majault*, Genève, veuve Tilliard, 1780 – LC: ND2480.C3

⇒ *Mémoire sur la peinture à l'encaustique et sur la peinture à la cire*, Genève, Minkoff, 1972 – BNF: 8-V-76205 – Ash: 918.7 Cay (U.L.) – LC: ND2480.C3 1972 – Fac-similé de l'ed. de Genève, Paris, Pissot, 1755 – Ash: réimpr. de l'éd. de Genève, 1775 [sic]

⇒ *Mémoire sur la peinture à l'encaustique et sur la peinture à la cire*, Puteaux, EREC, 1999 – Fac-similé de l'éd. de Genève, Paris, Pissot, 1755

1755 — [ms] *L'une des trois manières de peindre en encaustique*, in: *Papiers divers du comte de Caylus* – EBA: ms 522 ff. 95-102 – Cf. MsP – Conférence lue à l'Académie des Inscriptions le 29 juillet 1755 – Cf. Herrmann, 1972, p. 584 – Voir *Mémoire sur la peinture à l'encaustique* – 1755

1755 — *Mémoire sur les Princes qui ont cultivé les Arts* – [*ML-4°*] t. XXIX, pp. 160-65 – [*HML*] t. XIV, pp. 284-93 – Cf. Saxus, 1775–1803 – lu à l'Académie des Inscriptions le 18 février 1755 et le 12 février 1760 – Cf. Herrmann, 1972, p. 584

1755 — *Mémoire sur une médaille d'or de Probus* – Conférence lue à l'Académie des Inscriptions le 1 juillet 1755 – Cf. Herrmann, 1972, p. 584 – Nous n'avons pas pu retrouver le s de cette conférence, que Herrmann est seul à mentionner

1755 — *Nouveaux sujets de peinture et de sculpture*, Paris, Duchêne, 1755 – BNF: V. 34169, Rés. V. 2907 et Rés. Z. Fontanieu. 340 (18) – Bod: HOA Main Coll M2CAY – LC – Cf. Cio – Cf. Uzanne – Cf. Fontaine, 1910, p. 215

1755 — *Sur deux antiquités trouvées dans des pierres de nature différente* – [*ML-4°*] t. XXVII, pp. 174-76 – [*HML*] t. XIII, pp. 305-09 – Cf. Cio – Cf. Saxus, 1775–1803

1755 — *Sur la gravure* – Conférence lue à l'Académie de Peinture le 2 août 1755, aujourd'hui perdue – Cf. Fontaine, 1989, p. 250.

1756 — [ms] *L'Avantage des vertus de société* – S: ms. 1155, fol. 76-81 – conférence lue le 8 mai 1756 à l'Académie royale de Peinture et de Sculpture

⇒ *De l'Avantage des vertus de société*, Elisabeth Lavezzi éd., in: le présent volume, pp. 137 ss.

1756 — *Des boucliers d'Achille, d'Hercule & d'Enée, suivant les descriptions d'Homére, d'Hésiode & de Virgile* – [*ML-4°*] t. XXVII, pp. 21-33 – [*HML*] t. XIII, pp. 31-54 – Cf. Saxus, 1775–1803 – Cf. Herrmann, 1972, p. 584: Herrmann mentionne séparément un *Mémoire sur les bouliers d'Achille* lu à l'Académie des Inscriptions le 23 mars 1756 et un *Mémoire sur les boucliers d'Homère et de Virgile* lu le 27 avril 1756

1756 — *Sur deux Camées dont l'un représente les têtes de Germanicus et d'Agrippine, & l'autre celle de Caius* – [*ML-4°*] t. XXVII, pp. 167-71 – [*HML*] t. XIII, pp. 292-99 – Cf. Saxus, 1775–1803

1756 — *Réflexions sommaires sur les connoissances physiques des Anciens* – [*ML-4°*] t. XXVII, pp. 58-64 – [*HML*] t. XIII, pp. 97-108 – Cf. Saxus, 1775–1803

1757 — *Description de deux tableaux de Polygnote, donnée par Pausanias* – [*ML-4°*] t. XXVII, pp. 34-55 – [*HML*] t. XIII, pp. 54-92 – Cf. Saxus, 1775–1803 – mémoire lu à l'Académie des Inscriptions le 19 avril 1757 – Cf. Herrmann, 1972, p. 584: *Mémoire sur deux tableuax de Polygnote*

1757 — *Description d'un tableau représentant le sacrifice d'Iphigénie, peint par M. Carle-Vanlo*, in: *Journal encyclopédique*, tome VI, seconde partie, septembre 1757, pp. 78-88 – KUL: BIBC Z2019/*

⇒ *Description d'un tableau représentant le sacrifice d'Iphigénie, peint par M. Carle-Vanlo*, Paris, Duchesne, 1757 – BM: 1103. a. 13. (6.) – LC: N2 180.M4 – Cf. Cio – Cf. B – Cf. Uzanne – Cf. Fontaine, 1910, p. 215

⇒ *Description d'un tableau représentant le sacrifice d'Iphigénie peint par M. Carle-Vanlo (par le Cte A.-C.-P. de Caylus)*, Paris, Duchesne, 1777 – BNF: Vp. 19345

⇒ *Description d'un tableau représentant le sacrifice d'Iphigénie, peint par M. Carle-Vanlo*, in: *Journal encyclopédique*, Genève, Slatkine reprints, 1967

1757 — *Histoire de Joseph, accompagnée de dix figures rélatives aux principaux événemens de la vie de ce fils du patriarche Jacob, et gravées sur les modèles du fameux Rembrandt*, Amsterdam (Paris), Jean Neaulme, 1757, in-folio – BM: 6.f.4. – TAY: VET.FR. II.C.141 – BR: V.H. 241 – LC: NE650.C35 A4 1757 – Cf. Uzanne: *accompagnée de 16 gravures d'après Rembrandt, par le comte de Caylus* – Cf. TAY: 10 leaves of plates – les dix dessins composant l'*Histoire de Joseph*, qui étaient à l'époque attribués à Rembrandt, sont en réalité de son élève Van Eeckhout.

1757 — *Mémoire sur l'ancienneté des Egyptiens* – Conférence lue à l'Académie des Inscriptions le 17 mai 1757 – Cf. Herrmann, 1972, p. 584 – Nous n'avons pas pu retrouver le ms de cette conférence, que Herrmann est seul à mentionner

1757 — *Mémoire sur la table isiaque* – Conférence lue à l'Académie des Inscriptions le 25 septembre 1757 – Cf. Herrmann, 1972, p. 584 – Nous n'avons pas pu retrouver le ms de cette conférence, que Herrmann est seul à mentionner

1757 — *Mémoire sur quelques tableaux des anciens* – Conférence lue à l'Académie des Inscriptions le 22 mars 1757 – Cf. Herrmann, 1972, p. 584 – Nous n'avons pas pu retrouver le ms de cette conférence, que Herrmann est seul à mentionner

1757 — *Sur les Historiens en général, & sur Diodore de Sicile en particulier* – [*ML-4°*] t. XXVII, pp. 55-58 – [*HML*] t. XIII, pp. 92-97 – Cf. Saxus, 1775–1803 – conférence lue à l'Académie des Inscriptions le 7 juillet 1757 – Cf. Herrmann, 1972, p. 584: *Mémoire sur les anciens historiens*

⇒ *Sur les Historiens en général, & sur Diodore de Sicile en particulier*, publication électronique accessible sur le site internet de l'université de Florence; Guido Albattista éd. – www.unifi.it/ riviste/ cromohs/ bibliot/ erudit/ aibl/ caylus.html

1757 — *Sur un chemin des Romains* – [*ML-4°*] t. XXVII, pp. 136-45 – [*HML*] t. XIII, pp. 235-51 – Cf. Saxus, 1775–1803 – conférence lue à l'Académie des Inscriptions le 11 mars 1757 – Cf. Herrmann, 1972, p. 584: *Mémoire sur une chaussée romaine*

1757 — *Tableaux tirés de l'Iliade, de l'Odyssée d'Homère et de l'Enéide de Virgile avec des observations générales sur le costume*, Paris, Tilliard, 1757 – BNF: Yb.1356 – BM: 57. d. 19. – Bod: HOA Main Coll M2CAY – BR: V.H. 9226 A – LC: PA 4027 Z3C3 et Microfilm N 18 (négatif de l'exemplaire BNF) – Cf. Cio – Cf. Fontaine, 1910, p. 215 – Cf. Herrmann, 1972, p. 584, qui mentionne le don d'un volume à l'Académie des Inscriptions le 17 février 1756 – Voir *De l'usage des poèmes par rapport à la peinture* – 1746

⇒ *Tableaux tirés de l'Iliade, de l'Odyssée d'Homère et de l'Enéide de Virgile avec des observations générales sur le costume*, Paris, Leurens, 1910 – SBA: MAG-H 5517

⇒ *Tableaux tirés de l'Iliade, de l'Odyssée d'Homère et de l'Enéide de Virgile avec des observations générales sur le costume*, publication électronique de l'édition première de 1757, accessible sur le site internet de l'Université de Grenoble III – www.u-grenoble3.fr/stendhal/homerica/troie/caylus/

1757-60 — *Recueil des peintures antiques imitées fidèlement pour les couleurs et pour le trait, d'après les dessins coloriés faits par Pietro Sante Bartoli (Explication par Mariette et le comte A.-C.-P. de Caylus)*, Paris, 1757-1760 – BNF: Rés. J. 477 – LC: ND120.B2 –Cf. Cio: texte de C[aylus] et Mariette – LC: *Recueil de peintures antiques* [...], Paris, 1757 – Ce recueil splendide et remarquable par la qualité des gravures, ne fut imprimé qu'à trente exemplaires. Cf. Le Beau, cité par Clément de Ris, 1877, p. 275

⇒ *Choix de peintures antiques empruntées de l'ouvrage du comte de Caylus ... et accompagnées d'explications par M. Auguste de Rode*, Weimar, au bureau d'industrie, 1805 – BNF: J. 5364 et J. 258 – Cf. Q: ne contient que les trois premiers cahiers de l'ouvrage. Cf. Uzanne

⇒ [*ML-4°*] t. XXVI, pp. 267-320 – [*ML-8°*] t. XLIV, pp. 201-300 – BM: B. 14. (4.): fragment – Cf. Cio: donne erronément t. XXV – Cf. Saxus, 1775–1803

1758 — *Histoire d'Hercule le Thébain, tirée de différents auteurs, à laquelle on a joint la description des tableaux qu'elle peut fournir, par l'auteur des -Tableaux tirés d'Homère et de Virgile-*, Paris, Tilliard, 1758 – BNF: J. 24781 et V. 24905 – Cf. Cio – Cf. Uzanne – cf. Fontaine, 1910, p. 215 – présenté à l'Académie des Inscriptions le 24 juillet 1758 – Cf. Herrmann, 1972, p. 584 – Voir Tableaux tirés de l'*Iliade*, de l'Odyssée d'Homère et de l'Enéide de Virgile – 1757

1758 — *Mémoire sur l'Isis égyptienne* – Mémoire lu à l'Académie des Inscriptions le 17 janvier 1758 – Cf. Herrmann, 1972, p. 584 – Nous n'avons pas pu retrouver le ms de cette conférence, que Herrmann est seul à mentionner

1758 — *Mémoire sur la proportion des anciens vaisseaux* – Mémoire lu à l'Académie des Inscriptions le 7 juillet 1758 – Cf. Herrmann, 1972, p. 585 – Nous n'avons pas pu retrouver le ms de cette conférence, que Herrmann est seul à mentionner

1758 — *Mémoire sur les qualités nécessaires à un antiquaire* – Mémoire lu à l'Académie des Inscriptions le 4 juillet 1758 – Cf. Herrmann, 1972, p. 584 – Nous n'avons pas pu retrouver le ms de cette conférence, que Herrmann est seul à mentionner – il s'agit peut-être du mémoire *De l'Amateur*, que Herrmann mentionne pourtant séparément – Voir *De l'Amateur* – 1748

1758 — *Sur les ruines de Persépolis* – [*ML-4°*] t. XXIX, pp. 118-48 – [*HML*] t. XIV, pp. 207-62 – Cf. Saxus, 1775–1803 – Cf. Fontaine, 1910, p. 216 – mémoire lu à l'Académie des Inscriptions le 2 mai 1758 – Cf. Herrmann, 1972, p. 584: *Mémoires sur Doutes sur l'ancienne Persépolis*

1758 — *Sur les statues d'hermaphrodite* – conférence lue à l'Académie de Peinture le 27 août 1758, perdue aujourd'hui – Cf. Saint-Girons, 1990, p. 255. – lu le 27 octobre 1758 d'après Herrmann, 1972, p. 585: *Mémoire sur diverses statues d'hermaphrodites*

1758 — *Sur un Moyen d'incorporer la Couleur dans le Marbre & de fixer le trait* – [*ML-4°*] t. XXIX, pp. 166-76 – [*HML*] t. XIV, pp. 294-312 – Cf. Saxus, 1775–

1803 – conférence lue à l'Académie des Inscriptions le 24 avril 1759 – Cf. Fontaine, 1910, p. 216 – Cf. Herrmann, 1972, p. 585: *Mémoire sur la peinture sur le marbre*

1759 — [ms] *De l'étude de la tête en particulier*, in: *Papiers divers du comte de Caylus* – EBA: ms 522 ff. 69-74 – conférence lue à l'Académie de Peinture le 6 octobre 1759, sous le titre de *Sur l'étude des têtes*. Cf. Saint Girons, 1990, p. 216. – Cf. MsP

1759 — *Mémoire sur la Diane d'Ephèse & sur son temple* – [*ML-4°*] t. XXX, pp. 428-41 – [*ML-8°*] t. LIII, pp. 62-86 – Cf. Saxus, 1775–1803 – Cf. Fontaine 1910, p. 216 – conférence lue à l'Académie des Inscriptions le 7 juillet 1759 – Cf. Herrmann, 1972, p. 585: *Mémoire sur le temple de la Diane d'Ephèse*

1759 — *Mémoire sur la Vénus d'Apelles, dite Anadyomene* – [*ML-4°*] t. XXX, pp. 442-56 – [*ML-8°*] t. LIII, pp. 87-111 – Cf. Saxus, 1775–1803 – Cf. Fontaine 1910, p. 216 – conférence lue à l'Académie des Inscriptions le 14 août 1759 – Cf. Herrmann, 1972, p. 585: *Mémoire sur Conjextures sur la Vénus Anadyomene*

1759 — [ms] *Réflexions sur la sculpture* – EBA: ms 13 – Etude lue le 3 février 1759 à l'Académie de Peinture. Cf. Fontaine, 1910, p. 183n1. Voir ci-dessous – Cf. Herrmann, 1972, p. 585

⇒ *Parallèle de la peinture et de la sculpture*, in: *Mercure de France*, avril 1759, p. 174 – Cf. Saint Girons, 1990, p. 205. – Cf. *Correspondance inédite du comte de Caylus avec le P. Paciaudi*, Charles Nisard éd., Paris, Imprimerie nationale, 1877, t. I, p. 52.

⇒ *Parallèle de la peinture et de la sculpture, par le comte de Caylus*, in: *Magasin encyclopédique*, mai 1814, t. III, p. 88, Paris, imprimerie de J.-B. Sajou, 1814 – BNF: Vp. 19808 – Cf. Cio – Cf. Fontaine, 1910, p. 216

⇒ *Parallèle de la peinture et de la sculpture*, in: *Vies d'artistes du XVIIIe siècle. Discours sur la peinture et la sculpture. Salons de 1751 et de 1753. Lettre à Lagrenée*, André Fontaine éd., Paris, Renouard, 1910, pp. 183-94 – BM: 7856. CC. 41. – TAY: G/F.1112.A.3 – ULB: HBSH 848.5 C 318 – LC: N 6852.C38 – SBA: MAG-H 38092: [1]

1760 — *Examen d'un Passage de Pline, dans lequel il est question de la Pierre Obsidienne* – [*ML-4°*] t. XXX, pp. 457-502 – [*ML-8°*] t. LIII, pp. 112-93 – LC: extrait des *Mémoires de littérature* "Read 25 april, 1760" – Cf. Saxus, 1775–1803 – Cf. Fontaine, 1910, p. 216 – Cf. Herrmann, 1972, p. 585: *Mémoire sur un passage de Pline...*

1760 — *Sur le Tableau de Cébés, sur l'autre de Coryce & sur les Tableaux de Philostrate* – [*ML-4°*] t. XXIX, pp. 149-60 – [*HML*] t. XIV, pp. 263-83 – Cf. Saxus,

1775–1803 – Cf. Fontaine, 1910, p. 216 – mémoire lu à l'Académie des Inscriptions le 2 septembre 1760 – Cf. Herrmann, 1972, p. 585: *Examen des Tableaux par Lebes* [sic] *et Philostrate*

1761 — *Sur la porcelaine de l'ancienne Egypte* – [*ML-4°*] t. XXXI, pp. 48-50 – Cf. Saxus, 1775–1803

1762 — *De la Gravure des Anciens* – [*ML-4°*] t. XXXII, pp. 746-86 – Cf. Saxus, 1775–1803 – Cf. Fontaine, 1910, p. 216 – mémoire lu à l'Académie des Inscriptions le 6 juin 1762 – Cf. Herrmann, 1972, p. 585: *Mémoire sur les gravures des anciens*

⇒ [ms] *De la Gravure des Anciens*, in: *Papiers divers du comte de Caylus* – EBA: ms 522 ff. 5-20 – Cf. MsP

1762 — *Dissertation sur plusieurs tours (turres) par un étranger* – Mémoire lu à l'Académie des Inscriptions le 26 novembre 1762 – Cf. Herrmann, 1972, p. 585 – Nous n'avons pas pu retrouver le ms de cette conférence, que Herrmann est seul à mentionner

1762 — *Mémoire sur quelques passages d'Hérodote au sujet de la chapelle de Saïs* – Mémoire lu à l'Académie des Inscriptions le 3 décembre 1762 – Cf. Herrmann, 1972, p. 585 – Nous n'avons pas pu retrouver le ms de cette conférence, que Herrmann est seul à mentionner

1762 — *Sur deux Edifices d'une seule Pierre, transportés sur le Nil des carrières de l'Egypte l'un à Sais, l'autre à Butos* – [*ML-4°*] t. XXXI, pp. 23-40 – Cf. Saxus, 1775–1803 – Cf. Fontaine, 1910, p. 216

1762 — *Vie d'Edme Bouchardon, sculpteur du Roi*, Paris, 1762 – BNF: Ln27. 2515 – BM: 10662. aaa. 15. – LC – BR: V.H. 22.38 / A – Cf. Cio – Cf. Fontaine, 1910, p. 215 – Cf. Uzanne: *Vie d'Edme Bouchardon, sculpteur du Roy (par de Caylus)* – BM: donne erronément "Edine Bouchardon" – ce mémoire a été lu à l'Académie de Peinture le 4 septembre 1762

⇒ *Mémoires inédits sur la vie et les ouvrages des Membres de l'Académie Royale de Peinture et de Sculpture*, Paris, Dumoulin, 1854 – BM: 10662. h. 24 – Cf. Cio – Cf. Uzanne, 1879, p. xxii – Ce recueil contient de Caylus les *Vies* de Michel Anguier, de Bouchardon, de Lemoyne, de Mignard, de Thomas Regnaudin, de Trémollières, de Van Clève et de Watteau

⇒ *Vie d'Edme Bouchardon*, in: *Vies d'artistes du XVIIIe siècle. Discours sur la peinture et la sculpture. Salons de 1751 et de 1753. Lettre à Lagrenée*, André Fontaine éd., Paris, Renouard, 1910, p. 76-102 – BM: 7856. CC. 41. – TAY: G/F.1112.A.3 – ULB: HBSH 848.5 C 318 – LC: N 6852.C38 – SBA: MAG-H 38092: [1]

⇒ *Vie d'Edme Bouchardon, sculpteur du Roi. Vie de Carle Vanloo*, Genève, Minkoff, 1973 – BNF: 8-Ln10-389 – TAY: REP.F.11026 – LC: NB553.B58C39 1973 – TAY: reproduction en fac-similé des éditions de 1762 (Bouchardon) et 1765 (Vanloo)

1763 — *Sur le bûcher d'Ephestion et sur le char, qui porta le Corps d'Alexandre* – [*ML-4°*] t. XXXI, pp. 76-98 – Cf. Saxus, 1775–1803 – Cf. Fontaine, 1910, p. 216 – mémoire lu à l'Académie des Inscriptions le 15 mars 1763 – Cf. Herrmann, 1972, p. 585: *Mémoire sur le bûcher d'Ephestion et sur le char d'Alexandre*

1763 — *Comparaison de quelques anciens Monumens des diverses parties de l'Asie* – [*ML-4°*] t. XXXI, pp. 41-47 – Cf. Saxus, 1775–1803 – Cf. Fontaine, 1910, p. 216 – mémoire lu à l'Académie des Inscriptions le 29 juillet 1763 – Cf. Herrmann, 1972, p. 585: *Mémoire sur observations sur divers monuments de différents pays*

1764 — *De l'habillement des Divinités & de leurs Lotions* – [*ML-4°*] t. XXXIV, pp. 35-39 – Cf. Saxus, 1775–1803 – Cf. Fontaine, 1910, p. 216 – mémoire lu à l'Académie des Inscriptions le 10 janvier 1764 – Cf. Herrmann, 1972, p. 586: *Mémoire sur les motions* [sic] *et les habillements des divinités payennes*

1764 — *Mémoire sur le tombeau de Porsenna* – Mémoire lu à l'Académie des Inscriptions le 24 février 1764 – Cf. Herrmann, 1972, p. 586 – Nous n'avons pas pu retrouver le ms de cette conférence, que Herrmann est seul à mentionner

1764-65 — *Observations sur une Minerve de marbre de plusieurs couleurs* – [*ML-4°*] t. XXXIV, pp. 39-42 – Cf. Saxus, 1775–1803 – Cf. Fontaine, 1910, p. 216

1765 — *Vie de Carle Vanloo*, Paris, 1765 – Nous n'avons pas retrouvé ce texte qui a servi de base à l'édition fac-similé ci-dessous

⇒ *Vie d'Edme Bouchardon, sculpteur du Roi. Vie de Carle Vanloo*, Genève, Minkoff, 1973 – BNF: 8-Ln10-389 – TAY: REP.F.11026 – LC: NB553.B58C39 1973 – TAY: reproduction en fac-similé des éditions de 1762 (Bouchardon) et 1765 (Vanloo)

V. Correspondance, mémoires, voyages

La correspondance du comte de Caylus « est dans l'ensemble perdue, les fragments publiés sont peu sûrs à l'heureuse exception près des *Lettres à Paciaudi*, admirablement éditées par Charles Nisard (1878, 2 volumes) » (Fumaroli, 1997, p. 610). Nous avons pu retrouver quelques fragments de correspondance, notamment grâce à M. Stijn Alsteens, assistant conservateur de la fondation Custodia auprès de l'Institut Néerlandais à Paris. Les journaux des différents voyages qu'entreprit le comte de Caylus, ont été conservés.

? — [ms] [Lettre autographe, sans date, à monsieur Berger] – Lu: ms 7713[11]

? — [ms] [Lettre autographe, sans date, à un inconnu] – Lu: ms 1979-A.422[11]

? — [ms] [Lettre autographe à l'abbé Conti à Venise, sans date] – Lu: 1992-A.410[11]

1714-15 — [ms] *Voyage d'Italie, par le comte de Caylus* – BML: Cod. Laur. Ashburnh. 1578 – Cf. Pons, 1914, p. LVIIIn4. Voir ci-dessous – Herrmann, 1972, p. 42 donne Cod. Laur. Ashburnh. 1578 (1501) t. II-69-1

> ⇒ *Journal du voyage d'Italie. 1714-1715, première édition du code autographe, annotée et précédée d'un essai sur le comte de Caylus par Amilda-A. Pons*, Paris, Fischbacher, 1914 – BM: 10130. E. 38. – LC (bibliothèque municipale de New York): 42081 A – KUL: BIBC 3A15109 – Cf. Cio: *Comte de Caylus. Voyage d'Italie 1714-1745* […]

1716-17 — [ms] *Voyage à Constantinople* – BNF: Ms Fr. 4996 – Cf. Fumaroli, 1996, p. 46n23.

> ⇒ *Voyage à Constantinople, par le comte de Caylus*, Paul-Emile Schazmann éd., in: *Gazette des Beaux-Arts*, 1929, pp. 111-26, 273-92 et 309-22 – Cf. Cio: Schatzmann [sic]

> ⇒ *Voyage à Constantinople*, Paul-Emile Schazmann éd., in: *Gazette des Beaux-Arts*, année XIX, vol. 897 (mai-juin 1938), pp. 273-92; année XX, vol. 899 (septembre 1938), pp. 111-26; année XX, vol. 902 (décembre 1938), pp. 309-22 – Cf. Hausmann, 1979 – Cf. Cio: *Le Voyage à Constantinople, par le comte de Caylus*, Gaz. B. Arts, mai 1938, pp. 273-93, 309-22

1733 — [Lettre à Voltaire du 16 juin 1733] – Lettre sur *Le temple du goût* de Voltaire, dont l'édition première contient quelques vers sur Caylus. Dans cette lettre, Caylus demande à Voltaire de vouloir enlever le passage en question qu'il juge trop flatteur et menaçant à la vie retirée qu'il mène. Voltaire lui a envoyé une réponse (Best. 412, [vers le 25 juin 1733]) où il exprime son étonnement et la promesse de lui "obéir exactement". Voltaire a enlevé le passage des éditions subséquentes. Cf. in: *Correspondance de Voltaire*, (Theodore Besterman, éd)., Paris, Bibliothèque de la Pléaide, t. I

---

[11] Avec nos remerciements à M. Stijn Alsteens.

346 – K. PEETERS

1745 — [ms] [Lettre autographe, du 3 décembre 1745, à destinataire inconnu, accompagnant une lettre perdue de Maurepas, sans doute à un membre de l'Académie de Peinture et de Sculpture] – Lu: ms 7573[12]

1752 — [ms] [Lettre à Lagrenée du 12 janvier 1752] – BNF: Cabinet des Estampes

⇒ *Lettre à Lagrenée*, in: *Vies d'artistes du dix-huitième siècle. Discours sur la peinture et la sculpture. Salons de 1751 et 1753. Lettre à Lagrenée*, André Fontaine éd., Paris, Leurens, 1910, pp. 210-14 – BM: 7856. Cc. 41. – TAY: G/F.1112.A.3 – ULB: HBSH 848.5 C 318 – LC: N 6852.C38 – SBA: MAG-H 38092: [1] – Cf. G

1757 — [Lettre autographe, du 15 mai 1757], in: *Facéties du comte de Caylus avec une notice bio-bibliographique par O. Uzanne*, Paris, A. Quantin, 1879, p. [XLIX] – BNF: 8° Y². 53120 – LC: POURQUOI1961.C4A7 – BM: 12517. K. 9. – fac-similé reproduit en tant qu'illustration

1757-65 — [ms] *Lettres du comte de Caylus* – A: ms 7189 – Cf. M – c'est la copie qui a servi à l'édition de Charles Nisard – Voir *Correspondance inédite du comte de Caylus avec le père Paciaudi* –1877

1761 — [ms] [Lettre autographe à un inconnu, du 3 janvier 1761] – Lu: ms 8673[12]

1761 — [ms] [Lettre autographe de Caylus à Du Tillot à Parme, datée du 28 décembre 1761] – Lu: ms 1979-A.543[12]

1802 — *Lettres inédites de Henri IV et de plusieurs personnages célèbres, tels que Fléchier, La Rochefoucauld, Voltaire, le comte de Caylus, Anquetil-Duperron, etc. Ouvrage dans lequel se trouvent éclaircis plusieurs points d'histoire très curieux* [de A. Sérieys], Paris, Tardieu, an X [1802] – Cf. Cio 16309 – Sérieys est l'auteur de mémoires apocryphes de Caylus – Voir ci-dessous *Les souvenirs de M. le comte de Caylus* – 1805

1802 — *Lettres de Paciaudi au comte de Caylus, avec un appendice, des notes et un essai sur la Vie de cet antiquaire italien*, par A. Sérieys, Paris, Tardieu, 1802 – Cf. Uzanne – Sérieys a également écrit des mémoires apocryphes de Caylus – Voir *Les souvenirs de M. le comte de Caylus* – 1805 – Voir *Correspondance inédite du comte de Caylus avec le père Paciaudi* – 1877

1805 — *Les souvenirs de M. le comte de Caylus, de l'Académie des inscriptions et belles-lettres, imprimés sur ses originaux inédits, pour faire suite aux souvenirs de Mme de Caylus sa mère, avec des lettres également inédites de cette comtesse*

---

[12] Avec nos remerciements à M. Stijn Alsteens.

à son fils, précédés d'une notice historique sur la vie et les ouvrages de cet aca-démicien, Paris, chez Hubert et Cie, an XIII [1805], in-8 [de A. Sérieys] – BNF: Lb38.31 – BR: L661 – KUL: BIBC A53367 – LC: PQ1961.C4 1805 – Cf. Cio: apocryphe – Cf. Mi: "une supercherie de libraire à laquelle personne n'a été pris" – Cf. Uzanne: "Supercherie évidente de Sérieys, qui doit rester suspecte aux bibliographes. C'est une compilation mal faite, dont le titre est abusif, et qui est très dépourvue d'intérêt." – Cf. Gr: ne mentionne pas le nom de Sérieys – Ouvrage apocryphe de Sérieys, qui avait déjà édité le *Voyage en Italie: imprimé sur les lettres originales écrites au comte de Caylus* de Jean-Jacques Barthélémy, Paris, Buisson, 1802 [1801 d'après TAY: VET.FR.III.B.2272]

⇒ *Les souvenirs de M. le comte de Caylus, de l'Académie des inscriptions et belles-lettres, imprimés sur ses originaux inédits, pour faire suite aux souvenirs de Mme de Caylus sa mère, avec des lettres également inédites de cette comtesse à son fils, précédés d'une notice historique sur la vie et les ouvrages de cet académicien*, Paris, Hubert, an XIII [1805] – BNF: Lb38.31A – BNF: 2 tomes en 1 vol. In-12

1814 — *Lettre inédite du comte de Caylus à l'abbé Barthélémy*, in: *Magasin encyclopédique*, 1814, t. V, p. 31 – Cf. Fontaine, 1910, pp. 216-17

1816 — *Extrait d'une lettre du comte de Caylus à l'abbé Barthélémy*, in: *Mercure de France*, LXVII, 1816, p. 170 – KUL: BIBC Z81/* – Cf. Cio 16310

1857 — *Voyages aux Pays-Bas et en Angleterre*, in: *Le trésor de la curiosité* [de Charles Blanc], 1857, t. CXX-CXXV – Cf. Hausmann, 1979 – nous n'avons pas pu trouver le ms.

1860 — *Lettres du comte de Caylus*, in: *Cabinet historique*, VI, 1860, pp. 61-69 et 259-64 – Cf. Cio 16311

1874 — *Suite de Mémoires et réflexions du comte de Caylus*, in: *Mémoires et réflexions du Comte de Caylus, imprimés pour la première fois sur le manuscrit autographe, suivis de l'Histoire de M. Guillaume, cocher, réimprimée sur l'édition originale, sans date*, Paris, Rouquette, 1874 – BNF: Lb38. 1614 – TAY: 156.B.19 – BM: 10663. A. 26. – LC: 848 - C3850 A3 – Cf. Cio – Cf. Gr – Cf. Uzanne – Cf. Fontaine, 1910, p. 217 – Cf. Godenne, 1969, p. 251 n3: donne erronément 1879

1875 — *Lettre du comte de Caylus à l'abbé Conti*, Benjamin Fillon éd., in: *Nouvelles Archives de l'Art français*, 1860, pp. 314-15 – Cf. Cio 16312

1877 — *Correspondance inédite du comte de Caylus avec le père Paciaudi, théatin (1757-1765), suivie de celle de l'abbé Barthélémy et de P. Mariette avec le même, publiées par M. Charles Nisard, de l'Institut*. Imprimées, par autorisation du gouvernement, à l'Imprimerie nationale, 2 vol. gr. in-8, Paris, Firmin Didot,

1877 – A – BNF: 8° J. 191 et Z. Renan. 2579 – Bod: 210 j.648, 649 – TAY: 141.D.26, 27 – BM: 10909. K. 5. – LC: PQ1961.C4A85 – UCL: BMAG: 3 A 15392 – Cf. Cio – Cf. Gr – Cf. Fontaine, 1910, p. 217 – Cf. Uzanne: "Cette correspondance a été copiée sur l'original, à la Bibliothèque de Parme; elle comprend 148 lettres du comte de Caylus, qui traitent toutes d'archéologie, d'art et quelque peu de littérature." La copie de Charles Nisard fut donnée l'Arsenal. – Voir *Lettres du comte de Caylus* – 1757-65 – Voir *Lettres de Paciaudi au comte de Caylus* – 1802

1919 — *Trois lettres de membres de l'ancienne Académie des Inscriptions*, Adrien Blanchet éd., Paris, 1919, in-8 – Cf. Cio 16314

VI. Traductions et adaptations

L'œuvre de Caylus a fait l'objet de plusieurs traductions. Nous avons compté, outre une traduction russe d'*Histoire de Guilleaume*, sept traductions de recueils de contes en anglais ou en allemand, et quatre recueils d'œuvres consacrées aux arts et aux antiquités traduites en allemand. Une seule adaptation moderne est à signaler.

1745 — *Oriental tales, collected from an Arabian manuscript, in the library of the King of France*, Londres, T. Trye, 1745 – Bod: 80 N 60 Art. – BM: 634. D. 29. – LC: Case Y 1565.C 297 – Bod: sans sous-titre, 2 vols – Traduction des *Contes orientaux* – 1743

⇒ *Oriental tales*, in: *Tales of the East*, Henry Weber éd., Edinbourg, 1812, vol. 2, pp. 599-690 – BM: 87. F. 6.

⇒ *Chinese tales, or, the marvellous adventures of the mandarin Fum-Hoam tr. from the Fr. of T.S. Gueulette. Oriental tales*, tr. from the Fr. Of the comte de Caylus, Thomas Stackhouse trad., London, 1817 – Bod: Fic. 2755 f.55

1766-67 — *Sammlung von ägyptischen, hetrurischen, griechischen und römischen Altertümern*, Wolfgang Winterschmidt trad., Nürnberg, 1766-67 – LC – université d'Heidelberg – cf. Hausmann, 1979 – Traduction du *Recueil d'antiquités* – 1752-67

1768 — *Neue Feen- und Geistermärchen*, 1768 – Traduction des *Féeries nouvelles* – 1741

1768-69 — *Des Herrn Grafen von Caylus Abhandlungen zur Geschichte und zur Kunst. Aus dem Französischen übersetst von J.G. Meusel. Nebst ein Vorrede von Herrn Klotz*, Altenburg, in des Richterischen Buchhandlung, 1768–1769, 2 tomes – Bibliothèque Wessenberg, Constance, Allemagne. – LC: 4N 572 – [Mémoires de M. le comte de Caylus sur l'histoire et sur l'art. traduits du français par J.G. Meusel. Avec une préface de M. Klotz] – Cf. Hausmann, 1979, pp. 191-92. – LC: *Abhandlungen zur Geschichte und zur Kunst* – Contient 36 des Mémoires de l'Académie des Inscriptions et belles-lettres, dont notamment *Ueber die Zaubergeschichte der Alten im Vergleich mit dostoïevskien Zaubergeschichten der Neuern* [*Sur la féerie des anciens, comparée à celle des modernes*, 1749-1751]

1785 — *Histoire de Guillaume*, [traduction en russe], Poviesti Vilþgelþma, 1785 – LC: PQ1961.C4A737

1805 — *Auswahl antiker Gemaelde; mit Erläuterungen begleitet von August Rode*, Weimar, au bureau d'industrie, 1805 – LC – [Choix de Tableaux antiques; accompagnés d'explications par Auguste Rode] – Traduction de *Choix de peintures antiques empruntées de l'ouvrage du comte de Caylus ... et accompagnées d'explications par M. Auguste de Rode*, Weimar, au bureau d'industrie, 1805 – Voir *Recueil des peintures antiques*, 1757-60.

1858 — *Four and Twenty Fairy Tales* [de J. R. Planché], 1858 – BM: 12431. D. 27. – Contient trois contes des *Féeries nouvelles* (1741), à savoir: *Bleuette and Coquelicot* [*Bleuette & Coquelicot*], *Princess Minute and King Floridor* [*La princesse Minutie et le roi Floridor*] et *The Impossible enchantment* [*L'Enchantement impossible*]

1918 — *Kutscher Wilhelm. Rokokoschwänke aus der Umwelt des Stalles*, Karl Toth (éd.), Zurich, Amalthea, 1918, 79 p. – Franz von Bayros ill. – BM: Cup. 363. Ee. 19. – LC (bibliothèque municipale de New York): 307854B – BM donne [1919] – Traduction de *Histoire de Guillaume* – 1737?

⇒ *Kutscher Wilhelm. Rokokoschwänke aus der Umwelt des Stalles*, Torino, 1947, in-8 de 64 p. – cf. catalogue internet www.bibliofind.com, consulté le 9 avril 2001.

1925 — *Tausend und ein Tag. Orientalische Erzählungen*, Paul Ernst éd., Paul Greve trad., Leipzig, Insel, 1925 – traduction des *Mille et un jours* contenant plusieurs contes tirés des *Contes orientaux* – 1743

1926 — *Das Leben des Antoine Watteau*, W. Schurmeyer éd., Frankurt, Frankfurter Kunstgewerbe-Bibliothek, 1926 – traduction de *La Vie d'Antoine Watteau* – 1748

1927 — *XVIII Century French Romances*, Londres, Chapman & Hall Ltd., 1927, vol. 9 – Bod: Fic.27524 d.35 – BM: 012511. Bb. 5/9. – LC: Ay Su87c 1927 Stark Lib'y

Contient une traduction de *Histoire de Guilleaume* (1737?) et plusieurs nouvelles des *Etrennes de la Saint-Jean* (1738):
- ➢ *The coachman's story and other tales; translated by Eric Sutton, With an introduction by George Saintsbury*
- ➢ *Love's ordeal in the four elements* [*Les Epreuves d'amour dans les quatre éléments*], pp. [67]-90
- ➢ *The gallant and tragic story of a young lady who slipped to win a husband in the month of december 1742* [*Relation galante et funeste de l'histoire d'une demoiselle qui a glissé, pour être épousée, l'hiver du mois de décembre 1742*], pp. [91]-99
- ➢ *The memoirs of the magistrate Guillerin* [intitulée *Les Mémoires du président Guillerin*], pp. [101]-09
- ➢ *The loser wins* [*fragment*] [*Qui perd gagne*], pp. [111]-16
- ➢ *A 'Persian letter' from a Parisian to a Turkish friend* [*Lettre persanne d'un monsieur de Paris, à un gentilhomme turc de ses amis*], pp. [117]-21
- ➢ *The Turk's reply to the 'Persian letter' from Paris* [*Réponse pour le gentilhomme turc, à la lettre persanne de Paris*], pp. [123]-26
- ➢ *The Way things happen* [*Comme les Choses arrivent*], pp. 127-29
- ➢ *The true story of a gentleman's supper party to two ladies whom he desired to marry* [*Histoire véritable d'un gentilhomme qui donna à souper à deux dames qu'il vouloit épouser*], pp. [131]-34
- ➢ *A dog-fight which broke off an engagement* [*Bataille des chiens dont un mariage est devenu rompu*], pp. [135]-38
- ➢ *Two birds with one stone* [*D'une pierre deux coups*], pp. [139]-41
- ➢ *Dialogue in the form of questions and answers about marriage* [*Dialogue en forme de questions sur le mariage*], pp. [143]-47

Ce volume contient en outre une pièce de théâtre incluse dans *Les Ecosseuses* (1738), à savoir:
- ➢ *The water-carrier; or the seamstress' lovestory* [*Histoire du Porteur d'iau, ou les Amours de la Ravaudeuse*], pp. 149-79

1977 — *Heart of Ice*, New York, Pantheon, 1977 [de Benjamin Apple, d'après Caylus] – LC: PZ8.A677He

Liste alphabétique des titres recensés

Titre (repris sans articles ou particules)	Section et date
Abhandlungen zur Geschichte und zur Kunst	V. *Des Herrn Grafen v. Caylus*
Acajou et Zirphile [de Duclos]	I – 1744
Ages, ou la Fée du Loreau (Les)	II – 1739
Amant déguisé (L')	II – ?
Amante aimable (L')	II – ?
Amants généreux (Les)	II – ?
Amateur (De l')	IV – 1748
Amour des beaux Arts (De l')	IV – 1747
Amusemens des Fées (Les)	II – Recueils – 1748
Ancienneté des Egyptiens (Sur l')	IV – 1757
Aphranor et Bellanire	V. *Pot-pourri*
Appareilleuse (L')	II – 1739
Architecture ancienne (De l')	IV – 1749
Armes de Cuivre découvertes à Gensac (Sur les)	IV – 1751
Auswahl antiker Gemaelde	VI – 1805
Avantage de l'esprit (L')	V. *Avantages de l'esprit*
Avantage des vertus de société (De l')	IV – 1756
Avantages de l'esprit (Les)	II – 1737
Aventures des Bals de Bois (Les)	V. *Quelques avantures ...*
Bal de l'Opéra (Le)	II – ?
Ballet des porcelaines ou le prince Pot-à-Thé (Le)	II – 1739
Bals de Bois (Les)	V. *Quelques avantures ...*
Beaux-Arts [article dans le *Mercure de France*]	IV – 1750
	V. *Amour des beaux arts (De l'*
Bellinette	V. *Loup galleux ...*
Bergers (Les) [canevas]	II – ?
Bleuette and Coquelicot	V. *Four and Twenty ...*
Bonnes fortunes	I – 1895
*Bordel, ou le Jean F *** puni (Le)*	II – 1732
Boucliers d'Achille, d'Hercule & d'Enée (Des)	IV – 1756
Bûcher d'Ephestion (Sur le)	IV – 1763
Cadichon ou tout vient à point qui peut attendre	V. *Tout vient à point qui ...*
Caloandre fidèle (Le)	I – 1740
Causes de la petite manière...(Des)	IV – ?
	V. *ce qu'on appelle"la manière"*
Cazzo-potta-machie (La)	I – 1756
Ce qu'on appelle"la manière" en peinture (Sur)	IV – 1747
	V. *Causes de la petite manière...*
Char, qui porta le Corps d'Alexandre (Sur le)	V. *Bûcher d'Ephestion et ...*
Chaussée romaine (Sur une)	V. *Chemin des Romains*
Chats (Les) [de Moncrif]	V. *Dissertation sur ...*
Chauve-Souris de sentiment (La)	II – ?

Titre (repris sans articles ou particules)	Section et date
Chemin des Romains (Sur un)	IV – 1757
Chinese Tales [de Gueulette]	V. Oriental Tales
Choix de bronzes de la collection de Caylus	V. Trésors du cabinet ...
Choix de peintures antiques [d'Auguste de Rode]...	V. Recueil des peintures ...
Cinq contes de fées	I – 1745
Coachman's story and other tales (The)	V. XVIII Century French...
Collection d'Anville (La)	V. Plan de la montagne ...
Comédie bourgeoise (La)	II – 1731
Comédie impromptu (La)	II – 1739
Comédies inédites du comte de Caylus et autres... .	II – Recueils – ?
Comparaison de quelques anciens Monumens...	IV – 1763
Composition (De la)	IV – 1750
Conférence sur la composition	V. Composition (De la)
Conférence sur les dessins	V. Dessins (Sur les)
Confessions du comte de *** (Les) [de Duclos]	I – 1741
Confiant ou le Fat (Le)	II – 1741
Confidences réciproques (Les)	I – 1747
Confident intéressé (Le)	II – 1740
Confident ou le Fat (Le)	V. Confiant ou le Fat
Coniecture sur ce qu'on appeloit Galère subtile... .	IV – 1749-1751
Conjectures sur la Vénus Anadyomene	V. Mémoire sur la Vénus ...
Contes chinois [de Gueulette]	V. Oriental Tales
Contes et facéties	I – Recueils – 1885
Contes orientaux	I – 1743
Corbeille (La)	V. Histoire de la Corbeille
Cornichon et Toupète	I – 1752
Correspondance	V. Correspondance inédite ...
	V. Lettre à Lagrenée
	V. Lettre à Voltaire
	V. Lettre du comte de Caylus...
	V. Lettre inédite du comte ...
Correspondance inédite du comte de Caylus...	V – 1877
Corsaire de Passy (La Politesse ou le)	V. Histoire et recueil des lazzis
Cris de Paris (Les)	V. Etudes prises ...
Cuivre (Sur le)	IV – ?
	V. Armes de cuivre... (Sur les)
Découverte d'un temple souterrain (Sur la)	IV – 1752
Défi amoureux (Le)	V. Voluptueux hors de combat
Dépôt (Le)	II – 1742
Description d'un tableau représentant le sacrifice d'Iphigénie	IV – 1757
Description de deux tableaux de Polygnote...	IV – 1757
Des Herrn Grafen von Caylus Abhandlungen...	VI – 1768-69
Dessins (Sur les)	IV – 1732
Dessins originaux de Monumens	IV – ?
Deux Anglais (Les)	I – 1718

Titre (repris sans articles ou particules)	Section et date
Deux antiquités trouvées dans des pierres… (Sur)	IV – 1755
Deux Camées… (Sur)	IV – 1756
Deux Edifices d'une seule Pierre (Sur)	IV – 1762
Deux tableaux de Polygnote (Sur)	V. *Description de deux …*
Dialogue in the form of questions and answers…	V. *XVIII Century French…*
Diane d'Ephèse & sur son temple (Sur la)	IV – 1759
Dieux ridiculisés ou les noces de Vénus (Les)	V. *Amusemens des Fées*
Discours sur la peinture et la sculpture	IV – 1910
Discours sur la vie de M. Girardon	IV – 1750
Dissertation sur le papyrus	V. *Mémoire sur le papyrus*
Dissertation sur plusieurs tours (turres) …	IV – 1762
Dissertation sur la prééminence des Chats [de Moncrif]	IV – 1727
Dissertation sur le tombeau de Mausole	IV – 1753
Divers monuments (Sur)	V. *Comparaison de quelques…*
Diverses statues d'hermaphrodites (Sur)	V. *Statues (Sur les)*
Divertissements (Les)	II – ?
Dog-fight which broke off an engagement (A)	V. *XVIII Century French…*
Dom Juan et Isabelle	I – 1719
Double intrigue (La)	II – 1740
Doutes sur l'ancienne Persépolis	V. *Ruines de Persépolis*
Du Théâtre de C. Scribonius Curion	III – 1749-1751
Eclaircissements sur quelques chapitres du XXXVe Livre de Pline	V. *Réflexions sur quelques …*
Eclaircissements sur quelques passages de Pline	IV – 1745
Ecole du monde et de la fausse niaise (L')	II – ?
Ecosseuses ou les Œufs de Pâques (Les)	I – 1739
Embaumemens des Egyptiens (Des)	IV – 1750
Epître de M. le comte de Caylus	IV – ?
Epreuves d'amour (Les)	V. *Etrennes de la Saint-Jean*
Esprit de propriété (L')	II – ?
Essai sur les Mémoires de M. Guillaume	V. *Histoire de Guilleaume*
Etrennes de la Saint-Jean (Les)	I – 1738
Etude de la tête en particulier (De l')	IV – 1759
Etudes prises dans le bas peuple, ou les Cris de Paris	IV – 1737-45
Examen d'un Passage de Pline	IV – 1760
Examen des Tableaux par Cébès et Philostrate	V. *Tableau de Cébès …*
Explication de trois antiques de cabinet	IV – 1751
Explication des antiques du cabinet de Caylus	IV – 1752
Exposition [*des ouvrages de l'Académie*]	IV – 1750, 1751, 1753
Extrait d'une lettre du comte de Caylus…	V – 1816
Fabliaux (Sur les)	III – 1746
Facéties du comte de Caylus	I – Recueils – 1879
Fat puni (Le)	V. *Confiant ou le fat*
Faits et gestes du vicomte de Nantel (Les)	V. *Confidences réciproques*

Titre (repris sans articles ou particules)	Section et date
Faux Serment (Le)	II – 1739
Fée Paillardine (La)	I – ?
Féerie des anciens comparée à celle... (Sur la)	III – 1749-1751
Féeries nouvelles	I – 1741
Femme honnête homme (La)	II – ?
Feste donnée à Morville le 23 juin 1741	II – 1741
Feste du Loreau (La)	II – 1739
Fêtes roulantes (Les)	I – 1747
Four and Twenty Fairy Tales [de J.R. Planché]	VI – 1858
Gallant and tragic story of a young lady... (The)	V. *XVIII Century French...*
Gravure (Sur la)	IV – 1755
Gravure des Anciens (De la)	IV – 1762
Guillaume de Machaut (Sur)	V. *Premier Mémoire sur ...*
	V. *Second Mémoire sur ...*
Habillement des Divinités...(De l')	IV – 1764
Haine inutile (La)	II – 1741
Harmonie et sur la couleur (Sur l')	IV – 1747
Heart of Ice [de Benjamin Apple]	VI – 1977
Herrn Grafen von Caylus Abhandlungen...(Des)	VI – 1768-69
Heureuse Folie (L')	II – ?
Histoire d'Hercule le Thébain	IV – 1758
Histoire de Catherine Cuisson, qui colpartoit	V. *Mémoires de l'Académie des Colporteurs*
Histoire de Guillaume [trad. russe]	VI – 1785
Histoire de Guillaume, cocher	I – Recueils – 1993
	V. *Histoire de Guilleaume*
Histoire de Guilleaume	I – 1737?
Histoire de Joseph	IV – 1757
Histoire de la Corbeille	V. *Contes orientaux*
Histoire de la vie et des mœurs de Mlle Cronel... .	I – 1739
Histoire de Liradi, nouvelle espagnole	V. *Recueil de ces messieurs*
Histoire de Mademoiselle ***	I – 1720
Histoire des chats [de Moncrif]	V. *Dissertation sur...*
Histoire du théâtre italien [de Riccoboni dit Lélio].	IV – 1728
Histoire du porteur d'iau...(L')	II – 1757
Histoire du vaillant chevalier Tiran le Blanc	I – 1737
Histoire et Recueil des Lazzis	II – Recueils – 1731-1732
Histoire d'une comédienne...	I – 1781
Histoires nouvelles et mémoires ramassés	I – 1745
Historiens en général... (Sur les)	IV – 1757
Humeur (L')	II – 1739
Idalie, pastorale héroïque	V. *Amusemens des Fées*
Impossible enchantment (The)	V. *Four and Twenty ...*
Isis égyptienne (Sur l')	IV – 1758
Isle de la coquetterie (L')	II – ?
Jaloux (Le)	II – ?

Titre (repris sans articles ou particules)	Section et date
Jardinier de Chaillot (Le)	II – ?
Jeannette ou l'indiscrétion	I – 1775
Jeune vieille (La)	V. Loup galleux et ...
Journal du voyage d'Italie	V. Voyage d'Italie
Journal du voyage d'Orient	V. Voyage à Constantinople
Kutscher Wilhelm	VI – 1918
Lazzis	V. Histoire et recueil ...
Léandre Nanette, ou le Double quiproquo	II – 1756
Leben des Antoine Watteau	VI – 1926
Légèreté de l'outil (De la)	IV – 1755
Lettre à Lagrenée	V – 1752
Lettre à Voltaire [sur Le Temple du goût]	V – 1733
Lettre du comte de Caylus à l'abbé Conti	V – 1875
Lettre inédite du comte de Caylus à l'abbé Bar-thélémy	V – 1814
Lettre sur un manuscrit du XIIIe siècle	III – ?
Lettres de la Grenouillere [de J. J. Vadé]	I – 1749
Lettres de Paciaudi au comte de Caylus	V – 1802
Lettres du comte de Caylus	V – 1757-65
	V – 1860
	V. Correspondance inédite ...
	V. Lettre à Lagrenée
	V. Lettre à Voltaire
	V. Lettre du comte de Caylus...
	V. Lettre inédite du comte ...
Loser wins (The)	V. XVIII Century French...
Loup galleux et la jeune vieille (Le)	I – 1744
Love's ordeal in the four elements	V. XVIII Century French...
Ma vie de garçon ou les faits et gestes...	V. Confidences réciproques
Maison culbutée (La)	II – 1738
Maîtresse d'Ecole (La) [de Pierre]	IV – 1743
Malle-Bosse, nouvelle nuit de Straparole (La)	V. Mémoires de l'Académie des colporteurs
Manière et les moyens de l'éviter (Sur la)	I – 1746
Manteau mal taillé (Le)	V. Manteaux (Les)
Manteaux (Les)	I – 1746
Mariage par contre-lettre (Le)	II – ?
Mélazie. Nouvelle	V. Pot-pourri (Le)
Mémoire sur ce qu'on appelle "la manière"	IV – 1747
Mémoire sur des tableaux par Cébès...	IV – 1760
Mémoire sur deux antiquités trouvées dans	IV – 1755
Mémoire sur deux camées	IV – 1756
Mémoire sur deux édifices d'une seule pierre	IV – 1762
Mémoire sur deux tableaux de Polygnote	V. Description de deux ...
Mémoire sur divers monuments	V. Comparaison de quelques...
Mémoire sur diverses statues d'hermaphrodites	V. Statues d'hermaphrodite

Titre (repris sans articles ou particules)	Section et date
Mémoire sur Guillaume de Machaut	V. *Premier Mémoire sur ...*
	V. *Second Mémoire sur ...*
Mémoire sur l'amateur	V. *Amateur (de l')*
Mémoire sur l'amour des Beaux Arts	V. *Amour des beaux Arts (De l')*
Mémoire sur l'ancienne Persépolis	V. *Ruines de Persépolis*
Mémoire sur l'ancienneté des Egyptiens	IV – 1757
Mémoire sur l'architecture ancienne	IV – 1749
Mémoire sur l'ostéologie	V. *Ostéologie*
Mémoire sur la composition	IV – 1750
Mémoire sur la découverte d'un temple souterrain.	IV – 1752
Mémoire sur la Diane d'Ephèse & sur son temple ..	IV – 1759
Mémoire sur la Féerie des anciens comparée	III – 1749-1751
Mémoire sur la gravure	IV – 1755
Mémoire sur la gravure des anciens	IV – 1762
Mémoire sur Guillaume de Machaut	V. *Premier Mémoire sur ...*
	V. *Second Mémoire sur ...*
Mémoire sur l'habillement des divinités	IV – 1764
Mémoire sur l'harmonie er sur la couleur	IV – 1747
Mémoire sur l'Isis égyptienne	IV – 1758
Mémoire sur la légèreté de l'outil	IV – 1755
Mémoire sur la nécessité des conférences	V. *Rétablissement des conf.*
Mémoire sur la peinture à l'encaustique	IV – 1755
	V. *Une des trois manières...*
Mémoire sur la peinture sur marbre	V. *Moyen d'incorporer...*
Mémoire sur la perspective des anciens	V. *Perspective des Anciens*
Mémoire sur la proportion des anciens vaisseaux ..	IV – 1758
Mémoire sur la sculpture et les anciens sculpteurs.	V. *Sculpture et des sculpteurs...*
Mémoire sur la table isiaque	IV – 1757
Mémoire sur la tête en particulier	V. *Etude de la tête... (De l')*
Mémoire sur la Vénus d'Apelles, dite Anadyomene	IV – 1759
Mémoire sur le bûcher d'Ephestion...	IV – 1763
Mémoire sur le char, qui porta le Corps d'Alexandre	V. *Bûcher d'Ephestion et...*
Mémoire sur le boulier d'Achille	V. *Boucliers d'Achille...(Des)*
Mémoire sur le cuivre	IV – ?
	V. *Armes de cuivre... (Sur les)*
Mémoire sur le papyrus	IV – 1754
Mémoire sur le porcelaine de l'ancienne Egypte	IV – 1761
Mémoire sur le tableau de Cébès	IV – 1760
Mémoire sur le tableau de Philostrate	V. *Tableau de Cébès (Sur le)*
Mémoire sur le temple de la Diane d'Ephèse	V. *Mémoire sur la Diane ...*
Mémoire sur le théâtre de C. S. Curion	V. *Théâtre de C. S. Curion (Du)*
Mémoire sur le tombeau de Mausole	V. *Dissertation sur ...*
Mémoire sur le tombeau de Porsenna	IV – 1764
Mémoire sur les anciens historiens	V. *Historiens en général et ...*

Titre (repris sans articles ou particules)	Section et date
Mémoire sur les antiques du cabinet de Caylus	V. Explication des antiques...
Mémoire sur les armes de Cuivre découvertes à Gensac.............	IV – 1751
Mémoire sur les avantages des vertus de société	V. Avantage des vertus de...
Mémoire sur les boucliers d'Homère et de Virgile..	V. Boucliers d'Achille...(Des)
Mémoire sur les causes de la petite manière...	IV – ?
	V. ce qu'on appelle"la manière"
Mémoire sur les connoissances physiques..............	V. Réflexions sommaires...
Mémoire sur les dessins	V. Dessins (Sur les)
Mémoire sur les embaumemens des Egyptiens	IV – 1750
Mémoire sur les fabliaux.........................	III – 1746
Mémoire sur les gravures des anciens	V. Gravure des Anciens
Mémoire sur les historiens en général...	IV – 1757
Mémoire sur les motions et les habillements...	V. Habillement des divinités ...
Mémoire sur les pierres gravées............................	IV – 1744
Mémoire sur les princes qui ont cultivé les Arts	IV – 1755
Mémoire sur les ruines de Persépolis	IV – 1758
Mémoire sur les statues d'Hermaphrodite	IV – 1758
Mémoire sur les qualités nécessaires à un anti-quaire	IV – 1758
Mémoire sur les vases dont les Anciens faisoient usage...	IV – 1749
Mémoire sur l'usage des poèmes par rapport à la peinture	IV – 1746
Mémoire sur Pline	V. Sculpture & des Sculpteurs
	V. Eclaircissements sur...
	V. Examen d'un passage...
	V. Réflexions sur les chapitres
	V. Réflexions sur quelques cha-pitres...
Mémoire sur plusieurs tours (turres)...	IV – 1762
Mémoire sur quelques chapitres [...] de Pline........	V. Eclaircissements sur quel-ques chapitres ...
	V. Examen d'un passage...
	V. Réflexions sur les chapitres
	V. Réflexions sur quelques cha-pitres...
	V. Sculpture & des Sculpteurs
Mémoire sur quelques espèces de marbre...	IV – ?
Mémoire sur quelques parties du costume..............	V. Observations sur...
Mémoire sur quelques passages d'Hérodote...	IV – 1762
Mémoire sur quelques tableaux des anciens	IV – 1757
Mémoire sur trois antiques de cabinet....................	V. Explication de trois antiques
Mémoire sur un chemin des Romains	IV – 1757
Mémoire sur un moyen d'incorporer la couleur... ..	IV – 1758
Mémoire sur un passage de Pline...	V. Examen d'un passage...

Titre (repris sans articles ou particules)	Section et date
	V. *Eclaircissements sur...*
	V. *Réflexions sur les chapitres*
	V. *Réflexions sur quelques cha-*
	pitres...
	V. *Sculpture & des Sculpteurs*
Mémoire sur un tableau de Cébès	IV – 1760
Mémoire sur un tableau de Philostrate...	V. *Tableau de Cébès ... (Sur le)*
Mémoire sur une chaussée romaine	V. *Chemin des Romains*
Mémoire sur une des manières de peindre à	
l'encaustique	V. *Une des trois manières...*
	V. *Mémoire sur la peinture...*
Mémoire sur une des trois manières de peindre à	
l'encaustique	IV – 1755
	V. *Mémoire sur la peinture...*
Mémoire sur une médaille d'or de Probus	IV – 1755
Mémoire sur une Minerve de marbre	V. *Observations sur une...*
Memoires de l'Académie des colporteurs	I – 1748
Mémoires de M. d'Arbentières	V. *Mémoires de M. de* ***
Mémoires de M. de ***	I – 1719
Mémoires de Mlle de ***	V. *Histoire de Mlle* ***
Mémoires du chevalier d'Arbentières	V. *Mémoires de M. de* ***
Mémoires et réflexions du Comte de Caylus	V. *Suite de Mémoires ...*
Mémoires inédits sur la vie et les ouvrages...	V. *Vie de Michel Anguier*
	V. *Vie d'Edme Bouchardon*
	V. *Vie de François Lemoine*
	V. *Vies des premiers peintres...*
	V. *Vie de Pierre-Ch. Trémol-*
	lière
	V. *Vie de Corneille Van Clève*
	V. *Vie d'Antoine Watteau*
Memoirs of the magistrate Guillerin (The)	VI – 1927
Ménage (Le) [de Pierre]	IV – 1743
Mille et un jours (Les)	V. *Nouveaux contes ...*
Mille et une Nuits (Les)	V. *Nouveaux contes ...*
Moyen d'incorporer la Couleur (Sur un)	IV – 1758
Navette d'amour (La)	V. *Aphranor et Bellanire*
Nécessité des conférences (Sur la)	IV – 1755
Neue Feen- und Geistermärchen	V – 1768
Nocrion	I – 1747
[Notes pour une histoire de l'Académie]	IV – ?
Notice de deux ouvrages satyriques Manuscripts ...	III – 1748
Nouveaux contes de Caylus...	I – 1837
Nouveaux contes arabes et orientaux	V. *Nouveaux contes ...*
Nouveaux contes orientaux	V. *Contes orientaux*
Nouveaux sujets de peinture et de sculpture	IV – 1755
Nouveliste aërien (Le)	I – 1734

Titre (repris sans articles ou particules)	Section et date
Nouvelle portugaise	V. *Dom Juan et Isabelle*
Numismata aurea imperatorum romanorum	IV – 1745
Observations sur divers monuments...	V. *Comparaison de quelques...*
Observations sur une Minerve de marbre...	IV – 1764-65
Observations sur quelques parties du costume...	IV – ?
Odalisque (L')..	I – 1717
Œuvres badines [éd. Crès]	I – Recueils – ?
Œuvres badines complettes	I – Recueils – 1787
Œuvres badines de Caylus [ms]	I – Recueils – ?
Œuvres badines et galantes....................................	I – Recueils – 1920
Officieux intéressé (L')..	II – ?
Oriental Tales..	VI – 1745
Origine de l'ancienne chevalerie... (Sur l')	III – 1749-1751
Origine des bijoux indiscrets (L')..........................	V. *Nocrion*
Ostéologie	IV – ?
Papyrus (Sur le)	IV – 1754
Parallèle de la peinture et de la sculpture	V. *Réflexions sur la sculpture*
Passage de Pline...(Sur un)	V. *Examen d'un passage...*
Passions en peinture (Les).....................................	IV – ?
Peinture à l'encaustique (Sur la)	V. *Mémoire sur...*
	V. *Une des trois manières...*
Peinture sur marbre (De la)	V. *Moyen d'incorporer...*
Persian letter' from a Parisian... (A).....................	V. *XVIII Century French...*
Perspective des Anciens (De la).............................	IV – 1749
Pièces échapées au feu [de Sallengre]	I – 1717
Pierres gravées (Sur les)	IV – 1744
Plan de la montagne de Gergovia et des environs...	V. *Recueil d'antiquités*
Planches gravées par M. de Caylus........................	IV – ?
Pline (Sur)	V. *Sculpture & des Sculpteurs*
	V. *Eclaircissements sur...*
	V. *Examen d'un passage...*
	V. *Réflexions sur les chapitres*
	V. *Réflexions sur quelques cha-* *pitres...*
Politesse ou le corsaire de Passy (La)	V. *Histoire et recueil des lazzi*
Porcelaine de l'ancienne Egypte (Sur le)	IV – 1761
Portefeuille de Monsieur le comte de Caylus (Le) ...	I – 1880
Porteur d'iau (Le)	V. *Histoire du porteur d'eau...*
Pot-Pourri (Le)	I – 1748
Préface de l'histoire de l'Académie........................	IV – ?
Premier Mémoire sur Guillaume de Machaut	III – 1744-46
Préservatif (Le) [de Mouhy]	IV – 1739
Prince Pot-à-thé (Le)	V. *Ballet des porcelaines*
Princes qui ont cultivé les Arts (Sur les).................	IV – 1755
Princess Minute and King Floridor	V. *Four and Twenty ...*
Princesse Minon-Minette et le prince Souci (La)	V. *Pot-pourri*

Titre (repris sans articles ou particules)	Section et date
Prologue sur le retour de Mde. de Morville............	II – 1740
Proportion des anciens vaisseaux (Sur la).............	IV – 1758
Qualités nécessaires à un antiquaire (Sur les)	IV – 1758
Quelques avantures des bals de bois	I – 1745
Quelques espèces de marbre... (De)	IV – ?
Quelques passages d'Hérodote...(Sur)	IV – 1762
Quelques tableaux des anciens (Sur)	IV – 1757
Recueil d'antiquités.......................................	IV – 1752-67
Recueil d'estampes d'après les plus beaux............	IV – 1729-42
Recueil de ces messieurs	I – 1745
Recueil des Lazzis...	V. *Histoire et recueil* ...
Recueil de pieces sérieuses comiques et burles-ques..	V. *Pièces échapées au feu*
Recueil de pièces galantes et libres	II – Recueils – ?
Recueil de pierres gravées du Cabinet du Roi........	IV – ?
Recueil de plusieurs pièces [ms]...........................	I – Recueils – 1730?
Recueil de testes de caractere et de charges	IV – 1730
Recueil de trois cent têtes et sujets de composition	V. *Recueil de pierres gravées*
Recueil de tout ce que j'ai gravé...	IV – Recueils – ?
Recueil des peintures antiques...	IV – 1757-60
Réflexions sur la peinture	IV – 1747
Réflexions sur la sculpture...............................	IV – 1759
Réflexions sommaires sur les connoissances phy-siques des Anciens	IV – 1756
Réflexions sur les Chapitres du XXXIV. Livre de Pline	IV – 1753
Réflexions sur quelques chapitres du Pline............	V. *Réflexions sur les Chapitres*
Réflexions sur quelques chapitres du XXXVe l. de Pline..	IV – 1752-53
Relation galante et funeste	V. *Etrennes de la Saint-Jean*
Répétition (La) [prologue]...................................	II – ?
Réponse du public à l'auteur de l'Acajou..............	I – 1744
Rétablissement des conférences (Sur le)	IV – 1745
	V. *Nécessité des conférences*
Rosanie..	V. *Féeries nouvelles*
Ruines de Persépolis (Sur les)............................	IV – 1758
Salamandre ou l'empire du feu (La)	V. *Amusemens des Fées*
Salons de 1750, 1751 et 1753.............................	V. *Exposition des ouvrages...*
Sammlung von [...] Altertümern	VI – 1766-67
Sculpture & des Sculpteurs anciens (De la)...........	IV – 1753
Second Mémoire sur les ouvrages de Guillaume de Machaut	III – 1744-46
Silvie ou la fausse niaise...................................	II – 1733
Soirées du Bois de Boulogne (Les)	I – 1742
Sonnettes (Les) [de Guiard de Servigné]...............	V. *Nocrion*
Somnambule (Le)	II – 1739

Titre (repris sans articles ou particules)	Section et date
Soubrette maîtresse (La)	II – ?
Souvenirs de M. le comte de Caylus (Les)	V – 1805
Statues d'hermaphrodite (Sur les)	IV – 1758
Suite de Mémoires et réflexions	V – 1874
Sur ce qu'on appelle la manièr...	V. Manière...
Sur la manière et les moyens de l'éviter	V. Manière...
Sur les dessins	V. Dessins
Table isiaque (Sur la)	IV – 1757
Tableau de Cébés ... (Sur le)	IV – 1760
Tableau de Philostrate (Sur un)	V. Tableau de Cébès... (Sur le)
Tableaux tirés de l'Iliade, de l'Odyssée...	IV – 1757
Tausend und ein Tag	VI – 1925
Tempérament (Le)	II – ?
Théâtre de C. Scribonius Curion (Du)	IV – 1751
Théâtre de M. de Bombarde	II – Recueils – ?
Théâtre du château de Morville	II – Recueils – 1737-1741
Tombeau de Mausole (Sur le)	V. Dissertation sur ...
Tombeau de Porsenna (Sur le)	IV – 1764
Tout vient à point qui peut attendre	I – 1775
Trésors du cabinet des antiques (Les)	IV – 1928
Trois antiques de cabinet	V. Explication de trois antiques
Trois billets (Les)	II – ?
Trois lettres de membres de l'ancienne Académie...	V – 1919
True story of a gentleman's supper party (The)	V. XVIII Century French...
Turk's reply to the 'Persian letter' (The)	V. XVIII Century French...
Two birds with one stone	V. XVIII Century French...
Une des manières de peindre à l'encaustique (Sur).	V. Une des trois manières
	V. Mémoire sur la peinture...
Une des trois manières de peindre en encaustique ..	IV – 1755
Usage des poèmes par rapport à la peinture (De l') .	IV – 1746
Valet à deux maîtres (Le)	II – ?
Vases, dont les Anciens faisoient usage...(Des)	IV – 1749
Vénus d'Apelles, dite Anadyomene (Sur la)	IV – 1759
Veuve de Pigmalion (La)	V. Amusemens des Fées
Vie d'Antoine Watteau	IV – 1748
Vie d'Anguier	V. Vies de Michel Anguier et...
Vie d'Edlinck	V. Vie de Gérard Edlinck
Vie d'Edme Bouchardon, sculpteur du Roi	IV – 1762
Vie d'Eustache Le Sueur	IV – ?
Vie de Bouchardon	V. Vie d'Edme Bouchardon ...
Vie de Buyster	V. Vie de Philippe de Buyster
Vie de Carle Vanloo	IV – 1765
Vie de Corneille Van Clève	IV – 1750
Vie de Coypel	V. Vies des premiers peintres
Vie de de Troy	V. Vie de Jean-François ...
Vie de feu M. Perrier	V. Vie inédite de Fr. Perrier

Titre (repris sans articles ou particules)	Section et date
Vie de François Lemoine..................................	IV – 1748
Vie de François Perrier..................................	V. Vie inédite de Fr. Perrier
Vie de Gérard Edlinck	IV – ?
Vie de Gérard Van Obstal..............................	IV – 1750
Vie de Germain..	V. Vie de Thomas Germain...
Vie de Girardon..	V. Discours sur la vie de ...
Vie de Jacques Sarazin	IV – ?
Vie de Jean-François de Troy	IV – ?
Vie de Le Sueur..	V. Vie d'Eustache Le Sueur
Vie de Michel Anguier	V. Vies de Michel Anguier ...
Vie de Mignard..	V. Vies des premiers peintres
Vie de Perrier	V. Vie inédite de Fr. Perrier
Vie de Philippe de Buyster	IV – ?
Vie de Pierre-Charles Trémollière	IV – 1748
Vie de Regnaudin..	V. Vies de Michel Anguier et
Vie de Sarrazin..	V. Vie de Jacques Sarrazin
Vie de Thomas Germain, orfèvre du Roi................	IV – ?
Vie de Trémollière	V. Vie de Pierre-Charles...
Vie de Troy..	V. Vie de Jean-François ...
Vie de Vanloo	V. Vie de Carle Vanloo
Vie de Van Clève..	V. Vie de Corneille Van Clève
Vie de Van Obstal	V. Vie de Gérard Van Obstal
Vie de Watteau..	V. Vie d'Antoine Watteau
Vie inédite de Fr. Perrier (Une)	IV – 1751
Vies anciennes de Watteau...........................	V. Vie d'Antoine Watteau
Vies de Michel Anguier et de Thomas Regnaudin....	IV – 1749
Vies d'artistes du dix-huitième siècle...	V. Amateur (De l')
	V. Composition (De la)
	V. Exposition [des ouvrages...
	V. Harmonie...(Sur l')
	V. Légèreté de l'outil (De la)
	V. Lettre à Lagrenée...
	V. Manière (Sur la)...
	V. [Notes rassemblées...] [ms]
	V. Réflexions sur la peinture
	V. Réflexions sur la sculpture
	V. Vie d'Edme Bouchardon
	V. Vie de Thomas Germain
	V. Vie de François Lemoine
	V. Vie de Pierre Trémollière
	V. Vie de Jean-Fr. de Troy
	V. Vie d'Antoine Watteau
Vies des premiers peintres du roi	IV – 1752
Voluptueux hors de combat (Le)........................	I – 1732?
Voyage à Constantinople	V – 1716-17
Voyage d'Italie...	V – 1714-15

Titre (repris sans articles ou particules)	Section et date
Voyage d'Orient	V. *Voyage à Constantinople*
Voyages aux Pays-Bas et en Angleterre	V – 1857
Water-carrier, or the seamstress' lovestory (The)	V. *XVIII Century French…*
Watteau	V. *Vie d'Antoine Watteau*
Way things happen (The)	V. *XVIII Century French…*
XVIII Century French Romances	VI – 1927

INDEX DES NOMS

Note: les numéros de pages repris en italiques réfèrent à la « Bibliographie critique du comte de Caylus », p. 277 ss.

TABLE DES MATIÈRES

—— CONCLUSIONS ——

—— BIBLIOGRAPHIE CRITIQUE ——
—— DU COMTE DE CAYLUS ——

—— INDEX DES NOMS ——